ドイツ歴史学派の研究

HISTORISCHE SCHULE DER DEUTSCHEN NATIONALÖKONOMIE

WILHELM ROSCHER
GUSTAV VON SCHMOLLER
WERNER SOMBART
GERHART VON SCHULZE-GAEVERNITZ

SHIN'ICHI TAMURA

田村信一

日本経済評論社

目次

第 1 章　ドイツ歴史学派 …………………………………………… 1
 1.　歴史学派という呼称　　1
 2.　歴史学派の先行者：旧歴史学派　　2
  (1)　ロッシャーの歴史的方法　3
  (2)　ヒルデブラントによる倫理的科学の提唱　5
  (3)　クニースにおける歴史的科学としての政治経済学　7
 3.　歴史学派の成立　　9
  (1)　社会政策学会の結成　9
  (2)　方法論争と歴史学派　12
  (3)　シュモラーの歴史研究と経済社会学　13
  (4)　ブレンターノの労働組合研究とマルクス批判　16
  (5)　ビューヒャーの経済発展段階論　18
  (6)　クナップの制度史的研究　20
 4.　歴史学派の新世代　　22
  (1)　社会政策学会における世代間対立　22
  (2)　ゾンバルトの近代資本主義研究　24
  (3)　ヴェーバーによる資本主義概念の拡張　26
  (4)　価値判断論争：歴史研究から経済理論研究へ　29
  (5)　シュンペーターと資本主義発展の理論　31
  (6)　シュピートホフの景気循環論　33
 5.　資本主義の終焉　　35

第2章　ヴィルヘルム・ロッシャーの歴史的方法 …………………… 39
　　　―『歴史的方法による国家経済学講義要綱』刊行150周年にあたって―

　　はじめに　　　　　　　　　　　　　　　　　　　　　　39
　　1.　歴史的方法　　　　　　　　　　　　　　　　　　　41
　　2.　発展法則と段階論　　　　　　　　　　　　　　　　44
　　おわりに　　　　　　　　　　　　　　　　　　　　　　46

第3章　国民経済から資本主義へ ………………………………… 49
　　　―ロッシャー，シュモラー，ゾンバルト―

　　はじめに　　　　　　　　　　　　　　　　　　　　　　49
　　1.　ロッシャーの歴史的方法と国民経済　　　　　　　　52
　　2.　シュモラーの倫理的経済学と国民経済　　　　　　　55
　　3.　ゾンバルトの近代資本主義論　　　　　　　　　　　60
　　おわりに　　　　　　　　　　　　　　　　　　　　　　66

第4章　グスタフ・シュモラーの生涯と学説 ……………………… 67
　　　―社会問題から経済社会学へ―

　　1.　研究史　　　　　　　　　　　　　　　　　　　　　67
　　2.　シュモラー小伝　　　　　　　　　　　　　　　　　71
　　3.　社会政策論の展開　　　　　　　　　　　　　　　　76
　　　(1)　自由貿易主義と社会問題　76
　　　(2)　ラサール批判　78
　　　(3)　『19世紀ドイツ小営業史』における自己批判　81
　　　(4)　シュモラーとプロイセン国家　85
　　　(5)　シュモラーとビスマルク　88
　　4.　社会政策の理論化　　　　　　　　　　　　　　　　91
　　　(1)　倫理的経済学と配分的正義　91

(2) 重商主義論の展開　94
　5. 経済社会学の展開　　　　　　　　　　　　　　　　　　98
　　(1) 分業論　98
　　(2) 社会階級と階級闘争　102
　　(3) 歴史的方法の展開　104

第5章　グスタフ・シュモラーの方法論　……………………………　109
　　　　　—『国民経済，国民経済学および方法』訳者解題—

　1. グスタフ・シュモラーの生涯　　　　　　　　　　　　　111
　2. シュモラーの学問的業績　　　　　　　　　　　　　　　116
　3. 方法論の展開と本書の意義　　　　　　　　　　　　　　120
　　(1) ドイツ国民経済学とシュモラー　120
　　(2) 方法論争　123
　　(3) 価値判断論争　126

第6章　社会政策の経済思想：グスタフ・シュモラー　……………　131

　はじめに　　　　　　　　　　　　　　　　　　　　　　　131
　1. 社会問題と社会政策　　　　　　　　　　　　　　　　　133
　2. 文化としての経済現象：歴史的・倫理的方法　　　　　　138
　3. 配分的正義　　　　　　　　　　　　　　　　　　　　　141
　4. 重商主義の再評価　　　　　　　　　　　　　　　　　　144
　5. シュモラーとその後の歴史学派　　　　　　　　　　　　147
　［補説］　経済学と社会学：M・ヴェーバー　　　　　　　150

第7章　シュルツェ＝ゲーヴァニッツの社会政策思想　……………　153
　　　　　—『社会平和』を中心に—

　はじめに　　　　　　　　　　　　　　　　　　　　　　　153
　1. 社会政策的リベラリズムとその世界観：『社会平和』　157

   (1) ブレンターノとキリスト教社会運動 157

   (2) 大工業と階級闘争 158

   (3) トマス・カーライルの役割 160

   (4) 19世紀後半の社会運動 163

   (5) 社会平和 170

  2. 総括と展望   177

   (1) 社会平和論の思想的特質 177

   (2) 社会平和から帝国主義へ 179

第8章　近代資本主義論の生成 …………………………………… 187
―ゾンバルト『近代資本主義』（初版1902）の意義について―

  はじめに   187

  1. ゾンバルトのマルクス受容   193

  2. 『近代資本主義』の構成と内容   199

   (1) 経済と経営の体系学 200

   (2) 手工業 205

   (3) 資本主義 209

   (4) 資本の成立 213

   (5) 資本主義的精神の発生 215

   (6) 初期資本主義論 220

   (7) 資本主義の前進と手工業の後退 226

  3. 資本主義発展の理論   230

   (1) 法秩序と技術 230

   (2) 経済と文化 234

   (3) 農業における資本主義の形成と近代都市の成立 236

   (4) 消費＝需要の理論 240

   (5) 工業的競争の理論 245

  おわりに   251

第9章　資本主義とエコロジー ……………………………………… 255
―ゾンバルトの近代資本主義論―

1. 現代社会の起原としての世紀転換期　255
   - (1) 「資本主義」という用語の普及　255
   - (2) 世紀転換期の経済発展とエコロジー運動の出現　256
2. ゾンバルトによる資本主義概念の提起　260
   - (1) マルクス批判と資本主義成立論　260
   - (2) 資本主義文化と大衆消費社会　262
   - (3) アスファルト文化と環境保護　264
3. 『近代資本主義』の改訂と資本主義の終焉　267
   - (1) ヴェーバーのゾンバルト批判　267
   - (2) 初期資本主義と森林破壊　269
   - (3) 晩期資本主義論の展開と技術のコントロール　270

補論　小林昇とドイツ経済思想史研究 ……………………………… 275

はじめに　275
- (1) リスト研究の全体像　276
- (2) 代表作『フリードリッヒ・リストの生産力論』　281
- (3) 戦中の著作『フリードリッヒ・リスト序説』の意義　284
- (4) 『生産力論』以後のリスト研究　287
- (5) 小林リスト論批判と晩年における立場の変化　291
- (6) 小林とドイツ歴史学派　293
- (7) ドイツ歴史学派と「日本経済学」　295

おわりに　298

引用文献 ……………………………………………………………… 301
あとがきに代えて …………………………………………………… 313

Ⅰ　私と歴史学派　　　　　　　　　　　　　　　　　　　　　313
　　はじめに　313
　　(1)　博士論文と研究テーマの明確化　314
　　(2)　シュモラー研究への集中　317
　　(3)　ゾンバルト研究へ　322
　　(4)　歴史学派研究の集大成　325
　　おわりに　327
Ⅱ　初出一覧　　　　　　　　　　　　　　　　　　　　　　328
人名索引　339

第1章
ドイツ歴史学派

1. 歴史学派という呼称

　一般に,「歴史学派」とは,古典学派の演繹的・抽象的な理論的方法に対抗して経験的・帰納的な歴史研究の重要性を主張した学問的グループであるが,とくに歴史主義の伝統が強かったドイツで発展し,「ドイツ国民経済学の歴史学派（Historische Schule der deutschen Nationalökonomie）」を形成した.そこに属する人々として,先駆者としてのリスト,「歴史的方法」を提唱して学派の創始者とされたロッシャーと,ヒルデブラント,クニースの「旧歴史学派」,シュモラー,ブレンターノ,ビューヒャーらの「新歴史学派」が挙げられることが通例となり,ゾンバルト,ヴェーバー,シュピートホフらを「最新歴史学派」（シュンペーター）と呼ぶこともある（田村 2006, 研究史を参照）.

　しかしながら近年の研究の進展によって,従来の通説的理解には多くの誤解や誇張が含まれていることが明らかになっている.そもそも「歴史学派」という呼称は,メンガーとシュモラーのいわゆる「方法論争」（1883）において出現し,その後一般化したものである.メンガーは「歴史的方法」を提唱したロッシャーらを批判して「ドイツ国民経済学者の歴史学派（Historische Schule detscher Volkswirthe, Historische Schule detscher Nationalökonomen）」（Menger 1883: Vorrede XIII, Inhaltverzeichniss XXVI, XXVIII, XXXII.

訳 8, x, xii, xvi）と呼び，さらにシュモラーの反論に際してその研究を「歴史的・統計的な細密画」（Menger 1884: 37. 訳 319）と呼んで論難した．したがって「歴史学派」はいわば批判的呼称として登場したのであるが，後にシュモラーらが自ら「歴史学派」を自称するようになり，1890年代以降ヴァーグナーが「オーストリアの理論学派」に対する「ドイツの新歴史学派」と呼んだことから，次第に「歴史学派」の呼称が定着するとともに，その創始者としてロッシャーらの世代が「旧歴史学派」として位置づけられるようになった（Takebayashi 2003: 46-7）．

　つまり「歴史学派」という呼称は，「新歴史学派」によって歴史的・統計的研究が広がり，国民経済学のいわば「理論派」と「歴史派」の対立が明確となったときに定着し，「歴史的方法」をめぐって論議したものの，本来の意味での歴史的・統計的研究を遂行しなかった「旧歴史学派」が歴史学派の創設世代として位置付けられたのである．その意味で「歴史学派」に属する国民経済学者の範囲は，基本的には「主として歴史的・統計的研究に従事した国民経済学者」ということになる．本章では，「歴史学派」の成立をシュモラーと結びつけ，「旧歴史学派」の呼称を批判したシュンペーターにならって（Schumpeter 1954: 809. 訳 (5) 1698），歴史研究を行わなかった「旧歴史学派」を「歴史学派の先行者」，「新歴史学派」を「歴史学派の旧世代」，「最新歴史学派」を「歴史学派の新世代」とし，そこにシュンペーターも含めて概説しよう．

2. 歴史学派の先行者：旧歴史学派

　いわゆる「旧歴史学派」と呼ばれる世代が活動したのは，1840年代以降のことであるが，この時代は工業化の進展にともなって多数の領邦に分裂していたドイツの国民的統一の要求が高まるとともに，自由主義的な経済政策・貿易政策をめぐって論争が展開され，前段階のアダム・ミュラーやリストに代表されるようにイギリス古典学派への批判が強まる一方，社会問題の

発生によって社会主義・共産主義の立場からの古典学派批判も展開された時代であった．こうした時代にあってアカデミズムでは，ドイツ古典派の立場を継承しつつ，時代に対応した理論と実証あるいは理論と政策の新たな体系化が求められたのである．

(1) ロッシャーの歴史的方法

古代ギリシアのソフィスト研究によって学位を取得し，ライプツィヒ大学教授となった**ヴィルヘルム・ロッシャー**（1817-94）は，国民経済学・財政学・経済政策を対象とする国家経済学講座の講義のために『歴史的方法による国家経済学講義要綱』を執筆して「歴史的方法（historische Methode）」を提起した．『要綱』の内容は国民経済理論の解説を含む5巻本の『国民経済学体系』（1854-94．以下『体系』と略）として大幅に拡大され，ラウの『政治経済学教本』（全3巻，1826-37）をしのぐ教科書となった．ロッシャーは「歴史的方法」によってドイツ古典派を継承し，歴史的・現実的記述の側面で革新を図ろうとしたのである（田村 1993c［本章第2章］を参照）．

ロッシャーの歴史的方法とは，「可能な限り抽象的に，すなわち可能な限り空間と時間のあらゆる偶然性を取り去って概念と判断の体系を求める」「哲学的方法（philosophische Methode）」に対して，「可能な限り忠実に現実の生を模写して人間的発展と関係の叙述を求める」ことを意味した．彼は歴史家と自然研究者の仕事が類似していることを強調し，歴史的方法の目標を「発展法則」の構成に置いた（Roscher 1843: 1-2. 訳 22-4）．後にロッシャーは『体系』第1巻の序論でこうした論述を敷衍し，「哲学的方法」を当為（sollen）を問題にする「理想主義的（idealistisch）方法」，歴史的方法を存在（sein）を問題にする「生理学的（phisiologisch）方法」とも呼び，政策的実践を生理学に基づく医学の処方になぞらえている（Roscher 1854: 24, 38, 42）．

歴史的方法の精神に関わってロッシャーは，「政治的科学」としての国家経済学は法制史・国家史・文化史などの隣接領域と結びつける必要があるこ

と，国民経済の研究には「現在にいたるまでの文化諸段階の研究」が不可欠であり，すべての国民経済の観察および古代国民との比較をつうじて，「本質的なもの・法則的なものを見つけ出すこと」が必要であり，歴史的方法は政策的実践を行う人々に制度の改廃について「ことごとに考慮しなければならない無数の事柄に注意を向けさせること」が重要である，と述べている（Roscher 1843: Vorrede IV-V. 訳 18-20）．

ロッシャーの歴史的方法の背後には，政治経済学を「富の科学」として純化しようとする傾向に対して，公共善の実現をめざす「政治学」・「国家学」の一部門としての性格を色濃く残すドイツの政治経済学の伝統をふまえながら，政策的次元に事実を尊重して客観的に把握する「科学的」方法（帰納的方法）を導入しようとする問題意識が存在した．この点では「歴史法学派」よりランケらの歴史学の影響がある（丸岡 2005）．彼は歴史的方法について，「リカードウ学派」とは距離を置いているが，「マルサスやラウの方法に近い」と述べており（Roscher 1843: Vorrede V, 150. 訳 20, 314），このことは，現実を誇張したモデルによって推論を行い，歴史的現実を無視してその結論を政策に適用しようとする立場を批判し，古典派経済学に含まれていた歴史意識と緻密な現状記述を回復しようとするものであったと言えよう．彼は「科学」によって「国民経済政策の問題に関するあらゆる党派的闘争を調停」しようとしたのである（Roscher 1854; 1858: 44）．したがってロッシャーは，「歴史的方法」によって「古典学派」に代わる新たな学派を樹立しようとする意識はまったくなかった．

しかしながらロッシャーの場合，歴史的方法による発展法則の獲得は歴史的事実からの帰納によって構成されたものではなかった．国民経済を幼年・青年・壮年・老年に区分し，生産要素の支配の観点から自然経済・労働経済・資本経済を分けた彼の発展段階論は，死者を含んだ「自然的衝動」をもつ国民的集合の「自然的産物」を「国民経済」とし，人間の生誕から死に至るサイクルのアナロジーとして構成されたものである．「自然法則」としての「発展法則」は最初から前提とされており，国民経済における諸事実は因

果的に説明されるのではなく,「有機的生命体」からの「流出」として把握され,「国民経済」の統一性は形而上学的実体によって保証されていたのである (Roscher 1854; 1858: 19, 23, 21).こうしてロッシャーの膨大な『体系』は,歴史研究というよりも,国民経済理論を含んだ歴史的事実と制度の百科事典的性格を呈したのである.

(2) ヒルデブラントによる倫理的科学の提唱

自然科学をモデルとして「発展法則」を求めようとしたロッシャーに対して,国民経済学を「倫理的科学」とし,自然法則とは次元の違う「発展法則」を展開しようと試みたのがブルーノ・ヒルデブラント (1812-78) である.彼はロンドンで「ドイツ共産主義者教育協会」の会合に参加したことから「社会問題」に関心をもち,三月革命期には国民議会議員として自由主義的改革派の立場から経済問題に取り組み,イェーナ大学総長に就任するまで多彩な実践的活動に関わった.

ヒルデブラントは主著『現在と将来の国民経済学』(1848) の課題を,「国民経済学の領域において根本的な歴史的方針および方法に道を開き,そしてこの科学を諸国民の経済的発展法則の学へと変えること」,と述べている.彼の計画では,著書の前半部分を「現在の国民経済学体系の説明と批判」にあて,国民経済学を「諸国民の経済的発展法則の学へと変え」る課題は後半部分で行われることになっていたが (Hildebrand 1848; 1998: Vorrede V-VI),結局後半は出版されなかったために,彼の意図した「歴史的方法」の展開は,「実物経済・貨幣経済・信用経済」という発展段階論の提示のみにとどまった.

ヒルデブラントによれば,「アダム・スミスとその学派」は,「私的エゴイズムがつねに必然的に公共の福祉をもたらすという」,「市民社会の原子論的見解」から出発し,国民経済学を「すべての時代と国民に絶対に妥当する法則をもつ理論」をそなえた利己的個人の「自然学」にしようとする「物質主義」,「抽象的コスモポリタニズム」の産物であった (Hildebrand 1848;

1998: 30-4)．他方でスミス学説の一面性を鋭く批判したアダム・ミュラーは，スミスとは逆に個人と国家の関係を逆転させてしまい，「根本的な歴史的研究が欠如」したために「理想とする国家を中世に見出すこと」になり，またリストもその発展段階論において，工業発展における「中世の仲介商業」および「重商主義による商業帝国と海上支配」の役割を無視し，「精神的・政治的文化の生誕地」である商業都市の意義を軽視してしまった（Hildebrand 1848; 1998: 52-4, 74-5）．他方でヒルデブラントは社会主義的・共産主義的な「社会的経済理論」を，当時の社会問題＝労働者の「大衆的貧困」の解決に努力し，国民経済学を「人間の利己の自然学ではなく，倫理的科学」へと変えようとしたことによって評価したが，その「社会主義的プラン」は画一的な統制のゆえに実現不可能であり，「エゴイズム」を抑圧することでむしろ「社会的苦難」を増大させ，人間の多様性とその相互作用に基づく「人間文化を破壊する」ものと批判した（Hildebrand 1848; 1998: 275, 262, 271）．

以上の批判から明らかなように，ヒルデブラントはドイツの工業化とともに広がった「大衆的貧困」の解決を求めるために，「自然学」としての国民経済学を，その一定の正当性を評価しつつ「倫理的科学」へと転換しようと試みた．その際彼はこの学問的根拠を，人間の経済的行為が同一の経過を繰り返す「自然的過程」としてではなく，人間の意欲が実現され，人格の倫理的完成がめざされる「心理学的経過」だとする見解に求めた．経済発展が生ずるのは，人間に内在する勤勉，企業精神，共同善への献身といった「倫理的力」としての「国民の精神的資本」が歴史的経過をつうじて増大するからだと理解されたのである（Hildebrand 1863: 142-3, 141）．彼の有名な実物経済→貨幣経済→信用経済という発展段階論は，交換という「社会的要素」に規定される分配過程を経済発展のメルクマールと見なし，経済発展を「精神的・倫理的紐帯」の増大という観点から構成したものであり，信用経済の拡大の証拠としてヘルマン・シュルツェ－デーリッチュの信用組合の発展が指摘されていた（Hildebrand 1864: 16, 45, 23, Anm. 30. 訳 16, 47）．ヒルデブラントは社会問題の解決としてこうした自発的な協同組合組織の発展に期待を

かけていたのであるが，後述するように，この立場は「ドイツ・マンチェスター派」のそれである．彼は社会問題の解決のために，「偏見なしに諸国民の具体的状態とその歴史的発展を研究し，大衆的貧困の多様な原因を究明」する必要性を強調したが（Hildebrand 1848; 1998: 274），それは宣言にとどまったのである．

(3) クニースにおける歴史的科学としての政治経済学

発展段階論の提示にとどまったヒルデブラントを継承し，「歴史的方法」について徹底的な理論的考察を試みたのが弟子の**カール・クニース**（1821-98）である．彼は師にしたがった自由主義的思想のために反革命後にスイスへ転出した後に，フライブルク大学教授を経て1865年にラウの後継者としてハイデルベルク大学教授に就任した．クニースの講座の後継者がヴェーバーである．クニースは『歴史的方法による政治経済学』（1853）を出版したが，ロッシャーやヒルデブラントに無視され，その第2版『歴史的立場からの政治経済学』（1883）も方法論争の陰に隠れてしまった．

クニースは国民経済学を，「国家組織」の枠内にある「国家学・社会学」の一部門として「政治経済学」と呼び，これをヒルデブラントのように自然科学と対立させることに反対する．むしろこの学問の独自性は，人間の感覚的に知覚できる外的世界を対象とする「自然科学」と，人間の観念的な「内面的世界」を対象とする「精神科学」の両者にまたがる中間領域に存在することであった．クニースはこれを第3の科学として「歴史的科学」と名付けている．この学問の対象は外的世界であるが，そこで展開される現象は「人間の内面の精神的世界にさかのぼり」，「心理学的に動機付けられた連関」によって引き起こされる（Knies 1883: 4-6．引用は以下第2版による）．しかも共同社会の前提となる与えられた自然的・精神的・社会的条件の多様性を考えれば，考察の対象となる現象は時代的経過や国民のあり方によって具体的な「独自性」が刻印されざるをえない．クニースは「国民経済生活の領域において個別化を強制する大きな論拠」として，(1)自然的条件の多様性，(2)

国民的性格の相違，(3)法制度・宗教・思想の人間の内面に対する多彩な影響を挙げている（Knies 1883: 61）．

　クニースによれば，国民経済において「歴史的発展」として形成された「個別的なものと具体的なもの」がその「独自性」を刻印するとすれば，これまでの国民経済学でもっぱら問題にされた理論や法則の普遍性，すなわち「無条件的なもの，つまりすべての時代・地域・国民にたいして同一の仕方で妥当するものを提示しようとする要求」は「理論の絶対主義」であり，時代や地域の多様性を無視して「国民経済法則」を求めようとすることは「理論のコスモポリタニズム」として批判されなければならない（Knies 1883: 24-5）．不変の真理や法則とされたものは歴史的発展の産物なのである．したがって理論国民経済学における「一般概念」は「直観ないし仮説」であり，「類似性の法則」という言葉を使うことができても，「絶対的な同一の因果連鎖」という意味ではない（Knies 1883: 479）．

　しかしクニースにとって政治経済学とは，おびただしい事実の研究によって類似性や独自性を把握する際に，「倫理的・政治的動機が『経済的』現象の協働的要因」として作用することから，「国民生活の倫理的・政治的最高目的の実現」の観点に立って，一定の歴史的前提の上に成立した「純粋な経済的推論の帰結の修正」を遂行する「道徳的・政治的学科」にほかならなかった（Knies 1883: 424, 484）．しかも彼にとって，国民が文化的意味でまとまりをもつ「有機体」として実在的な存在であり，物体のように自然科学的因果性に服するのではなく，倫理的目的を実現する「意志の自由」の担い手として道徳の実現に向けて向上する存在であることは前提となっていたのである（小林 1999: 62-4）．

　ロッシャーと異なってクニースは，国民経済理論の一定の規則性を承認しつつその妥当性を限定しようとしたのであり，その意味で既存の理論に対する「微温的性格」を特徴としていた（小林 1999: 61）．また政治経済学の「道徳的・政治的学科」としての性格の強調は，ヒルデブラントの問題意識を強く継承したものである．後に，クニースの晦渋であるとはいえ，豊かな理論

的考察は，講義を聴いたヴェーバーが高く評価したものの（八木 2004: 151），本書の初版はロッシャーとヒルデブラントが黙殺したこともあって注目を引かなかった．1883 年の再版では，後述するシュモラーの「国民経済学の社会学への拡大」に反発したが（Knies 1883: 8），結局のところ，クニースの「歴史的経済学」は「歴史学派」によって乗り越えられてしまったのである．近年では，クニースの主著は『貨幣と信用』（1873-76）とする見方もある（小林 1999: 56）．

　以上の意味でロッシャー，ヒルデブラント，クニースは歴史学派の創始者というよりも，政策的には「ドイツ・マンチェスター派」に近い「ドイツ古典派」の，歴史に関心を寄せた後継者と考える方が正確であろう．

3．歴史学派の成立

(1)　社会政策学会の結成

　1871 年にドイツ帝国が成立し，普仏戦争の勝利にともなう賠償金の流入によって投機ブーム「設立熱狂時代」が起こると，手工業・小営業の急速な没落と大企業の急激な設立によって貧富の格差が拡大する一方，パリ・コミューンをきっかけとしてドイツにも革命の危機が醸成されていた．こうした新しい帝国の国民的分裂の危険を克服するために，社会問題を解決すべく自由放任主義の修正と国家的社会政策の展開を求めて結成されたのが「社会政策学会」である（結成の経過については田村 1993b: 17-23 を参照）．

　1850・60 年代には，ドイツ輸出工業の展開とドイツ東部のユンカー経営による農産物輸出を背景に，自由放任主義と自由貿易主義を旗印とする，ジョン・プリンス-スミス（1809-74）に率いられた「ドイツ・マンチェスター派」がジャーナリズムを中心に大きな影響力を及ぼすようになった．彼らは社会問題の解決にさいして，「国家救助」を主張するラサールらの社会主義者に対抗して，シュルツェ-デーリッチュの協同組合に代表される「自助」をスローガンとしていた．しかしながら，上述の情勢に対応してマンチ

ェスター派内でも国家的社会政策を認める傾向が高まり，その範囲をめぐって対立が生じたのである．H. オッペンハイム（1819-80）は国家的社会政策の限界を私有財産制の維持に求め，シュモラーらの主張を「個人の自由と所有」を踏み越える危険がある「講壇社会主義者」と非難した．これをきっかけとしてシュモラー，シェーンベルク，ヴァーグナー，ブレンターノ，エンゲル，クナップ，ヘルト，コンラートらが中心となって社会問題の解決を求める学界，開明的な実業界，労使協調的な労働界を巻き込んだ啓蒙的団体「社会政策学会（Verein für Sozialpolitik）」が結成された．ここを舞台としてシュモラーらを中心に遂行された社会政策のための膨大な歴史的・統計的な個別実証研究から本来の「歴史学派」が形成されたのである．

社会政策学会は，工場法の制定，団結権の承認，住宅問題の解決などを要求し，制度的・立法的方策を通じて平和な労使関係，公正な所得分配，健全な市場競争を実現することによって，「わが国民のさらに大なる部分を，文化のもたらすあらゆる高度な財・教育・福祉に分かちあずからせること」を目的としていた（Schmoller 1872: 7）．しかしこうした社会改革の動きは，ドイツにおける労使関係の問題だけではなく，乳児死亡率の増加など社会衛生問題に見られる「産業化・都市化に伴う緊張とリスクの緩和，農業的経済から相互依存的な工業社会への移行，増大する労働階級の社会政策による市民社会への統合」といった，ヨーロッパで進行していた同時代のアクチュアルな課題に応えるものでもあった（Grimmer-Solem 2003: 3）．その学問的方法は，イギリスにおける貧困調査やフランスの社会調査などの統計的調査とフィールドワークを結びつけた経験的なモノグラフであり，「エンゲル係数」で知られるプロイセン統計局長 E. エンゲル（1821-96）が主催する統計学ゼミナールを介して，その参加者（ブレンターノ，シュモラー，クナップ，ヘルト，シェーンベルクら）に伝えられるとともに，社会調査の手法は社会政策学会からドイツに広がった（村上 2005: 17 以下）．その背後には，自然科学における新カント派，コントの実証主義，ミルの論理学，ヒューウェルの帰納法の影響があり，帰納的な経験主義こそが党派的対立を克服する客観

性の保障であり，経済と社会の真に科学的研究を建設する手段であるとの確信が存在していた（Grimmer-Solem 2003: 61ff., 153）．1880 年代以降の西欧諸国における歴史学派，制度学派，社会学の隆盛はこうした時代状況の反映であり，リベラルな市民的改革主義の源流でもある（高 2004: 序章参照）．そして歴史学派の終焉は，近代産業社会への移行が終了し，政策のための調査研究が国家行政や地方自治体に「制度化」されたことと関係している．

　他方で社会政策学会の中心となった「講壇社会主義者」には二つの潮流があったことに注意しなければならない．両者ともドイツ・マンチェスター派からの転向者であるが，歴史学派の中心となるシュモラー，ブレンターノらは自由放任主義の修正を求める「社会自由派」のリベラリストであったのに対して，しばしば歴史学派に数えられる**アドルフ・ヴァーグナー**（1835-1917），グスタフ・シェーンベルク（1839-1908）らは，「資本主義」を危険視する「国家社会主義者」であり，研究の重点を経験的調査研究ではなく，孤立化的方法による抽象的経済理論と「歴史的方法」を統合する国民経済学の体系化に置いていた．ラウの弟子でもあったヴァーグナーは E. ナッセ，H. ディーツェルらとともに一貫してラウの教科書の改訂と新たな体系化に取り組み，シェーンベルクの『政治経済学ハンドブック』（1882）も内容的にラウの 3 巻本の構成を踏襲している（Takebayashi 2003: 378-9）．しかも彼らはビスマルクに近い「社会保守派」であり，学会内でのいわゆる社会保険立法の推進者であった．シュモラーとクナップが社会保険立法を支持したのは，その見返りに大胆な社会立法を期待していたからであり，シュモラー，ブレンターノ，クナップは 1878 年の社会主義者法［社会主義鎮圧法］に反対したのである（田村 1993b: 18, 142, 246 以下；Lindenlaub 1967: Beiheft 52, 85, 217f.; Grimmer-Solem 2003: 76, 198, 201）．これをきっかけとして学会は事実上分裂状態に陥り（国家社会主義者がボイコット），1880 年代以降シュモラーを中心として学問的な調査研究に重点を移すようになった．学会は後にオーストリア学派，ワイマール期にはマルクス主義者も加わり，ドイツ語圏経済学の総合的なフォーラムとなった．

(2) 方法論争と歴史学派

　前述のように,「歴史学派」という呼称は方法論争をつうじて定着したのであるが,直接の論争は,メンガーの著作（Menger 1883）に対するシュモラーの書評（Schmoller 1883b）とメンガーの反論（Menger 1884）である．メンガーは国民経済学の理論研究を,例外のない「自然法則」としての「精密法則」を探求する「精密的方針」と,例外を含む「発展法則」のような「経験的法則」を求める「現実主義的・経験的方針」に分け,前者の非経験的抽象理論の優位性を主張しつつ,経験的研究から「精密法則」を獲得しようとする歴史学派を厳しく批判した（Menger 1883: 31ff. 訳41以下）．メンガーによれば,前述の二つの方針の混同はドイツの政治学と歴史学に端を発してラウに引き継がれ,ロッシャーの「歴史的方法」によって決定的となった．しかし主著『国民経済学原理』(1871)をロッシャーに捧げたメンガーは,法則を否定したクニースの方法論を批判しつつ,ロッシャーの「歴史的方法」を「経験的法則」の探求に軌道修正し,あわせて抽象理論研究の優位を主張したと考えることもできる（Takebayashi 2003: 61ff.）．

　シュモラーが反発したのは,メンガーの「精密法則」と「経験的法則」という「本質主義」（塩野谷 1995: 138）の立場からの二元論的構成であった．彼は実証主義の立場から,経験的個別研究と精密理論を「架橋されがたい断絶」ではなく,「個別的なものの学問」を「一般理論のための準備作業」と位置付けた．彼によれば,「社会科学の,部分的にはとりわけまた国民経済学の状態は,その比較的に大きな進歩にもかかわらず」,「暫定的な,まだ疑わしい,部分的に時期尚早の一般化の総和」から成り立っており,すべての経済現象を「原因と結果に即して記述」すること,とりわけ理論経済学者が「国民経済の本質」と前提している「西ヨーロッパの現代」における「経済現象のすべての本質的原因」を検討すること,これが焦眉の課題と意識された（Schmoller 1883b: 977, 983, 981. 訳 202, 211, 208）．

　シュモラーはこうした主張によって既存の国民経済学理論を脇に押しのけてしまった．彼からみれば,「利己心」に依拠する国民経済学は前述の社会

政策的立場を理解しないものであり，個別研究に基づく新たな「一般化」が必要とされたのである．その意味で論争は理論的研究と歴史的研究の優位をめぐるすれ違いに終わり，シュモラーが送られてきたメンガーの反批判 (Menger 1884) をそのまま返却したところで終わってしまった．論争を公平にみれば，法則や理論の論理的機能を十分把握しておらず，素朴な実証主義者の感が否めないシュモラーの劣勢は明らかであるが，シュモラーは経験的研究と抽象的理論研究の関連という重大な問題を提起したのである．

　方法論争におけるシュモラーの立場は歴史学派のなかでも特異なものである．彼以外の人々は抽象的経済理論と実証的歴史研究の共存を模索していた．ブレンターノは抽象的理論経済学の一般理論としての存在意義を認めながら，しかしそれは「利己心からの演繹」のために現在の社会問題を解決できないと考えた．ウィーン大学就任講演「古典派経済学」で彼はメンガーを批判し，後述する「歴史的・現実主義的処理法」によって「経験的経済学」の優位を主張した．その際ブレンターノは，「歴史的国民経済学」への発展に対するロッシャーの段階論的思考を高く評価し，「国民経済の形態学」を構想する観点から，工業経営形態の発展段階を提起したマルクスと批判的に取り組んだ．メンガーはブレンターノによる理論経済学の軽視には反発したが，経験的経済学の位置づけは認めたために，これによっていわば理論学派と歴史学派のすみわけが成立した．こうしてブレンターノのマルクス批判を介して経験的調査研究と経済発展段階論を統合する端緒が開かれ，これを受け入れたシュモラーらが自ら「歴史学派」を名乗るようになったのである (Takebayashi 2003: 64-7)．

(3) シュモラーの歴史研究と経済社会学

　テュービンゲン大学で学んだ後プロイセンに移り，シュトラスブルク大学，ベルリン大学教授を歴任し，社会政策学会会長 (1890-1917) となった**グスタフ・シュモラー (1838-1917)** は，進行しつつあった産業的発展を前提とする立場から社会問題の解決に取り組み，賃金低下の道徳的限界を指摘した

J.S. ミルの賃金論に依拠しつつ，労働者の「生活水準」の向上のために，彼らの「内面的・倫理的理解」にもとづく「経済学の倫理的基礎付け」を提唱した（田村 1993b: 87 以下）．当初彼はこうした向上が「自助」によって達成されると考えていたが，『19 世紀ドイツ小営業史』(Schmoller 1870) の執筆によって国家的社会政策の必要性を痛感したのである．彼はフィールド調査に基づく「精密な歴史研究」によって，手工業・小営業の没落の背景に伝統的手工業に固執する「心理」が潜んでいること，そうした産業部門では加工業を中心に必ずしも大企業が支配せず，小企業家への上昇が可能な分野が多く存在すること，小企業が成功するためにはマーケティングや簿記，最新の技術・技能などの経営的・技術的知識が必要であることを指摘し，「企業精神」を付与するために国家による普通教育と実業教育の展開を要求した（Schmoller 1870: 117, 198f., 697f., 679, 695, 325; 田村 1993b: 第 2 章参照）．

　本書の執筆によってシュモラーは，経済を営む人間が多様な心理的原因に規定されており，経済的合理主義や企業精神は「利己心」から必然的に生じるものではないことを確信した．彼によれば，技術革新に敏感で，高賃金によって労働者の能率を最大限引き出そうとする「有能」で「合理的」な経営者こそが近代的な経済発展の推進者であるが，彼らは長期的な視野から冷静に利潤追求を遂行するのであって，むしろ「無制限な利潤追求を抑制」する「適度な利己心」の持主にほかならない．彼の社会政策論は経済を無視した倫理的観点から行われたのではなく，制度と心理の観点から市場の経済合理性を高めようとするものであり（Priddat 1995: 275），そうした観点からの経済成長論でもあった．ここから既存の国民経済学に対する批判が生じた．

　シュモラーによれば，「国民経済組織」は従来の国民経済学が問題とした「自然的・技術的原因」と「心理学的・倫理的原因」から成立し，国民経済学は「後者の系列の原因も徹底的に究明されたときに，厳密な意味で科学となる」（Schmoller 1874-75: 57）．後者はヒルデブラントやクニースが重視した論点であり，これを実証科学の対象としたところにシュモラーの新味が存在した．こうした意味で彼は，従来の国民経済理論を「暫定的な一般化」と

見なし，それを含めたいわば社会学的総合を求めた．彼は「心理学的・倫理的原因」を，国家と社会における規範的共同意識という意味で「共同のエートス」と呼んでいるが，このエートスの存在によって人々は個々ばらばらの存在ではなく，集団・組織を形成することになる．したがって彼がこの原因を徹底的に究明しようとするとき，それは社会における集団・組織形成の原因を問題にすることであり，そうした方向を彼は，ラウの体系を乗り越えて「国民経済学を社会学へ拡大する」と表現した（Schmoller 1882: 1381-2）．シュモラーがメンガーと対立することになった最大の理由はこれであり，またシュンペーターが，アメリカにおける W.C. ミッチェルらによる「科学的認識の進歩」の先駆と評価した「シュモラーのプログラムの経済学」はこれである（Schumpeter 1926: 154, 170. 訳 431, 453）．

　シュモラーはこの展開を，心理学による人間心理の発達過程認識を根拠としつつ，歴史的な制度の分化と進化の過程として把握しようと試みた（「歴史的・倫理的方法」）．社会政策は「配分的正義」の実現と理解され，都市経済・領邦経済・国民経済という発展段階論を提示した有名な重商主義論においては，規範的共同意識の担い手である政治家・官僚の指導による経済圏の空間的拡大と内部分業圏の深化が決定的契機とされた（田村 1993b: 第 4, 6 章）．ここで示された中世都市を基点とする商業の展開と「国民経済」圏の拡大という歴史把握は，歴史学派の共有財産となったのである．

　さらにシュモラーは 1889 年以降，分業論，社会階級論，「人類の経済生活を企業の発展という観点から総合的に描こうとする最初の野心的な試み」(Takebayashi 2003: 81) である「企業の歴史的発展」に取り組み，これらの経済社会学的歴史研究の成果を主著『一般国民経済学要綱』(1900-04) で提示した．ここではいわば壮大な経済の文明史が展開され，原始社会→家父長的家族と家経済（自給経済）の成立→家父長制家族からの企業の分離（近代的市場社会）という三段階把握を基礎として，政治的・法的・経済的に多様な——所有，婚姻，市場，貨幣，営業などの——制度が複雑な形態に分化・進化し，この「共同生活の部分的秩序」としての制度を動かしていく

――氏族・家族・協同組合・ゲマインデ・国家といった――「機関」の内部において「共同のエートス」が支配し，さまざまな軋轢や闘争を「平和化」・「倫理化」することによって，制度的進化が文化的・倫理的進歩として現れてくる過程が描かれた（田村 1993b: 第 7 章；田村 2005: 第 5 節；Takebayashi 2003: 93ff.）．

　こうしたシュモラーの経済社会学研究は，スペンサーの社会ダーウィニズムとディルタイの心理学に強く影響を受け，「自然的・技術的原因」と「心理学的・倫理的原因」が組み合わされた「歴史哲学的構成」となっていた．これこそゾンバルト，ヴェーバー，シュンペーターが直面し，乗り越えようとしたものであった．

(4) ブレンターノの労働組合研究とマルクス批判

　ゲッティンゲン大学でテューネンに関する論文で学位を得た後，ベルリンのプロイセン統計局に入った**ルーヨ・ブレンターノ**（1844-1931）は，社会問題の解決案として「利潤分配制度」を提案していたエンゲルのイギリス視察旅行に随行したが（Brentano 1931: 45. 訳 47），イギリスに残ったブレンターノは労働組合主義者に転身し，研究成果を『現代の労働者ギルド』（Brentano 1871-72）として公刊した．シュモラーがこれを「精密な歴史研究」として激賞したことによって社会政策学会の模範的研究となったのである（田村 1993b: 17）．

　ブレンターノによれば，「理論経済学」は「最高の純収益が各個別人間経済の目的」であり，「各個人がこの目的の達成に必要な洞察力とエネルギーを身につけていると仮定」することから出発する．しかしこうした「前提の非妥当性」を現実に補完するものが労働者の団結組織である労働組合であった（Brentano 1871-72: I, Vorrede IX-X. 訳［上］v-vi）．労働者は労働を「商品」として販売するが，他の商品と異なって労働が「販売者の人身と不可分」であるために，労使間には「強者」と「弱者」という支配と従属の関係が生じ，貧困がよぎなくされる．労働組合はこうした「労働者の不利益」

を取り除き，彼らを「他の商品の販売者と対等にする」ことによって，労働市場における自由競争の仮定は現実化する（Brentano 1871-72: II, 11, 26. 訳［下］13, 31）．その場合，労働の購入は資本家が労働生産物を消費者に供給する一連の過程における「運送手段」にすぎないとの見解から，賃金は資本家のもとにある固定的な元金から支払われるとする「賃金基金説」が否定された（Brentano 1871-72: II, 201. 訳［下］245）．これが後に賃金引き上げと労働時間の短縮が作業能率を向上させるとする「高賃金の経済」論の根拠となる．シュモラーとの対立のひとつの原因は，シュモラーが短期的には賃金基金説の妥当性を認めていたからであった（田村 1993b: 159 以下）．

　さらにブレンターノは，労働組合の正当性と妥当性をギルドの歴史的展開のなかに位置づけようと試みた．彼は，ゲルマン民族におけるギルドの誕生から市民（商人）ギルドを経て手工業者ツンフトに至る変遷をたどり，時代が転換する過渡期では，「旧秩序の解体」によって「従来からの保護を失った弱者」が自らの利益の防衛のために「緊密な団結」であるギルドに結集したこと，このような「支配的精神」の「現代における最新の現象」が労働組合であること，を強調した（Brentano 1871-72: II, 314-5. 訳［下］374-5）．

　この結論は方法論的に言えば，「利己心の原理」から「競争の原理」だけを演繹する「理論経済学」に対して，コントとミルに依拠しつつ，「帰納を用いて，さらに利己心の原理からの演繹によって検証して」，「強者は競争の原理，弱者は団結の原理」とする「二つの命題」への到達を意味した（Brentano 1871-72: II, 317. 訳［下］379）．つまり労働組合という特殊な対象の実証的研究結果を，歴史研究をつうじて人間性の一般的命題から演繹し，検証したのである．こうした意味で「抽象的経済学」は，「歴史法則」としての「経験的法則」を引き出す「経験的経済学」に補完されねばならなかった．

　以上の立場からブレンターノは，前述のようにメンガーを批判したのであるが，そこでは経験的経済学の観点からマルクスに対する批判も存在していた．マルクスは『哲学の貧困』（1885）において，資本制におけるマニュフ

ァクチュアから大工業への発展の契機として分業と技術の変化を重視していた（「手織機は封建領主をもつ社会を生み，蒸気織機は資本家をもつ社会を生み出す」）．これに対してブレンターノは，重商主義による世界市場の成立と商業の発展を決定的な契機とみなしつつ，利己心の現象形態である「最大限の利潤」を志向する「商業精神」が封建社会に浸透し，「販売関係の変化」によって成立した手工業的家内工業を資本主義的企業の端緒と考えた（Brentano 1888: 27f.; Takebayashi 2003: 93）．

こうした見解の背後には，シュモラー，クナップ，ブレンターノ，コンラートの指導の下で 1870 年代後半から行われた，シュティーダ，トゥーン，シュナッパー-アルント，ザックス，ベイン，シャンツ，ヘルクナーといった歴史学派の若手研究者による問屋制度や工場に関するフィールド研究とそれに基づく経営形態の段階論が存在していた（Takebayashi 2003: 174ff.）．しかしブレンターノ自身はこれ以上の詳細な歴史研究を行わず，歴史における商業の展開とその制限からの解放という観点から，後述するゾンバルトやヴェーバーの研究の批判にとどまってしまった．前述の方法論的立場からうかがわれるように，ブレンターノは膨大な歴史的事実を提出したシュモラーとは逆に，「抽象的で理論的な基準」を「現実の分析」にそのまま適用し，「具体的な論及」をほとんどせずに結論を出す傾向があったのである（加来 1999: 23-4）．

(5) ビューヒャーの経済発展段階論

ブレンターノが提起した資本主義的企業の発展形態（国民経済の形態学）の問題を労働形態と経営形態の類型論・段階論をふまえた経済発展段階論として精緻に展開したのが**カール・ビューヒャー（1847-1930）**である．ボン大学・ゲッティンゲン大学で学び，フランクフルト新聞社に入社した後に研究に転じた彼は，1892 年ブレンターノの後任としてライプツィヒ大学に招聘された．彼は無名の存在であったが，『国民経済の成立』(1893) によって一躍有名となり，社会政策学会の膨大な手工業調査ではリーダーの役割を務

めた．

　ビューヒャーはメンガーの方法論を高く評価し，「現在の国民経済生活の法則」を把握しようとする「スミス主義」と「諸国民の経済的発展法則の学」を構築しようとする「国民経済学の歴史的方向」を共存させようと試みた．そのために彼は，歴史研究を事実の収集と形態の記述だけではなく，「孤立化的方法と論理的演繹」を適用して現象の本質的把握と歴史的因果関連を確定することが必要と考え，「典型的純粋性」を示す静止画の継起的段階として歴史的段階を把握しようと試みた（Bücher 1893: 5, 8f.; Takebayashi 2003: 105f. なおこの部分は『国民経済の成立』第2版以降削除された）．ビューヒャーによれば，リストやヒルデブラントの段階論が原始状態を除くすべての時代に財の交換に基づく国民経済が存在し，「経済生活の基本的現象はいつの時代にも本質的に同一である」ことを前提としていたが，国民経済に至るまでには長期にわたって「交換流通のない」経済や「国民経済と呼べない交換形態」が存在してきたのである．こうした歴史的経過を「財が生産者から消費者に到達する道程の長さ」を基準として提示したものが，封鎖的家経済→都市経済→国民経済という発展段階論である（Bücher 1893: 14f. 訳92以下）．

　(1) 古代と中世初期をモデルとする封鎖的家経済は，「生産から消費に至るまでの経済の全循環が家（家族，氏族）の閉ざされた領域内でおこなわれ」，営利経済と家政の区別も存在しない自給経済である．隷属的な不自由労働の編成によって家経済の規模が拡大し，不定期の交換と貨幣が登場するが，消費財は交換の対象とはならず，家経済の内部構造に変化はなかった（Bücher 1893: 15ff. 訳97以下）．(2) 中世都市を念頭においた都市経済は，都市と周辺農村民の「防衛団体」として成立した中世都市が市場制度の形成をつうじて農業生産物と工業生産物の「直接的交換のシステム」（顧客生産）を展開したものである．規則的交換と貨幣の浸透によって交換価値，地代，賃金が成立するが，近代的信用制度が欠如していたために資本は少なく，卸売商業と商業利潤は例外的にのみ存在した（Bücher 1893: 46ff. 訳120以

下）．(3)国民経済は，中世末期以降の絶対主義的国民的統一国家の形成と重商主義的政策による「対外的に封鎖された国家経済の創出」の結果として成立した．卸売商業の発展にともなって商品生産と財の流通が一般化し，近代的信用制度や貸付資本の成立とともに商業資本によって問屋制度が発展するが，さらにはマニュファクチュア・工場における分業に基づく大量生産とともに賃金労働者層が成立する（Bücher 1893: 140ff. 訳 97 以下）．

ビューヒャーは，この発展段階論を工業の経営形態の発展（家内仕事—賃仕事—手工業［価格仕事］—問屋制度—工場）や労働編成のシステムと結びつけて展開した．こうした段階論はシュモラーとのオリジナリティをめぐる論争を引き起こしたが，他方で，経済の段階的発展の発想を批判し，古代ギリシア・ローマにおける商業的発展と近代国民経済との類似性を主張する古代史家エドゥアルト・マイアー（1855-1930）による厳しい批判，さらに手工業史における賃仕事（顧客のもとでの出仕事）の一般的存在を否定したゲオルク・フォン・ベロウ（1848-1927）の批判にさらされた（詳しくはTakebayashi 2003: 144-8; 牧野 2003: 第4章参照）．このような歴史家からの批判によって歴史時代と段階概念の関連が問題になり，この問題を強く意識したのがヴェーバーである．その意味でビューヒャーの研究は新世代による歴史研究を橋渡しする重要な媒介項となった（石田 1986）．

(6) クナップの制度史的研究

以上，方法論争との関わりで歴史学派の旧世代を概観したが，方法論争に参加しなかったものの，歴史研究と理論研究に大きな足跡を残した**ゲオルク・フリードリヒ・クナップ**（1842-1926）の名前を逸することはできない．エンゲルの統計学ゼミナールとシュトラスブルク大学でシュモラーと同僚だった彼は，社会政策学会においても側近として終始シュモラーを補佐しつつ，農業制度史と貨幣制度史で卓越した業績を残した．

東部ドイツにおける農業労働者問題の歴史的由来を探求した『農民解放と旧プロイセン領における農業労働者の起源』（1887）は，東ドイツの農場領

主制のもとにおける領主・農民関係が，農民保有地の割譲を特徴とする 19 世紀初頭以降のプロイセン農民解放をつうじて，領主農場の拡大と中産的農民の没落による資本主義的大農場経営（ユンカー的大経営）へと転化したことを明らかにしたドイツ農業史，とりわけ「プロイセン農民解放史」の先駆的労作である．本書の特徴は，農業労働者問題の発生を景気循環史・恐慌史的ではなく，もっぱら「農業制度史」の観点から追求し，封建的負担から農民を解放する過程において，「国家の沈黙」によって「農民の利害」ではなく「グーツ所有者の利害」が貫徹した結果，貧しい農業労働者（インストロイテ）が発生したことを強調した点にある（Knapp 1887: 324, 294; 及川 2007: ［上］10）．こうし立場は，国内植民政策（ユンカー経営の削減と経営的農民の拡大）によって農業労働者問題の解決を図ろうとする彼の社会政策的立場の反映であった．シュモラー自身はクナップの研究の「一面性」を批判したが（及川 2007: ［上］12），本書は，シュモラーの小営業保護政策と同様に，講壇社会主義者による「公正な所得分配」を実現しようとする観点から遂行された典型的な歴史研究であった．

　他方『貨幣国定学説』(1905) は，「貨幣は法制の創造物」とする立場から，貨幣の価値単位を金属量にもとめる「金属主義」を批判し，価値単位を国家による歴史的な法制の産物とする「名目主義」の立場を打ち出したものである（Knapp 1905: 1, 7, 9. 訳 1, 11, 14）．クナップによれば，貨幣の本質は「支払手段」にあり，貴金属が「交換財」となったのは，歴史的に国家が貴金属を「支払手段」として法的に決定したからである（Knapp 1905: 2-3. 訳 3-4）．彼は自らの問題意識について，「本位通貨は金属の属性によってではなく，通商政策的に重要な近隣諸国の為替相場に対する有効な作用という目的から選択される」と述べ，貨幣制度の「理論的」・「哲学的」考察は，「国家学の一部門として」行われるべきと主張している（Knapp 1905: Vorwort, VI. 訳, 著者序文 3）．その意味で本書は，国民国家ドイツの通商政策的利害を背景にしつつ，国民経済学が国家学の一部であることを強く意識した立場から遂行された貨幣制度論である．その点で国民経済学を社会学へ拡大しようとし

たシュモラーとは異なって，クナップは国家学の伝統に忠実であった．

『貨幣国定学説』は，クニースの『貨幣と信用』を「歴史的方法から完全に離れている」（Weber 1903-06: 42）と指摘したヴェーバーによって高く評価され，彼の貨幣の社会学的考察に大きな影響を与えた（田中 2001: 129-30）．その意味でクナップの歴史的・理論的な制度研究は，純粋な経済理論とは異なる「経済にたいする広義の歴史学派的思考法」（田中 2001: 131）を典型的に示したものとして重要である．

4. 歴史学派の新世代

(1) 社会政策学会における世代間対立

シュモラーらが新たな歴史研究に取り組んだ1890年代は，ビスマルク退陣後に政策転換が行われ，社会政策学会が要求した政策が部分的に実現される一方，工業化のいっそうの進展と帝国主義政策の展開によって社会政策が「産業負担」として攻撃され，「講壇社会主義者」に対する攻撃が激しくなった時代であった．その結果として産業界から大学人事への介入が行われるようになり，国家的社会政策のあり方や学問的客観性が大学人事問題と結びつきながら問題となったのである．こうした時代背景のもとで社会政策学会では経験的調査研究から育った新世代が台頭し，社会政策や歴史研究をめぐる歴史学派の旧世代との対立が表面化し，「世代間闘争」（Lindenlaub 1967）の様相を呈した．この対立において批判の対象となったのは，1890年代から学会活動に復帰し，国家社会主義的立場から資本主義を倫理的に批判していたヴァーグナーであり，官僚主導による政策展開を擁護し，小営業保護政策を主張していたシュモラーであった．新世代からみれば彼らは，大経営・大工業の発展を阻害する「保守派」にほかならず，「シュモラー，ヴァーグナーの学問的伝統からの離脱」（Lenger 1994: 48）が問題となり，とりわけ歴史学派の新世代にとっては理論的研究と歴史的研究の統合という意味で「方法論争」の克服が課題となったのである．

こうした対立を表すキーワードが「資本主義 (Kapitalismus)」である．この対立は「資本主義」の展開を阻止しようしようとする旧世代とそれを促進しようとする新世代との対立として意識されたが，それは封建制と対立する一般的な意味での「資本主義」ではなく，官僚主導型の社会政策や小営業保護政策は大経営の発展とそれを物質的基礎とする「資本主義文化」に抵抗するものと理解されたからである．しかも資本主義の「不可避性」の主張は，たんなる資本主義肯定論ではなく，物質文化にたいする懐疑的態度を随伴していた（田村 1993b: 362 以下；田村 1996-97:（二）26 注 7）．そしてこの用語を普及させ，資本主義研究をリードしたのがゾンバルトとヴェーバーであった．

　他方でこの時代はヨーロッパ各地における商科大学や商学部の新設に見られるように，工業化の進展にともなって「経済学教育の制度化」が開始された時代であり，経済学カリキュラムの歴史，実証研究，応用分野への拡充によって理論と歴史の優位をめぐる「方法論争」は事実上決着の方向に向かっていた（西沢 2007: 第 4 章）．ゾンバルトやヴェーバーの大学との関わりもこうした動向と結びついていた．強引な大学人事政策としてしばしば批判の対象となったプロイセン大学局長アルトホフは，シュモラーと結んで多くの弟子を新しいポストに送り込んだが，ゾンバルトのブレスラウ大学への就職は，国民経済学第 2 講座開設にともなう「アルトホフ体制の典型的人事」として実現した（Lenger 1994: 42）．アルトホフとの確執が知られているヴェーバーも単なるクニースの後継者としてではなく（クニースはヴェーバーの招聘に強く抵抗し，シェーンベルクを推した），経験的調査研究にもとづく「実践的で重要な近代科学」としての「政治経済学」の適任者として招聘された．彼は病気によって正教授職を退いた 1903 年以降も新しい研究と結びついた歴史・実証・政策部門の充実に強い意欲を抱いていたのである（野崎 2004-07:（1）56,（5）-（7）参照）．

(2) ゾンバルトの近代資本主義研究

　社会政策学会設立メンバーでもあったアントンの子息として生まれた**ヴェルナー・ゾンバルト**（1863-1941）は，ベルリン大学のシュモラーの下で学位を取得したが，マルクスを高く評価したために「マルクス主義者」とされ，ブレスラウ大学，ベルリン商科大学で長く員外教授を務めた後に，ようやく1917年ヴァーグナーの後任としてベルリン大学教授となった．

　ブレスラウで家内工業調査に従事して社会政策学会の手工業調査にも協力し，当時の家内工業研究に刺激を受けたゾンバルトは，国家社会主義的な立場からの倫理的な資本主義批判ではなく，「資本主義的に秩序づけられた経済生活の経験的形成」を叙述したものとしてマルクス『資本論』を高く評価する一方，そこから搾取論と窮乏化論を取り除き，「利潤の蓄積」を推進力とする「反倫理的」な「経済発展の理論」として受けいれた（Sombart 1894: 559, 556, Anm. 1. 訳56, 49-50, 注1）．彼は「革命家」マルクスではなく，「経済学者」マルクスを評価したのである．ゾンバルトはこれによって経済理論と歴史研究を結びつけ，方法論争を克服するとともに社会政策に新たな地平を切り開こうと試みた．こうした野心的な著作が初版『近代資本主義』（Sombart 1902）である．本書は「資本主義の発生」（第1巻）を「経験的・偶然的」観点から解明するとともに，「資本主義発展の理論」（第2巻）において，資本主義的利害が経済社会を「法則的・必然的」に変容していく過程を分析することによって，「経験と理論」の統合を果たそうとするものであった．

　ゾンバルトによれば，資本主義はヨーロッパ中世社会から出現したが，それは経済生活の目的（身分的生計）と労働が「人格の表現」として分かちがたく結びついた手工業経済（欲求充足原理）から，経済生活の目的（営利）が経済主体の人格から分離して資本主義的企業組織そのものに体現化され（抽象化），利潤追求が経済主体に対して強制的に課せられ（客体化），無限化される「非人間的」なシステムとしての「資本主義」（営利原理）への転換とされた．その際彼は，手工業から資本主義への転換の推進力を単に貨幣

経済の発展によって生じた利潤への欲求（ブレンターノの「商業精神」）と理解するのではなく，特定の歴史的事象の連鎖の帰結と考えた．すなわち彼は，資本主義成立の歴史的背景を十字軍遠征と商業の復活によって生じた急速な貨幣経済の展開としながらも，ルネサンスと啓蒙主義による複式簿記の普及とそれに基づく経済的合理主義が浸透したことによって経済主体の側に転換が生じたと見なし，これを利潤欲と計算感覚・経済的合理主義が独自に結合した歴史的個体として「資本主義的精神（Kapitalitischer Geist）」と名づけたのである．これが資本主義の内面的推進力であり，古典派経済学者がモデルとした「経済人」はこの「資本主義的精神」の体現者であるとされた．さらに特徴的なことは，この精神と資本の成立（本源的蓄積過程）を手工業経済とそれと結びついた商業ではなく（欲求充足原理による交換としての商業），貨幣経済の急速な発展によって手工業経済の枠外で生じたイタリア諸都市における地価・地代・家賃の高騰と都市ブルジョアの急速な資金蓄積に求めたことである．いわゆる地代蓄積説である（Sombart 1902: Bd.1. 76ff., 196f., 394f., 291; 田村 1996-97: (一) 13-4, 17, 24, 20）．

ゾンバルトにおいて初期資本主義は，重商主義によって抑圧されるものと理解され，高度資本主義時代になって農業における資本主義の浸透と工業における大経営の発展・企業集中をつうじて「経済発展」が実現する．経済主体は「人格的なものの偶然性」から解放され，たえざる技術「革新」と産業の「計画的コントロール」を可能とする一方，消費産業と商業・信用機能の拡大による「大都市」の成長とともに，資本主義的中小企業および新中間層の出現と高賃金の可能性によって，購買力を豊かにもつ「大衆」社会（奢侈の民主化）が成立した．これは経済的には資本主義企業による手工業・家内工業の駆逐の過程であり，社会的には「共同体」からの「個人主義的解放」と経済の非人格化・経済プロセスの事象化（Versachlichung）にともなう資本主義的「物質文化」の支配の過程として把握された．こうして彼は，資本主義の促進にとって「手工業・家内工業の保護」が無意味であることを主張したのである（Sombart 1902: Bd.2. 99ff., 63f., 215ff., 258ff., 465; 田村 1996-

97: (二) 229 以下，227, 232-5, 239 以下）．

　本書は中世の商業の性格と地代蓄積説をめぐって大きな論争を引き起こしたが，とりわけ中世史家ベロウは理論的考察を高く評価する一方，中世商業による利潤蓄積を主張して厳しい批判を行った（Takebayashi 2003: 219ff.; 牧野 2003: 144-7）．やがてゾンバルトは本書の大改訂を企て，『ぜいたくと資本主義』（1913），『戦争と資本主義』（1913）を準備的著作として全3巻からなる第2版『近代資本主義』（Sombart 1916-27）を上梓した．第2版は初版の基本的構想を維持しつつ（地代蓄積説の維持），重商主義期における初期資本主義的発展の要因を，「ぜいたく」や「戦争」を含めて積極的に論じる一方，資本主義的「物質文化」の進行と大衆社会状況にたいする悲観的見方が強まり，前資本主義的な自給的小農業と手工業の再評価をともなう「資本主義終焉論」（後述）が前面に出るようになった．シュンペーターは後にゾンバルト『近代資本主義』（初版）を「歴史学派の頂上をきわめる業績」（Schumpeter 1954: 816. 訳 1715）と賞賛したが，ゾンバルトこそ新世代の「資本主義」パラダイムの創始者にほかならない．

(3) ヴェーバーによる資本主義概念の拡張

　ゾンバルト『近代資本主義』（初版）の問題提起に決定的な刺激を受けながら，マイアーやベロウによる歴史学からの歴史学派批判を深刻に受け止め，資本主義の宗教的基盤の探求を起点として，近代西洋における合理的文化の因果的連鎖の解明を試みたのが**マックス・ヴェーバー**（1864-1920）である．ベルリン大学で『中世商事会社の歴史』（1888）によって学位を取得したヴェーバーは，企業の歴史的発展を研究していたシュモラーに評価され（Takebayashi 2003: 98f.），さらに社会政策学会による農業労働調査の報告『東エルベの農業労働者事情』（1892）で注目されてフライブルク大学教授に就任した．ハイデルベルク大学への転出後，精神的疾患に悩まされたために1903年以降正教授職を退いて正嘱託教授となり（野崎 2004-07: (7)），1919年ブレンターノの後任としてミュンヘン大学正教授に復帰した．

前期の代表作「プロテスタンティズムの倫理と資本主義の精神」(1904-05．以下「プロ倫」と略）の執筆に際してヴェーバーは，理論と歴史の関連を問題にした．彼は社会科学を「生の現実をその特性において理解」すべき「文化科学」（リッカート）とする立場から，メンガーの抽象理論，ビューヒャーの段階理論，ゾンバルトの近代資本主義論をすべてその特徴を際立たせるための概念＝「理念型」と解釈した．彼はこの「理念型」を歴史的現象の因果帰属のための方法として駆使することによって「倫理的進化論」と「心理学主義」に陥ったシュモラーを批判し，方法論争を独自に克服しよう試みた（田村 1993b: 349 以下; Takebayashi 2003: 240ff.）．「プロ倫」では，ゾンバルトが「欲求充足原理」と呼んだ手工業経済を「伝統主義」と定義し（Weber 1904-05: Bd. 21, 21. 訳 108），それとの対比で合理的に営利を追求する態度を，資本家と熟練労働者に共通に見られる「倫理的色彩をもつ生活原理」という意味で「資本主義の精神（Geist des Kapitalismus）」と呼んだ（Bd. 21, 15. 訳 92）．その起源は，宗教改革によるルターの世俗的職業労働の聖化とカルヴァン派を中心とする世俗内的禁欲に基づく生活規律の強化であるが，禁欲思想の衰退とともに，意図せざる結果として合理的利潤追求を自己目的とする倫理的な生活態度（功利主義）をもたらした（Bd. 22, 104. 訳 348-9. なお羽入（2002）はヴェーバーのこの論証に対して実証的な立場から疑問を提起している）．しかし初期資本主義の推進力であるこの「資本主義の精神」は，資本主義の機構的完成とともに消失し，合理的な生活態度は市場の競争ルールによって「鉄の檻」のように人々に強制される．物質文化の繁栄とうらはらに，ヴェーバーは「資本主義文化」の将来に，人間が機構に従属する「魂のない専門家」（官僚制）の支配という不安を感じていた（Bd. 22, 108-9. 訳 356-7）．

　その後ヴェーバーは，『古代農業事情』第 3 版の大幅な改定（1909）によって，近代資本主義の特質と成立を古代史を含む広大な歴史的パースペクティブの下で捉えようと試みた（山之内 1997: 第 4 章）．すなわち「資本主義」という言葉を，自由な労働者に基づく「永続的大経営」という近代的・社会

的意味だけでなく,「土地と奴隷が自由な取引の対象」となり,「私人によって流通経済的営利のために利用される」という「純経済的」概念と考えれば,古代史においても「資本主義特徴」が強くみられるのである (Weber 1909: 15-6. 訳 26-7). しかしこの「古代資本主義」は, 政治的・軍事的・地理的原因から, 経済的「経営」ではなく「財産」を志向する「レンテ (Rente) 資本主義」・「政治寄生資本主義」へと変質し, 古代経済はオリエント的・専制的な, 奉仕・義務関係による需要充足である「ライトゥルギー (Leiturgie) 国家」へと退化した (Weber 1909: 275-7. 訳 497-500). それに対して近代資本主義への転換は, 中世の軍事組織 (封建制) と内陸への発展を前提として,「レンテ」を志向する領主権力から中世都市が自立化し,「平和的」・「市民的」な市場の拡大と手工業経営の商業的・技術的拡大が可能となったことによって与えられた. 近代資本主義は封建制を前提とし, それを解体する過程として発展したのである (Weber 1909: 257f., 266, 268-9. 訳 466 以下, 482-3, 486-7). しかしヴェーバーは, 近代の大経営的発展の結果として生じた独占と国営企業の展開のなかに,「ライトゥルギー国家」に類似した「経済の官僚制化」が見られることを強調しており (Weber 1909: 277-8. 訳 501-2), 近代資本主義の発展を段階的進化と古代との類似性という複眼的な視点から考察し, 歴史主義の影響を濃厚に示した.

　これ以降ヴェーバーは, 経済的合理化を宗教的合理化の観点から論じた「世界宗教の経済倫理」(1916-19), シェーンベルク『政治経済学ハンドブック』の改訂版『社会経済学講座』(GdS) の編纂者として寄稿した未完の『経済と社会』(1922) を残し, 一般的には「社会学」に転じたと理解されている. しかしヴェーバーは,「社会経済学」の呼称にこだわっておらず (小林 2002: 192), この企画自体を過大評価すべきではないこと,「社会学的」研究とされる成果が最終的にミュンヘン大学での「経済史」の講義として提示されたこと,「世界宗教の経済倫理」の諸論文が, ゾンバルトのヴェーバー批判 (『ユダヤ人と経済生活』1911,『ブルジョア』1913) への応答という側面があることを考えれば, 最後まで「歴史学派の子」とする立場が堅持されて

いたように思われる．

(4) 価値判断論争：歴史研究から経済理論研究へ

ゾンバルトとヴェーバーの資本主義研究が時代的に近代を遠くさかのぼり，経済の領域を超えた宗教的世界に拡張され，広い歴史的視野から「近代資本主義」に対する悲観的「診断」が行われるようになると，理論を歴史分析の道具とした彼らの方向に対して強い不満が表明された．『アルヒーフ』の共同編集者であった E. ヤッフェ（1866-1922）は 1917 年に，「シュモラーの死とともに偉大な学問的時代が終わり」，歴史学派の学問が「共有財産」となった現在，「経済行為の理論的分析へと振り子が戻る」「新時代」が始まったにもかかわらず，ヴェーバーとゾンバルトはこうした動向を無視していると厳しく批判した（Jaffé 1917: 1-2）．ヤッフェが「新時代」の動きとして注目したのは，アルヒーフの共同編集者となったシュンペーターであり，リーフマン『国民経済学原理』（1917）であった．ヤッフェが後者について，ゾンバルトの近代資本主義論を流通経済理論の出発点に置きつつ「交換経済のメカニズム全体」を説明しようとするもの，と評価しているように（Jaffé 1917: 5, 10-1），近代資本主義についての歴史学派の研究を前提として，消費者側の主観的価値論である限界効用理論を生産と分配に拡張する動きがオーストリア学派や歴史学派から生じてきた．アルフレート・ヴェーバー（1868-1958）の『工業立地論』（1909）もそこに含めることができる．社会政策学会におけるいわゆる「価値判断論争」はこうした脈絡で生じた．

価値判断論争とは，1909 年の社会政策学会ウィーン大会においてテーマとされた「国民経済の生産性」に関わって「生産性の向上」や「国民の福祉」などの政策的原理を学問的・客観的な理想として提出できるのかどうかをめぐって行われた論争である．報告者のウィーン大学教授 E. フィリッポヴィッチ（1858-1917）は，国民経済の観察と批判の基準およびその「究極目標」として「国民の福祉」を提起し，「国民の福祉を達成する国民経済の能力」が「生産性」の基準であると主張したが，これに対してゾンバルトは，

なにが「生産的」かは「価値判断」に依存し，「価値判断」は究極的には「個人的世界観」に依存していると批判した．R.リーフマン（1874-1941）は，「価値から自由」な限界効用理論によれば，市場の完全な自由を前提にすると経済主体は最大の貨幣所得をあげるように努力するから，私経済的「収益性」，「最大の生産性」，「国民の福祉」は一致すると述べ，フィリッポヴィッチを擁護した．こうした主張に対してヴェーバーはゾンバルトを擁護しつつ，「人間の胸底をゆすぶる至高の問題」が，「技術的・経済的な生産性の問題へとすりかえられ，国民経済学のようなひとつの専門学科の論議の提唱にされてしまうこと」に激しく抗議した（田村 1993b: 357-61; 牧野 2000: 第2章; Schmoller 1911: 訳者解説）．

　この論争は，シュモラーが後に「客観的価値判断」の存在を主張してフィリッポヴィッチを弁護し（Schmoller 1911: 493. 訳 175），それに対してヴェーバーが厳しく反論したことから，シュモラーとヴェーバーによる世代間対立の一環と見られることがあるが，そうではなく，「世代間闘争」という概念を提起したリンデンラウプ自身がそれを否定している（Lindenlaub 1967: Beiheft 53, 442）．その本質は，資本主義の促進を「文化的進歩」の観点から主張したゾンバルト，ヴェーバーらの新世代の「歴史学派」と，限界効用理論を出発点として経済主体の経済的行動を経済合理性の展開という観点から形式的・数理的・「価値中立的」に規定し，経済科学のテクノロジー化を志向する理論研究の新世代による歴史学派批判との対立である．それは方法論争の最終局面であるとともに，方法論争の克服をめぐる理論派と歴史派の対立であり，ドイツにおける「歴史学派の優位の終焉の始まり」であった（Nau 1996: 31, 33, 51）．シュモラーの主張は，いわば経済成長（生産性）による社会政策問題の解決に賛意を表しつつ，こうした熾烈な対立によってジャーナリズムが注目した社会政策学会分裂の危機を回避しようとした苦肉の対応であった．

(5) シュンペーターと資本主義発展の理論

ウィーン大学で経済史や統計学のゼミナールにも参加し，歴史的・社会的アプローチに関心をもっていたヨーゼフ・アロイス・シュンペーター (1883-1950) は，オーストリア学派の本質主義と心理主義にたいする批判の立場からワルラスらの数理経済学に関心を示しつつも（塩野谷 1995: 138 以下），「シュモラーのプログラムの経済学」，また後述するシュピートホフの景気理論を高く評価していたことを考えれば，彼の研究を広義の経済理論にたいする歴史学派の貢献を認める立場から遂行された——歴史学派の新世代と共通する——「理論と歴史の総合」（塩野谷 1995: 11）の独自の試みとして理解することができる．

『理論経済学の本質と主要内容』（1908. 以下『主要内容』と略）の序文の冒頭に，「すべてを理解することはすべてをゆるすことである」という格言を掲げたシュンペーターは，「方法論争」に触れ，「歴史的および抽象的方向はけっして矛盾するものではなく，唯一の相違は，両者の抱く異なった問題への関心にある」のであって，「たとえば純粋価格理論は単にこれを歴史的に取り扱うことはできず，国民経済の組織の問題は抽象的に論じることはできない」と指摘した．彼によれば古典学派と歴史学派の誤りは，古典学派の政策的主張（自由貿易と自由放任）とその「純粋科学的所説」を混同したことにあり，両者は必然的な相互依存の関係にはない（Schumpeter 1908: Vorwort V, 6-7, 12-3. 訳［上］5, 50, 59-60）．シュンペーターの戦略は，非経済的要因を排除した純粋な経済的論理の展開として経済理論を設定し，それとは次元の異なった政策や組織（制度）に関する歴史学派の学問的貢献を認めようとするものであった．

シュンペーターは経済理論を孤立化的方法によって経済の静止状態を精密に分析する「静学」とそこからの変動を扱う「動学」に分類した．彼は，仮定としての絶対的自由競争の下で財の所与の量と効用関数を前提とし，多数の経済主体による等価交換をつうじて需要と供給が一致する均衡状態を連立方程式体系として説明したワルラスの一般均衡論とベーム-バヴェルクの帰

属理論を統合して「静学」理論を構成し,これを「国民経済の瞬間写真」と呼んだ.この「静止状態」は経済的・社会的変動によって与件が変化し,「経済の連続性」が破壊され,「非常に複雑な」影響が生ずることになる (Schumpeter 1908: 142, 179-81. 訳 [上] 245, 297-301). この変動自体は「ひとつの統一的な」「社会的事象」にほかならないが,もしこの事象が経済的事実に大きく依存するとすれば,「孤立した国民経済」を仮定し,純粋な経済的因果関係の連鎖を汲みつくすことが「動学」の課題であり,これを展開したものが『経済発展の理論』(1912. 以下『発展』と略) である (Schumpeter 1912: 1, 3. 訳 [上] 25, 28-9). この場合彼は,経済の変動が「主として資本主義時代」に展開したことから,「資本主義的経済」を,新しい生産に必要な財貨が「市場における購買によって循環における特定の要素から引きぬかれるような経済形態」と定義し (Schumpeter 1912: 95, 165. 訳 [上] 173, 291),銀行家による信用創造にもとづく資金調達と金融,革新的な資本主義的企業家による生産諸要素の新結合(イノベーション)から生じる生産と市場の拡大の過程として説明した.

『経済発展の理論』は,シュンペーターがマルクスを評価したことから,それとの関連で論じられることが多い.しかしすでに述べたように,シュンペーターはゾンバルト『近代資本主義』(初版)を後に賞賛しただけでなく,早くから注目していた.彼は『主要内容』において,「歴史的資料にもとづく新しい理論の発展」の例として「ゾンバルトの『近代資本主義の理論』」(初版第2巻)をあげ,それを「いわゆる『精密理論』と同列におくわけにはいか」ず,「それにふさわしいのは『動学』の領域であろう!」と述べており (Schumpeter 1908: 18. 訳 [上] 66-7),同様の指摘は『発展』でも行われている (Schumpeter 1912: 90-1, 93. 訳 [上] 165-6, 170). すなわち彼はゾンバルトの歴史研究を意識し,ゾンバルトの「資本主義発展の理論」を「動学」として展開されるべきだと考えていたのである.

シュンペーターは,『発展』第2版において「企業者利潤・資本・信用・利子および景気の回転に関する研究」という副題を付けたことに触れ,「経

済発展の理論」という表題の不適切さが,「いまだに各国から続々と寄せられる私の『経済史に関する著作』についての問い合わせからあきらかである」,と述べている (Schumpeter 1912: XI-XII. 訳［上］10).『経済発展の理論』という表題は,同時代人にとってはゾンバルトを基点とする資本主義の経済史的研究の系列と見なされていた.したがって,シュンペーターの『主要内容』と『発展』が歴史学派と方法論争を意識して書かれたことは確実である.そうした観点から見ると,彼の「静学」と「動学」の分離は,ゾンバルトの「欲求充足原理」と「営利原理」に対応しているとも言える.またシュンペーターの企業家論の中心が「企業家精神」・「指導者精神」(塩野谷 1995: 203) であるとすれば,こうした類型の歴史的成立を問題にしたのは,シュモラー「企業の歴史的発展」論(シュンペーターはこれをシュモラーの研究のなかで「もっとも立派な業績のひとつ」としている.Schumpeter 1954: 810. 訳 1700) であり,ゾンバルトの企業家論であった(奥山 2005: 38).

後にシュンペーターは,『景気循環論』(1939) によって発展理論を歴史的・統計的に検証しようと試みた.それは「昔風の歴史的アプローチ」(塩野谷 1995: 224) のゆえに現代経済学から忘れ去られてしまったが,その最大の理由は,彼が「シュモラーのプログラムに従う」「歴史的経済学」を志向し,彼もまた「歴史学派の子」であったからである(大野 1994: 207).その意味で価値判断論争における対立はたんなる理論派と歴史派の対立ではなかった.

(6) シュピートホフの景気循環論

シュモラーの助手を務め,ボン大学でシュンペーターと同僚であったアルトゥーア・シュピートホフ (1873-1957) は,シュモラー年報に「過剰生産理論序説」(1902) を掲載して以降景気理論に取り組み,その成果を『国家科学辞典』(第4版) に発表した.シュンペーターは早くから彼の研究に注目し,事実を詳細に探求するシュモラーの精神を忠実に継承した「現実的理

論」として賞賛した（Schumpeter 1954: 817. 訳 1717）．

シュピートホフの景気理論の中心は，「間接消費財」（主として鉄と石炭）の過剰生産論である．「好況」の初期にはこれらに対する需要の増加によって資本不足と価格上昇が生ずるが，後期には過剰生産によって「不況」へと転じ，資本投下の減少と物価の下落をつうじて，賃金切り下げと失業を引き起こす．彼は膨大な統計的・歴史的資料を駆使して，好況から不況にいたる短期的な（ほぼ 10 年）循環の「景気交替」と，好況期と不況期が入れ替わる長期的な（20-30 年）「経済交替」（長期波動）に分類した（Spiethoff 1925: 10, 24, 60. 訳 10, 60, 200）．後者を規定するのは「間接消費財」を原料とする「収益財」（生産設備と鉄道・道路などの耐久財）の耐用年数である．彼によれば，「恐慌」は好況時における過度の信用膨張と過大投資の反動であって，景気循環の不可避的現象ではない．歴史的にみれば恐慌は，初期のチューリップ熱など「投機恐慌」を経て資本主義の発展とともに「温和な形態」となり，「回避されることが多く」なる（Spiethoff 1925: 39. 訳 116-7）．

シュピートホフは「経済交替」の起点を 1822 年に求め，景気循環を「内発的」原因にもとづく「高度資本主義的市場経済」に特有の現象と捉えた．この「内発的」原因とは，「高度資本主義の精神」である「経済人」の「営利衝動と企業精神」であり，「緩慢な有機的成長過程」とは区別される「資本主義的財貨生産」であり，大量の労働者・資本を動員できる「国民経済の自由な貨幣経済的市場組織」であった（Spiethoff 1925: 82. 訳 294-5）．このことは彼の景気理論が，ゾンバルトの「資本主義発展の理論」とシュンペーターの『経済発展の理論』を踏まえ，資本主義的経済発展が独自な景気循環を展開することを示そうとするものであったと言えよう．

シュピートホフは，こうした「現実的理論」をエドガー・ザリーン（1892-1974）の言葉を借りて「直観的理論」と呼び，時代と地域に規定される「経済的共同生活」＝「経済様式（スタイル）」を包括的に理解する「歴史的理論」として位置づけた．ザリーンはゾンバルトの近代資本主義論に示された「総体認識」をヒントとして「合理的理論」に対置する「直観的理論」を

1927年に提起したが，その背後には「全体性」の認識の希求，ドイツの文化的伝統の賛美，近代合理主義批判といった時代精神が見られたのである（原田 2001: 152-3, 148-9）．さらに彼は，この「直観的理論」の形成という観点から経済学史を再構成した．そこではプラグマティックなシュモラーの科学的精神を評価したシュンペーターの主張とはまったく対照的に，アダム・ミュラー，リスト，クニースが高く評価される一方，実証主義的な「細目研究」と「学者というよりもむしろ政治家」のゆえにシュモラーは貶められることになった（Salin 1929: 85ff., 88-90. 訳 264, 261, 269-70, 273, 280）．こうしたザリーンの見解が，その後の，とりわけ日本における歴史学派評価の基調となったように思われる．

5. 資本主義の終焉

歴史学派の新世代が「資本主義の促進」の立場とともに示した資本主義の将来に対する悲観的予想は，ヴェーバーからゾンバルトを経て彼らに共通の認識となった．ヤッフェは前述の書評論文の末尾で，ゾンバルト『近代資本主義』（第2版）とともに近代経済秩序の性格と作用の認識が深化したことに触れ，人間の価値評価が「資本主義時代の最終的基準」である「交換価値の純粋な貨幣的表現」，「量的物質的成功」によって計られる時代へと移ったことを指摘し，「原子論的・利己主義的衝動の抑制」のもとでのみ存続してきた「人間文化」の危機を指摘した（Jaffé 1917: 16-8）．こうしたロマン主義的な危機意識はザリーンとも共通しており，彼らの背後には，大衆社会や大量生産体制を嫌悪しつつ，ナチズムとは異なった急進的運動を展開したワイマール期の「保守革命」派知識人が存在し（小野 2004），ゾンバルトもそこに属していたのである．

ゾンバルトは『近代資本主義』（第2版）第3巻『高度資本主義』において，大経営の集中化とカルテル・トラストの発展によって「経済生活の脱商業化」と「官僚化された資本主義」を特徴とする「晩期資本主義」へと移行

したことを主張した．他方で彼は，家族的農民経済や伝統的手工業などの「資本主義以前および以外の」経済形態の協同組合による存続および公共団体による多様な経営の展開（共同経済）を指摘し，「将来の経済生活」について次のように予言した．すなわち，「資本主義的経済システム」は豊富な天然資源のゆえに「なお長期にわたって経済生活の重要な部門を……支配する」であろうが，計画経済の傾向が強くなり，「資本主義的精神のうち合理主義がますます強化され，利潤欲と個人主義が取り去られる」ようになる．その結果，「安定化され規制された資本主義」と「技術化され合理化された社会主義のあいだの区別は」大きなものではなくなり，その移行は「カタストロフもなく，突然の中断もなく，……ドラマティックな飛躍もなく」行われるであろう (Sombart 1916-27: Bd.3, 806, 995, 999f., 1012, 1015). マルクスとは異なったこのような資本主義の終焉論と社会主義への展望は，ニュアンスの差はあれシュピートホフにも見られ (Spiethoff 1925: 85. 訳 305-6)，またシュンペーターの「資本主義はその成功のゆえに崩壊する」との命題も，「ゾンバルトの確信をほぼ完全に受けいれたもの」(Lenger 1994: 260) であり，こうした歴史学派の最後の思想圏に属するものである．

　なおこうした資本主義の終焉という問題にかかわって，「有機体」になぞらえた共同体としての社会および国家の再興という観点から，いわば資本主義超克論を提起した「保守革命」の経済思想家としてゴットルとシュパンがいる．歴史学派の本質がロマン主義的有機体思想にあるとの立場から，しばしば彼らは歴史学派の最後の段階の経済学者とみなされたが，歴史学派の新世代の研究を資本主義の歴史的相対性を意識した理論的・歴史的研究と見れば，彼らは明らかに歴史学派とは異なった存在である．晩年のクニースに学んだゴットル-オットリーリエンフェルト（1868-1958）は，有機体としての「生命」と多様性としての「生活」とを重ね合わせる「生 (Leben)」概念を最も重要な基準として，経済生活を人間の共同生活のひとつの側面であることを強調し，民族・国家・国民経済を統一的に把握しようとする立場から『生としての経済』(1925) を発表した．またウィーン大学教授オットマー

ル・シュパン（1878-1950）は，社会・国家が階層制と多様性からなるとともに，諸部分の集合以上の「全体性」であることをカトリック思想も加味して説き，『真正国家論』(1921) を著し，自らの体系を「普遍主義（Universalismus）」と称した．彼らのこうした形而上学的な経済思想から提起された民族的な共同経済論や職分国家論は，同じくロマン主義的志向を含んだザリーンと比べても近代的・合理的理論への拒絶が極めて強かったために（高島 1941: 12-3, 33-5, 110-3），ナチスを支える有力な経済思想として一世を風靡し，日本の戦前・戦時期においても全体主義的な資本主義超克論を提起した官僚や経済学者・知識人に大きな影響を与えた（柳澤 2008: 102-3, 159, 257-8, 285-6, 330-3）．しかし，ナチス・ドイツのオーストリア侵攻とともにシュパンが逮捕拘束され，またナチスに協力したゾンバルトが最終的にナチスと対立したように，ロマン主義的な経済思想家とナチズムとの関係が微妙であったことに注意する必要がある．

歴史学派の新世代がもたらした「資本主義」パラダイムは第二次大戦とともに消滅し，ドイツ経済史において「資本主義」という用語は意識的に回避されるようになった（Lütge 1952: 294）．これはドイツにおける歴史学派の終焉を告知するものであったが，第二次大戦後に資本主義の歴史をテーマにした「ゾンバルトの賛美者」(Lenger 1994: 226) フェルナン・ブローデル，近代ヨーロッパにおける資本主義成立史に取り組んだ大塚久雄，資本主義経済を歴史的な「近代世界システム」と考えたエマニュエル・ウォーラースティンなどは歴史学派の後継者と見ることができよう．

第2章
ヴィルヘルム・ロッシャーの歴史的方法
―『歴史的方法による国家経済学講義要綱』刊行 150 周年にあたって―

はじめに

　ヴィルヘルム・ロッシャー（1817-94）を「ドイツ歴史学派の創始者」と呼ぶことは研究史上早くから定説となっているが，その最大の理由は，副題に掲げた『要綱』(Grundriss zur Vorlesungen über die Staatswirtschaft. Nach geschichtlicher Methode, Göttingen 1843) の序文において，国民経済学における「歴史的方法」が初めて明確に宣言されたからであった．もっとも「歴史的方法」の宣言によって，彼を直ちに「歴史学派の創始者」とみなすかどうかはすこぶる問題であって，これについては後で触れることにしよう．

　ところで『要綱』は，彼自身冒頭で述べているように，国民経済学（Nationalökonomie）・財政学（Finanzwissenschaft）・経済政策（Wirtschaftspolizei）を対象とする国家経済学講座の講義のために出版されたものであり（Roscher 1843: III. 訳 17. 以下引用にあたっては必ずしも訳文によらない），参考文献を付した覚書風の体裁をもつ原文 150 ページの小さな教科書である．後に『要綱』の内容は大幅に拡大され，5 巻本の『国民経済学体系』(System der Volkswirtschaft) として順次出版されていった．すなわち第 1 巻『国民経済学の基礎』(Bd. I: *Die Grundlagen der Nationalökonomie,* 1854)，第 2 巻『農業経済論』(Bd. II: *Nationalökonomik des Ackerbaues und der verwandten Urproductionen,* 1859)，第 3 巻『商工経済論』(Bd. III: *Nationalö akonomik des Handels und Gewerbefleisses*, 1881），第4巻『財政学体系』(Bd. IV: *System der Finanzwissenschaft*, 1886），第5巻『救貧政策体系』(Bd. V: *System der Armenpflege und Armenpolitik*, 1894) である．いずれもシュトゥットガルトの書肆コッタから出版され，各巻がA5判組500ページから1000ページを越える大部の『体系』は，『要綱』刊行当時弱冠26歳のゲッティンゲン大学私講師であったロッシャーが，文字通りライフワークとしてほぼ半世紀にわたって心血を注いだ労作であった．第5巻『救貧政策体系』は，彼の死後遺稿として残されたものであるが，印刷に回される直前の完全原稿だったといわれており，その意味でルター派の敬虔な信徒であったロッシャーは，現世における自分の仕事を完全に成し遂げて天国に召されたといっても過言ではないであろう．彼の死を追悼したカール・ビューヒャーは，次の文章を冒頭に掲げている．

　典型的に完成されたドイツの大学教授の生き方は，ヴィルヘルム・ロッシャーとともに終わった．その生き方とは，外面的な出来事には乏しいが，きわめて着実に成果を収めた活動であり，騒々しい日常の営みから距離を置いているが，世間離れしたり世間から逃避するわけではなく，時代の偉大な精神的運動のまっただなかに身を置きつつ時にはこれを促進したり協力する，というものである．そうしてわれわれとは違って彼は，偽りの虚飾を嫌う気高く慈悲深い，控え目かつ親切で善良な人であった．しかしまた彼は賢い人であったから，周囲を観察しつつ用心深く自分の道を歩み，全存在を調和的に形成するという術をまれにみるほど心得ていたのである (Bücher 1894: 104)．

　ビューヒャーの感慨は，方法論争によって歴史的方法そのものが激しい論議の対象となっただけでなく，歴史研究が社会問題＝現実政治に直接関わる学問上の武器ともなった新歴史学派の世代に共通するものであろうが，彼らにとってロッシャーは，ドイツ国民経済学の「旧き良き時代」の象徴であっ

た.『体系』の副題が「実務家・大学生のための手引書・読本（*Ein Hand- und Lesebuch für Geschäftsmänner und Studierende*）」となっていることから示唆されるように,「歴史的方法」による経済学の体系化とは, 焦眉の実践的政策問題とか方法論上の問題を意識した結果ではなく, むしろ経済的実務に携わる現実の, あるいは将来の官僚層に対して, 経済問題を処理するための現実的・歴史的センスを涵養するという教育的な関心から企てられたのである. したがってそこには, 官房学の伝統を色濃く継承しつつ, その技術主義的・非学問的性格を払拭しようとする強い意気込みが働いていた. そして『要綱』と『体系』は,「ドイツで最も普及している教科書」（Schmoller 1888: 155）として大成功を収めたのである[1].

1. 歴史的方法

さて『要綱』における歴史的方法の宣言とは, 序文とそれに続く序論で述べられた次の記述を指している.

(1) 国家経済学は, 国富を増進させるための貨殖学ではなく,「人間を判断し人間を支配することを問題とする政治的科学」である. その目的は,「諸国民が経済に関してなにを考え, 望み, 感じとったのか, なにを獲得しようと努力して達成したのか, どういう理由でそれを獲得しようと努力し, どういう理由でそれに到達したのか, ということの記述である.」この記述は法制史・国家史・文化史と結びつけてはじめて可能に

---

1) ビューヒャーの指摘によれば,「彼は聴講者や読者に必要なことを納得させようとしたのであって, 彼が正しいと思ったことを説得しようとしたのではない」（Bücher 1894: 117）. シュモラーは, ロッシャーのカール・ハインリヒ・ラウに対する「恭順」の関係を指摘する一方, 官房学と古典学派を折衷させようとしたラウの教科書が——たとえばツンフトの根拠は6つ, 営業の自由の根拠は7つであるから後者に賛成すべきであるといった——, 非歴史的・非学問的要素を含んでおり, ロッシャーの教科書がこうした要素を取り除いたと指摘している（Schmoller 1888: 155）.

なる．

(2) しかし国民はたんに現在生きている個々人の集合ではないから，国民経済の研究は現在の経済状態の観察だけでは不可能である．「この後で現在にいたるまでの文化諸段階の研究——これはさらにすべての未開民族にとって最良の教師である——が，［現在の経済状態の研究と］同一の重要性をもつように思われる．」

(3) 「大量の現象から本質的なもの・法則的なものを見つけ出すことの困難性は，われわれに知り得るすべての国民を経済に関して相互に比較することを要求する．近代諸国民はそれぞれが密接に絡み合っているから，個々の国民の徹底的観察はすべての国民の観察なしには不可能である．またすでに死滅した古代諸国民は，その発展がまったく完結してわれわれの前に横たわっている，という独特の教訓を有している．」したがって近代的国民経済において古代のそれと類似の発展方向が示された場合，この「平行関係」は現在の方向を判断する導きの糸となる．

(4) 歴史的方法は一定の経済制度を賞賛したり非難したりするものではなく，むしろ科学の課題がそうであるように，どのようにして「合理から不合理」が，「善行から災厄」が生じるのかを明らかにすることである．天才ならばわずかな研究対象から実践上問題となる本質的側面を取り出し，死滅したものと生存能力あるものとを区別できるが，通常の教師の講義では不可能である．したがって「たとえば，定率地代・賦役・ツンフト法・会社独占がその当時なぜ導入されねばならなかったのかを完全に認識した人だけが，それらがいつ・どこで・どういう理由で廃止されねばならないかを正しく判断できるのである．［国民経済学の］理論的教義は，学問の基本につまずく人々に実践をもっと楽なものにするものではそもそもないのであって，むしろ立法者や行政家がことごとに考慮しなければならない無数の事柄に注意を向けさせることによって，かえって実践を困難にさせるのである．」

以上の論述は，歴史的方法のいわば精神である．それは段階論的・比較史的観点の重要性であり，国民経済の複雑な相互依存関係の指摘であり，国民経済学の理論命題から直接実践の処方を得ようとする態度への批判であり，歴史的事実の観察から解答ではなく教訓を引き出そうとする姿勢である．そうしてロッシャーは方法の由来を次のように説明している．

 こうした方法は，サヴィニー，アイヒホルンが法学において達成したのと同様のことを国家経済学においても達成しようとするものであることはわかるであろう．それは，リカードウ学派にけっして反対するものではないが，それとは距離を置いているのであって，彼らの成果を感謝して利用しようとするものである．それだけに歴史的方法は，マルサスやラウの方法に近いのである（以上 Roscher 1843: IV-V. 訳 18-21）．

 さらに序論の短い記述のなかでロッシャーは，「可能な限り抽象的に，すなわち可能な限り空間と時間のあらゆる偶然性を取り去って概念と判断の体系を求める」「哲学的方法（philosophische Methode）」と，「可能な限り忠実に現実の生を模写して人間的発展と関係の叙述を求める」「歴史的方法」を対比し，歴史家の仕事と自然研究者のそれとの類似性を指摘しつつ，「歴史的方法」の目標が「発展法則」の構成にあることを強調する（Roscher 1843: 1-2. 訳 22-4）．

 後にロッシャーは，『体系』第1巻の序論でこうした論述を敷衍し，「哲学的方法」を当為（sollen）を問題にする「理想主義的（idealistische）方法」，「歴史的方法」を存在（sein）を問題にする「生理学的（phisiologisch）方法」（「国民経済の解剖学・生理学」）とも呼び，政策的実践を生理学に基づく医学の処方になぞらえている（Roscher 1854; 1858: 24, 38, 42. 詳しくは白杉 1939: 第1章第2節；白杉 1956: 第3章参照）．もっとも彼は，こうした方法の分類によって抽象的理論経済学を退けようとしたのではない．脚注において，リカードウはもっぱら sein を，社会主義者は sein sollen を問題と

したと指摘されているように (Roscher 1854; 1858: 38), 抽象的命題の獲得をそのまま実践の「理想」として受け取る態度が批判されている. ロッシャーは, 現実の国民経済が自然法則としての発展法則の拘束を受けていることを証明することによって,「国民経済政策の問題に関するあらゆる党派的闘争を調停」しようとしたのである (Roscher 1854; 1858: 44). したがってロッシャーが歴史的方法によって意図したことは, シュンペーターが名づけた, 特定の仮定の下で推論された結論をそのまま実際問題の解決に適用しようとする「リカードウの弊風 (Ricardian Vice)」(Schumpeter 1964: 473. 訳 996) を回避することにあったように思われる.『要綱』の末尾の歴史的方法に関する文献において, アリストテレス, モンテスキュー, メーザー, ヘーレンとならんで, 経済学者としてはラウとマルサス以外にスミスとジェイムズ・ステュアートが挙げられていることは (Roscher 1843: 150. 訳 314), 歴史的方法の以上の意味をはっきり物語っているであろう[2].

2. 発展法則と段階論

ところで, ロッシャーが国民経済の発展法則を構成しようとしたとき, そこに現れたのは歴史事実の因果的研究による法則の帰納ではなく, 人間有機体とのアナロジーにほかならなかった. 利己心と公共心という「自然的衝動」を有する人間の集合である国民の「自然的産物」が国民経済であり, 国民経済の成立・繁栄・没落は, 彼にとって, 人間の生誕・成長・死滅が自然法則であることの当然の帰結なのである. そして農業の繁栄は工業の繁栄を,

---

[2] ロッシャーの歴史法学派への言及は, 法学における歴史的方法がドイツのアカデミズムで収めた成功を念頭においたものであって, 後述のメンガーの指摘のように, 直接的な関連を過大に強調すべきではないであろう. シュモラーがロッシャーを,「ユストゥス・メーザーを出発点とするゲッティンゲンの偉大な文化史家」と呼んだように (Schmoller 1888: 151), またアイザーマンが, 恩師の文献史家ゲルヴィヌスとランケ, あるいはニーブールの影響を指摘しているように (Eisermann 1992: 31ff.), ロッシャーは広くドイツのロマン主義と歴史主義の影響圏に位置づけられるべきであろう. なお当時の歴史法学派については, 河上 (1989) を参照.

工業の繁栄は農業の繁栄を前提とするといった国民経済の相互依存関係は，「個々の事実がそこからのまさしく流出であるにすぎない有機的生命体の存在を仮定しなければ，説明が循環することになる」であろう（Roscher 1854; 1858: 17, 21, 23）[3]．発展法則は研究の結果ではなく，その前提として仮定されていた．さらにロッシャーが発展法則の構成という場合，人類史のすべてを図式化しようとするヘーゲル的な普遍史的構成から遠ざかろうとしていたことに注意する必要がある．「われわれが人間の歴史の最初の1/10にいるのか，それとも最後の1/10にいるのかがまったく分からない間は，個々の国民や時代を指定するためのいかなる普遍史的構成も空中楼閣である」（Roscher 1854; 1858: 547）．発展法則の構成という歴史的方法の目標と一見するとまったく矛盾して，彼はマカロックを引用しつつ，「物理的科学」の場合には定理がすべての事例に適用できるが，「道徳的・政治的科学」の場合にはただ多数の事例に適用できるだけである，と例外の重要性を指摘している（Roscher 1854; 1858: 43）．法則的一般化が本質の抽象的把握であるとすれば，例外の認識は国民経済の独自な個性を理解することになる[4]．ロッシャーが古典学派の理論体系を祖述しつつ膨大な歴史的事実を補おうとしたのは，このような歴史的感覚からであった．

　さらに彼の段階論の際立った特徴は，人間のアナロジーから国民の死滅あるいは国民経済の没落がしごくあっさりと語られていることである．リストの段階論だけでなく，およそすべての段階理論にあっては，発展・成長のための「歴史実用主義」的側面が否めないのであるが，「国民経済は永遠に成長することがない」こと，あるいは「諸国民全体にとって繁栄期の到達後に老齢化と衰退が不可避である」ことは，ロッシャーの不動の信念であった．もっとも民族・国民の衰退や死滅とは，肉体的存在そのものの消滅ではなく，「その国民的個性において消滅し，他国民の構成要素として存続する」意味

---

[3]　ロッシャーの発展段階論については，Riha（1985: 72-3．訳 117）を参照．
[4]　「一般的発展法則を知る者のみがその発展法則の国民的例外と修正を判断することができる」（Roscher 1861: 14; 白杉 1939: 64 に引用）．

であるが (Roscher 1854; 1858: 540, 542, 544). こうした特徴が彼の宗教的確信の帰結であったことは明らかであろう. ヴェーバーによれば,「ロッシャーの学問的個性にとって重要な点」はその「宗教的根本見解」であり, 彼は「厳格な伝統的信仰を公に告白する際ある種の困惑を覚える, というようなことをまったく考えもしなかったのであり, 実にその限りで完全に『非近代的』であった」(Weber 1903-06: 3. 訳 11-2). 講義の前に祈りを欠かさなかったといわれているロッシャーにとって, 世界史そのものが来世における神による陶冶を期待しうる「世界の審判」にほかならなかったのである (Eisermann 1992: 30-1).『体系』第1巻を読む人は, 本文や脚注の所々で新約聖書の言葉が引用されたり参照を求められたりしていることに違和感を抱くであろう. 国民の死の宿命とそれにもかかわらず国民経済の「健康」を維持し死を延命させる経済政策の役割とは, ロッシャーにおいて矛盾するものではなかった. 経済政策が治療法であるという「仮定」は,「ロッシャーにとって, 彼の信仰と結びついた, 国民の類型的な進行に関するその歴史哲学的見解によって原理的に与えられていたのであり, この信仰があったがゆえに彼はその理論の宿命論的帰結から免れたのであった」(Weber 1903-06: 39. 訳 82).

おわりに

いわゆる歴史学派の本来の意味を, 古典学派の抽象理論に対抗しつつ, どのようであれ広い意味での歴史的理論の構想を指向したものと考えるならば, ロッシャーの「歴史的方法」をただちに歴史学派の形成と直結させることは疑問と言わねばならないであろう. 彼は「農地制度論」のリストを「素晴らしい歴史感覚の持ち主」と賞賛していたが,『国民的体系』の「非体系性」や歴史的事実の誇張・歴史的知識の一面性を論難し, むしろリストの万民主義・個人主義というスミス批判に対して後者を擁護していた (Roscher 1874; 1992: 973-5, 978). 歴史的方法の宣言には, リストに対しては文献学の

修養を積んだアカデミックな歴史学者としての自負があったように思われるが，リストのように「生産力の理論」によって古典学派に対抗しようとする意識は，彼にはまったく欠けていた．ロッシャーを「ドイツ歴史学派の本来の創始者」と呼び，「抽象的国民経済学を歴史的基盤の上に置き換え，ラウの官房学的理論・イギリス人の自然法理論を歴史的理論に転化する課題」に一生を捧げた彼は，「そうしてこの目標を達成したのである」，と述べた有名なシュモラーの判断は（Schmoller 1888: 150），やはり「古典派のエピゴーネン」を意識した新歴史学派の指導者としての戦略的配慮であろう[5]．むしろ研究史の評価は，ロッシャーの古典学派との内面的親近性を強調する見解に満ちている．歴史法学派とロッシャーの歴史的方法のズレに言及しつつ，「彼の政治経済学はけっして『歴史的方法』による国民経済学ではない」（Menger 1883: 225. 訳 205）と述べたメンガーの真意は，ロッシャーの研究の「非歴史的」性格を指摘したものである．さらにビューヒャーは，次のように述べている．

> 彼は……いわゆる古典派経済学に対決して研究内容と教授方法の対立を指摘しようとしたのだとか，あるいはしばしば指摘されているように，新しい『学派』を創ろうとしたのだと考えるとすれば，それは間違いであろう．……ロッシャーはそのライフワークの開始にあたって，重農主義者やスミス以来国民経済学の領域で達成された学問的仕事の全体を押しのけ，誤りであると宣言しようとはけっして企てなかった．むしろ彼は既存の理論に，その観察領域をすべての諸国民・諸時代に拡大することによって確固たる基礎を与えようとしたのである（Bücher 1894: 106-7）．

この文章によれば，ロッシャーの歴史的方法は「既存の理論」の研究・教授上の補助手段にすぎないであろう．ヴェーバーによれば，ロッシャーは利

---

[5] シュモラーのロッシャー批判については，田村（1993a: 132 以下）を参照．

己心と公共心を対立させるのではなく,後者を前者に浸透していく「宗教的根本衝動の表現形態」と理解することによって,「利己心のうえに築き上げられた古典派国民経済学の概念および法則の装置全体を全く無条件に受けついでしまったのである」(Weber 1903-06: 32. 訳 67). そうして周知のように,「経済学の歴史学派」を「歴史法則」を否定したシュモラー以後の時代とそのグループに限定し,「旧歴史学派について語ることは良い習わしではない」と述べたシュンペーターは,「ロッシャーの［国民経済の］『基礎』とミルの『原理』とを比較しても,研究手続きの基本的な相違をなにひとつ発見することはでき」ず,ロッシャーを「イギリス古典学派のはなはだ功績の高い後継者に分類されるべき」だと主張しているほどである (Schumpeter 1954: 540, 570. 訳 1064, 1134).

これらの論述は,ロッシャーの歴史的方法の宣言を無条件で「歴史学派」の形成に結びつける通説に反省を迫るものであろう. 彼は方法論争に悩むことはけっしてなかったのである. しかしながら同じシュンペーターの,シュモラー以前の発展段階論のなかで「進化論」的信念に「耽溺しながらもこれによって誤ることのなかった経済学者・経済史家は,私の知る限りでは,ロッシャーだけであった」という指摘 (Schumpeter 1954: 442. 訳 933), あるいはヴェーバーの,ロッシャーの歴史的方法のなかにヘーゲルの形而上学と歴史の思弁的支配とからの「健康化の過程」が見られるという認識は (Weber 1903-06: 41. 訳 87), ロッシャーの研究が,その不徹底性や矛盾にもかかわらず,古典派理論の相対化を通じて若い世代に健全な歴史感覚を培うことに成功したことを示唆しているであろう. その意味で彼を,歴史学派の事実上の創始者ではなく,「ドイツ歴史学派の精神的創始者」(Eisermann 1992: 27) と呼ぶことは不当ではないように思われる.

第3章
国民経済から資本主義へ
―ロッシャー，シュモラー，ゾンバルト―

はじめに

　ドイツ歴史学派という言葉は経済学の歴史上頻繁に用いられるが，その意味と範囲については必ずしも明確ではない．一般的には「歴史的方法」を初めて明示的に提唱したヴィルヘルム・ロッシャーを歴史学派の「創始者」とし，このロッシャーを含めて，ブルーノ・ヒルデブラント，カール・クニースをいわゆる旧（ältere）歴史学派，その後に続くグスタフ・シュモラー，ルーヨ・ブレンターノらの世代を新（jüngere）歴史学派と分類することは慣行となっているものの，それ以上の学派の人脈や学問的内容に関してみれば，およそ統一性を欠いた理解が併存していたといっても過言ではない．例えば，わが国における歴史学派のイメージの原型を提出したと思われる白杉庄一郎は，古典学派と社会主義への対抗という観点から歴史学派全体の否定的評価を基調としつつ，新旧の相違よりもその共通性（帰納法的研究の重視と政策的研究の優位）を強調し，結果として経済史研究への視野の拡大を指摘するものの，カール・メンガーとマックス・ヴェーバーの批判による学派の「解体」を力説した（とりわけ白杉1965．なお白杉1939; 1956も参照）．
　ところが周知のようにシュンペーターは，歴史学派の科学的業績（経済史と経済社会学）をむしろ積極的に評価し，新旧の慣習的区分を批判して「生粋の学派の出現」をもっぱらシュモラーと結びつけた．さらにはヴェーバー

の批判を学派の「解体」の徴候と理解するのではなく，ヴェルナー・ゾンバルトとアルトゥーア・シュピートホフを含む「最新（youngst）歴史学派」の形成と把握したのである（Schumpeter 1954: 809f. 訳（5）1694 以下）．

　こうした対立の根底には，そもそも「歴史学派」という現象をどのように定義するかという概念上のズレが存在している．白杉によれば，コスモポリタンな性格をもつイギリス流の経済学（Political Economy）がドイツに輸入され，国民経済建設の課題を有する特殊ドイツ的な「国民経済学」（Nationalökonomie・Volkswirtschaftslehre）[1]に変容し，そこに独自な「歴史的方法」を付与したものが「歴史学派」にほかならない．そして「歴史的方法」は，古典学派の自然主義に対抗する「歴史意識の覚醒」を背景とする帰納法の重視という意味で幅広く解釈されていたから，新旧学派の共通性を強調し，「国民経済学」を課題としなかったシュモラー以後の世代を「歴史学派」から追放したことは，ある意味では当然だったといえよう．

　他方シュンペーターの場合，単なる帰納法の重視ではなく，経済学の理論命題そのものが歴史的モノグラフの結論とそこから得られる概括的命題から成り立つべきだ，との独自な方法論的信念こそが，ほかでもないドイツでのみ支配した「歴史学派」の本質を構成する．こうした方法意識を体現したのはシュモラーであり，したがって「旧歴史学派について語ることは良い習わ

---

1) ちなみに，Nationalökonomie と Volkswirtschaftslehre は必ずしも同義ではない．前者がいつから用いられたかははっきりしないが，19世紀初頭アダム・スミスに大きな影響を受け，官房学の伝統を継承したいわゆるドイツ古典派の人々によって，国家経済学と分離された意味で使用されるようになった．後者は，やはりドイツ古典派に属するフーフェラントがイギリス古典学派に対して価値評価における人間の役割を強調する意味で，1807 年に導入したといわれている．その後ラウが『経済学教本』(*Lehrbuch der Politischen Ökonomie*, 1826-37) において，経済理論（Allgemeine Volkswirtschaftslehre），経済政策（Volkswirtschaftspflege），財政学（Finanzwissenschaft）に三分割し，Nationalökonomie ないし Politische Ökonomie の理論編として Volkswirtschaftslehre という言葉が普及した（Winkel 1977: 8ff., 16f., 20f.）．さらにロッシャーが後述の『要綱』において，国家経済学の対象を Nationalökonomie・Finanzwissenschaft・Wirtschaftspolizei に分割したことから，Nationalökonomie と Volkswirtschaftslehre の同一視が生じたように思われる．

第3章 国民経済から資本主義へ　　51

しではない」(Schumpeter 1954: 507. 訳 (3) 1066) のに対し，シュモラーのメッセージの影響を受け，彼の「基本的原理」に忠実だった「最新歴史学派」が継承者として重視されるのである．

　このような研究史の混乱の結果，これまで歴史学派に関わる多くの誤解や神話が再生産されてきた．例えば，ロッシャー以来19世紀後半のドイツ経済学は歴史学派によって支配されたとされたり (Riha 1985: 76. 訳122. 支配的見解という意味では19世紀の最後の20・30年間だけであり，大学ポストの支配という意味ではそこから20世紀初頭まで)，あるいは新歴史学派が社会政策学会と等置され，中間派のシュモラーに右派のアドルフ・ヴァーグナーと左派のブレンターノが挙げられ (白杉 1965: 317; 小林・杉原 1986: 119. これは新歴史学派＝講壇社会主義者＝社会政策学派という思い込みの結果である．通常シュモラーの「歴史主義」に対する反対者を自認していたヴァーグナーは，後述するように歴史的モノグラフを共通項とする新歴史学派に含めないことが多いし，社会政策学会は初期には講壇社会主義に反対する自由主義派を有力な潮流として含み，後にはオーストリア学派が加わっている)，さらには一般に方法論争におけるシュモラーの立場が歴史学派全体を代表していたかのように受け取られたりする (ブレンターノもビューヒャーもメンガーに同情的だった)[2]．

　こうした研究史の混乱の原因は，同時代人シュンペーターの証言がある時期までほとんど無視されてきたからであるが，しかし同時に彼の場合，わが国で論議されてきた「国民経済」というテーマの問題が取り上げられていないからでもある．その意味で広い意味での歴史学派の全体像を描くためには，テーマと方法論とを統一的に把握し，それぞれの世代間の継承関係を洗い直す作業が不可欠である．本論の課題は，以上の観点から歴史学派の三世代にわたる本流をロッシャー，シュモラー，ゾンバルトの線でとらえ，広義の歴史学派の全体像に迫ろうとするひとつの試論である．

---

[2]　これらの誤解に対する批判については，田村 (1993b) 序章・終章を参照．

1. ロッシャーの歴史的方法と国民経済

　まずロッシャーは,『歴史的方法による国家経済学講義要綱』(1843) において「歴史的方法」をどのように提示したのであろうか. 彼は,「可能な限り抽象的に, すなわち可能な限り空間と時間のあらゆる偶然性を取り去って概念と判断の体系を求める」「哲学的方法 (philosophische Methode)」と,「可能な限り忠実に現実の生を模写して人間的発展と関係の叙述を求める」「歴史的方法 (historische Methode)」を対比し, 歴史家の仕事と自然研究者のそれとの類似性を指摘しつつ, 歴史的方法の目標が「発展法則」の構成にあることを強調する (Roscher 1843: 1-2. 訳 22, 24)[3]. その場合いわば方法上の精神にあたるものが, 序文における次の「原則」であった. すなわち (1)国家経済学は国富を増進させるための貨殖学ではなく,「人間を判断し人間を支配することを問題とする政治的科学」であり, その目的は法制史・国家史・文化史と結びつけて初めて可能になる. (2)国民はたんに現在生きている個々人の集合ではないから, 国民経済の研究は現在の経済状態の観察だけではなく,「現在にいたるまでの文化諸段階の研究」が不可欠である. (3)すべての国民経済の徹底的観察・相互比較および古代国民との比較を通じて,「本質的なもの・法則的なものを見つけ出すこと」が要請される. (4)歴史的方法は一定の経済制度を賞賛したり非難したりするものではなく, 政策的実践を行う人々に制度の改廃について「ことごとに考慮しなければならない無数の事柄に注意を向けさせること」にある (Roscher 1843: IV-V. 訳 18-20).

　ここで述べられていることは, 経済現象の「孤立化」・「抽象化」に対する

---

[3]　後にロッシャーは,『国民経済学体系』第1巻の序論でこうした論述を敷衍し,「哲学的方法」を当為 sollen を問題にする「理想主義的 (idealistische) 方法」,「歴史的方法」を存在 sein を問題にする「生理学的 (phisiologisch) 方法」(「国民経済の解剖学・生理学」) とも呼び, 政策的実践を生理学に基づく医学の処方になぞらえている (Roscher 1854; 1858: 24, 38, 42).

経済の人間的,具体的・現実的,制度的側面と相互依存性の重視であり,その方向を過去と現在の国民経済の観察と比較によって,自然科学に倣った「科学」たらしめようとする意欲である.ロッシャー以前,19世紀前半のドイツの国民経済学は,官房学の伝統の上に古典学派の受容が行われた後,一方で理論的には限界分析の先駆者(ヘルマンとテューネン)を生み出しながらも,他方では歴史意識の覚醒とナショナリズムの危機感から,古典学派に対抗するロマン主義(ミュラー)や国民主義(リスト)を出現させていた.つまり歴史主義のうねりは,中世への憧憬や「価値の理論」に対する「生産力の理論」の提唱にまで至っていたのである.そしてアカデミズムにおいては中庸が支配し,ラウの教科書の成功によって官房学的な現状・歴史記述と古典学派との折衷という形で国民経済学の体系化が進んでいたといってよい.しかしながらラウの体系は,前者の部分について非歴史的・非学問的要素を多く含んでいたといわれており[4],ロッシャーはラウの体系に沿ってこの部分を,「国民経済政策の問題に関するあらゆる党派的闘争を調停」(Roscher 1854; 1858: 44) する立場から「科学的」に訂正し,他方で歴史主義の極端な進行に歯止めをかけようとしたように思われる.彼の歴史的方法は「リカードウ学派」とは距離を置いているが,むしろ「マルサスやラウの方法に近い」との言明,あるいは「農地制度論」のリストを「素晴らしい歴史感覚の持ち主」と賞賛しつつも,『国民的体系』の「非体系性」や歴史的事実の誇張・歴史的知識の一面性を論難し,リストの万民主義・個人主義というスミス批判に対して後者を擁護する彼の姿勢は,そのことを示しているだろう (Roscher 1843: V. 訳 20; Roscher 1874; 1992: 973-5, 978).

　ロッシャーの「歴史的方法」とは,「哲学的・抽象的方法」を補完する科学的方法の提唱であり,両者の調和による国民経済学の体系化の要請であった.したがって彼の場合,古典学派に対抗する新しい学派の形成という問題

[4) シュモラーによれば,ラウの教科書には,例えばツンフトの根拠は6つ,営業の自由の根拠は7つであるから後者に賛成すべきである,といった記述があるという (Schmoller 1888: 155).

意識はまったくなく，むしろ歴史主義の流れの中から生じたそうした方向を抑制しようとする意識の方が強かったように思われる．その意味で，彼を「ドイツ歴史学派の精神的創始者」(Eisermann 1992: 27) と考えるほうが正確であろう[5]．彼が学んだゲッティンゲン大学は古典学派受容の拠点であり，自由主義的経済学説はここを通じてプロイセン啓蒙官僚の改革に影響を与えたことを考えれば，ロッシャーの「実務家・大学生のための手引・読本」という副題をもつ——『要綱』を拡大した5巻本の——『国民経済学体系』(*System der Volkswirtschaft*, 1854-94) は，ドイツの近代的工業化を上から推進するリベラル官僚の学問的啓蒙という性格を有していた．

しかしながら彼の場合，個々人を超越する「国民経済」の生成は科学的に解明されるべきものではなく，所与のものとして前提されていた．利己心も公共心も人間の「自然的衝動」であり，この人間の（死者を含む）集合の「自然的産物」が「国民経済」である．人間が生まれ，成長し，死ぬことが自然法則だとすれば，「国民経済」もこの自然法則に支配され，生成・発展・没落する有機体なのである．そして国民経済内部における相互依存関係（例えば工業の繁栄は農業の繁栄を前提し，農業の繁栄もまた工業の繁栄を前提とする）は，「個々の事実がそこからのまさしく流出であるにすぎない有機的生命体の存在を仮定しなければ，説明が循環することになる」だろう (Roscher 1854; 1858: 21)．ロッシャーにおいては，「国民経済」の統一性は形而上学的実体を確信する歴史哲学によって保証されており，発展法則は因果的研究によって帰納されるものではなく，観察された膨大な経済現象・制度的事実は法則の「例証」にほかならなかった．むしろ彼自身は，発展法則

---

5) 次のビューヒャーの言葉はロッシャーの本質を突いている．「彼は……いわゆる古典派経済学に対決して研究内容と教授方法の対立を指摘しようとしたのだとか，あるいはしばしば指摘されているように新しい『学派』を創ろうとしたのだと考えるとすれば，間違いであろう．……ロッシャーはそのライフワークの開始にあたって，重農主義者やスミス以来国民経済学の領域で達成された学問的仕事の全体を押しのけ，誤りであると宣言しようとは決して企てなかった．むしろ彼は既存の理論に，その観察領域をすべての諸国民・諸時代に拡大することによって確固たる基礎を与えようとしたのである」(Bücher 1894: 106-7)．

をヘーゲル流の普遍史的法則に高めることに警戒して,「道徳的・政治的科学」における例外の重要性を強調していた（Roscher 1854; 1858: 43）．こうした統一性の楽観論によって彼は，具体的政策提案の必要性から免れたのであるが，それは，関税同盟と産業革命によってドイツの工業化がすでに本格的に開始されていたことと関連しているように思われる[6]．

2. シュモラーの倫理的経済学と国民経済

シュモラーが,「旧ドイツ国民経済学と新ドイツ国民経済学の対立」（Schmoller 1883: 1384）という表現でロッシャーらの世代を批判したとき，その中心にあったのは,「因果律」の軽視あるいは否定という論点であった．ロッシャーの場合には膨大な資料収集にもかかわらず，その発展法則は「因果的発展の完全な根拠付けのないひとつの図式」（Schmoller 1888: 170）にすぎず，ロッシャーの自然科学主義を批判して社会的発展における人格的要素の意義を指摘したクニースの場合にも,「『人格的要素』に対して因果律を否定している」（Schmoller 1883: 1385）ように思われた．シュモラーは，現実の複雑性・特殊性を考慮せず（因果的研究の欠如），概括的「歴史法則」や抽象的理論命題をいきなり「政治的処方箋」として現実に適用しようとする「社会主義」・「自由放任主義」に対しても，方法的にはまったく同様な観点から厳しく批判している（Schmoller 1874: 27ff. 訳 24 以下）．

彼が直面した時代は，プロイセンによる政治的統一の実現と産業革命の終了によって，工業化の進行を前提とする国民経済の統合が課題となった時代であり，また，そのあり方をめぐって労働者階級の「社会主義」とブルジョア階級の「自由放任主義」が鋭く対決した時代でもあった．シュモラーはこうした時代の課題に，ヒルデブラントやクニースの問題提起をばねにしながら（発展の因果的要素としての人格の強調），発展法則の探求に代わって

[6) ここで論ずることはできないが，ヒルデブラントとクニースのロッシャー批判は，彼の歴史的方法をめぐる「方法論争」と理解することができる．

「因果的研究」を前面に押し出すことでロッシャーの「歴史的方法」を精密化し,「社会主義」でも「自由放任主義」でもない「第三の道」＝社会政策を提出することで応えようとしたと言えよう．ここにおいて「歴史的方法」は,特定の政策課題を科学的に根拠づけるモノグラフとしての「精密な歴史研究」へと展開した．その模範となったのがシュモラー自身の『19世紀ドイツ小営業史』(*Zur Geschichte der deuschen Kleingewerbe im 19. Jahrhundert*, 1870) であり,ブレンターノのイギリス労働組合史研究『現代の労働者ギルド』(*Die Arbeitergilden der Gegenwart*, 2Bde. 1871-72) であった．

　シュモラーの社会政策的目標をかんたんに言えば,以上の時代状況において,危機に直面した手工業経営の近代化と労使対等の原則（団結権の承認）の確立をつうじて,市場に公正な競争ルールの秩序を与え（所得分配の適正化），国民経済を構成する諸階級の流動化と統合（社会的融和）を達成しようとするものであった[7]．「社会政策学会」が結成された1872年は,フランスからの賠償金支払いによって熱狂的な会社設立ブームが生じ,株式の高騰と投機熱というバブル経済をつうじて「不労所得」が蓄積され,貧富の格差の増大によって「階級闘争」が激化した時代であった．彼が「公正」・「正義」といった倫理的徳目を政策の中心に据えたのは,市場経済のルール化という観点からなのである．したがってシュモラーにおいては,ロッシャーのように統一体としての国民経済は所与ではない．それは「国民経済」を形成する「倫理的原因」の探求として学問的に体系化されるべき中心課題であり,その結果として政策的に実現されるべきものであった．

　国民経済をひとつの全体とする場合,その中心は統一の実在的原因を置くことである．なによりもまず純粋に個人的な欲求と衝動とをもつようにみえる人間が,ますます大小の集団と結びつき,直接的・間接的に共同して交換流通という形態で相互的に経済を営むということがどうして生じたの

---

7) 彼の社会政策については,田村（1993b）第1・2・3章を参照．

か，これを理解することがつねに問題なのである（Schmoller 1893: 13）．

シュモラーはこの「統一の実在的原因」を人間の「共同感情」（エートス）あるいは「精神的集合力」と呼び，倫理的（ジットリヒ）な人間行為の規範的力として把握する．

より高級な文化とともに，……一連のいっそうの目的——神礼拝，教育，芸術，保健衛生その他——が成立し，それは社会的関係・共同体，およびそれとともに新しい観念の連鎖，感情，行為の目的をつくり出す．風習，法，道徳，宗教の如き社会的生のより高級な機能と形態が形成され，それらの発展は当初旧来の身近な目的のための手段として現れるが，しかし次に自己目的として，あらゆる行為の支配的な調整器として現れる．それらの独自の存在は，再び新しい社会的関係・共同体を創り出す．……知性と技術，生産の増大と複雑な社会制度のあらゆる進歩は，行為を規定する感情がこうした方向に発達したときにのみ諸国民を確実かつ持続的に向上させるのである（Schmoller 1900: 9）．

シュモラーにおいてこうしたエートスは，家族における自然的な「性的結合と血縁感情」から歴史的・文化的に発展したと考えられ，分業と利己心の発展が「遠心力」であるとすれば，この生産力の発展の成果を「共同体」メンバーに均霑すべき「求心力」として働く．すなわち，国民経済の繁栄と国民のその繁栄への参与は「自然」の結果ではなく，「ジットリヒなもの」が個人と社会を規制し（道徳と法への分化），多様な政治・法・経済制度に「結晶化」することによってはじめて可能なのである．そしてこの共同体の圏の国民経済への拡大というテーマを，「発展法則」としてではなく「仮説」として提示したのが彼の発展段階論（村落経済－都市経済－領邦経済－国民経済）である．そこでは「共同感情」が政治指導者の倫理的エートスに体現されていると理解され，国民経済形成におけるプロイセン官僚制の主導

的役割が強調された．シュモラーにおいては，ロッシャーの歴史哲学（形而上学的実体の信念と発展法則）に代わって，エートスを「実在的原因」とする経済制度の歴史的進化論が，楽観的な「進歩史観」を背景にしつつ登場したのであり，現実の歴史的発展は「指導者」の倫理的力によって実現されると見なされた．そして「共同感情」の「実在」とその制度化の科学的根拠は，ディルタイに倣って当時隆盛を極めた「心理学」に求められたのである．

ところでシュモラーのこうした方向への展開は，同じく「精密な歴史研究」を志し，人間心理の「心理学的根拠」を要求する点で共通していたブレンターノのそれと対立するものであった．ブレンターノの労働組合研究は，利己心と完全な自由という理論経済学の前提条件が現実に欠如しているところでは労働組合による「補充」が不可欠である，つまり「国民経済学の補完」という観点から行われていた（Brentano 1871: I, Vorrede IX-X. 訳［上］v-vi）．その意味で彼の方法意識は，ロッシャーの精神ときわめて近かったのである．しかしシュモラーは，「精密な歴史研究」を倫理的原因の探求を基礎とする制度の進化論＝「倫理的経済学」に拡大しようとしたが，それは，「歴史的方法」による「国民経済学」の「補完」ではなく，「国民経済学」の「社会学」への拡大を意味したのである．彼は，ブレンターノやヴァーグナーも参加したシェーンベルク編『政治経済学ハンドブック』(1882) の刊行に対して，次のように批判している．

　　われわれは，今日これを乗り越えなければならない．現在では国民経済学は，それが社会学 Gesellschaftslehre に拡大されるかぎりで，かつ拡大されるにつれてのみ科学である．その全体としての出発点は，もはや個人とその技術的生産とではなく，社会とその歴史的発展とである．その実行は，経済生活の社会的現象形態に関する研究でなければならない．まず第一に問題としなければならないことは，継起的に生じた経済的機関と経済的制度とがどのように歴史的に発展したか，あるいは実際にいかに関連しつつ並存していたか，ということである（Schmoller 1882: 1382）．

シュモラーにとってこのハンドブックは，イギリス流の「抽象的経済学」とドイツ流の官房学を折衷しようとしたラウの体系の，したがってまたロッシャーの体系の新版にほかならなかったのである．もちろんシュモラーのこうした指向は，「抽象的経済学」の存在そのものの否定を意味するのではない．

　いかなる国民経済組織も，相互に相対的に自立した二つの系列の原因によって支配されている．一方は，旧来の国民経済学がもっぱら問題にした自然的・技術的原因であり，他方は，――従来時として言及されたが，国民経済にとってのその意義が体系的に研究されなかった――諸国民の心理学的・倫理的生に由来する原因である．国民経済学は，前者の原因のみならず，後者の系列の原因も徹底的に究明されたときに，厳密な意味で科学となるであろう（Schmoller 1874: 57. 訳 54）．

　この文章はシュモラーの国民経済学の体系化が，いわばラウとロッシャーの「自然的国民経済学」の延長線上にではなく，心理学を基礎とする実証主義的な「倫理的国民経済学」への転換にあったことを示している．メンガーとの方法論争が激化したのはこのためであり，シュモラー以外の新歴史学派の多くの学者がメンガーを支持したのは，むしろ旧歴史学派からの伝統にほかならなかった．

　こうしたスローガンのもとでシュモラーの指導下に，社会政策的課題と結びついた幅広い歴史的細目研究が多数の弟子によって推進され，当時のアルトホフ体制ともあいまって，シュモラーの人脈がドイツの大学を支配したのである．それは厳密にいえば「シュモラー学派」による支配である（詳しくは田村 1993b: 序章を参照）．しかしながら，国民経済が帝国主義的拡張の方向に展開し，工業化による大衆社会状況の徴候が出現した 19 世紀末になると，プロイセン官僚主導の社会政策によって「共同体」としての国民経済の調和的発展を期待するシュモラーの立場は，現実の経済社会が抱えた課題とずれはじめていたといえよう．

3. ゾンバルトの近代資本主義論

　大学でシュモラーに直接学んだ研究者だけではなく，社会政策学会の調査研究をつうじて彼の「歴史的経済学」に親しんだ歴史学派の第三世代にとっての悩みを，ヴェーバーは，「今日でも『抽象的』・理論的方法は，（われわれの専門学科における）経験的・歴史的な研究と……鋭く対立し」，両者がそれぞれ実証主義的意味で「経験的な妥当性」を要求している，と表現している．社会政策学会は事実上歴史学派とオーストリア学派の共同機関となっており，ドイツの大学の国民経済学講座では，細目的歴史研究と限界効用学説が併存していたのである．「歴史学派の子」と自称したヴェーバーは，こうした対立を「理念型」によって方法的に克服しようとしたのであるが，それは「歴史学派の解体」を意図するものではなく，「歴史学派の代表者」シュモラーによって提起された歴史的「因果的研究」を，「生の現実をその個性において理解しよう」とする「文化科学」として再生させようとする立場から行われた．こうした問題意識の背後には，ヴェーバーが若い世代の社会政策的立場を「資本主義的発展は不可避である」と総括したように，大経営化・工業化・帝国主義化の進展として現れる「資本主義」の発展こそが現代の「生の現実をその個性において」規定している，という認識が存在したのである（Weber 1904: 187, 170, 159. 訳56, 35, 22）．そこには経済システムが「共同体」に纏め上げられるとの信念はもはや存在せず，むしろ経済的進歩と人間的疎外状況が併存するアンビヴァレントなシステムと理解された．そうした観点からこの世代は，唯物史観や革命主義を拒否しつつマルクスの問題提起を積極的に受け止めようとしたといえる．

　以上のような若い世代の目標は，シュモラーの継承と批判という意味での「シュモラーからの脱出」（Lenger 1994: 242）であり，理論的研究と歴史的研究の統合という意味で「方法論争」の克服であった．「方法論争」からすでに20年が経過していたが，ようやくこの時期に「国民経済」に代わる新

たな分析の枠組みが設定されねばならなかった．そして最初にこの問題を自覚して実践したのはゾンバルトであって，彼の初版『近代資本主義』(*Der moderne Kapitalismus,* 2Bde., 1902) の序文にはこうした問題意識がくっきりと現れている．ゾンバルトは，「個別現象の場合ですら，ありうべき動機の全体との因果的結合に成功しなかった」シュモラーの歴史研究を厳しく批判しつつ，本書の目的が，「経験と理論とが対立関係に陥っている」「かの神経質な対立を調停しようとする試み」であり，同時に手工業を保護しようとする「われわれの工業的発展の経過に関する数年来のまったく空しい論議」に決着をつけることにある，とはっきり述べている（Sombart 1902: 1. Bd., Geleitwort X-XII, XIX-XX）．その意味で，「方法論争」の克服と「資本主義（Kapitalismus）」論の展開という 20 世紀初頭のドイツにおける社会科学の問題設定の枠組みは，ゾンバルトによって形成されたといっても過言ではないだろう．

さてゾンバルトは，それまでカトリック社会主義の利子取得に対する倫理的非難，あるいはマルクス主義の搾取論に対する政治的批判の意味で流布していた「資本主義」という言葉を，歴史分析の理論的道具として中立化しようとした．彼は，ドイツのアカデミズムのなかで最初に正面からマルクス『資本論』を積極的に評価し，剰余価値の搾取論と窮乏化論を否定しつつ，資本家の利潤追求と資本投下を起点として労働者が価値を作り出し，利潤率均等化によって価値が社会的に分配される経済発展のシステムを「資本主義」と捉えて，伝統的・停滞的な身分・生計指向の「手工業」経済システムと対置した．経済発展は「倫理的」政策によって生ずるのではなく，「資本主義」という客観的な経済システムに内在するものと把握された．

> マルクス体系の『反倫理的性格』こそ，たとえばロートベルトゥスらのそれと区別されるものであり，……経済発展の理論——これこそマルクスの要諦である——は重要な社会主義体系のいずれにも知られていない（Sombart 1994: 559. 訳 56）．

資本主義的経済秩序の法則としての価値法則はまったく一般的に，商品の価値は，すべての経済的過程を支配する労働の社会的生産力が究極的には規定的に自らを貫徹する特殊歴史的形態である，という内容をもっている．労働の生産力の程度，その変化などは，生産の代表者ないしなんらかの経済を営む個人の意識にのぼることなく，価格や剰余価値率，要するに経済生活の総体的形成を究極的に『決定する』もの，すなわち個人の恣意にはっきりした限界を与えるものなのである（Sombart 1994: 576. 訳 91）．

マルクスにおいて問題となっているのは，動機付けではなく，経済主体の個人的恣意の制限である，といえよう．マルクスの経済学体系を特色付けるのは極端な客観主義である．……これと対立するのが主観主義的方向であって，それは経済生活の経過を究極的に経済主体の精神（Psyche）から説明しようとし，経済生活の合法則性を心理学的動機付けに置き換えるのである（Sombart 1994: 591. 訳 121）．

　これらの論述は，ゾンバルトが因果的起点としての経済主体の「動機」探求と，人間行為を外側から特定の方向へ規定する「客観的秩序」との相互関係において把握しようとしたこと，つまりマルクスの理論的成果を借りて，当時の「主観主義的」国民経済学（歴史学派とオーストリア学派）が陥った「心理学主義」からの脱出を図ろうとしたことを示している．ヴェーバーの場合における歴史的因果的研究への明確な指向と異なって，ゾンバルトはさしあたって直接マルクスと歴史学派とオーストリア学派を統合しようとしたのである．それは彼の『近代資本主義』の構成に明確に現れていた．すなわち第1巻は「資本主義の発生」であり，第2巻は「資本主義発展の理論」である．その関連を彼は次のように述べている．

本書の基本思想によれば，歴史的事実の経験的・偶然的形態における叙述と，そうした事実が一度与えられた……という前提の下での経済の法則的

経過の証明とが鋭く区別される．われわれは資本主義的経済主体ないし経済原理の発生を偶然性の観点の下で考察するが，それに対して世界が経済主体の像に従っていかに創出されるかを法則性の観点の下で考察する．後者の考察様式をわれわれは理論と呼ぶ．したがって資本主義的経済様式の客観的条件の成立論は，この叙述の発生史的部分ではなく，当然理論的部分に属する（Sombart 1902: 1. Bd., 398-9）．

まずゾンバルトは，「資本主義の発生」において，資本主義の生成・発展を中世以来のヨーロッパ独自の個性的現象と見なし，経済生活の目的（身分的生計）と労働が「人格の表現」として分かちがたく結びついた手工業経済から，経済生活の目的（営利）が経済主体の人格から分離して企業組織そのものに体現化され（抽象化），利潤追求が経済主体に対して強制的に課せられ（客体化）無限化される「非人間的」なシステムとしての「資本主義」への移行と把握する．そしてその推進力である資本家の動機は，一般的な利潤欲（衝動）ではなく，それに複式簿記と「経済人」に体現される計算感覚・経済的合理主義（ルネサンスと啓蒙主義の成果）が独自に結合した「資本主義的精神（kapitalischer Geist）」と概念化された．つまり手工業から資本主義への移行は，完全に異質の「欲求充足原理」から「営利原理」への転換を意味し，それを媒介するものが「資本主義的精神」である．したがって，ゾンバルトにとって商品流通を含む手工業経済において「資本の本源的蓄積」が行われることはありえず，「資本主義的精神」も手工業者の経済精神から成立することはありえなかった．そこで彼は資本の発生を，十字軍以降の貨幣経済の急速な発展のなかで生じたイタリア諸都市における地価・地代・家賃の高騰と都市ブルジョアの急速な資金蓄積に求め（地代蓄積説），また「資本主義的精神」の発生を，十字軍による「黄金熱」の覚醒とルネサンス文化の結合という歴史的「偶然」によって説明しようとした．

では「資本主義発展の理論」において，資本主義の発展がどのように「法則性の観点」から捉えられているのであろうか．彼がここで議論の中心に据

えたのは，19世紀半ば以降の「高度資本主義」[8]時代における「都市形成の理論」であった．すなわち，農業における資本主義の浸透と工業における大経営の発展・企業の集中は，農村過剰人口の形成と「工業都市」の成立をもたらすが，後者は企業者の利潤を起点に農村過剰人口を吸収し，消費産業と商業・信用機能を吸収して「大都市」に成長する．

　資本主義の内的深度と外延が大きくなるにつれて，必然的に国民経済的余剰価値のますます大きな部分が近代的交通の中心地，すなわち大都市に収入として集中して現れるようになる．大都市はまたますます消費の中心になる（Sombart 1902: 2. Bd., 221）．

　そこでは多くの資本主義的中小企業・新中間層の出現と実質的高賃金の可能性によって，購買力を豊かにもち消費とレジャーを謳歌する「大衆」社会が成立し，「奢侈の民主化」が実現する．かつての奢侈品は「大衆品」となり，「需要の統一化」・「嗜好の画一化」・「流行の支配」をつうじて，資本主義企業が以前の手工業分野をますます侵食していく．つまりゾンバルトは，資本主義の発展が「大都市」の形成と大衆社会の成立を促し，社会の隅々にまで「資本主義的企業」が進出していくプロセスを，「資本主義発展」の自然「法則」と把握する．そしてこの過程は，「共同体（ゲマインシャフト）」からの「個人主義的解放」と「経済の非人格化」・「経済プロセスの事象化（Versachlichung）」に伴う「物質文化」としての「資本主義文化」の支配，という両義的観点から描かれていたのである．
　ゾンバルトは，以上のように，「動機」から「倫理」を追放し，法則的「発展」がいわば「豊かな社会」を実現させることを論証して，シュモラー

---

[8] ゾンバルトは，初期資本主義が重商主義政策によってその発展を「抑圧」されたと見なし，中世末・近世初頭の資本主義の発生から，対象をいきなり高度資本主義時代に転換している．この点を中心とする大改訂の結果が第2版『近代資本主義』（全3巻，1916-27年）であり，初期資本主義は「抑圧と促進」の両面から考察され，その経済史的叙述が1・2巻の大半を占めることになる．

の「倫理的」社会政策・国民経済学を乗り越えようとした．それは社会政策的には，小営業・手工業の保護から資本主義的小企業の促進への転換を意味した．シュモラー以後の歴史学派の第三世代は，ゾンバルトのこのような問題意識を共有しつつ，彼の『近代資本主義』研究を出発点としてその批判と深化を課題としたといえるだろう．第一次大戦前のドイツのアカデミズムにおいて，「資本主義」ないし「資本主義的精神」という概念を学問的に積極的な意味で使ったのは，ゾンバルトとヴェーバーを中心とする少数のサークル，具体的には『社会科学・社会政策アルヒーフ』と『社会経済学要綱』(GdS) に執筆した人々であった（Vgl. Passow 1918: 2-4, 93-8）[9]．しかしゾンバルトの問題提起には，一方では，方法論的に経験と偶然および法則と理論の同一視から生じた発生史と法則的展開の二元論という難点がはらまれていた．また他方では，「資本主義的精神」の探求が中途半端に放棄され，「資本主義発展の理論」は経済理論というよりも社会学的発展理論にほかならなかった．こうした欠陥に取り組んだのが，ヴェーバーとシュンペーターだったといえよう[10]．

---

9) なおパッソウは，「資本主義」と「資本主義的精神」概念がゾンバルトによってアカデミズムに導入されたことをはっきり指摘している．

10) 1904-05 年に執筆されたヴェーバーの「プロテスタンティズムの倫理と資本主義の精神」は，明らかにゾンバルトのこの著作を前提としつつ，彼とは逆に宗教的＝倫理的原因を決定的に重視し（シュモラーの継承），内在的に批判したものである．これを機に両者は，以後15年に及ぶ「ゾンバルト・ヴェーバー論争」とも呼ぶべき論争を展開する．他方シュンペーターは1908年，ゾンバルトの「資本主義発展の理論」に言及し，それは「精密理論」ではなく，「それにふさわしいのは『動学』の領域であ」る，と指摘している（Schumpeter 1908: 18. 訳［上］66-7）．つまり彼の『経済発展の理論』(1911年) は，明らかにゾンバルトを意識して書かれたのである．そうした意味でシュンペーターも経済理論の方向に向かった「歴史学派の子」という規定に改めて注目すべきであろう（大野1971: 407）．なお彼の「総合的社会科学」の構想がドイツ歴史学派，とりわけシュモラーの遺産を継承したものであることを指摘した塩野谷（1995）をも参照．

おわりに

　以上の三世代にわたるドイツ歴史学派の展開を，とりわけ「理論と歴史」の方法論的関連についてみれば，次のように総括することができる．まずラウの伝統を継承したロッシャーは，抽象的経済理論を「国民経済」の具体的歴史記述によって補おうとし，この部分を歴史哲学によって法則化しようとした．次いでシュモラーが，歴史的因果研究の観点から歴史法則の探求を批判したとき，経済理論の歴史研究による補完という問題意識は放棄され，それに代わって「国民経済」の歴史的・制度的進化論を指向する「経済学の社会学への拡大」というパラダイムが登場した．しかし新歴史学派内部には，ブレンターノのように上記の問題意識を継承して歴史的因果研究を遂行しようとする潮流も存在しており，「方法論争」をきっかけにして，新歴史学派は方法的には内部対立を抱えることになった．やがてゾンバルトやヴェーバーは，「理論と歴史」の再統合によって「方法論争」を克服しようと試みたのであるが，それは新歴史学派内部で見れば，形式的にはロッシャーからブレンターノに引き継がれた問題意識を回復する形で行われたと言えるが，その場合の理論は従来の「抽象的経済理論」ではなく，経済現象の社会学的理論へと旋回する．つまりシュモラーの「経済学の社会学への拡大」という線に沿って，「理論と歴史」の統合と「資本主義」という新たな問題設定（シュモラーからの脱出）が企てられたのである．もしドイツ歴史学派を直接継承する最良の研究成果をゾンバルトの『近代資本主義』研究とヴェーバーの『経済と社会』・『宗教社会学』研究に求めるとすれば，ロッシャーを批判的に継承したシュモラーによって従来の国民経済学の枠組みを超えるパラダイム転換が実行され（実質的な「歴史学派」の成立），そのなかのいわば「シュモラー学派」の方法論上・テーマ上の革新をつうじて成し遂げられた業績であると言えよう．

第4章
グスタフ・シュモラーの生涯と学説
―社会問題から経済社会学へ―

1. 研究史

　1988年にシュモラー生誕150周年を記念するシンポジウムがバーデン・ヴュルテンベルク州の故郷ハイルブロンで開催されて以来，各国でドイツ歴史学派やシュモラーに関する研究が世界的なトピックとなり，「シュモラー・ルネサンス」ともいえる状況が現れた（Peukert 2001）．もちろんそれ以前にも歴史学派とシュモラーを再評価する先駆的研究は存在したものの，経済思想史の世界ではマイナーな傍流として，あるいは過去のエピソードとして触れることが一般的であった．例えば，シュモラー生誕150周年の少し前に出版されたポールグレイブ『経済学辞典』（新版）では，「ドイツ歴史学派」の特徴として，ロマン主義・ナショナリズムとの強い結びつき，抽象的・演繹的な経済理論にたいする政策的関心の優位，その観点からの帰納法的・比較史的歴史研究の展開，経済的自由主義批判と国家干渉主義の推進といった特徴が指摘され，方法論的には「旧歴史学派」が歴史学派の中心とみなされ，シュモラーを中心とする「新歴史学派」は，ビスマルクの社会保険立法のブレーンとして活動した国家社会主義者と同一視されている．歴史学派を生み出したのは19世紀の「ドイツ特有の事情」であり，その点で国際的影響力の小ささが強調された（*The New Palgrave*, 1987: Vol. II, 516-8）．
　こうしたドイツの特殊性を指摘する解釈は，同じ辞典の「グスタフ・シュ

モラー」の項目ではさらに強調され，シュモラーを「後見的社会政策」を主張した「プロイセン的意味での保守主義者」とする一方，「心理学的，社会学的，哲学的側面を考慮する学際的アプローチ」を提唱したものの，「半世紀以上におよぶ経済理論の無視」に貢献したという意味で，「むしろ不幸な」作用をもたらし，シュモラーの著作も歴史学派全体も，「主流の新古典派理論からあまりにも遠かった」ので，「彼の死後急速に忘却されてしまった」と説明されている (*The New Palgrave*, Vol. IV, 256-7).

こうした主流派経済学からの断罪に対して，日本ではマルクス経済学の立場からの批判が中心となった．わが国における歴史学派のイメージの原型を提出したと思われる白杉庄一郎（白杉 1939: 第1章）によれば，コスモポリタンな性格を持つイギリス流の経済学「政治経済学」がドイツに輸入され，国民経済建設の課題を有する特殊ドイツ的な「国民経済学」に変容し，そこに「歴史意識の覚醒」を背景とする帰納法の重視という意味での独自な「歴史的方法」を付与しつつ古典学派と社会主義に対抗したのが「歴史学派」であるが，シュモラーにいたってメンガーとヴェーバーの方法論的批判によって「解体」した．

さらにシュモラーの保守反動性を強調したのが大河内一男（大河内 1938; 1956）であった．彼によれば，旧歴史学派の有機体的・形而上学的発想を引き継ぎつつドイツ資本主義の展開に対応して「経済外的」な「倫理的社会政策」の余地を作り出すために，経済に対する政治＝行政の優位を実証する歴史研究を展開したのが新歴史学派であり，シュモラーの社会改革・社会政策論と「経済学の倫理化」の要求は，工業化の進展とともに生じた労働運動の高揚と革命の危険に対処すべく，経済的合理主義と対立するプロイセンの伝統的身分制社会の維持のためのイデオロギーとして構想されたものであった．大河内はシュモラーの社会政策論の本質を，労働者に対する団結権の付与に反対し，消滅の危機に瀕した旧中間層を「人為的に」維持するものと理解しており，「保守」よりもいっそう「反動」性が強調されている．このように内外においてニュアンスの差はあれ，歴史学派における政策の優位は，その

ロマン主義的起源ともあいまって最終的に近代の工業的・資本主義的発展に抵抗する「政策」と化してしまったという評価で共通していた．

1988 年以降の歴史学派再評価と「シュモラー・ルネサンス」の原因についてポイカート（Peukert 2001）は，主流の新古典派経済学が形式的理論化に熱心なあまり現実世界とのかかわりを失ってしまったという不満感を背景として，「旧」制度経済学・進化経済学に対する関心の増大，歴史［法則］主義 historicism への新たな評価，経済思想史における理論と歴史を結びつけようとする関心の増大を挙げている．こうした新たな関心は，これまで歴史学派評価について無視されてきたシュンペーターの評価をクローズアップさせた．すなわち彼は，ロッシャーと古典学派の共通性を指摘して学派としての「旧歴史学派」を否定し，シュモラーによって「生粋の学派」が出現したこと，そして「倫理的」なる言葉によって「超個人的な社会的構成要素」を問題にし，「経済社会学」の形成をもたらしたことを強調したのである（Schumpeter 1954: 809ff. 訳 5, 1698 以下）．

塩野谷はこうしたシュンペーターのシュモラー評価を再検討し，「シュモラーの研究計画」が理論を拒否したものではなく，理論経済学の与件となっている制度や階級といった複雑な歴史的事象の理論化のために経験的研究の必要性を強調したこと，シュモラーは歴史的発展の起動力として「倫理」的進歩を構成要因として組み込むことによって経済社会の総体的把握を指向したこと，しかし理論研究と歴史研究がフィードバック関係になるためには理論の仮定性・恣意性を認める道具主義理解が必要になるが，シュモラーは「素朴な経験主義者」にとどまり，経済社会学形成のための理論仮説は「貧弱」なものにとどまったことを指摘し，シュモラーを制度の経済学・進化経済学の先駆者として評価した（塩野谷 1987; 1990; Shionoya 2005）．

次にプリッダートは，「制度の経済学者」としてのシュモラーを現代の公共経済学的観点から再構成しようとした（Priddat 1995）．シュモラーの社会政策論は，経済と対立した倫理の主張ではなく，国家が価値財・公共財的に介入することによる社会的安定が，「人的資本への投資」となって市場配

分の効率性を高めるとする「制度的安定化」の立場から行われたが，彼にとって古典派のモデルは理性的秩序と文化的進歩の担い手というドイツ特有の国家理念をつうじて到達さるべき理想状態であった．したがってシュモラーの歴史的把握においては，特定の制度的形態に向かう順次的な「制度的変化」はあっても，制度の経済学が展開しようとする「制度の進化」理論にとって前史にとどまる．このようにプリッダートはシュモラーの政策思想の近代性を指摘しつつ，国家把握のドイツ的性格を強調する．

　最近では竹林史郎が，方法論争以後の歴史学派における方法論の展開を詳細に明らかにした（Takebayashi 2003: II, III, IV）．竹林によれば，1890年代になって歴史学派のなかで方法論争の反省として歴史研究の「理論化」が指向され，マルクス主義的歴史把握と対決しようとするブレンターノによって，経済発展を「商業精神（Handelsgeist）」の拡大過程とする段階理論的把握が提唱された．この観点を継承し，古代から近代までの経済生活を，エンゲルスの『家族，私有財産，国家の起源』（1884）の影響を受けつつ，「家族経済」から「企業」への発展史として描こうとする「野心的な試み」を遂行したのがシュモラーである．さらにこれを経済学的概念形成に基づく発展法則の構成として練り上げたのがビューヒャーの段階理論であり，これを「歴史学派の子」の立場から「資本主義的精神」による「資本主義」成立史として展開したのがゾンバルトとヴェーバーであった．竹林は，歴史学派に対するマルクスとエンゲルスの影響を指摘しつつ，歴史的モノグラフを乗り越えたシュモラーの企業論研究を画期として，「歴史的経済学」が「歴史的社会学」に旋回した事実に注目している．

　さらにグリンマー－ソーレムは，1860-90年代に進行したヨーロッパ社会の大きな変動（急速な都市化と人口増加，第二の産業化の波，政治の民主化）に対応して異端の経済学（歴史派，統計派，制度派，マルクス派）が登場したことに着目し，そのなかで「もっとも重要な異端派」であるドイツの「新歴史学派」が，「産業化と都市化に伴う緊張とリスクの緩和，農業的経済から相互依存的な工業社会への移行，増大する労働階級の社会政策による市

民社会への統合」といった時代のアクチュアルな課題に学問的・政策的に答えようとしたこと，法や制度がこうした変化に対応するにつれて学派としては衰退した事実を指摘している（Grimmer-Solem 2003）．歴史学派は単なる「ドイツの特殊性」の産物ではなく，むしろ産業化のタイムラグにともなって19世紀後半から第二次大戦後までヨーロッパ，アメリカ，日本において大きな影響力を及ぼしたことが強調される．こうした観点から彼は，「歴史学派」という名称を批判し，むしろロマン主義や観念論を退け，実証主義・近代心理学・統計といった最新の学問的成果による「経験的社会研究」を推進したシュモラーらの「歴史的経済学」の方法的特徴を高く評価した．

　以上のように1988年以降のシュモラー研究は，これまでの歴史学派とシュモラーの解釈を180度旋回させ，多様な観点から社会政策，歴史研究，方法論の再評価をもたらした．筆者はかつてこうした再評価の観点からシュモラーの全体像を描こうと試みたが（田村 1993b），最近の研究史の成果を摂取しつつ，シュモラーの実践的・学問的研究の中心をなす社会政策から経済社会学への展開を再構成することが本論の課題である．

2. シュモラー小伝[1]

　グスタフ・フォン・シュモラー（1838-1917）は，西南ドイツ・ヴュルテンベルク王国のハイルブロンで行政官吏の子として生まれた．当時のドイツは，1834年のドイツ関税同盟を経て分裂していた多数の領邦を経済的に統一し，本格的な工業化を遂行しようとする時代であった．彼の父親は当地の開明的な官吏として知られ，その友人・係累には企業者や銀行家が含まれており，彼は少年時代から父の仕事を補佐して商工業の実状に通暁するようになった．彼の母親は繊維産業で有名なカルフの名家に生まれたが，彼女の父親はチャールズ・ダーウィンとも交流した博物学者であり，実家を訪れたシ

---

[1] シュモラーの本格的伝記はまだ書かれていない．以下の小伝は，田村（1993b）序章を基にしたものである．

ュモラーは，博物学・植物学・動物学・遺伝学といった資料収集と観察・実験を基本とする実証的・帰納的自然諸科学に親近感を抱いた．こうした環境から彼は，経済に対して経世家的・政策的な関心を強く育み，科学としての経済学のモデルをこうした自然諸科学に求めるようになった．

　シュモラーは官吏となるために地元のテュービンゲン大学国家学部に入学したが，そこで講じられていた「ドイツ古典派」の理論体系ではなく，経済現象の時間的・空間的被制約性を強調するロッシャーやクニースに親近感を抱いた[2]．学位論文は，ルターとメランヒトンの経済観を分析した「宗教改革期ドイツの国民経済観の歴史」(Schmoller 1860)であるが，現世の経済生活の意義を正当化しようとする彼らの経済観を評価する一方，利己心を抑制する立場から提起されたその中世ギルド的・共産主義的政策志向を批判したものである．議論の中心は，近代的経済活動を促進すべき利己心と公共心との「正しい中庸」という問題であり，この観点が生涯にわたる実践的・学問的活動を貫いている[3]．

　シュモラーの学問的・政治的立場に大きな影響を与えたのは，ヴュルテンベルク統計局長で，立憲君主主義的自由主義者として知られた姉婿のG. リューメリンである．その影響を受けてシュモラーは，匿名書『普仏通商条約とその反対者』(Schmoller 1862)を出版して国際分業論と自由貿易主義の立場からヴュルテンベルクの高率保護関税政策を批判したが，これを高く評価したプロイセン商務省の啓蒙官僚デルブリュックによって1864年ハレ大学に招聘された．プロイセンに移ったシュモラーは，当時大きな問題となり

---

2) ドイツの国民経済学の体系化は，ラウによって官房学と古典派の折衷というかたちで成立したが，のちにシュモラーは，K.H. ラウの教科書の政策的部分のレベルが低く，それをロッシャーが歴史的方法によって革新しようとしたと述べている (Schmoller 1888: 155)．なおラウの理論的部分の革新を企てたのがメンガーであり，ラウを高く評価してこうした二元的構成を引き継いだのが，シェーンベルク編『政治経済学ハンドブック』，ヴァーグナーの『社会経済学』であった．

3) プリッダートは，シュモラーの中心的概念 Sittlichkeit（本書では倫理性と訳しておく）を，形而上学的実体ではなく，市場を基礎とする経済制度の正当性を評価する倫理的基準であることを強調している (Priddat 1995: 151)．

つつあった手工業者・労働者の没落・貧困，すなわち「社会問題」に取り組みはじめた．彼の名声を一躍高めた初期の代表作『19 世紀ドイツ小営業史』(Schmoller 1870) は，もともとシュルツェ-デーリッチュ系の協同組合運動の団体「労働諸階級福祉中央協会」の機関紙『労働者の友』に連載されたものである．「中央協会」は，自助・勤勉・倹約といった道徳的・精神的な側面を重視して社会問題を解決しようとする自由主義的な官僚・商工業者・大学教授の団体であり（北村 1990），同書においてシュモラーは，ラサール流の社会主義的国家救助でも，自由放任主義者の自助でもなく，両者の相互補完関係として国家の社会政策を位置づけた．彼はこの著作を準備する過程でベルリンのプロイセン統計局に通い，そこで統計局長 E. エンゲルが主催するゼミナールに参加していたブレンターノ，クナップ，シェーンベルク，ヘルトらと面識をえるとともに，統計的方法と社会調査の手法を学んだ[4]．彼らによる国家的社会政策の要求は，オッペンハイムによって私有財産制度を脅かすものと受け取られ，シュモラーはレスラー，シェーンベルクとともに「講壇社会主義者」と批判されたが，この批判に対抗して 1872 年「社会政策学会（Verein für Sozialpolitik）」が結成され，シュモラーは終始指導的役割を果たしつづけた．学会は，団結権の承認・労働者保護立法の制定・住宅政策の要求を中心とする社会政策が必要であるとの認識で一致するものの，国家社会主義者や自由放任主義者を含む多様な立場の人々を結集していたために論争や対立が絶えなかったが，統計的調査とフィールドワークを結びつけた膨大な実証研究が遂行され，政策形成に重要な寄与をもたらした．客観的・経験的な実証研究によって党派的対立を乗り越え，学問研究をつうじて国家に政策提言することが学会の基本戦略であった．

　1872 年にシュトラスブルク大学に転出したシュモラーは，講演やトライ

---

[4] グリンマー - ソーレムによれば，当時のドイツ大学のパターナリスティックな人事支配のために，大学外の統計局や社会政策学会などが学問的革新の担い手となり，とくにパリに留学し，ル・プレーの社会調査の方法をドイツにもたらしたエンゲルのもとで統計や調査に基づく経験的社会研究の手法が教授された（Grimmer-Solem 2003: 60）．

チュケとの論争をつうじて，社会問題の根源が自由放任主義に名を借りた「有産階級のエゴイズム」にあることを強調し，プロイセン政府に政策転換を強く要求したが，プロイセンの保守派にはシュモラーは社会主義者だとの印象を強く与えた．さらに彼は，クナップとともに若手研究者のための研究発表雑誌『国家科学・社会科学研究叢書』を発足させ，「ドグマ，政党の立場，恩師の見解」に支配されない「客観的研究」を推進する一方（*Staats- und sozialwissenschaftlich Forschungen* 1903, III-IV），1880年代以降は，プロイセンの大学行政の中心人物 F. アルトホフのブレーンを務め，彼をつうじて有能な若手研究者を大学に送り込み，ドイツの学会に君臨するようになった．シュモラーは，アルトホフに代表されるプロイセン官僚の改革的能力を信頼しつつ，社会政策において強調された倫理的な観点と「客観的」な歴史的・統計的研究を学問的・方法的に基礎づけ，「国民経済学の倫理化」と「国民経済学の社会学への拡大」をスローガンとして掲げた．

　1883年のメンガーとの方法論争は，このように経験的研究を重視する立場から国民経済学の領域を拡大しようとするシュモラーと，限界効用理論によって理論経済学を革新しようとしていたメンガーとの対立であるが，論争が激しくなった理由のひとつは，政策に対するスタンスの相違があるように思われる．メンガーが主張した有機体のアナロジーに基づく制度の個人主義的理解は，ロマン主義を経由した「国家干渉に対する保守的反対」ともいえる側面を有しており，制度にプラグマティックな「共同意思」を見ようとするシュモラーと完全に対立していた（Grimmer-Solem 2003: 255）[5]．この後シュモラーは「共同意思」の展開という観点から，社会政策のための歴史的モノグラフとは次元の異なった倫理と制度の進化史を構想し，大著『一般国民経済学要綱』（Schmoller 1900-04）に結実する．

　さて1880年代に展開されたビスマルクによる国家的社会保険政策は，シ

---

5) ロマン主義は国家干渉主義と親和的ではない．ロマン主義者アダム・ミュラーがスミスの「自然的自由のシステム」を評価しつつ，むしろフィヒテの理性的干渉政策に反対したことを指摘したものとして，原田（2004）第一章を参照．

ュモラーと社会政策学会の活動の結果とみられがちであるが，実際はそうではない．シュモラーは社会保険立法に賛成したが，彼も学会の主流メンバーも社会政策の中心が労働者保護立法や実業教育の整備であるとする点では一致しており，ビスマルクの国家社会主義的な飴と鞭の政策とは距離をおいていただけでなく，ビスマルクも社会政策学会を無視していた．シュモラーと社会政策学会が現実に影響力をもつことができたのは，ビスマルク失脚後の1890年代以降のことである．1890年にシュモラーは社会政策学会の会長に，また，1897年にはベルリン大学総長に就任し，その2年後にはベルリン大学を代表してプロイセン貴族員議員となった．しかし現実政治にたいする影響力の増大は，彼に対する社会政策学会外の批判や学会の内部対立を噴出させた．

1890年代の社会政策の展開は，工業化の急速な進展にともなう世界市場への進出を意図する実業界にとっては「産業負担」であった．こうした立場から，製鉄業界の実力者シュトゥームは，シュモラーらの講壇社会主義を厳しく批判し，産業界に近い教員を大学に送り込もうと画策していた．「アルトホフ体制」は実質的に崩壊しつつあり，プロイセン官僚制と協力して社会政策を遂行しようとするシュモラーらの講壇社会主義的な社会政策のあり方は大きな曲がり角を迎えた．1890年代末期には，こうした時代背景に対応しようとする社会政策学会の若い世代のなかから，シュモラーの社会政策と学問的方向に対する厳しい批判が提起されるようになった．ゾンバルトとヴェーバーに代表される若手世代は，産業界の要求に対してはシュモラーらと共同歩調をとって「大学の自治」を擁護しつつ，他方では，公共心の担い手としての官僚政治が正義を実現すべく客観的・学問的に正当化された政策を実現する，という旧世代の発想を根本から批判した．ここから彼らの資本主義研究がシュモラーの倫理的進化史に対抗する形で提起され，さらには1909年の社会政策学会ウィーン大会における「価値判断論争」が生ずることになる．

シュモラーは1913年にベルリン大学の講座と社会政策学会の会長職を

H. ヘルクナーに譲って事実上引退するが，1914年に勃発した第一次世界大戦の長期化は彼の死期を早めたと言われている．彼の学問と――公益の代表者としての――官僚制にたいする信頼の根底には，理性の勝利＝歴史の進歩に対する確信が存在していた．シュモラーの側近によれば，こうした確信がプロイセン官僚政治の軌道修正などをつうじて次第に動揺し，総力戦による消耗と混乱が彼の精神に大きな負担をかけたという．シュモラーの歴史的・倫理的国民経済学の根底には19世紀の科学技術の発展を支えた楽天的な理性信仰が存在していた．

3. 社会政策論の展開

(1) 自由貿易主義と社会問題

シュモラーがプロイセンに移るきっかけとなった匿名書は，彼の経済学的立場を最初に示したものとしてきわめて重要である．それは，ヴュルテンベルクを含む関税同盟諸邦における近代的工業の発展を強調し，国際分業の利益を説くドイツ・マンチェスター派の立場であるといってよい．他方プロイセンに移ってからシュモラーは，自由主義的知識人のジャーナル『プロイセン年報』に社会問題にかんする重要な論文を寄稿し，また『19世紀ドイツ小営業史』の連載を求めた「労働諸階級福祉中央協会」は，「道徳的・精神的な面からの労働者階級の状態改善」をめざした改革派の自由主義的官僚・大学人・商工業者の団体であった．シュモラーが研究史において否定的評価の対象となった最大の原因は，このような自由主義的立場から，後にビスマルクに代表されるプロイセンの権威主義的な「飴と鞭」の政策に転向してしまったと考えられたからである．したがって1860年代の社会問題把握から社会政策学会の結成を経て，ビスマルクの経済・社会政策にどのようなスタンスを取ったのかを統一的に理解することは，シュモラー解釈のキーポイントである．

さてシュモラーは『普仏通商条約とその敵』において，ドイツ関税同盟の

枠組みを前提としつつ，J.S. ミルに依拠した国際分業論＝比較生産費説に共鳴し，南ドイツを支配する重商主義的な「リスト的イデー」に反論する．保護関税は育成関税としてのみ正当化されるのであり，手織業を高率保護関税によって維持しようとする「南ドイツ側の要求」はきっぱりと拒否された (Schmoller 1862: 81)．彼が伝統的手工業の機械制工業および高級品製造業への転換を強く主張したのは，近代的工業の発展が生産だけでなく，消費の増大を，とりわけ下層階級における「奢侈」の増大をもたらしているからであった．彼は「労働者問題」において，「衣服・食糧・住宅はいたるところで改善され，より高度な精神的・倫理的目的のための支出は，少なくとも中産階級ではすでに家計の相当な割合を占めるまでに増大した」と指摘しているが (Schmoller 1864: Heft 4, 395)，そうしたことが可能になったのは，機械制大経営において「適切な分業，自然力と機械の使用，あらゆる原料の最適な利用，商業的市況と技術進歩の巧みな利用」をつうじて，「労働者に対して高賃金の機会を与え，消費者にはより改善された，優秀で安価な生産物を提供する」ことができるからであった (Schmoller 1864: Heft 4, 402)．

　他方でシュモラーは，経済発展にともなう負の側面についても言及している．没落した手工業者は自由な経済活動と市場における競争に投げ込まれ，多くの場合は無産の労働者として雇用主に対峙し，いかなる犠牲を払っても賃金を獲得しなければならない．こうした状況につけこみ，低賃金と劣悪な労働条件によって富を得ようとする「不道徳な」経営者も存在するのであるが，この結果として「労働者の窮乏」，「賃金の圧迫，抑圧的体制，経済・社会・国家における資本の絶対的支配」が生ずる (Schmoller 1864: Heft 4, 395-6)．しかしこれは，新しい時代への移行にともなう過渡的現象とみなされ，「現代の大工業の全面的発展とともに大多数の弊害は増大するのではなく減少する」こと，「イギリスでは，この 10-15 年来，労働階級のなかにかなり富裕な生活が広まってきている」ことが強調された (Schmoller 1864: Heft 4, 399-400)．

　シュモラーはドイツにおいても同じ発展傾向がみられることを，ヴュルテ

ンベルク営業統計を利用して指摘している．すなわち，(1)ある部門における機械の導入はたしかに労働力の節約をもたらすが，当該部門の生産物の低廉化をつうじて，その生産物と他の部門の生産物とへの需要を拡大せしめ，全体としての雇用人口は増大していること，(2)近代的大工業の発展は，直接競合する手工業の没落をもたらすが，修繕業・大経営の補完部門のような新しい手工業分野，および機械によって代替されえない分野が存在し，それらは増加傾向にあること，(3)このような手工業においても規模の拡大がみられること，である．この最後の点についてシュモラーは，J.G. ホフマンに言及しつつ，資本投下と分業の観点から，近代的手工業経営は最低3〜4人の労働者を雇用しなければならないことに注意を促している（Schmoller 1864: Heft 4, 400）．したがって，雇用労働力を欠いた「絶対的に非自立的なプロレタリア的小親方の消滅」と，手工業職人が性急に独立するのではなく，「よい報酬を得る雇用者」として「活力をもった経営的事業に生涯とどまること」によって，生産と消費の増大は実現する．彼が「健全な中産層」の形成と呼んだ事態は，こうした過程を念頭に置いた発言であり，「財産の分配が極端に不平等ではない場合，また上流階級の富と下層階級の貧困とのあいだに，社会体の多数の民衆が中位の財産所有者となっている場合」が「経済的・社会的・政治的理想」だと述べるとき（Schmoller 1864: Heft 4, 404-5, 413），それは近代以前の身分制社会を念頭においた発言では決してなく，その反対に，近代の資本主義的工業化の過程そのものが，多様な経営規模の展開と労働者の高賃金の可能性とによって，所得の平等化への内在的傾向を有しているという確信の表明であった．したがって手工業者・労働者層が工業化過程に順調に適応していけば，「分配」問題は決して生じないことになる．

(2) ラサール批判

しかし過渡的現象にもかかわらず負の現象が存在するのは事実であり，それはどのように対処すべきであろうか．周知のように，この時期にプロレタリアートの貧困化の必然性を「賃金鉄則」によって説明し，国家社会主義の

実現によって社会問題を解決しようとしたのはラサールであった．「労働者問題」は，自由放任主義の立場から社会問題に対して「自助」を主張するシュルツェ-デーリッチュとラサールの国家社会主義的「国家救助」の対立を調停しようとする立場から執筆されたものである．有名なラサールの「賃金鉄則」論は，古典学派の労働の「自然価格」論（最低生存費）を継承しつつ，労働の「市場価格」から「自然価格」への絶えざる帰着を「鉄の必然性」と呼んだことに由来する．ラサールによれば，労働の市場価格が自然価格を上回って上昇すると，労働者の生活向上→婚姻と出生との増加→労働人口＝供給増加によって市場賃金の低落が生じ，他方逆に市場価格が自然価格を下回って下落すれば，移民や前述とは逆の作用が働いて労働供給が減少し，市場賃金の上昇が生ずる．これに基づいて彼は社会改良の無益を説き，利潤・賃金制度の解体と生産協同組合による労働者の企業者化を主張した．

　シュモラーはこの「法則」自体を決して否定しない．すなわち，もし市場賃金が上昇しても，もっぱらその増加分を婚姻と家族数の拡大にふり向け，「自分とその家族との生活水準（standard of life）そのものの向上のために」支出しない労働人口が大量に存在するとすれば，「鉄則」は当然貫徹するであろう．

　　一般に生活水準の向上を阻止しているのは労働者の倫理的状態である．彼らはすぐ将来に絶望し毎時間のらくらと過ごす．節約をせず，自分の将来に確実な見通しをつけないうちに軽率に結婚し，妻子の協力によって自分たちの状態を改善していこうということに少しの望みももたず，快適な住居，自分自身の竈や家，清潔さ，手ごろな読物という高度な，倫理的に洗練された享受など思いもよらないのであって，極端な場合には……救貧税をあてにし，このことが彼らから完全に労働意欲を奪い，名誉心や責任意識の最後のひとかけらさえも窒息させる（Schmoller 1864: Heft 5, 525）．

　シュモラーにとってプロレタリアートとはこのような存在なのであり，こ

うした存在が前提されているかぎり，賃金の上昇は労働力供給の増大に帰結するであろう．彼が批判したのは，労働者の「内面的」態度を理解せず，労働人口を抽象的な供給量として扱う経済学者の態度であった．こうした「抽象的経済学」と「賃金鉄則」論は，労働者層の「内面的」態度が不変であることを前提にするが，シュモラーからみれば，この前提は長期的に変更可能である．もし資本量が増加して賃金の上昇が生じた場合，「こうした有利な状況を持続的なものにするために，労働者がその家族よりも自己の生活欲求を高めること，すなわち……家族成員の拡大に利用するのではなく，むしろ労賃がそれ以下に低下しない生活水準の引き上げに利用するということである」(Schmoller 1864: Heft 5, 524).

　生活水準の向上を指向する慣習・風習の変化，これこそがシュモラーにとって「労働者問題」解決の鍵であった．「賃金鉄則」に対するシュモラーのこうした理解は，「生活水準 (standard of life)」という表現が示唆しているように，明らかにJ.S.ミルの賃金論から由来している．すなわちミルは，リカードウの賃金論を仮説的推論として承認しつつ，最低生存費を「肉体的最低限」ではなく，「道徳的最低限」として理解し，それを可変的な「生活水準」と表現している．ミルによれば，賃金の短期的水準は資本＝賃金基金と人口との比率によって決定されるが，労働者の側で人口を減少させて生活水準を引き上げようとする「慣習」が定着することによって，長期的に生活水準が向上し，「高賃金」が永続的になる (Mill 1848: 訳 (2), 285-6)．シュモラーは，ミルの賃金理論を使ってラサールを批判したのである[6]．

　こうした「慣習」の改善についてシュモラーは，「経済的自由主義」その

---

6) 前記の引用個所でミルへの直接の言及はないが，「労働者問題」の結語に近いところで，「ラサールは自分の国民経済学においてリカードウを越えていない．彼の議論の土台は，すべての価値は労働量に解消される，というすでにずっと以前からあらゆる権威によって反証された主張なのである」という指摘がおこなわれ，この「権威」の脚注で，アドルフ・ゼートベールによって1852年に翻訳されたミル『経済学原理』ドイツ語版 *Grundsätze der politischen Oekonomie* の参照が求められている (Schmoller 1865: Heft 1, 55)．

ものの展開において，企業家の啓蒙的影響や手工業者・労働者の自助的活動によって実現されると考え，そのための手段として工場法の制定，手工業協同組合や労働組合の促進，国家による学校・実業教育を要求していた (Schmoller 1864: Heft 5, 540-7). 彼は，労働者の「内面的・倫理的」理解の必要性を，国民経済学に「倫理的基礎」を与えると表現しているが (Schmoller 1865: Heft 1, 63)，政策的要求の実現についてはきわめて楽観的であった．

(3) 『19世紀ドイツ小営業史』における自己批判

『19世紀ドイツ小営業史』の刊行と社会政策学会の成立は，シュモラーのそれまでの楽観的な立場を放棄させ，積極的な国家的社会政策の要求へと転換させたが，それはどのような変化なのであろうか．彼はこの著作の序文で，次のように自己批判している．

> かつて私は，……自由主義的国民経済学の伝統的見解，すなわちあらゆる弊害の救済手段はもっぱら営業の自由それ自身のなかに存在する，という理念に与していた．しかし研究が深まるにつれて私は，こうした観点の誤謬ではなく反対にその正当性を，しかしまた同時にその一面性をも認識するようになり，このことがかつての抽象から具体的な識別へと，バラ色の楽天主義から，われわれの時代の偉大な変革が前代未聞の輝かしい進歩を招来するとともに，必然的に深刻な社会的・経済的弊害を生み出す，という認識へと転換せしめたのであった．そのことによって私の態度は，……自由放任のニヒリズムから積極的な改革の要求へと変化したのである (Schmoller 1870: VI-VII).

かつて大河内一男は，シュモラーの「国民経済学の倫理化」要求を経済的合理主義の否定と捉える立場から，この文章を自由主義そのものの清算と理解した（大河内 1938; 1968: 上巻，122 以下，140 以下および大河内 1956: 211

を参照).しかしこの文章は,「自由主義的国民経済学」の「正当性」と「一面性」の認識という表現をとっており,自己批判の意味を正確に把握するためには,この著作の内容に即して検討しなければならない[7].

シュモラーは本文において,自分が「労働者問題」で手工業者の独立の可能性を過小評価していたことを反省している (Schmoller 1870: 338). つまり本書の重要なテーマは,手工業は手織業のような高級品産業や大経営と補完関係にある分野に限られるのかどうか,という問題である.技術革新が進展していく過程で伝統的な手工業の基盤が解体し,こうした過程に積極的に適応する手工業者と適応できない手工業者に分化していくのであるが,前者について彼はつぎのように述べている.

有能な親方は在庫めあてに仕事をしようとし,なによりも局地的販売以上のものを求めている.彼はあらゆる技術進歩を利用しようと試みる.彼は他の営業が提供する改善された部品を購入し,特定の専門品の製造に……自己を限定する.需要の変化に対応し,彼は往々にして全く新しい製品を完成させる…….彼は2～3人の労働者を雇用するが,これらの労働者は,……この部門が分離する以前の様々な営業に属していた人々である.こうして社会的には,小企業者という全く別の身分が成立し,それは事業規模・資本の大きさの点で……旧手工業者と異なったものではない.彼らはもともと有能な職人,単なる労働者,商人であり,こうした人々は,たとえ1～2人の労働者しか雇用していないとしても,現在では好んで自らを工場主と称しているのである (Schmoller 1870: 198-9).

以前にシュモラーは,近代的手工業経営の規模を分業と資本形成の観点から3～4人の労働者の雇用を下限とみなしていたが,外見的には旧手工業と変わらないそれ以下の規模でも,「小企業者」・「工場主」が出現していたの

---

7) 大河内は『19世紀ドイツ小営業史』の本文を分析していない.

である．彼によれば，多様な最終消費財を生産する金属加工業や皮革加工業などでは，このような小企業者が旺盛な企業活動を展開し，そのなかから企業規模を拡大させて「大工場の所有者にまで立身出世する人々」も出現していた．一般に彼らは自分を恃みとする「自力独行の人々 (self made men)」であり，経済的・政治的自由主義の支持者であった．

　それに対して多くの手工業分野では，こうした過程に適応できない，あるいは適応を拒否する手工業者がおびただしく見られ，「手工業の窮状」や「手工業の過剰」が各地で社会問題となっていた．シュモラーはその現状を，ドイツの各地に寄せられた苦情を紹介して述べているが，それによれば，とりわけ小都市や農村では大都市の工場と競合する部門でも技術の未熟な手工業者が借金してまで経営を開設し，彼らの数が過剰のために，日雇仕事によって生計を維持しているケースが多いという（Schmoller 1870: 115-7）．もともと手工業は厳格な徒弟制度に基づき，一定の技術的能力の証明（親方資格）によって営業の開設が許可されたのであるが，「営業の自由」の結果，一定の資金があればだれでも営業が可能となったのである．資本主義的市場経済が短期間に形成されたドイツでは，多くの人々が伝統的な職業観を脱却することができず，経済的合理主義を身につける余裕もないままに，市場経済の荒波に投げこまれた．彼らは，新しい技術や経営のノウハウを修得する機会がないまま，父祖伝来の職業を継いで安楽に暮らしたいとの願望から性急に独立しようとする．このような事実は，「国民経済の自由の心酔者によってしばしば看過される真理を示している．経済的階級を下降するにつれて，彼らの行為を規定するものは，もはや個々人にとって経済的に最善のものに対する認識ではなく，近視眼的な享楽欲，無為への刹那的傾向である．すなわち様々な種類の不道徳，それに附随する動機が，ここで国民経済学が考慮すべき心理学的要因をなしているのである」（Schmoller 1870: 117）．

　こうした人々の存在は社会革命運動の温床となるだけではない．むしろシュモラーは，ドイツの輸出産業がこうした手工業者によって支えられていることに注意を促している．例えば有名なシュレージェンの麻織物業では，機

械制綿工業に押されて販売が減少していったが，事業から撤退していく織物業者が存在する一方で，むしろ資金力のない業者の新たな参入と未熟な手織工の供給増加が生じ，価格下落にたいして工賃・賃金の切り下げと粗悪品の大量生産という現象が生じた．機械制大経営によって脅かされていない分野でも，この時期には工賃・賃金の切り下げによって輸出産業を維持・拡大しようとする傾向がしばしば見られ，ドイツを横断して展開されている輸出工業の中核をなす「何千もの小企業」はこうして成り立っていたのである (Schmoller 1870: 547ff., 670)．すなわち自由放任によって没落を放置することは，没落する人々の自己責任ですむことではなく，ドイツの産業構造を規定して，いわば「低賃金輸出国」としてしまうことになる．ドイツは一時的にはこうした輸出産業（その多くは奢侈産業）が繁栄し，企業の利潤も増大するであろうが，手工業者・労働者は低所得と劣悪な労働条件に苦しみ，経済的格差は拡大するであろう．

こうしてシュモラーは，「現在の工業的発展」が「財産の不平等」を拡大する傾向を示していることを強調し，このような「高まりゆく財産の不平等を阻止」するために，「もっとも重要な実際的問題の一つ」として，「いまだ現存する手工業者身分の可能な限りの保持」を主張する (Schmoller 1870: 670)．これが伝統的な手工業者をそのまま「保持」しようとする意味ではないことは，次の論述から明らかである．

今や必然的に大規模な工場経営に帰属する営業と手工業・家内工業に残されているそれとを区別しなければならない．前者の範囲の営業活動に対して，およそ人為的に小営業を維持しようと欲しても，それはまったく非難すべきことであろう．そこでは工場制度を，労働者層が現在の多くの悲惨な状況から救出されるようなかたちで，受け入れねばならない (Schmoller 1870: 693)．

シュモラーは近代的産業発展を無視した「人為的」維持政策が不可能であ

ることをはっきり自覚していた．そのうえで彼は，現存の手工業者を「保持」するための手段として，イギリス・バーミンガムの金属加工業などにおける小経営の展開を指摘しつつ，(1)「下層階級の全体としての精神的水準を引き上げる」ための学校教育の充実（義務教育制度の導入，初等教育の無償化，教育水準の向上），(2)小手工業者，家内工業の親方・労働者のための技術教育の整備（製図・実業補習学校の設立），を要求している．彼は，これらをつうじて，「勤勉・努力・自主的責任という経済的徳性」を国民全体に植えつけ，手工業者に「きちょうめんに帳簿をつけ，資金を節約し，貯蓄することを教え」，「企業精神（Unternehmungsgeist）を賦与」しようとしたのである（Schmoller 1870: 697f., 679, 695, 325）．シュモラーの小営業保護論は一種のベンチャー企業論なのである．

こうした社会政策的要求は「労働者問題」におけるそれと根本的に異なったものではない．かつて「没落」すべきと思われた手工業的小経営が小企業として存続可能であり，そのための技術的・精神的教育を国家が積極的に推進すべきことを強調しているにすぎないのである[8]．

(4) シュモラーとプロイセン国家

「講壇社会主義者」（シュモラーらは後に自らもこれを名乗った）による社会政策学会の結成は，個人の自由・自由放任主義・自由貿易主義を原理として掲げ，「夜警国家」を是とするドイツ・マンチェスター派から袂を分かって新たな「学派」を宣言し，社会政策のための国家干渉を是認する哲学を開陳することを意味した．シュモラーは自分たちを「歴史的・哲学的・統計的学派」[9]と規定し，「ツンフト制の維持と封建的制度の保持」を要求した「保

---

[8] シュモラーを「講壇社会主義者」として非難したオッペンハイムは，こうした要求に「あたかも国家が協同組合を創出するような」印象をうけ，ラサール流の「国家救助」だと誤解したのである（Oppenheim 1872: 33ff.）．

[9] 「歴史学派」という呼称は，竹林によれば，方法論争においてメンガーが否定的な意味で最初に使用し，1880年代末にシュモラーらも自ら使用するようになり，90年代になってヴァーグナーの「オーストリアの理論学派とドイツの新歴史学派の対立」

守派」に対する「無条件の経済的自由の原理」が勝利したのちに，ドイツ・マンチェスター派の「内部対立」によって成立したことを強調している (Schmoller 1872: 5-6)．社会政策学会は最大公約数として工場法の制定，団結権の承認，住宅問題の解決を要求したが，ドイツ・マンチェスター派はその極端な原子論的・絶対的自由主義の観点から，とりわけ労働市場における集団的労使交渉には営業の自由の個人主義的原則から完全に否定的であった．シュモラーはドイツ・マンチェスター派についてこう述べている．

> ［彼らによれば］労働者問題など存在せず，それについて語ることは思想の混乱か煽動的宣伝であって，労働者は今や必要とするすべてのものを有しており，上昇しない人は自分個人に責任がある，とされています．協同組合ですら個人的には横目で見られ，労働者の利潤への参加は企業者利得に対する干渉と宣告され，労働組合は新たなツンフト思想として攻撃され，そもそもいかなる団体組織も嫌われたのです．工場立法も工場監督官も，それらをドイツの状況のために正当化することはほとんど否定されました．……かつて人権の名によって非特権的階級の厳しい抑圧からの解放を要求したこの党派が，今ではただ企業家の一方的な階級的立場に対してのみ利害関心を持っているかのように見えますし，彼らが経済的自由を，大企業者・資本所有者のための，大会社のための大衆を搾取する自由とだけ理解しているかのように見えるのです (Schmoller 1872: 7)．

このようにシュモラーは，マンチェスター派の立場が，実質的には企業者・資本所有者の「強者の論理」となっていることを批判している．したがって営業の自由を前提にして社会政策を要求することは，営業の自由を実質的に制限し，経済的「弱者」にも営業の自由の可能性を保証することを意味する．「われわれの理想は，わが国民のさらに大なる部分を，文化のもたら

という表現によって一般化した (Takebayashi 2003: 46-7)．

すあらゆる高度な財・教育・福祉に分かちあずからせること以外のなにものでもありません」，という言葉はこのような意味である（Schmoller 1872: 7）．そして彼は，営業の自由の制限の理論的根拠をJ.S.ミルに求めていた．

> 私は，利己心が経済生活においていつでも十全ではないという，自由競争と理論とのこうした判断に際して，すでに以前から同じことを発言していた権威に訴えることができます．私が考えていることは，これらの論点に関するJ.S.ミルの論述であって，これは，この対象に関する私の知る限り最良の文献です．利己心が特定の点で機能せず乱用や弊害をもたらすという主張において，私は本質的にミルを越えてさらに前進しているとは考えていません（Schmoller 1877: 151）．

シュモラーはこのように述べてミルの論述を紹介している．それは，ミルの『経済学原理』第5編「政府の影響について」の最後の第11章「自由放任主義あるいは不干渉主義の根拠と限界について」の部分である．ここでミルは，自由放任主義を原則としつつ，「消費者が商品について判断しうる最適の裁判官でない場合」をその例外とし，公共的利益の実現の観点から，教育，児童・青少年の保護，独占への介入，労働時間立法，救貧法，植民などを挙げている．次いでミルは，介入する政府を「不偏不党の」と表現し，「個人的努力の精神のあらゆる萌芽をつとめて奨励し育成するような形において」，「国民のための教育過程となるようにして与える」ことが「良い政府」の役割である，と述べている（Mill 1848: 訳(5), 307以下，353-4）．

シュモラーは市民的公共社会の公益を擁護する立場から，こうした「良い政府」の役割をプロイセン政府に期待したといってよい．彼は国家のあり方を，「利己的階級利益を超越し，法を制定し，行政を公正に管理し，弱者を保護し，下層階級を向上させる強力な国家権力」と表現し，「プロイセン官僚制と王制」を「ドイツの国家体制の最良の遺産」と見なしていた（Schmoller 1872: 9）．彼はプロイセン政府のイデオローグとして現実の政策

を追認したわけではなく，社会改革の観点から政府に政策変更を求めているのである．シュモラーは，1845年のプロイセン一般営業法の導入を推進した自由主義官僚J.G.ホフマンを賛美し，「公然たるロマン主義的嫌悪」によって反対したフリードリヒ・ヴィルヘルム4世を非難しているが（Schmoller 1877: 140），こうしたリベラルな改革派官僚を支えることがシュモラーの真意であった．

(5) シュモラーとビスマルク

以上のようなシュモラーのリベラルな政策思想が誤解され，あたかもプロイセンの封建的・ロマン主義的伝統に与したかのような解釈が流布するきっかけとなったのは，1879年のビスマルクによる保護関税法案に彼が賛成したからである．リンデンラウプは，シュモラーの国家把握の「プラグマティック」で「非ドグマ的」な性格を強調しつつ，ビスマルクに「盲目的に服従した」という通念がすでに同時代に形成されたことを指摘している（Lindenlaub 1967: Beiheft 52, 141）．グリンマー－ソーレムによれば，シュモラーとクナップが大胆な社会立法を期待してその見返りにビスマルクを支持したのに対して，ブレンターノとヘルトは反対した．こうした路線対立によって学会の存続が危うくなり，学会はいわば論争を避けた学術団体へと変化していくが，この過程でシュモラーらは「ビスマルクの秘密支援グループ」と見なされるようになった（Grimmer-Solem 2003: 193, 201-2）．彼の「プラグマティック」で「非ドグマ的」態度が「政治的日和見主義」と見なされたのである．

社会政策学会がはじめて通商政策問題を取り上げたのは，1877年末に期限切れを迎える自由貿易的な独墺通商条約の更新を巡って議論が行われた1877年のベルリン大会であり，学会に所属する主として工業界の代表がこの問題によって自由貿易派と保護関税派に分裂した．ここでシュモラーは，「自由貿易主義者でも保護関税主義者でも」なく，国民的分業の意義を評価しつつ，自由貿易と保護関税をドイツ国民経済の現在の状況から選択可能な

政策手段とする立場を表明し，かつて非難したリストとハミルトンを評価した（Verhandlungen 1878: 147-8）．

　ドイツの通商政策が保護主義に転ずるのは1879-80年のビスマルク関税からであるが，保護関税のキャンペーンは1876年頃から開始され，東エルベのユンカーは1879年になってはじめて保護主義に転換したことが指摘されている（Stolper 1964: 訳37以下）．したがってシュモラーの発言は，ユンカーの農業利害とは別の工業的観点から行われており，発言の後半で，国内市場で優位にあり輸出能力をもつと判断された製鉄業の保護には反対している．さらに彼は，2年後のビスマルクの関税法を論議の対象とした社会政策学会フランクフルト大会において報告者として登場し，次のように述べている．

　わが国の従来の関税率は，低品質の，劣悪な，低価格の製品の生産を，原料生産物の輸出を，要するに1830・40年代のわが国の技術や状態に対応した世界貿易の地位を押しつけるものでしたが，現在ではもはやわが国に相応しいものではありません．われわれは，「安かろう悪かろう」というスローガンを取り払い，高度な技術，洗練されたスタイル，上質の生産物へと，加工製品の輸出へと転換しなければならないのですが，そのためには，合理的な関税率を有する経過的保護関税が有効となるでしょう（Schmoller 1879: 26）．

　このようにシュモラーは，国民経済の構造転換という観点から条件付きで保護関税を容認したのであるが，こうした態度は社会保険に関しても妥当する．社会保険の構想はすでに早くから社会政策学会で話題になっていたが，官僚主導型の国家的強制保険制度に賛成したのは，シェフレ，ヴァーグナー，シェーンベルクらの国家社会主義者であった（Grimmer-Solem 2003: 216）．シュモラーによれば，ユンカー出身の「封建的ロマン主義とマンチェスター的自由主義の息子」ビスマルクは，議会対策の観点から，「社会政策におい

て大企業家を満足させることが重要な要因」であり，労働者保護に反対し，工場監督官制度の導入を拒否した．シュモラーは，社会保険立法の進歩性を評価しつつも，これが「国家的強制と自治的機関の国家的整備・監督という代償を払った」ことによって，「イギリスのように漸進的な自由な団体の発展がもつ長所も当然放棄され」，「官僚制的要素だけが，関係者の参加・活動に対して勝利」することに危惧の念を表明していたのである（Schmoller 1897: 45, 54, 60）．さらに彼は，ビスマルクの弾圧政策を次のように批判している．

> 彼［ビスマルク］は1878年，社会主義者［鎮圧］法によってのみ差し迫った革命を克服できる，……と考えた．しかし私は，彼がこの危険をつねに過大評価し，したがって過酷すぎる手段をとったと思う．いずれにせよ，事実この手段は目的を達しなかった．……それは例外法として残虐な階級支配の烙印をもったので，社会民主党が1890年に，びくともせずに1878年より強力になって現れたのも当然であった（Schmoller 1897: 52）．

このように「労働者層の社会的同権化」を望んだシュモラーと，彼らを政治的操作の対象とみなしたビスマルクは社会政策的に対立していた．しかし他方でシュモラーは，現実政治家としてのビスマルクの能力を高く評価していたのである．社会保険立法や帝国議会における普通選挙制の導入のような「進歩的」政策は，シュモラーから見れば，彼が自らの「階級利益」を超えて，国民国家的観点に立つことができたから実現したのである（Schmoller 1897: 33）．シュモラーは，ビスマルクの「プラグマティック」で「非ドグマ的」体質に共鳴していた．

4. 社会政策の理論化

(1) 倫理的経済学と配分的正義

　国家的社会政策を要求することは，自由放任主義派が「講壇社会主義者」と反発したように，当時の時代において広い意味で「社会主義的」要求であり，とりわけパリ・コミューンなどの影響によって，平等主義的な傾向を持つ人々は，「社会主義的」とか「国家の敵」とかのレッテルが貼られた（Grimmer-Solem 2003: 171）．シュモラーは，ドイツ・マンチェスター派の「利己心の経済学」に対して，独自な立場を理論化しなければならなかった．

　まずシュモラーは，トライチュケが主張したような，現存の階級秩序と所得分配の不平等の正当性を人間の自然的不平等から根拠づけようとする「合理主義的理論」を克服しようと試みた．シュモラーによれば，こうした不平等は自然的原因にのみ還元されるのではなく，むしろ歴史的に形成された文化的要因によっても規定されており，「社会問題」は圧倒的に後者の原因から生じていたのである．

> 社会階級を区分するもの，同一の家族を世代を越えて社会の同一の領域に割り当てるものは，単なる自然的過程ではなく，文化史によって支配される相続の過程である．例えば黒人のような最も力強い種族でも，一定の待遇がまったく別の人間を出現させるのである．……もし南ドイツの中産層と労働者層が，また農場経営者と僕婢が，要求や生活慣習，教育と徳育において，北ドイツよりもずっと接近しているとすれば，北ドイツにおける大きな不平等は自然的原因によって作り出されたのではなく，……財産の，主として土地所有の大きな不平等に原因を求めることができるであろう（Schmoller 1874-75: 32-3）．

　このように経済現象をもっぱら自然現象としてではなく，操作可能な文化

現象として考察することを，シュモラーは，共同社会を支配する歴史的に制約された「慣習と法との関係において国民経済を把握する新しい方法」，という意味で「倫理的把握」と呼んでいる（Schmoller 1874-75: 43）．前述のように彼は，1860 年代に労働者の内面的・心理的理解を「経済学の倫理的基礎付け」と呼んでいたが，この視角が「国民経済組織」全体に拡張された．

　いかなる国民経済組織も，相互に相対的に自立した二つの原因系列によって支配されている．一方は，旧来の経済学がもっぱら問題にした自然的・技術的原因であり，他方は，これまで言及されることはあったが，国民経済にとってのその意義が体系的に研究されてこなかった諸国民の心理学的・倫理的生に由来する原因である．国民経済学は，前者の原因のみならず，後者の系列の原因も徹底的に究明されたときに，厳密な意味で科学となるであろう（Schmoller 1874-75: 57）．

　これはシュモラーの「倫理的」経済学宣言ともいえる文章であるが，彼の独自性は，経済現象を自然的・技術的原因と歴史的・社会的原因という「二つの原因系列」の相互作用とみなし，絶えず現象をその複雑性において把握しようとしたことである．彼によれば，マンチェスター派のように「絶対的に自由な交換」を規範的な政策基準とすることは，「国家の廃止」を要求する急進的社会主義と同様に，「ユートピア」にほかならない．シュモラーは，「ユートピア」的構成によって現実を裁断する思考方法を「ドグマ的・抽象的方法」と呼び，経済現象を法，慣習，道徳，倫理といった多様な精神的現象から考察する自己の方法を「批判的方法」と呼んでいる（Schmoller 1874b: 27ff.）．この批判的方法を統計や歴史といった経験的研究と結びつけ，国民経済学を実証科学にしようと試みたのである．しかしこの論述では，一定の規範的条件から政策を演繹することと，対象の把握のために理論によって「ユートピア」的構成を行うことが明確に区別されていない．この弱点が方法論争で露呈したシュモラーのアキレス腱といえよう．

さてシュモラーが，文化的現象としての国民経済学に着目したとき，そこに浮かび上がってくるのは「慣習と法」という人間活動の社会的・倫理的な共同性（Sittlichkeit）であった．彼によれば，人々が社会のなかでなんらかの活動を行い，その結果として一定の所得なり社会的配置が生み出されるとすれば，社会的集団が人間行為にたいする特定の評価＝価値基準を共有し，それに照らした結果だという．その場合，評価＝価値基準の根底にあるのは，人々が社会にたいして抱いている，かくあることが望ましいという「理念」であり，それによって行為とその結果が序列化され，正当なり不当なりの価値判断が行われる．それが「配分的正義」の観念である．

> それはつねに相対立する系列，すなわち一方は人間の，他方は配分さるべき積極的あるいは消極的財の，このふたつの均衡を前提にしている．われわれはなんらかの関連において統一体としてあらわれるあらゆる人間の集合を，必然的に客観的標識によってひとつの系列に整序し，そしてそれに従って，存在すべきものの理念の概念が善きもの・悪しきものの配分を要求する．……人間の行為・徳性・業績ならびにその罪悪を判断すべく，すなわち比較し，整序すべくわれわれの慣習的判断はつねに働いている．……名誉・政治的勢力・地位・所得・刑罰の配分は，仮借なき必然性をもって，こうした配置に応じて行わなければならないという概念がつねにわれわれを支配している．等しいものは等しく，等しくないものは等しくなく取り扱われねばならない．われわれは人間的行為の比例性こそを要求するのである（Schmoller 1881b: 25）．

シュモラーによれば，社会は機能的に分業化・分節化された社会であると同時に，経済的利害によってのみ統合されているのではなく，人間が共同善を実現すべき理念を分有することによって観念的にも統合されている社会にほかならない．これは国家の社会契約説的理解にたいして，政治における善の実現とそのために政治家の徳性を重視する共和主義的な「シヴィック・ヒ

ューマニズム」的立場といってよいが，彼の場合，これが一種の進歩史観と結びついていた．すなわちシュモラーは，「人間の特性と業績による平等以外の，平等の原理のいかなる限定も恣意的である」(Schmoller 1881b: 27) と主張し，「血統」のような非合理的な判断基準が価値基準として後退し，「業績原理」が勝利することを「進歩」と見なしていたのである．

(2) 重商主義論の展開

こうした社会的共同性の展開を，国民経済の形成という観点からはじめて歴史的に理論化したものが，有名な重商主義論「重商主義の歴史的意義」(Schmoller 1884) であったと言える．これによって重商主義が研究史上はじめて功罪相半ばする政策として評価されたのであるが，この論文は，「1680-1786年のプロイセンおよびフリードリヒ大王の経済政策の研究」というタイトルで，1884年から87年まで『シュモラー年報』に連載された「プロイセン経済政策史研究」(Schmoller 1884-87) の事実上の序論であり，プロイセンが近代的な国民国家と国民経済の形成を推進する役割を果たしたことを強調するものであった．

ここでもっとも重視されている視点は，「経済生活と社会・政治生活の本質的な指導的機関との関係」，さらには「経済的・社会的制度のもっとも重要なあるいは個々の重要な政治団体への依存」(Schmoller 1884b: 2. 訳 8) である．かんたんに言えば彼は，前述の配分的正義が実現されていく過程を，理念の自己実現ではなく，経済を導く政策の「歴史研究」として提示しようとした．こうしてシュモラーは，村落経済—都市経済—領邦経済—国民経済という有名な段階理論を提起する．

> 村落，都市，領邦，国家の内部において，個人と家族とは依然として独立した重要な地位を持ち続け，分業が進展し，貨幣制度・技術の進歩が生じ，特定の社会的階級形成が進行する．しかし国民経済の状態は，村落経済，都市経済，領邦経済，国家・国民経済のどれがその時々に前面に出るのか，

つまりある国民が緩やかに結合した多数の村落経済・都市経済に分裂しているのか，それとも……領域的・国民的経済団体がすでに形成されているのかどうか，によって独自の特徴を帯びるのである．政治団体と経済団体とは，決して重なり合う必要はない．だが国家と経済における偉大で輝かしい業績はつねに，権力組織・法的組織が同時に経済組織の担い手であるときにのみ現れるのである（Schmoller 1884b: 3. 訳 9-10）．

この論述から明らかなように，シュモラーの段階論は必然的な発展法則という意味での段階理論ではない．分業や技術の進歩，それに対応する階級形成は所与として前提にされ，分業や技術の進歩が遠隔地間分業に編成されて他国の国民経済に奉仕するのか，それとも国民的分業に組み込まれてその成果が国民に行き渡るのかは，政治権力がそれを配慮するかどうかにかかっている，という歴史観が表明されている．以下の有名な定義はこのような意味で書かれている．

重商主義はその真髄において国家形成であるが，しかし単なる国家形成ではなく，同時に国家＝国民経済形成，すなわち，国家的共同体を同時に国民経済的共同体たらしめ，そこに高い意義を与えるところの，近代的意味における国家形成にほかならない．この制度の本質は，およそ単に貨幣増殖ないし貿易差額に関する学説のなかにのみ，関税線，保護関税，航海条例のなかにのみあるのではなく，はるかにそれ以上のもののなかにある．すなわち，社会とその組織との，ならびに国家とその制度とのトータルな変革のなかに，局地的・地域的経済政策を国家的・国民的経済政策にとってかえることのなかにあるのである（Schmoller 1884b: 37. 訳 56）．

ところでこの段階論において，シュモラーの関心が都市経済にあったことは明白である．村落経済についての説明がほとんどないだけでなく，彼にとって都市経済は近代国民経済の原形であった．シュモラーは 1874 年のシュ

トラスブルク大学学長就任講演において，12-13世紀における中世都市の成立を「国民経済革命」と呼び，発達した交換経済を背景として中世都市が明確な国家組織を整え，都市経済という局地的な利害を機軸とする経済政策を展開したことに注目している（Schmoller 1874a: 163. 訳 33-4）．彼によれば，18世紀に至るまで「すべての完成された国家的形象は都市国家」であった（Schmoller 1884b: 5. 訳 12）．その場合中世都市が，「商業の復活」の成果を都市経済という新しい組織的枠組みに取り込み，都市を「経済的進歩」の担い手たらしめたのは，都市を管理する行政官の業績であった．もともと封建的所領管理の「役人」であり，所領としての都市の行政を委ねられた司教座都市シュトラスブルクの「ミニステリアーレス」の意義について，彼は次のように述べている．

　司教からみれば，都市は彼の領地のひとつにすぎません．彼は，農村と同じように都市においても，古い行政組織，実物貢租，賦役奉仕を放棄しようとは考えませんでした．ですから，これに反対する住民のたたかいは，良き法に対する，また彼の財政収入源に対する反逆と見なされたわけです．都市のミニステリアーレスは，これとちがっていました．というのも，彼らは都市の利害関係といっしょに成長し，ここに定住し，裕福な市民と婚姻関係を結び，都市行政の問題についても，司教とはまったくちがって，精通していたからです．彼らは新しい時代とその要求するところとを理解するようになっていました．古い行政組織はもはや維持できないこと，荘園法にもとづく諸負担，実物奉仕体系は全部廃止され，それに代わって，基本的には金納租税体系が採用されねばならない，ということを彼らは知っていました（Schmoller 1874a: 169. 訳 47-8）．

シュモラーによれば，このような人々が中世都市を繁栄に導いたのである．こうした都市国家の原理を，統一的法体系および財政・租税の整備，近代的技術の導入と企業の設立などをつうじて，都市と農村を含む領域にまで拡張

したものが「領邦経済」であり，さらに植民地を含む国民国家の単位に拡大されたものが「国民経済」であって，「統一的組織体としての真の国民経済」(Schmoller 1884b: 37. 訳 56) を形成することが重商主義にほかならない．その代表的な事例はコルベールをはじめとする 17-18 世紀の西欧列強であり，領邦分立によって「領邦経済」の段階にとどまっていたドイツにおいて，プロイセンだけが重商主義政策を志向したこと，つまりプロイセンだけが国民国家的観点を有したことを強調することがこの論文の目的であった[10]．後にシュモラーは，重商主義の意義を次のように総括している．

　重商主義的諸制度は，より高度な経済形態を形成し，植民地領有を獲得して利用し，外国貿易と自国の艦隊，大規模な家内工業と最初の大経営を創り出すことを助けた．それは国内の分業，国内の商品・貨幣流通の増大，信用組織，国家の担税力・財政力を促進し，市民階級，向上する中産階級，新しい企業家層を優遇した (Schmoller 1900-04: II, 600)．

このように重商主義の本質が，「国民的利益」を担う「市民階級」や「新しい企業家層」の利害を擁護することにあることがはっきり述べられている．シュモラーは，重商主義が行き過ぎれば「利己主義的経済政策」となり，ここに「諸国民のより人道的な競争の可能性」を示す自由貿易主義から批判される限界があったこと，ただし自由貿易主義からの重商主義批判は，イギリスのように国民経済の発展が成し遂げられた後に行われたことを指摘しており (Schmoller 1884: 45, 58)，シュモラーの重商主議論が，絶対王政の経済政策を正当化するためではなく，むしろ後進工業国の立場から「国民的重商主義」(ヴェーバー) の歴史的正当性とその一面性を抉り出すことにあったことは明らかであろう．

---

[10] したがって大塚久雄のように，シュモラーはプロイセンをモデルに重商主義概念を組み立てたとか，近代的国民経済の形成に対立する絶対主義政策を擁護した，といった解釈は誤解である (大塚 1952: 196)．

5. 経済社会学の展開

　シュモラーは1889年以降『シュモラー年報』に一連の論文，すなわち「分業の事実」(Schmoller 1889b)，「分業の本質と社会的階級形成」(Schmoller 1890)，「企業の歴史的発展」(Schmoller 1890-93) を掲載し，「国民経済組織」全体の歴史的発展を提示しようとした[11]．また自らの方法論を『国家科学辞典』に発表し (Schmoller 1893)，これらが中核となって主著『一般国民経済学要綱』(Schmoller 1900-04) が形成され，また分業論と社会階級論は遺著『社会問題』(Schmoller 1918) に集大成された．シュモラーは，こうした「経済社会学」的著作によって，単純な組織原理の原始社会から，政治的・法的・経済的に多様な——所有，婚姻，市場，貨幣，営業などの——制度が複雑な形態に分化・進化し，この「共同生活の部分的秩序」としての制度を動かしていく——氏族・家族・協同組合・ゲマインデ・国家といった——「機関」の内部において，倫理的な「共同のエートス」が支配し，さまざまな軋轢や闘争を「平和化」・「倫理化」することによって，制度的進化が文化的・倫理的進歩として現れてくる過程として描き，社会政策を文明史のパースペクティブから根拠づけようとしたのである．

(1) 分業論

　シュモラーによれば分業は，「社会あるいは集団のために専門化された特定の活動に対する個々人の適応」(Schmoller 1889b: 1004) である．人間労働力の分業化は，自己の活動の制限と他者のための活動への適応という点で，それ自体としてアンビヴァレントな「緊張と調和」という二つの契機をそも

---

[11] 竹林によれば，これらの一連の研究は，「メンガーによって提起された方法論議とマルクス・エンゲルスによって提出された構造的な歴史記述の問題との対決」というかたちで遂行され，「従来の歴史研究にはみられなかった包括的なパースペクティブ」をもたらした (Takebayashi 2003: 53, 78)．

そも内包している．したがって分業は，スミスのような「交換本能」の結果ではなく，「交換のない分業」，あるいは「伝統的な生活慣習のいかなる変化にも嫌悪」を示す「原始的人間」の例が示しているように，「改善された給付を求める鋭敏な感覚」から生じる．分業は「社会集団の高度な組織形態」をもたらす「社会生活のもっとも重要な現象」であり，「伝統的な生活慣習」から「経済的進歩」への転換は，人間の本能の産物ではなく，あるいは自然発生的分業としてではなく，人間の一種の目的意識的な「理性的判断」の結果なのである（Schmoller 1918: 5, 7）．

　さてシュモラーは，分業を9種類に分けて論述している．すなわち，①家における分業，②指揮的労働と実行的労働の分化，③祭司層の成立，④部族長と戦士身分の成立，⑤官吏を中心とする自由業の形成，⑥農耕からのそれ以外の経済活動の分離と農業における分業，⑦工業的分業，⑧商業と交易における分業，⑨空間的分業（国際分業）である．ここで彼は，家族における分業を「自然的分業」，指揮的労働と実行的労働の分化を「社会的分業」，祭司，戦士身分，自由業の形成を「政治的・精神的分業」と呼び，これらを⑥以下の「特殊国民経済的分業」の展開に対応させているが（Schmoller 1889b: 1035），後には②〜⑤の分業を統合し，⑨を⑥〜⑧に含めて「三領域」に分類している．すなわち，(1)「家における分業」，(2)「高級な労働と低級な労働，精神的労働と機械的労働という分業」，(3)「家経済・農業からの商工業の分離および農業・商工業内部の分業」である．つまり分業は，自給的な「家経済」の成立を出発点とするのであるが，この内部における指揮的労働・精神的労働と実行的・機械的労働の分化をつうじて社会・経済組織の拡大が生じ，これに対応して家経済に含まれていた多様な機能・活動が自立化していくことになる．したがって分業の発展は，家経済の解体，社会階級の形成と対立，経済的発展が展開される「大なる統一的な社会的・歴史的過程」（Schmoller 1889b: 1035）なのである．この過程をかんたんに述べれば次のようになる．

　原始から文明への発展は，原始的な「群れ」から，「氏族」を構成単位と

し言語の共通性と血縁関係を基礎とする政治的・軍事的集団である単位として「部族」が形成される過程として理解され，母系氏族内の男女間・年齢別分業とそこから生ずる「家政（Haushalt）」の端緒的成立を経て，父権制的家長支配の確立と「家父長的家族」が成立し，自給経済を基本とする本格的な「家経済」が成立する（Schmoller 1918: 7）．これは家畜と奴隷の所有をつうじて「家族のエゴイズムと営利衝動」（Schmoller 1890: 72）をもたらしたという意味で「歴史の最大の画期的事実」であり，「家父長的家族は長期にわたって経済生活の重要な機関」（Schmoller 1889b: 1007）となった．そこでは奴隷制度をきっかけとして部族長，祭司，戦士といった「財産と教養をもつ指揮的少数派」・「支配的貴族」と「機械的労働を行う服従的・奉仕的な小農民・日雇い労働者への分化」が生じるが，ロートベルトゥスが指摘した古代のオイコス経済も，あるいは中世の荘園経済も，こうした支配的貴族の家経済が拡大した「分業的家族共同体」にほかならない．その場合祭司は，のちに官吏や自由業が分離する「政治的支配階層」の成立を意味し，部族長と戦士は軍制の展開をつうじて「社会的紀律の増大と将来のための経済的配慮の増加」をもたらす．商人は歴史的にはこうした支配的貴族が副業的に兼務する「貴族的商人」として登場するが，家族経済の解体とともに「国民経済における組織者・支配者」となる（Schmoller 1889b: 1011, 1008, 1014, 1022, 1056, 1053）．

　他方で自給的家経済に含まれていた多様な経済活動は，人口密度の増加と貨幣経済の進展，交通諸制度の展開とともに「経済的職業」として自立化するが，多くは不自由民として「分業的家族共同体」に組み込まれるか，あるいは村落や都市における「自由な手工業者」となった場合でも，土地所有・自給経済と結びついていた．手工業は，紀元前2000年のエジプトの時代から18世紀に至るまで，工業技術的にも「ほぼ変わらずに」局地的市場向けに生産を行っていた（Schmoller 1889b: 1047）．手工業の時代の最後には農村や山村で遠隔地市場向けの家内工業が展開し，16・17世紀以降マニュファクチュアや工場といった大作業場が展開する．これは商業の展開からみれ

ば，商業内部における新たな分業（運送業の形成，局地的小売業の成立，商館の形成），技術進歩（道路・運河・船舶の建設・製造），商業精神の拡大による国民経済・世界経済の展開をつうじて，商人がかつての「貴族的商人」の「戦士的・冒険的な……なかば政治的な組織者から，……本来の商業業務に自らを限定し，投機・計算を行う」「市民的私人」（Schmoller 1889b: 1061）となる過程である．

これは商人が企業を創出する過程であり，「家族経済において人間的配慮が事業的配慮にたいしてしだいに後退し，最終的には家族経済と事業が外面的にも法的にも分離されるようになり，商事会社（Filma）が成立する」ことを意味する（Schmoller 1890-93: 14.Jg., 1039）．14世紀初頭にフィレンツェで見られた「カンパニー」は「労働共同体」であり，「共同の勘定によって遂行される」合名会社であるが，体系的な簿記によって「会社財産と各社員の特別財産」が区別される「持続的・統一的な営利企業」である（Schmoller 1890-93: 14. Jg., 375ff.）[12]．

こうした営利企業による大作業場の展開は，統一的指揮の下で多数の人々が労働し，「労働の分割に際して家族生活や徒弟教育を考慮しない」「新たな社会的編成」をもたらすが，それは①「資本を所有し，商人的・技術的教養をもつ指導的貴族」，②小企業家とともに中産階級上層を形成する「職員，技術者，職工長」，③手工業者・小農民とともに中産階級下層をなす「熟練労働者，家内工業親方」，④分業によって専門化していない「不熟練労働者，日雇い労働者」という階層的編成であり，①～③のいわば有産階級と④の無産階級が近代的工業社会における対立軸を形成することになる[13]（Schmol-

---

12) 竹林によれば，シュモラーのイタリアにおける会社成立史の叙述は，ヴェーバーの『中世商事会社の歴史』(1889) に依拠している（Takebayashi 2003: 98f.）．
13) シュモラーは，家経済から分離した大企業を，「私的な恣意的組織としてではなく，公的アンシュタルト」と理解している（Schmoller 1889a: 390）．後に彼は，手工業を「工業企業の端緒」と呼び，家族的自給経済と結びついた手工業が問屋制度に対して自律性を有し（買入制），企業へ上昇する可能性を指摘している（Schmoller 1900-04: I, 424）．彼の小営業保護論は問屋制度の類型論に展開された．詳しくは田村(1993b: 299 以下）を参照．

ler 1889b: 1052-3).

(2) 社会階級と階級闘争

　さて家族経済を出発点とする分業の展開は，単なる交易圏の拡大でなく，家父長が家族メンバーに対する支配権と扶養義務を有しているように，交換をつうじた権利・義務関係を基礎とする共同生活圏が拡大する過程でもある．分業によって展開される奴隷制，農奴制，教会制度，軍事制度，農地制度，カスト制度，ツンフト制度などの組織関係は，「道徳・倫理・法という最終原因」から生ずる「共同生活の形態」である（Schmoller 1890: 56）．

　氏族制度の弛緩とともに家父長的家族が成立すると，社会的・精神的・政治的分業に従事する人々に一定の「肉体的・精神的構造」が出現し，これが「血縁的・宗教的紐帯によって，共同生活と社交によって，規則的な婚姻関係によって強化され」（Schmoller 1890: 76-7），職業・財産・利害関心などによって区別される集団「社会階級」が成立する．社会階級形成の典型的な事例は祭司層の成立である．すなわち，「呪術師・祭司における倫理的・精神的な力の特殊な形成」に基づく「祭司国家や中世における祭司貴族と儀礼は，部族の全体的管理をひきうけ，霊的なぐさめを与え，彼岸の生を指示するみかえりとして，すべての土地生産物・労働力の1/3かそれ以上を要求する．……祭司的身分発展のこのような後の局面に対しては，それを部分的に財産所有に帰すことは誤りではないにしても，その力の最も重要な原因は，依然としてつねに教化であった．すべての旧時代に対して，祭司の地位をその財産から演繹することは，因果関係を逆にすることになる．かれらの霊的力がその名声・権力の原因であった」（Schmoller 1918: 12）．

　シュモラーは，最初は個々人の能力に対して動産が与えられ，数世代に及ぶ社会的教化の力に対して土地所有が付与されると説明しているが（Schmoller 1890: 88），社会階級形成の原因は「倫理的・精神的な力の特殊な形成」であり，社会階級形成の結果が財産形成なのである．霊的・精神的教化＝発展の担い手が祭司ならば，軍事的発展の担い手は戦士であり，商業

的・経済的発展の担い手は商人である．さらにシュモラーは，こうした階級秩序の形成が「一般的な心理学的事実」によって説明されねばならないとし，次のように述べている．

　われわれは，すべての関連領域を一連のものに序列化し，それらの価値にしたがって評価・整序する人間の思考・感情の必然性を考えている．家族において，近隣の生活圏において，各人がその人間性，財産，業績によってどのような存在であるのかにしたがって評価されるように，いつでも世論は国民の社会集団を，社会全体にとってどのような存在であるのかにしたがって評価・序列化するのである（Schmoller 1890: 78）．

　この文章は，前述した「人間的行為の比例性」を要求する「配分的正義」の論理であり，ここでは分業に基づく社会階級の形成がこうした観念の帰結として具体的・歴史的に展開された．しかしシュモラーによれば，他方で階級形成は，それに対応する倫理と法の形成によって階級秩序の「聖化」をもたらし，財産の相続などによって「人間の肉体的・道徳的・精神的性質」の相違を拡大し，「階級対立」と「階級支配」をもたらすのである（Schmoller 1890: 82f., 97f.）．つまり「階級対立」と「階級支配」は，行為と財の配分の比例性が崩れ，階級形成と財産形成の根拠が失われることによって生ずる．

　上流階級は進歩の担い手たることによって出世する．このことによって彼らは……大なる所得を獲得する．これは往々にして大財産をも与える．それは彼らの勢力を強化し，階級自身が上昇していくかぎりで高度な力とその維持を促進し，全体に対して損失よりも利益を多くもたらす．しかしまた，上昇しつつある階級はいずれも，大なる財産が奢侈・怠惰の温床になるに至る時点を迎える．このときから財産所有は彼らの特性にとって有害になる．没落しつつあるいかなる下層・中産階級も，時代の進歩に協働する能力がなくなるにつれて，所得と財産を失う．彼らが知性・技術的能

力・よき倫理・道徳的支えをもつにつれて，それだけ没落に抵抗し，新しい制度によって再び上昇することができるのである (Schmoller 1918: 161)．

この議論はマルクス主義の階級闘争史観に対して，階級対立・支配の弊害が生じることを承認しつつ，階級・財産形成の正当性を弁護する一種の私有財産擁護論であり，明らかに社会改良の立場から行われた J.S. ミルの私有財産制の議論に対応している．

私有財産制とは，各個人に対し彼ら自身の労働および制欲が生む果実を保証するものである．したがってある個人が，自分自身は何の功績もなく，また努力もしないのに他人の労働および制欲の果実を保証してやるということは，この制度の本質に属することではなく，ただ偶然の一帰結――このような帰結がある程度に達すると，それは，それあるが故に私有財産制が正当なものとなるところのあの目的を促進しないで，かえってそれに矛盾するところの帰結――であるに過ぎないと．そもそも私有財産弁護論にして正当なるものは，私有財産と努力との間に均衡があるという公平の原則に基づいていると前提しているのである (Mill 1848: 訳(2), 30)．

シュモラーは，階級闘争が歴史の推進力であるという「唯物論的・社会主義的歴史把握」に「真実がある」ことを認めながら，「倫理的・法的な秩序をもつ平和状態」が招来される可能性を指摘している．それは教育その他によって人々のあいだに「共感的な紐帯と感情」が増大し (Schmoller 1890, 102-3)，階級による「支配関係」が，「教育関係」に基づく「共同作業」に，「事実上の同権関係」に移行することによってであった (Schmoller 1889a: 421-2)．

(3) 歴史的方法の展開

1893 年に『国家科学辞典』に発表された「国民経済，国民経済学および

方法」は，後に価値判断論争によって大幅に加筆されたためにわかりにくくなっているが[14]，明らかに分業論，社会階級論，企業論を背景として執筆されたものであった．そこではまず国民経済が，「家族の家経済」を出発点とし，「統一的な心的・物質的原因によって支配」される社会的・経済的組織の「実在的全体」であることが指摘され，この「国民経済的現象を記述し，定義し，原因から説明し，相互連関をもった全体として把握しようとする科学」が国民経済学であるが，この国民経済を「抽象的・平均的」に描写し，「理論的に基礎づけて総括する」「一般国民経済学」と，「具体的・個別的に詳論する」「特殊国民経済学」に分類される．国民経済学を含む社会科学は，「祭司」によって編まれた実践的行為を指示する規範・規定集に始まり，それが宗教的体系や倫理学説に発展していくのであるが，そこでは「理想を説教する」立場から直感的・総合的に世界像を構成し，「内的な因果連関」が分からない現象の総体を「統一的に整序・把握」する「目的論的考察」を必要とする．それは経験的・因果的認識が増大するにつれて「洗練化・純粋化」され，「国家，法，国民経済の科学」を分離するが，そこでも目的論的「総合」は現実認識にとって「不可欠」である（Schmoller 1893: 529-31, 535-6, 532. 訳 11, 15, 17, 30-1, 35）．

　さて因果的認識のためには，まず準備作業として現象の観察・記述・定義・分類がおこなわれねばならない．「正しい記述」のためには「概念」とその体系によって現象を整序することが必要であるが，概念は実在論者が主張したように，実在の本質を表すものではなく，「われわれの観念」が与えた「名目定義」であり，「抽象的な概念」は「空虚な概念」にほかならない．したがって「科学の対象が単純で……その科学の成果が大きければ大きいほど，……概念に法則と最高の真理を取り入れ，そこからさらに演繹することがますます容易になる」が，国民経済学のように複雑な科学の場合には，概念は「一般的・抽象的」であり，「定義は単に現象の特定の集合を一般的に

---

[14] 価値判断論争に際してもシュモラーの基本的立場は変化していないが，この点については，田村訳『国民経済，国民経済学および方法』訳者解題（本書第5章）を参照．

特徴づけて分離する」だけになる（Schmoller 1893: 548. 訳 107, 110）．

　国民経済現象は風土・自然資源などの「自然的な因果体系」を土台とし，その上に人間の精神的力によって成立する経済的文化の世界であるが，自然的活動から特定の文化的内容をもつ精神世界を認識することは不可能であるから，「人間の行為を二つの独立した因果の体系に関連させ，それぞれの独自な法則の研究に続いて相互関係の独立した研究を行わねばならない」．したがって，一方では「自然的要因」を自らの観点から研究すると同時に，他方で「精神的原因」を，心理学と倫理学によって人間行為の衝動から「精神的集合力」に至る「心理学的因果体系」に位置づけ，「最初の単純な個別的原因から複雑に合成された心的・倫理的原因にいたる一種の段階系列」を構成しなければならない．これによって重要な「社会的事象」が説明され，「経験的観察」によって実証されるにつれて，国民経済学は「社会学あるいは……社会科学」に合流することになる．こうした領域では，「心的な原因は……つねに発展・再編のなかにある」ために，自然科学的な因果「法則」は立証不可能であるが，一定の段階で「経験法則」あるいは「一般化」という意味での「規則性」の獲得は可能である．しかしそれは「安定した文化状態というフィクション」によって得られたものであり，「歴史法則」・「発展法則」と称するものは「疑わしい類の一般化」にほかならないのである（Schmoller 1893: 550-1, 548, 558-60. 訳 119, 125-6, 146-9）．

　すでに指摘したように，シュモラーはトライチュケとの論争において，経済現象を自然的・技術的原因と歴史的・社会的原因という「二つの原因系列」の相互作用とみなし，絶えず現象をその複雑性において把握しようとする立場を提示した．また方法論争の直前には，シェーンベルク編『政治経済学ハンドブック』の出版に対して，「技術的なドイツ官房学と抽象的・ドグマ的なイギリスのいわゆる純粋経済理論との結婚によってできた子供」であるラウの「旧い体系」に細部を新しくしただけであると批判し，次のように述べていた．

われわれは今日これを乗り越えなければならない．現在では国民経済学は，それが社会学（Gesellschaftslehre）に拡大されるかぎりで，かつ拡大されるにつれてのみ科学である．その全体としての出発点は，もはや個人とその技術的生産とではなく，社会とその歴史的発展とである．その実行は，経済生活の社会的現象形態に関する研究でなければならない．まず第1に問題としなければならないことは，継起的に生じた経済的機関と経済的制度とがどのように歴史的に発展したか，あるいは実際にいかに関連しつつ並存していたか，ということである（Schmoller 1882: 1381-2）．

方法論争では，個別的な「現実主義的・経験的方針」（歴史的経済学）と一般的な「精密的方針」（理論的経済学）を区別したメンガーに対して，「記述的な部分がまだ不完全」で「時期尚早の一般化の総和からなりたっているにすぎない」段階である社会科学・国民経済学においては，将来の精密理論の獲得を展望して，「一般理論のための準備作業」として「個別的なものの学問」の必要性を強調していた[15]．メンガーは，「西ヨーロッパの現代のことだけを考えており，彼の時代の本質を国民経済の一般的本質とするという大きな方法論的誤謬を」犯しているために，理論的にも歴史的にも「原子論的把握」を主張するというのがシュモラーの批判である．シュモラーにとって，「西ヨーロッパの現代」がどのような「精神的・倫理的原因」によって成立したのかが問題であり，それは「精神現象」の基礎科学である「心理学」の知見によって説明されるべきであった（Schmoller 1883b: 981, 977, 983, 979. 訳 208, 202, 211, 205）．

方法論争におけるシュモラーの主張を方法論の見解と比較すると，実証主義的な基本的立場に変化はないが，家族経済を出発点とする分業論と社会的

---

15) これはコントの立場である．シュモラーは観察と実験を基本とする実証的自然科学の方法を科学のモデルとし，コントの実証主義を高く評価していた（Schmoller 1881a: 4）．この観点から，「まったく根拠づけのない因果的発展の図式」を提示するロッシャーの段階理論を批判し（Schmoller 1888: 170），社会現象にたいして「因果律を否定」するクニースを論難したのである（Schmoller 1883: 209）．

階級形成論を踏まえた「最初の単純な個別的原因から複雑に合成された心的・倫理的原因に至る一種の段階系列」を提示していることに注意すべきであろう．最終的にシュモラーはいわば「発展理論」を「歴史法則」としてではなく，一種の「理論仮説」として提起する立場に著しく接近していたといえよう．彼はこれが「暫定的試み」であることを強調しているが（Schmoller 1898: IX），こうした試みを行うにあたって，自然科学的な因果モデルを単純に適用したこと，唯名論的立場に立ちながら概念に「真理性」を求めてしまったために，道具主義的な立場から概念それ自身の彫琢を軽視したこと，こうした原因が，やや冗長な文章とあいまって，シュモラーの経済社会学を不完全なものにしたように思われる[16]．

以上のようにシュモラーの社会政策思想は，プロイセンの封建的体質を擁護する後見的なものではなく，むしろ自由放任主義的な古典的自由主義に対して政策転換を要求した——個人的自由のために政策的介入を承認する——リベラルな自由主義（本来の「新自由主義」）の先駆的形態である．ドイツ史に即していえば，彼の政策思想はワイマールの社会国家を経て，戦後ドイツの社会的市場経済に継承され，実現されていったのである．またシュモラーの分業論，社会階級論，企業論を中心とする経済社会学的論考は，同時代のジンメル，ゾンバルト，ヴェーバー，シュンペーターといった巨匠の業績のいわば出発点を形成し，彼らの研究によって乗り越えられていったために，「彼の死後急速に忘却されてしまった」といえよう．その意味でシュモラー経済社会学の業績の意義を確定するためには，彼らの研究との比較研究が不可欠であり，今後の残された課題である．

---

[16] 『要綱』は，序「概念：心理学的・倫理的基礎」，第一部「土地，人間，技術」（自然的・技術的原因），第二部「国民経済の社会的編成」（歴史的・社会的原因），第三部「財流通・所得分配の社会的過程」，第四部「国民経済生活全体の発展」となっており，「社会学」と「一般国民経済学」が一体となっている．その意味で両者の区別は厳密ではなかったように思われる．

第5章
グスタフ・シュモラーの方法論
―『国民経済，国民経済学および方法』訳者解題―

　本書は Gustav von Schmoller, Volkswirtschaft, Volkswirtschaftslehre und-methode, 1911. の全訳である．すでに翻訳としては，戦前の有斐閣から『経済学名著翻訳叢書』第3巻として出版された戸田武雄訳『国民経済，国民経済学及び方法』（1938年）があるが，今日では入手がむずかしく，さらに相当年月がたっているために現代の人にとっては読みにくいので，今回はこの翻訳を参考としつつ全面的に新しい翻訳として刊行することとした．凡例で指摘したように，この論文は，最初『国家科学辞典』の初版第6巻（1893年）に掲載され，その後ヴェーバーやゾンバルトによって提起されたいわゆる「価値判断論争」のために，第3版第8巻（1911年）で大幅に加筆され，分量にして2倍以上になったものである．本論文の背景と内容については後述するが，本書では，この論文の理解のうえで不可欠と思われる二つの論文を収録した．書評論文「国家科学・社会科学の方法論のために」は，メンガーとの方法論争のきっかけとなった有名なものであるが，翻訳としては，本シリーズ『近代経済学古典選集』第1期5巻として刊行されたメンガー著／福井孝治・吉田昇三訳／吉田昇三改訳『経済学の方法』（1986年）に，関係文献として収められている．しかしこれは，ディルタイの書評が省略された抄訳であるために，今回改めて全訳することにした（翻訳にあたって，この吉田昇三訳を参考にさせていただいた．記して感謝申し上げたい）．ベルリン大学総長就任講演「国家科学・社会科学の領域における変化する理論と確証された真理，および今日のドイツ国民経済学」は，価値判断論争の

きっかけとなった背景を理解するための重要な資料として訳出したが，今回がはじめての翻訳である．

翻訳にあたってその底本としたのは，すべてオリジナルのテキストである．「国民経済，国民経済学および方法」論文の場合，ドイツではスカルバイトによって1893年の初版を底本とし，第3版における加筆部分を脚注として編集したテキストが，*Gustav von Schmoller, Die Volkswirtschaft, die Volkswirtschaftslehre und ihre Methode 1893.* Hrsg. August Skalweit, Frankfurt/M 1949. として出版されている．スカルバイトは，第3版における加筆にもかかわらず，方法論に関するシュモラーの基本的な思想は変化していないから，むしろ初版のほうが分かりやすいとの判断によってこのテキストを編集している．たしかに初版のほうがコンパクトで，各章のバランスもよく，読みやすいことは明らかである．しかしながらスカルバイト版は，第6章の途中から第11章までの経済学説史の大幅な加筆を，現在から見れば古くなってしまったという理由で省略している．さらにこの部分の省略だけでなく，次の問題点を含んでいる．まず第1に，初版をそのまま採録し，主要な加筆部分を脚注として追加するかたちをとったために，シュモラーが加筆にさいして削除した部分が示されておらず，また，比較的小さな加筆も省略されていること，第2に，第5章における大きな加筆が見逃されているだけでなく，第19章の結論，すなわち，ゾンバルトやヴェーバーに反論するために新たに書き起こされた，加筆のもっとも重要な部分（原文にしておよそ8ページ）が完全に欠落していることである[1]．したがって本翻訳では，スカルバイト版を参考としつつ，訳者が直接『国家科学辞典』の初版と第3版を比較対照し，削除された部分と変更・加筆された部分が分かるように配慮した．

また近年の歴史学派にたいする関心の高まりとともに[2]，ドイツで方法論を中心とするシュモラーの論文集 *Gustav Schmoller Historische-ethische Na-*

---

1) 牧野（2000: 107）で，この部分の脱落が指摘されている．
2) 日本におけるその成果の一端として，住谷・八木編（1998）および Shionoya [ed.]（2000）を挙げることができる．

tionalökonomie als Kulturwissenschaft. Ausgewählte methodologische Schriften, Hrsg. Heino Heinrich Nau, Mahrburg 1998. が出版された．ここには，本訳書に収めた3本の論文以外に，シュモラーの学問的立場を表明する6本の論文が合わせて収録されているが，「国民経済，国民経済学および方法」論文の場合，第3版がそのまま採録されている．なおこの論文集は，全体として誤植がひどく，利用する場合は注意が必要である．

　訳語について一言だけ付け加えると，シュモラーのキー概念である sittlich は，これまで主として「風習的」とか「風習道徳的」とか訳されてきたが，むしろ一般的には「倫理的」の訳語が使用されているケースが多いので，それに従った次第である．なお本書の翻訳にさいして，多くの方々のお世話になった．とくに，校正段階で誤訳と問題点を指摘していただいた塩野谷祐一，ドイツ語の疑問を教示してくれた同僚のカリン・ウルリケ・ネンシュティール助教授，資料収集を手伝ってくれた北海道大学大学院の成田泰子，予定より大幅に遅れた原稿を辛抱強く待っていただいた日本経済評論社の清達二，以上の方々に厚くお礼申し上げたい．

　さて，以下においてこの解題では，まずシュモラーの生涯と業績をかんたんに概観し，次いで方法論について言及することにしよう[3]．

1. グスタフ・シュモラーの生涯

　グスタフ・シュモラー（1838-1917）は，西南ドイツにあるヴュルテンベルク王国（現在のバーデン－ヴュルテンベルク州）の行政官吏の子としてハイルブロンに生まれた．この当時のドイツは，1834年にドイツ関税同盟が発足したように，分裂していた多数の領邦を経済的に統一し，イギリスやフランスに対抗してようやく本格的な工業化を遂行しようとする時代であった．シュモラーの父親は当地の開明的な官吏として知られており，彼は少年時代

---

[3] 以下の記述において，特別な注記がない場合は，田村（1993b: 序章）の記述を前提にしているので，当該部分を参照していただきたい．

からこの父親の仕事を補佐して商工業の実状に通暁するようになった．他方彼の母親は繊維産業で有名なカルフの名家の出であり，彼女の父親はチャールズ・ダーウィンとも交流した博物学者で，子供のころにしばしば実家を訪れたシュモラーは，博物学やそこから分化した植物学・動物学・遺伝学といった資料収集・観察・実験を基本とする実証的・帰納的自然諸科学に親近感を抱いた．こうした体験から，彼は経済の理論的研究よりも，現実の経済に対する経世家的・政策的な関心をより強く育み，しかも科学としての経済学のモデルを，物理学や力学ではなく，上述の自然諸科学に求めるようになったといえよう．

　シュモラーは官吏となるために地元のテュービンゲン大学国家学部に入学するが，そこで講じられていた——官房学的観点からイギリス古典学派と主観価値説を折衷した，今日「ドイツ古典派」とも呼ばれる——理論体系に惹かれることはなく，経済現象の時間的・空間的被制約性を強調するロッシャーやクニースに親近感を抱いた．彼の学位論文は，「宗教改革期ドイツの国民経済観の歴史」（Schmoller 1860）であるが，これは，宗教改革の経済観を現世における経済生活の意義を正当化しているという点で評価し，利己心を抑制しようとする中世ギルド的・共産主義的政策志向を批判したものである．すなわちシュモラーは，近代的経済活動を促進すべき利己心と公共心との「正しい中庸」という観点を確保しようとしたのであり，この観点が彼の生涯にわたる実践的・学問的活動を貫いたといっても過言ではない．

　シュモラーの政治的立場に大きな影響を与えたのは，姉婿にあたる立憲君主主義的自由主義者（リベラーレン）グスタフ・リューメリンである．シュモラーがプロイセンで活躍することを望んでいたリューメリンの影響を受けて，シュモラーは匿名書『普仏通商条約とその反対者』（Schmoller 1862）によってヴュルテンベルクの高率保護関税政策を批判し，この小著を高く評価したプロイセン商務省の啓蒙官僚ルドルフ・デルブリュックをつうじて，1864年ハレ大学に招聘された．匿名書は経済理論的にはJ.S.ミルとK.H.ラウの影響を強く受けており，とくに国際分業論に基づく自由貿易主義の観点

から重商主義的保護関税政策を厳しく批判していた．

プロイセンに移ったシュモラーは，「営業の自由」の導入とともに次第に大きな問題となりつつあった「社会問題」——すなわち手工業者・労働者の没落・困窮——に取り組みはじめた．彼の名声を一躍高めた初期の代表作『19世紀ドイツ小営業史』(Schmoller 1870) は，もともとシュルツェ–デーリッチュ系の協同組合運動の団体「労働諸階級福祉中央協会」の機関紙『労働者の友』に連載されたものである．この「中央協会」は，自助・勤勉・倹約といった道徳的・精神的な側面を重視して社会問題を解決しようとする自由主義的な官僚・商工業者・大学教授の団体であり，同書においてシュモラーは，ラサール流の社会主義的国家救助でも，自由放任主義者の自助でもなく，両者の相互補完関係として国家の社会政策を位置づけた．彼はこの著作を準備する過程でベルリンのプロイセン統計局に通い，そこで統計局長 E. エンゲルが主催するゼミナールに参加していたブレンターノ，クナップ，シェーンベルクらと面識を得た．彼らによる国家的社会政策の要求は，H. オッペンハイムによって私有財産制度を脅かすものと受け取られ，シュモラーは H. レスラー，シェーンベルクとともに「講壇社会主義者」と批判されたが，この批判に対抗するために「社会政策学会」(1872) が結成されたのである．ブレンターノや A. ヴァーグナーなどとともにそこで指導的役割を果たしたシュモラーは，死去するまでこの学会の中心的存在であり続けた．学会は，プロイセン主導のドイツ国民国家を安定させるために，団結権の承認・労働者保護立法の制定・住宅政策の要求を中心とする国家的社会政策が必要であるとの認識で一致するものの，国家社会主義者から自由放任主義者までを含む多様な立場の人々を結集していたために，論争や対立が絶えなかった．このことがドイツ社会政策学会の多彩な研究成果を支えたのであるが，他方ではつねに分裂の危機をもたらしたのであり，シュモラーのリーダーシップがなければ学会は分裂したに違いないと言われている．

さてシュモラーは，1872年にシュトラスブルク大学に転出し，その10年後にベルリン大学に移るのであるが，彼にとってこの10年前後は歴史学派

の学問的・組織的指導者としての地位を確立する時代であったと言える．彼は，講演の「社会問題とプロイセン国家」(Schmoller 1874a) や「国民経済における正義」(Schmoller 1881b) をつうじて，また，トライチュケとの論争書『法および国民経済の根本問題』(Schmoller 1874-75) をつうじて，社会問題の根源が自由放任主義に名を借りた「有産階級のエゴイズム」にあることを強調し，プロイセン政府に政策転換を強く要求した．皇帝を前にして語られた「今日では人は懲役刑で罰せられることなく莫大な利益を獲得することはできない」という言葉は，正義感に燃える多くの人々にアピールしたが，プロイセンの保守派には，シュモラーは社会主義者だとの印象を強く与えた．

　さらにシュモラーは，1880年代以降，プロイセンの大学行政の中心人物 F. アルトホフのブレーンを務め，彼をつうじて有能な若手研究者を大学に送り込み，ドイツの学会に君臨するようになった．高等教育のビスマルクとも呼ばれ，大学予算の獲得のために辣腕をふるったアルトホフは，ドイツが学問大国となるうえで大きな功績を果たしたのであるが，同時に彼はしばしば教授会を無視した人事を行ったので，大学教員の側からは怨嗟の的となった．このような事情がシュモラーの学問的評価に微妙に結びつくようになる．こうしてシュモラーは，アルトホフに代表されるプロイセン官僚の改革的能力を信頼しつつ，社会政策において強調された倫理的な観点と細目的な歴史的・統計的研究を学問的・方法的に基礎づけ，「国民経済学の倫理化」・「国民経済学の社会学への拡大」を要求した．ちょうどこのときにメンガーとの方法論争が起こったのである．

　1880年代に展開されたビスマルクによる国家的社会保険政策は，シュモラーと社会政策学会の活動の結果とみられがちであるが，実際はそうではない．シュモラーは社会保険立法に賛成したが，彼も学会の主流メンバーも社会政策の中心が労働者保護立法や実業教育の整備であるとする点では一致しており，ビスマルクの国家社会主義的な飴と鞭の政策とは距離をおいていただけでなく，ビスマルクも社会政策学会を無視していたのである．シュモ

ラーと社会政策学会が現実に影響力をもつことができたのは，ビスマルク失脚後の 1890 年代以降のことである．1890 年にシュモラーは社会政策学会の会長に，また，1897 年にはベルリン大学総長に就任し，その 2 年後にはベルリン大学を代表してプロイセン貴族員議員となった．このころに彼の名声が絶頂に達したといわれている．しかし現実政治にたいする影響力の増大は，シュモラーに対する批判や社会政策学会の内部対立を噴出させた．

　1890 年代の社会政策の展開は，工業化の急速な進展にともなう世界市場への進出を意図する実業界にとっては「産業負担」であった．こうした立場から，例えば製鉄業界の実力者であり国会議員でもあるシュトゥームは，シュモラーらの講壇社会主義を厳しく批判し，産業界に近い教員を大学に送り込もうと画策していた．ベルリン大学総長就任講演の背景となったのは，このような動向である．実際に 1907 年には反講壇社会主義者 L. ベルンハルトがベルリン大学哲学部の教授会を無視して文部省から直接送りこまれるという事件が起こっている．これは「アルトホフ体制」の崩壊であり，プロイセン官僚制と協力して社会政策を遂行しようとするシュモラーらの講壇社会主義的な社会政策のあり方が大きな曲がり角を迎えたことを意味していた．1890 年代末期には，こうした時代背景に対応しようとする社会政策学会の若い世代のなかから，シュモラーの社会政策と学問的方向に対する厳しい批判が提起されるようになった．ヴェルナー・ゾンバルトとマックス・ヴェーバーに代表される若手世代は，産業界の要求に対してはシュモラーらと共同歩調をとって「大学の自治」を擁護しつつ，他方では，公共心の担い手としての官僚政府が正義を実現すべく客観的・学問的に正当化された政策を実現する，という旧世代の発想を根本から批判した．社会政策学会は，内外から学問の客観性を問われることになったのである．ゾンバルトやヴェーバーらが雑誌 *Archiv für Sozialwissenschaft und Sozialpolitik* に依拠しつつ主張した政策的・学問的枠組みは，「資本主義の促進」である．すなわち，ゾンバルトが『近代資本主義』（Sombart 1902）で分析したように，近代社会の技術的・経済的発展の推進力は合理的な経営を指向する資本主義的企業であり，

この資本主義的企業を促進し，その経済的成果を労働者の団結をつうじて勤労者に保証することが経済・社会政策の要諦になる（本書第7章を参照）．社会政策学会を舞台とするこの対立は，シュモラーが「資本主義」という概念の使用に疑問を呈し，他方でゾンバルトらが，シュモラーの要求する小経営の保護・育成策は資本主義の発展を妨害する反動的な政策だとの応酬によって激しさを増し，反講壇社会主義者と講壇社会主義者の新旧両世代を巻き込んだ三つどもえの「価値判断論争」になだれ込んでいくことになった．

シュモラーは1913年にベルリン大学の講座と社会政策学会の会長職を H. ヘルクナーに譲って事実上引退するが，1914年に勃発した第一次世界大戦の長期化は彼の死期を早めたといわれている．彼の学問と――公益の代表者としての――官僚制にたいする信頼の根底には，理性の勝利＝歴史の進歩に対する素朴な確信が存在していた．シュモラーの側近によれば，こうした確信がプロイセン官僚政治の軌道修正などをつうじて次第に動揺し，総力戦による消耗と混乱が彼の精神に大きな負担をかけたという．その意味で今日から見ると，シュモラーの歴史的・倫理的国民経済学の根底には，19世紀の科学技術の発展を支えた楽天的な理性信仰が存在していた．したがって「価値判断論争」は，そのような理性信仰に変わる新たな学問的パラダイムの模索の――今日まで続く――序曲という側面をもっていたのである．

2. シュモラーの学問的業績

シュモラーの研究業績はほぼ四つの領域におよんでいる．それは，『19世紀ドイツ小営業史』に代表される社会政策のための実証的歴史研究，膨大なプロイセン史の史料集 Acta Borussica の編纂と有名な論文「重商主義の歴史的意義」（Schmoller 1884b）に総括されるプロイセン経済政策史の研究，『一般国民経済学要綱』（Schmoller 1900-04）に結実する経済制度の進化史としての経済社会学研究，そして本訳書を中心とする経済学方法論である．以下では前の三つの領域の概要をかんたんに説明し，方法論については次節

で行うことにしよう.

まず『19世紀ドイツ小営業史』は,シュモラーのすべての学問研究の中心に位置するものとしてきわめて重要である.すなわち彼は,当時の工業化過程が大企業を中心とするだけでなく,多様な小企業がダイナミックに企業活動を展開しているプロセスであることに注目し,伝統的手工業者のなかでこうした過程に適応できる人々と適応できない人々に類型化している.前者は企業精神が旺盛で,大工場主にまで出世する「自力独行」の「もっとも有能な親方」であり,後者は「相続財産」に頼り,「伝統的な風習と規律に執着」する「大多数の小親方」である(Schmoller 1870: 667-8).さらに市場や技術の動向を無視して父祖伝来の小営業を死守しようとする手工業者は,「労働の安さ」だけを頼りにする伝統的なドイツ輸出工業の基盤を構成しており,こうした分野では輸出企業者の強い「営利欲」,低い技術,手工業者・労働者の低工賃・低賃金が併存していた.シュモラーは,こうした高利潤率と低賃金による所得の不平等と階級対立をもたらす「自由放任」政策ではなく,多数の手工業者にたいして「勤勉・努力・節約という経済的徳性」(Schmoller 1870: 679)を植え付け,「企業精神を付与する」(Schmoller 1870: 325)こと,すなわち,経済的合理性・マーケティング能力・技術的能力を陶冶し,その結果として——団結権の保証ともあいまって——低利潤率・高賃金の国民経済を実現すべき国家的政策を要求したのである.彼はしばしば「所得の再分配」を要求したが,これは1870年代前半のバブル経済によって,あるいは労働条件を不当に切り下げて形成された企業者の「不労所得」に課税すべきことを意味していた.シュモラーが実現しようとした経済社会は,市場競争に参加する人々にチャンスの平等と公正な価格競争が確保され,彼らの勤労と努力の結果として所得の不平等が生ずる市場社会であり,イギリス古典学派にとって経済理論の出発点となったこうした市場の世界は,「自然的自由」の世界として決して普遍的に存在するものではなく,倫理的・制度的な条件が歴史的に形成されてはじめて成立することができる世界であった.

シュモラーにとって人間の自然的「利己心」は，あたかも自動車のエンジンのように，経済社会を発展させる推進力を意味した．しかし，自動車が運転手による操縦によって人間にとって凶器となったり便利な道具となったりするように，この推進力をコントロールして社会諸集団に利益をもたらす市場社会を意識的に形成すること，これが公益の形成にかかわる人々の任務になる．つまり，政治家・官僚や大学教授，実業界や労働界の指導者，すなわち社会的エリートが自分の利益・権益を追求するのではなく，公益的観点から政治指導者や民衆を啓蒙し，経済的徳性や企業心を養成しつつ公正な市場機構を創出したときにはじめて「国民経済」としての経済社会が出現する．社会政策学会はこのような啓蒙的・教育的目的のために設立された．こうした観点を具体的な歴史分析に適応し，重商主義政策を否定した古典学派とまったく反対に，重商主義を国民経済形成の立場から再評価したのがシュモラーの重商主義論である．彼によれば，村落経済－都市経済－領邦経済－国民経済という国家的単位の交換経済にまで至るような経済圏の空間的拡大を伴う発展過程は，経済に対する政治の規定的・因果的関係を抜きにしては説明できない．「ある国民が緩やかに結合した多数の村落経済・都市経済に分裂しているのか，それとも……領域的・国民的経済団体がすでに形成されているのかどうか」は，政治権力がそれを配慮するかどうかに依存する．「国家と経済における偉大で輝かしい業績はつねに，権力組織・法的組織が同時に経済組織の担い手であるときにのみ現れるのである．」こうして「重商主義はその真髄において国家形成――しかし単なる国家形成ではなく，同時に国家＝国民経済形成」にほかならず，その意義は，「社会とその組織との，並びに国家とその制度とのトータルな変革のなかに，局地的・地域的経済政策を国家的・国民的経済政策にとってかえることのなかにある」(Schmoller 1884b: 3, 37. 訳 9-10, 56)．彼にとって重商主義は，近代国民経済を推進するいわば「革命的」作用を及ぼすものと理解された．近代国家は重商主義政策をつうじて，局地的・地域的利害に固執する「利己的」な古い社会・経済構造を解体し，近代国民経済をつくり出すのである．

社会政策や経済政策をこのように把握することは，経済現象を「自然的・技術的原因」と「心理学的・社会倫理的原因」という二つの因果系列から説明することであった．「旧来の国民経済学」がもっぱら前者を問題にしたのに対して，両者を統一的に把握しようとするのが彼の立場である．それは，経済現象をそれ自身として独立した考察の対象となる自律的な現象と理解するのではなく，社会現象の一部とみなし，自然的現象と社会的現象が相互に絡み合った文化現象として，しかも自然の世界に対して倫理・道徳の世界が支配する過程として把握することであった．シュンペーターが「歴史的・倫理的方法」と呼んだゆえんである（Shionoya 1995 を参照）．そしてシュモラーは，この二つの因果系列をディルタイの心理学とスペンサーの社会進化論によって統合しつつ，太古から現代にいたる経済社会の発展を倫理と経済制度の進化史として経済社会学的に展開しようと試みた．そして，こうした進化の頂点に西ヨーロッパの自由な市場社会を位置づけたのである．その最終的成果が『一般国民経済学要綱』であり，本書「国民経済，国民経済学および方法」初版はそのための方法的準備でもあった．すなわち，自然の本能的欲求・衝動をもつ個々の人間が次第に倫理的な「共同感情」をもつようになり，これが「求心力」となって「国民経済」の組織が形成されるのであるが，この「共同感情」が「国民経済」の「統一の実在的原因」にほかならず，この「実在的原因」は，歴史的に「沈殿」して「国民経済における正義」の感情となる一方，「共同生活の部分的秩序」であるさまざまな政治的・法的・経済的「制度」と，それらを具体的に担う家族・自治体・国家などの「機関」をつくり出すことになる（本訳書第 1 章, Schmoller 1900-04, Bd. I, 61）．シュモラーは，スペンサーの影響の下で，経済的進歩とはこうした制度と機関が複雑に分化して統合されるプロセスであると解釈したが，それは自然的衝動から「共同感情」への発展，さらには「共同感情」の個人道徳・社会的慣習・実定法への分化と発展という「倫理的進歩」の観念によって支えられていた．彼はこうした心理学的・歴史的な制度の発展史を展開することによって，社会政策的介入を学問的に根拠づけようとしたのである．

3. 方法論の展開と本書の意義

(1) ドイツ国民経済学とシュモラー

　以上のように，シュモラーの学問的業績は彼の独自の方法意識に支えられていたが，この点を彼の方法論の展開に即して捉えてみよう．本書「国民経済，国民経済学および方法」第2章で指摘されているように，そもそもドイツ語圏における国民経済学は，官房学の伝統を尊重しつつ A. スミスと J. B. セーの影響を受けた K.H. ラウの『政治経済学教本』によって，国民経済理論・国民経済政策・財政学という三部構成の体系として導入され，前二者が抽象的純粋理論を対象とする「理論的国民経済学」と政策的な実践的応用を目的とする「実践的国民経済学」に区分され，こうした分類が基本的に継承されていった[4]．「実践的国民経済学」は，主として将来の国家官僚に「農業・商工業およびそれらの国家的育成に必要な事柄を……体系的に説明する」ことを目的としていたが，シュモラーによれば，ラウのこの部分はレベルが低く，たとえば，「ツンフトの根拠は6つ，営業の自由の根拠は7つであるから，後者に賛成すべきである」(Schmoller 1888: 155)，といった非歴史的・非学問的要素を含んでいたという．ロッシャーの歴史的方法は，応用自然科学である医学・生理学をモデルとしてこの部分の学問的革新を目指したものであった．しかしロッシャーの方法においては，制度的現象・事実の体系的収集にもかかわらず，国民経済の発展法則は，生と死を免れない人間の自然的事実から直接引き出され，他方で経済現象の多様性によって例外の重要性が指摘されており，「法則」と「事実」は矛盾したままであった（本書第2章を参照）．さらにクニースの場合には，「自然現象と社会現象との対

---

[4]　ドイツの国民経済学の展開を官房学から説き起こした近年の成果として，Tribe (1995) がある．しかし本書は，シュモラーの影響を著しく過小評価したために，ヴェーバーと歴史学派の関係を見失う（とくに第4章）という欠陥がある．それに対して，シュモラーとゾンバルトおよびヴェーバーとの継承関係に焦点をあてながら，ラウ以後のドイツにおける国民経済学の展開を俯瞰した竹林 (2003) を参照のこと．

立」(Schmoller 1883: 208)が強調され，社会現象に対して因果性・法則性概念の適用が拒否されたのである．つまりシュモラーの判断では，ラウの「実践的国民経済学」のもつ問題性を，いわゆる旧歴史学派は科学的な「歴史的方法」によって革新しようとしたが，問題は依然として残されてしまったということになる．本書でシュモラーは，ラウの分類に代わって「一般国民経済学」と「特殊国民経済学」という区分を提起しているが，それは抽象的理論と実践的政策に対応するものではなく，それぞれが「国家・法・慣習・道徳の国民経済に対する関係」を，一方は抽象的・平均的・理論的に総括し，他方は特定の国民・国民経済を個別的・具体的に論述するものである．これは，国民経済という制度的枠組みを生み出す人間の経済行為を包括的な社会行為全体のなかに一般的に位置づけ，その一般的理論を基礎として具体的な国民経済における政策的実践の処方を導き出そうとするものであった．すなわちシュモラーは，人間の経済行為を理想化・孤立化し，利己的経済行為の純粋な法則的開示によって政策的実践の指針を得ようとする方法を退け，むしろ経済行為と経済制度の一般的理論を国民経済学の中心に据えたのであるが，それはある意味で，利己的経済行為がそれ自身としてとり出され，理論経済学の対象となるという営みが，そもそもなぜ可能になるのかという問題を，哲学的・社会学的・心理学的に把握しようとしたと言えよう[5]．

この場合シュモラーは，コントの実証主義の影響を受け，観察と実験を基本とする実証的自然科学の方法を科学のモデルとして提示している．本訳書第3章の最後に示されているように，人間の科学的認識は，まず対象の「粗雑な認識」にはじまり，観察と記述，分類，因果的説明が現れ，これが将来因果的法則として一般化されることが展望されるのであるが，こうした方法を経済学に適用するにあたって，シュモラーはかなり素朴で楽観的であったと言える．第17章の演繹的方法と帰納的方法において，国民経済学を演繹的科学だとする見解に対して，彼の方法が演繹を準備するための帰納法的研

---

[5] ナウは，シュモラーの方法論のなかに文化人類学的視点をも見ている (Nau 1996: 15)．

究であることが主張されている．しかし，個別事例を枚挙して一般化に到達するためには「飛躍」があり，したがってすでになんらかの一般化を前提としていることを彼は無視しており，また，経済学が演繹的科学だと主張される場合，実験の不可能性が指摘されるのであるが[6]，「正しい観察」の可能性に対して，また細目的観察と類似現象の比較が実験の代わりになることに対して，彼は著しく楽観的であった．さらに彼は，ヘーゲルの概念実在論に対して，唯名論の立場からの概念の仮説的・道具的性格を強調しているとしても，事実の収集や事実の観察のために概念が不可欠であることは軽視されており，そもそも彼は「法則論的仮説の論理的機能」をはっきり理解していなかった（Nau 1998: 31）．シュモラーの方法論を論争相手だったメンガーやヴェーバーのそれと比べると，論理的明晰さにおいて著しく見劣りするが，その最大の理由はここにある．

他方シュモラーは，国民経済学を含む国家科学がこうした自然科学的方法によって汲みつくされないことを明確に意識していた．彼は，「形而上学的な国家・社会学説が精密的認識の実証的時代によって駆逐されるだろう，というコントの希望は根拠のない方向ではない」が，「機械的な因果関連の連鎖を最終的な鉄の輪にいたるまで追求することは，決して人間の知恵の及ぶところではない」（Schmoller 1881a: 4）という理由から，コントを批判している．人間の認識は，自分を世界のなかで意識し，世界に対してなんらかの観点から意識的に態度をとり，世界に働きかけて目的を達成するために行われるとすれば，こうした「形而上学・道徳体系」が認識の出発点として存在し，行為の方向を規定するから，因果的連鎖を実証的にたどれない部分をここから解釈することが可能になる．これが終章で強調されている「発見的原理」としての「目的論的考察」であるが（この考察を解釈ではなく，理念型という概念操作によって因果関係として処理すること，つまり一定の形而上学的・道徳的観点から行われた行為とその帰結を原因・結果の範疇を使って

---

6) この点は，とくに佐々木（2001: 第5章）を参照のこと．

因果関係に帰属させることがヴェーバーの解決法である），ここには二つの論点が含意されている．そもそも科学の営みはこうした目的論のうえに成り立った世界であり，今日ではヨーロッパの自然科学概念自体がキリスト教の神観念と密接に結びついて成立したことは広く知られているが，シュモラーはそうした観点をすでに先取りしているように思われる．さらに彼は，こうした形而上学的・道徳的立場が一元的ではなく，多様に存在・対立していることを前提としており，実証的因果研究をどれだけ含むことができるかが，さまざまな観点から提起されるイデオロギー的「理論」の科学性をテストする基準とされた．本訳書付録の「就任講演」で強調され，社会政策学会の設立にあたって彼が前面に押し出した学問の「客観性」の基準はこれである．自由放任主義と社会主義の「理論」に対して，経験的・実証的な社会研究が，社会政策の科学的根拠とされたのである．初期のシュモラーがはじめて執筆した社会問題に関する本格的な論文「労働者問題」(Schmoller 1864-65) において，ラサールの賃金鉄則論が——最低生存費を「道徳的最低限」と理解し，生活水準の可変性と高賃金の可能性を強調する——J.S. ミルの賃金論を使って批判されているが，ここでシュモラーは，国民経済学に「倫理的基礎」を与えるべきことを主張し，スミスや J.S. ミルの意味での「道徳科学」・「倫理的科学」としての経済学の観点を，人格と国家の倫理的調和を強調するドイツ観念論と融合させようと試みていた（田村 1993b: 87 以下）．『19 世紀ドイツ小営業史』における「精密な歴史研究」は，このような観点を実証科学的に補強するものであり，ディルタイによる精神科学の基礎づけのための記述的・分析的心理学の提唱は，そうした倫理的観点の科学的正当化だと考えられた．

(2) 方法論争

シュモラーがドイツの国家科学に対して以上のような態度をとったとすれば，同じくラウの政治経済学を別の観点から乗り越えようとしていたのがメンガーであった．彼は国民経済現象の認識を，「歴史的科学」（歴史と統計

学),理論的科学(理論経済学),実践的経済学(経済政策と財政学)に区分し,後の2つを「政治経済学」とみなしたのであるが,経済学の理論的研究は,「発展法則」のごとき「経験的法則」を確立すべき「現実主義的・経験的方針」と,例外のない「自然法則」としての「精密的法則」を獲得すべき「精密的方針」とに区分されるべきであった (Menger 1883: 19, 78, 140f. 訳 32, 82, 132 以下;竹林 2003: 58-9).そして後者,すなわち自然的事実としての「利己心」を出発点とする非経験的な抽象的理論こそが,経済現象の本質を「精密な自然法則」というかたちで明らかにすることができる経済学の理論研究の王道であった.メンガーから見れば,歴史学派はこの二つを混同しているだけでなく,その重要度を勘違いしていることになる.シュモラーがこれに反発したのは当然であった.

　メンガーの法則観では,現象の経験的研究は精密自然法則をもたらすことはなく,現象と本質は二元論的構成をとっているのである.シュモラーが非経験的理論の役割を軽視したとすれば,メンガーは経済学の実証性を軽視したといえよう.方法論争自体は,シュモラーのところに送られてきたメンガーの著書『社会科学,とくに政治経済学における方法の研究』(Menger 1883) を,彼がディルタイの著書と合わせて論評(付録論文)し,今度は翌年にメンガーがこれに対して『ドイツ経済学における歴史主義の誤謬』(Menger 1884) を書き,これをふたたびシュモラーに送ったが,今度は彼が個人攻撃だとして論評せずに送り返してしまった旨を公表し (Schmoller 1884a: 677),これで終了してしまった.

　しかしこの対立は,別のかたちでドイツ国内でも生じていた.方法論争の直前,ラウとロッシャーの立場を継承するシェーンベルク編『政治経済学ハンドブック』(*Handbuch der politischen Ökonomie*, 1882) が出版されたとき,シュモラーはこれを,「技術的なドイツ官房学と抽象的・ドグマ的なイギリスのいわゆる純粋経済理論との結婚によってできた子供」であるラウの「旧い体系」に細部を新しくしただけであると批判し,次のように述べていた.「われわれは今日これを乗り越えなければならない.現在では国民経済学は,

それが社会学（Gesellschaftslehre）に拡大されるかぎりで，かつ拡大されるにつれてのみ科学である．その全体としての出発点は，もはや個人とその技術的生産とではなく，社会とその歴史的発展とである．その実行は，経済生活の社会的現象形態に関する研究でなければならない．まず第1に問題としなければならないことは，継起的に生じた経済的機関と経済的制度とがどのように歴史的に発展したか，あるいは実際にいかに関連しつつ並存していたか，ということである」(Schmoller 1882: 1381-2)．前述のように，これがシュモラーの国民経済学である．これに対して，このハンドブックに協力していたA. ヴァーグナーは，経済現象が社会現象の一部であることを認めるものの，経済現象の独自性とその孤立化的分析を擁護し，この二つの観点を統合する政治経済学の「社会経済学」(*Sozialökonomie*) への改造を主張していたのである．本書でしばしば言及されるディーツェルの「社会経済学」(*Sozialökonomik*) は，このヴァーグナーの立場を後に継承したものであり，歴史的方法と孤立化的方法を妥協させようとする試みであった（竹林 2003: 58, 61-2）．

このようにしてみると，ドイツ語圏の経済学におけるシュモラーの方法的立場がかなり特異なものであったことが明らかであろう．ロッシャーの歴史的方法に好意を寄せた人々は，ほとんどが理論的研究と歴史的研究の両方を必要だと考えており，ヴァーグナー以外にも社会政策学会で同じ講壇社会主義者として協力したブレンターノ，クナップ，ビューヒャーも同様であった．シュンペーターが本来の歴史学派をシュモラー学派に限定するゆえんである (Schumpeter 1954: 808ff. 訳 1698 以下；Lindenlaub 1967: I, 107ff.)．こうしたシュモラーの立場が広くアピールしたのは，彼の社会政策論が時代の要請に的確に答え，社会改革を望む多くの研究者をひきつけただけでなく，リベラルな企業者・労働組合指導者・政治家・官僚も賛同したからである．実業界からも「シュモラーの弟子たちは，ドイツの単科大学で活動しているすべての講壇社会主義者のなかでもっとも進歩的な人々」とされていたのである (Delbruck, Schmoller, Wagner 1897: 25)．シュモラーは社会政策学会の調

査にさいして,しばしば本書でも言及されているル・プレーの社会調査の方法を推奨しているが,事実の細目的研究やアンケート調査は政府や社会に社会政策の重要性をアピールする最新の科学的手段でもあった.

(3) 価値判断論争

　方法論争以後にシュモラーの立場がアカデミズムでそれほど大きな問題とされなかったのは,社会政策学会にオーストリア学派のメンバーも加入するようになり,学会の活動を通じて示された彼のリーダーシップが多くの人々に認められただけではない.しばしば誤解されていることであるが,社会政策学会の提言そのものはビスマルクによって拒否されており,現実の政策に決定的な影響を持つことはなかったということもある.ビスマルクが退陣した後の1890年代になって,社会政策学会の提言が具体的に政府の政策として日の目を見るようになったのである.したがって,シュモラーの歴史的方法が現実政治に影響をもつことによって,まず社会政策的費用を産業負担とみなす実業界から彼の学問の客観性が問題とされ,それが学会やアカデミズムに波及したのが価値判断論争である.

　狭い意味での価値判断論争は,1909年の社会政策学会ウィーン大会におけるテーマ「国民経済の生産性」をめぐって,「生産性の向上」や「国民の福祉」などの政策目標が学問的・客観的な理想として提出できるのかどうかが論議となり,価値判断の主観的性格を強調するゾンバルトや,価値自由論によって価値判断と経験科学の峻別を要求するヴェーバーに対して,翌年シュモラーが本書論文で反論し,さらに1914年の社会政策学会委員会において関係者が集まって開催された非公開討議へと至る論争を指している[7].この論争のポイントは,批判された側がフィリッポヴィッチ,リーフマン,ヴ

---

[7] 新たな観点から論争の経過を分析したものとして,牧野(2000: 第2章)を参照.現在ではこの非公開討議に提出された参加者の草稿が前述のナウの編著(Nau 1996)によってはじめて出版されたので,これをベースとして価値判断論争の全体を改めて再構成する必要がある.

第5章　グスタフ・シュモラーの方法論

ィーザーなどの理論経済学者であること，社会政策学会の内部では，1890年代の末期からゾンバルトを先頭として社会政策の基準をめぐって新旧両世代の対立が顕著になっており，方法論争以来くすぶっていた「二つの経済学」の対立，あるいは理論と歴史の対立を克服し，社会政策のあり方を再検討する若手の動きが活発化していたこと，この二つのポイントがクロスしたところに論争が生じたのである．

シュモラーの反論は，ゾンバルトやヴェーバーが当為の主観的性格を強調するのに対して，「主観的価値判断とならんで客観的価値判断も存在する」（本訳書 171 ページ）ことの指摘が中心となっている．しかしその前の文章で，「存在するものの研究を理想の説教よりも優先せよという要求には，とくにわれわれの科学の特定の部分にとって正しい本質が含まれている」，と述べられているように，シュモラーにとって存在と当為が異なった次元に属していることは当然の前提であり，彼がこれを区別していなかったから批判されたのではない．その点でシュモラーはゾンバルトやヴェーバーと近いというよりも，後者がシュモラーの立場から出発しているのである．さまざまな理想や価値観の闘争を前提として，これをだれもが承認せざるを得ない科学的真理によって調停し，社会政策の必要性を国民に啓蒙しようとすることがシュモラーの戦略であった．こうした観点から初版では，「当為の主観的把握を根拠づけたいとする希望が，…科学的方法の客観性を曇らせる」（本訳書 39-40 の脚注，169-70 ページに再録）ことが注意されていたのである．

そもそも存在と当為の区別という問題は，すでにロッシャーが，「哲学的方法」を，当為を問題にする「理想主義的方法」，「歴史的方法」を，存在を問題にする「生理学的方法」と呼んだときから意識されており（Roscher 1858: 24, 38, 42），また，すでにイギリスでも，ヒュームの事実判断と価値判断の峻別以降議論が展開され，J.S. ミルによって，この区別のうえに立って価値を決定する目的論と科学的な経済学原理との統合が提起されていた（佐々木 2001: 第 4 章）．もともと経済学は政策的実践のためのアートとして出発し，それを支える科学的根拠として理論や法則が求められてきたのであ

り，そうした科学的成果をもって政治家を啓蒙しようとすることは，この学問の伝統に属することであった．問題は，こうした理論や法則が政策のための科学的な基準としてしばしば絶対化され，自分の勧告や意見が事実判断を超えて理想・価値基準の領域に踏み込んでいることが自覚されないことである．

シュモラーが「客観的価値判断」という言葉で表現したことは，このように経済学者の科学的言説をつうじて政治家や世論が政策的勧告を受け入れるだけでなく，経済学者自身が社会的な理想・価値観を共有し，これらの実現のために献身している，という事実を意味している．彼の理解では，経済学という学問的営為そのものがこのような目的論から出てくるのである．この点で彼の立場は初版でも第3版でも基本的に変化していない．私見によれば，シュモラーがマーシャルを引用して「客観的価値判断」という踏み込んだ発言をしたのは，彼自身の上記の立場を前提にして，シュモラーが学会の会長としてオーストリア学派を中心とする理論経済学者を擁護しようとしたのではないか，と推測される．そのひとつの間接的な根拠は，本訳書（171ページ）におけるヴェーバー「客観性」論文の引用が正しくない，ということである．シュモラーの引用では，「拘束力のある規範や理想を発見し，そこから実践のための処方箋を導き出すことを期待することは，決して経験科学の課題ではありえない．価値判断は主観的な根源をもつものであり，したがって科学的討論から除かれている」，と述べられているが，正確にはこうである．「拘束力のある規範や理想を発見し，そこから実践のための処方箋を導き出すことは，決して経験科学の課題ではありえない．しかし，この命題から生ずることはなにかといえば，価値判断は結局のところ一定の理想に基づくものであり，したがって主観的な根源をもつものであるから，科学的討論そのものから除かれている，ということには決してならないのである」(Weber 1904: 149. 訳8-9)．すなわち，最後の否定形（原文では冒頭にあるKeineswegs）が省略され，逆の意味になっているのである．これはかなり意識的な省略であり，ヴェーバーが価値判断排除論者に仕立て上げられてい

る，といえよう．

　ヴェーバーはこの「客観性」論文において，歴史学派を継承しつつシュモラーのなかに残っている——理論や法則を獲得することを目標とする——「自然主義的一元論」の克服を課題とし，理論や法則を政策の基準ではなく，現実の個性を理解する道具とする現実科学としての「文化科学」へと転換させようとしていた．したがって，前述のシュモラーの意図的とも見える引用の仕方は，ヴェーバーのこうした観点にたいする抵抗と見ることもできるであろう．シュモラーの「客観的価値判断」という言葉の背後には，キリスト教の中心にある倫理的命題への人々の帰依に対する確信（本訳書 174 ページ）が存在していた．ヴェーバーの価値自由論は，こうした倫理的価値観の社会的共有が崩壊した「神々の闘争」の時代に，社会的な理想・価値観そのものを問い直し，そうした価値基準が個人的なものであることを自覚しつつ，それらの科学との関係を再定義し，個人と個人の学問的議論の場として社会政策学会を再生させようとするものであった（牧野 2000: 68 以下）．彼の試みが歴史学派の側からの方法論争の解決の試みであり，理論経済学の側からのそれがシュンペーターの普遍的社会科学の提唱であったとすれば，両者のずれは，価値判断論争の本質が根本的にその後も続いていることを示している．その意味でシュモラーの方法論は，その本質的欠陥や多くの問題点にもかかわらず，今日まで続く重要な問題の所在を先駆的に提起したものと言えるであろう．

第6章
社会政策の経済思想：グスタフ・シュモラー

はじめに

　19世紀前半にスミス経済学を母胎とするイギリス古典派経済学が形成され，とりわけリカードウ以降，抽象的な経済理論の探求こそが経済学の中心的課題だとする立場が強くなってくると，ドイツの地ではそれに反発するように，ロッシャー（Wilhelm Roscher, 1817-95）によって経済学の「歴史的方法」が提起され，この立場を主張する「歴史学派」が，ほぼ1930年代にいたるまで，ドイツの経済学の有力な潮流を形成した．歴史学派はシュモラー（Gustav von Schmoller, 1838-1917）が出ることによって一大学派となり，19世紀末にはドイツの大学を支配するようになった．一般に方法論的問題に関心を寄せたロッシャー，ヒルデブラント（Bruno Hildebrand, 1812-78），クニース（Karl Knies, 1821-98）を「旧歴史学派」，社会政策学会に結集し，特定の政策的テーマを対象として実証的歴史研究に取り組んだシュモラー，ブレンターノ（Lujo Brentano, 1844-1931），クナップ（Georg Friedrich Knapp, 1842-1926），ビューヒャー（Karl Bücher, 1847-1930）らの世代を「新歴史学派」と呼ぶことが慣例になっており，その後に続いて理論と歴史を総合しようとしたゾンバルト（Werner Sombart, 1863-1941），ヴェーバー（Max Weber, 1864-1920），シュピートホフ（Arthur Spiethoff, 1873-1957）などを，シュンペーターは「最新歴史学派」と呼んだ．「歴史的方法」の意味については論

者によって異なるが，抽象的な経済理論の獲得を中心課題とするのではなく，理論命題を事実とつきあわせて相対化したり，歴史的・統計的資料から現実を支配する傾向や法則を引き出そうとし，経済学に健全な現実的・経験的基礎を与えようとする意図は共通していた．

なぜドイツで歴史学派が出現し，強い影響力を保持したかと言えば，ドイツは17・18世紀以降ヨーロッパのなかで近代的国民国家の形成と経済発展の波に大きく乗り遅れたため，一定の経済発展を前提として形成され，「利己心」の仮説の上に築かれた自由主義的・個人主義的なイギリス古典派経済学はなかば現実味を欠いていたからである．19世紀になっても300以上の小領邦が割拠していたドイツは，ナポレオン軍の侵略に有効に対抗できなかったし，1815年に開催されたウィーン会議で誕生した「ドイツ連邦」も，38の主権国家のゆるやかな連合体にすぎなかった．当時のドイツの為政者にとって最大の関心は，イギリスやフランスに対抗できる統一された強力な国民国家の形成であり，かりに経済発展の原動力が，スミスの言うように，個人の自由な利己心の発揮にあるとしても，国家的・国民的利害と個人の自由との調和が追求されねばならなかったのである．こうした時代認識は，すでに歴史学派に先立ってリストによって提示されていた．リストは，「富を創る力は富そのものより重要」であるという立場からスミスの「交換価値の理論」を批判し，「国民的生産力の理論」を樹立しようと試みた．「個々人がどれほど勤勉，節約，独創的，進取的，知的であっても，国民的統一がなく国民的分業および国民的結合がなくては，国民は決して高度の幸福と勢力とをかちえないであろうし，またその精神的・社会的・物質的諸財をしっかりと所有しつづけることがないであろう」(List 1841; 1971: 51. 訳57)．同書でリストは，スミスが批判の対象とした「重商主義」が実は工業を保護する「重工主義 (Industriesystem)」にほかならず，イギリスのような経済大国になるためには自由貿易政策ではなく，保護関税政策が不可欠であることを示す一方，実践的にも——ヨーロッパ統合のモデルになった——ドイツ関税同盟の結成と政治的統一のために奮闘したのである．

第6章 社会政策の経済思想：グスタフ・シュモラー　　　　　　133

　リストもロッシャーもイギリス古典派経済学の理論的達成を否定し，まったく別の理論体系を創り出そうとしたのではなかった．むしろ彼らは，「科学的」な経済学の名のもとに主張された大国の一方的な国家的・国民的利害を歴史的に相対化しようとしたのである．自由放任主義や自由貿易主義をそのまま採用することは，ドイツ経済圏がイギリス工業製品の販路となり，農産物・原材料の供給地となることを意味した．それは現在の多くの開発途上国が置かれている状況でもある．リストやドイツ歴史学派の人々は，先進的な工業社会にいたるまでの「経済発展段階論」を構想し，ドイツがおかれている独自な状況と特殊な政策の必要性を正当化しようとした．さらに彼らは，経済社会の現実が「利己心」以外の多様な力の作用によって成立していることに注目し，むしろ経済学と他の社会諸科学との関連を重視した．ドイツ語圏では現在も経済学は，「国民経済学（Volkswirtschaftslehre）」と表記されるが，この「国民経済学」は，第二次大戦にいたるまで，今日の「社会科学」という表現に相当する「国家科学（Staatswissenschaft）」の一部門とされていたのである．「国家科学」という表現そのものが，逆にドイツの抱えた課題を表しているといえよう．経済学のこうしたドイツ的性格をもっともよく代表したのがシュモラーであり，本章は彼の社会経済思想の検討をつうじて，19世紀の経済学が到達したもうひとつの地平を明らかにしようとするものである．

1. 社会問題と社会政策

　前述のようにドイツ歴史学派はシュモラーにいたって大きな影響力をもつようになったのであるが，その最大の原因は，シュモラーが中心的指導者となって1872年に「社会政策学会」が結成され，これが学問的にも政治的にも重要な存在になったからであった．「社会政策（Sozialpolitik）」とは，19世紀後半以降大きくクローズアップされた「社会問題」にたいする独自な処方箋を意味した．すなわち伝統的な経済形態の解体が進行するとともに，一

方では新しい市場経済に適応できない旧来の手工業者・小営業者の没落と，他方では——ちょうど社会主義崩壊後のロシアや東欧で見られたように——株式投機を中心とした企業設立ブームにのった大企業家の急成長が見られ，こうした経済的格差の急速な拡大と社会的対立の増大に直面して，国家の介入と救済を要求する社会主義派と，自主的努力と自己責任（＝自助）を強調する自由放任主義派との社会的・イデオロギー的対立が激化した．社会政策学会に結集した人々は，社会主義でも自由放任主義でもない第三の道として「社会政策」を要求したのであるが，その主な内容は，工場法の制定，私的・公的な住宅建設の促進，団結権の承認といった自由な市場経済を有効に作動させるための制度的前提条件——今日の言葉でいえばセーフティネット——の整備を国家に求めようとするものであった．彼らはこうした社会政策によって，1871年にようやく成立した統一国家「ドイツ帝国」の国民的分裂の危機を回避しようとしたのである．

　シュモラーの名を一躍有名にしたのは，このような社会政策の方向をはっきりと打ち出した主著『19世紀ドイツ小営業史』（Schmoller 1870）の公刊であった．彼は，技術革新が進展していく過程で，営業独占，徒弟制度，局地的な注文生産・販売によって特徴づけられる伝統的な手工業の基盤が解体していることを強調し，こうした過程に積極的に適応する手工業者と適応できない手工業者に分化していることに着目した．前者の企業活動について，シュモラーは次のように述べている．

　　有能な親方は，在庫めあてに仕事をしようとし，なによりも局地的販売以上のものを求めている．彼はあらゆる技術進歩を利用しようと試みる．彼は他の営業が提供する改善された部品を購入し，特定の専門品の製造に……自己を限定する．需要の変化に対応し，彼は往々にして全く新しい製品を完成させる……．彼は2〜3人の労働者を雇用するが，これらの労働者は，……この部門が分離する以前の様々な営業に属していた人々である．こうして社会的には，小企業者という全く別の身分が成立し，それは事業

規模・資本の大きさの点で……旧手工業者と異なったものではない．彼らはもともと有能な職人，単なる労働者，商人であり，こうした人々は皆，現在では好んで自らを工場主――たとえ1～2人の労働者しか雇用していないとしても――と称している（Schmoller 1870: 198-9）．

シュモラーによれば，多様な最終消費財を生産する金属加工業や皮革加工業などでは，このような小企業者が旺盛な企業活動を展開し，そのなかから企業規模を拡大させて「大工場の所有者にまで立身出世する人々」も出現していた．一般に彼らは自分を恃みとする「自力独行の人々（self made men）」であり，経済的・政治的自由主義の支持者であった．それに対して多くの手工業分野では，こうした過程に適応できない，あるいは適応を拒否する手工業者がおびただしく見られ，「手工業の窮状」や「手工業の過剰」が各地で社会問題となったのである．シュモラーはその現状を，ドイツの各地に寄せられた苦情を紹介して述べているが，それによれば，とりわけ小都市や農村では，大都市の工場と競合する部門でも技術の未熟な手工業者が借金してまで経営を開設し，彼らの数が過剰のために，日雇仕事によって生計を維持しているケースが多いという．

　もともと手工業は厳格な徒弟制度に基づき，一定の技術的能力の証明（親方資格）によって営業の開設が許可されたのであるが，「営業の自由」の結果，一定の資金があればだれでも営業が可能となったのである．シュモラーは，大きな工場で働いていた職人が，そこでの信用を担保にして，「相応の資金も企業家にとって必要な営業・市場の知識ももたずに」に独立して失敗した事例を挙げているが，こうした事実は，資本主義的市場経済が短期間に形成されたドイツでは，イギリスと異なって，多くの人々が伝統的な職業意識を脱却することができず，経済的合理主義を身につける余裕もないままに，市場経済の荒波にほうり込まれてしまったことを意味した．シュモラーによれば，こうした人々は，新しい技術，マーケティングの知識，経営のノウハウにたいする関心もそれらを修得する機会もなく，父祖伝来の職業を継いで

安楽に暮らしたいとの願望から性急に独立しようとする．シュモラーにとって，彼らの存在は，「利己心の仮説」にたいする生きた反証にほかならなかった．

　［これらの報告の事実は］国民経済の自由の心酔者によってしばしば看過される真理を示している．経済的階級を下降するにつれて，彼らの行為を規定するものは，もはや個々人にとって経済的に最善のものに対する認識ではなく，近視眼的な享楽欲，無為への刹那的傾向である．すなわち様々な種類の不道徳，それに附随する動機が，ここで国民経済学が考慮すべき心理学的要因をなしているのである（Schmoller 1870: 117）．

　人々は，経済的自由が別の慣習，別の性質を，つまり別個の人間を創り出すこと，最初は個々の人々だけが努力するとしても，そのほかの人々も競争によって彼らの後に従わざるをえなくなることを期待した．……もし急進的な経済学者が，営業の自由によって前進しないすべての人々は没落すべきである，と進んで言明するとすれば，彼はその判断において生の事実にたいして虚偽と思われる厳密な境界線を引くことになるし，また，少数の人々が所属する両極の中間に存在する多数の人々を見過ごすことになる（Schmoller 1870: 155-6）．

　現実の経済社会では，経済的合理主義にしたがって行動する人々はまだ少数であり，いわば「伝統的心理」から行動する人々のほうが多数であった．シュモラーが自由主義的な急進的経済学者と異なって，自由競争の力を信頼しなかったのは，没落した人々がただちに社会主義運動に身を投じるであろうという予測だけではなかった．むしろドイツの輸出産業はこうした伝統的な手工業者によって支えられていたからである．たとえば有名なシュレージェンの麻織物業では，機械制綿工業に押されて販売が減少していったが，事業から撤退していく織物業者が存在する一方で，むしろ資金力のない業者の

新たな参入と未熟な手織工の供給増加が生じ，価格下落にたいして工賃・賃金の切り下げと粗悪品の大量生産によって切り抜けようとした．機械制大経営によって脅かされていない分野でも，この時期には工賃・賃金の切り下げによって輸出産業を維持・拡大しようとする傾向がしばしば見られ，ドイツを横断して展開されている輸出工業の中核をなす「何千もの小企業」はこうして成り立っていたのである．つまり自由放任によって没落を放任することは，没落する人々の自己責任ですむことではなく，ドイツの産業構造を規定して，いわば「低賃金輸出国」としてしまうことになるのである．ドイツは一時的にはこうした輸出産業（その多くは奢侈産業）が繁栄し，企業の利潤も増大するだろうが，手工業者・労働者は低所得と劣悪な労働条件に苦しみ，経済的格差は拡大するであろう．

　こうしてシュモラーは，人々の「伝統的心理」を改造し，近代的経済発展に適応できるように国家が積極的に介入すべきことを力説する．シュモラーはそのための手段として，①「下層階級の全体としての精神的水準を引き上げる」ための学校教育の充実（義務教育制度の導入，初等教育の無償化，教育水準の向上），②小手工業者，家内工業の親方・労働者のための技術教育の整備（製図・実業補習学校の設立），を要求している．彼は，これをつうじて，「勤勉・努力・自主的責任という経済的徳性」を国民全体に植えつけ，「きちょうめんに帳簿をつけ，資金を節約し，貯蓄することを教え」，「企業精神（Unternehmungsgeist）を賦与」しようとした．このような立場は，ある意味では「利己心」の経済学にもまして，前近代の伝統的な価値規範を厳しく断罪するものだったことに注意する必要がある．経済的合理主義を推進する観点から見れば，伝統的手工業者の行動は「刹那的」で「不道徳」に思われたのである．経済的先進国に追いつこうとする多くの国民にとって，学校教育は社会の伝統的部門から近代的部門への入り口であり，そこでは価値規範の転換が行われねばならなかった．学校教育のもとに働く社会的強制力は，こうした近代化の不可避性にあると考えられる．逆説的ではあるが，社会的富の飛躍的発展と個人の豊かさの実現は，「自由」という名のもとで，

経済活動に大きな価値を認めない人々を排除ないし教育することによって成立するのである．後にこの「社会政策学会」を舞台として，科学としての経済学が価値判断とどのように関係するかを問題とする「価値判断論争」が起こるが，それは偶然ではない．

2. 文化としての経済現象：歴史的・倫理的方法

さてシュモラーは，このような社会政策を実現すべき理念について，「われわれの理想は，わが国民のさらに大なる部分を，文化のもたらすあらゆる高度な財・教育・福祉に分かちあずからせること以外のなにものでもありません」(Schmoller 1872: 12)，と述べている．なぜ近代的経済発展を追求するかといえば，それが伝統的経済形態に比べて多くの富を実現し，社会の多数の人々がその富に参加できるからである．したがって社会政策は，経済的強者だけでなく，経済的弱者にも富と近代文化の恩恵に参加するチャンスを与えることを意味する．シュモラーはこれを——努力や勤勉が報われるべきである，という意味での——「配分的正義」の理念の実現と考えた．それは国民の多くが前述の教育を通じて，さらにまた労働者の場合は団結権をつうじて高賃金を，小企業者の場合は協同組合をつうじて高い利潤を獲得することによって，社会的に所得の一定の平等化が実現するときに可能となる．もともとプロレタリアという言葉は，定職も資産ももたない貧民を意味したから，ヨーロッパの観念では，定職につき，住宅を所有し，貯金をもつ人々は「中産階級」なのである．その意味で社会政策は，「配分的正義」の理念によってプロレタリアから中産階級を作り出す政策であり，シュモラーが現代の先進諸国を見たら，自分の理想が基本的に実現されていると思うであろう．第二次大戦後の（西）ドイツでは，「社会的市場経済」といわれる経済・社会政策が遂行されたが，そこでは手工業者の技能訓練や住宅建設が重視されたり，特別な金利を適用する勤労者財産形成制度が新設されたりしたが，そこに政策理念の連続性を容易に見て取ることができるだろう．

さてこうした社会政策的立場を，シュモラーは，経済学に「心理学的基礎」を与えるべきであるとか，「経済学の倫理化」を要求するとか表現した．いわゆる「歴史的・倫理的方法」である．経済学がそもそも自然現象を扱う自然科学をモデルとすべきであるという考え方の根底には，経済学が人間のなかの「自然現象」，つまり本能である「利己心」を対象とするからだという想定が存在した．しかしシュモラーが指摘した事実は，経済を営む人間が多様な心理的原因に規定されていること，スミスのいう「利己心」と伝統的手工業者の——児童を酷使してまで儲けようとする——「営利欲」は異なっていること，経済的合理主義は「利己心」から必然的に生じるものではないこと，こうしたことを推測させたのである．シュモラーは，技術革新に敏感で，高賃金によって労働者の能率を最大限引き出そうとする「有能」で「合理的」な経営者こそが近代的な経済発展の推進者であり，彼らは長期的な視野から冷静に利潤追求を遂行するのであって，むしろ「無制限な利潤追求を抑制」する「適度な利己心」の持主であることを強調している．もしエゴイズムとしての「利己心」が人間の荒々しい自然に根差すものならば，経済的合理主義や「適度な利己心」は，そうした自然を抑制し，コントロールした結果にほかならない．したがって不変の「利己心」を前提として理論を構築しようとする従来の経済学は，事柄の重要な側面を見失っていることになる．

> いかなる国民経済組織も，相互に相対的に自立した二つの系列の原因によって支配されている．一方は，旧来の経済学がもっぱら問題にした自然的・技術的原因であり，他方は——従来時として言及されたが，国民経済にとってのその意義が体系的に研究されなかった——，諸国民の心理学的・倫理的な生に由来する原因である．国民経済学は，前者の原因のみならず，後者の系列の原因も徹底的に究明されたときに，厳密な意味で科学となるであろう（Schmoller 1874-75: 57）．

ここで「倫理的」と訳した sittlich という言葉は，日本語に翻訳すること

が難しいのであるが，人間の共同生活を維持・発展させようとして働く心的な力を包括的に表す概念であり，個人を超えて人間を拘束する社会的，倫理的，慣習的，風習的といったニュアンスを含む多義的な表現である．シュモラーによれば，人が生きていくうえで不可欠の経済的配慮は本能から生じるとはいえ，経済行為は本能のままに行われる行為ではない．たとえば食欲をどのように満たしているかを考えればわかるが，われわれは他人を考慮しないでいつでも好き勝手に食欲を満たすのではなく，時間的にも空間的にも社会的約束事にしたがって，また礼儀作法にのっとって食欲を満たす．つまりさまざまな欲望の満足は，人間と社会が平和に存続できるように，利己的本能を修正し，コントロールし，儀式化することによって実現されるのである．そのような人間のあり方を文化と呼べば，地域や民族に応じた独自の文化が形成されるのであって，経済活動も文化的現象になるだろう．交換は「交換衝動」の産物だとするスミスを批判して，シュモラーは次のように主張している．

　いかにかんたんな交換取引といえども，規則的に交換を営むもののあいだに一定の倫理的な共同体が存立していなくては不可能である．すなわち人は明示的にせよ暗黙のうちにせよ，平和をまもることについて一致していなくてはならないし，交換を営むものは共通の価値観念を有し，共通の法を承認しなければならない．いかなる販売者も販売の瞬間には目の前にいる購買者とひとつの倫理的な信頼共同体を形成するのである（Schmoller 1881: 38）．

　もし利己心だけが経済の原動力として動いているとすれば，経済社会は個人の寄せ集めにすぎず，国民を基盤とするひとつのまとまりとして「国民経済」を想定する必要はない．しかし現実には，自由放任の社会を考えても，最低限のモラルと必要最小限の国家的・法的制限が要求されるのであって，国民経済は個人相互の利害の調整や社会集団の対立を調停する共同社会を基

盤として現れるのである．

> 国民ないし国家の個別経済を結びつける共同的なものは，単なる国家ではなく，もっと深いもの，すなわち言語，歴史，記憶，慣習，理念の共同性である．それは共同の感情・理念界であり，共同の観念の支配であり，あらゆる心理学的衝動の多かれ少なかれ一致した緊張である．それはまた，こうした一致した心理学的基礎から成長する客観化された生の秩序以上のものであり，ギリシア人が慣習と法に結晶化された倫理的・精神的共同意識に対して名づけた共同のエートスであり，これが人間のすべての行為に，したがって経済的行為にも影響するのである（Schmoller 1881: 44-5）．

「倫理的」な力とはこの「共同の観念」，「共同のエートス」を意味する心的力であり，シュモラーによれば，これが「求心力として」作用するから国民経済はひとつのまとまった共同体として現れることができるのである．

3. 配分的正義

以上のような観点からシュモラーは，経済社会を個人の利己的経済行為に還元できると考え，そこに必要とされる「共同の観念」は等価交換を実現しようとする「交換的正義」だけでよいとする立場を退け，社会政策的介入を正当化する正義の観念として，「配分的正義」を主張した．現実の経済社会が等質の個人から形成されているのではなく，とりわけ競争にさいしていわば「機会均等」の原則が実現されていない場合には，もうひとつの「共同の観念」として「配分的正義」が働く．シュモラーは，避難用ボートに乗った水夫と乗客の例（乗客はオールをこぐ水夫に，限られた食料のなかからより多くの食糧の提供を是認するだろう），好戦的な遊牧部族の例（より多くの財産所有が勇敢な戦士に承認されるだろう）をあげて説明しているが，「配分的正義」とは，行為・業績と報酬のあいだには社会の他の人々によって正

当化される「比例性」が支配すべきである，という理念である．したがって
ある企業者がばく大な利潤を得る場合，前述のような「有能」で「合理的」
な経営者ならば人々から是認されるが，児童を酷使する企業者の場合には非
難されるであろう．この場合，技術革新に対応して労働時間を規制し，児童
労働を禁止するほうが公共的利益となるから，こうした「工場法」は「配分
的正義」の産物なのである．シュモラーから見ると，経済的合理主義や「適
度な利己心」を特定の企業者が有し，「工場法」が制定されたということは，
なんらかのかたちで「配分的正義」が人々の「心理」をとらえた結果である，
ということになる．シュモラーは，スミスが自明としていた問題を心理的観
点から取り上げたといってよいだろう．

　前提となっている仮定がつねに経済的自由の正しさを証明している，と考
　えることは誤りである……．そう言えるのは，ただ特定の慣習・風習や特
　定の教養をもつ特定の人間を考えるかぎりにおいてのみである．スミスの
　経済学はまさにこうしたものである．それは彼の同時代の，イングランド
　とスコットランドの教養ある商工業中産階級を議論の出発点とした．つま
　り彼の経済学は，中世以来の時代遅れの経済法が廃止され，生き生きした
　諸力が躍進するのを目の当たりにしたのである．そういうわけでまったく
　一般的に，強制が国民経済を麻痺させ，自由が……すべての諸力を促進し，
　解放するのだ，と述べたのである．それは，疑いもなく正しい認識ではあ
　ったが，いきすぎた一般化であった（Schmoller 1874-75: 63）．

　ここでは「倫理的」力の結果が「特定の慣習・風習や特定の教養をもつ」
と表現されており，シュモラーはそうした力の展開に教育が重要な役割を果
たすと考えていた．イギリスの場合，「特定の人間」のあいだで誠実な交換
取引を行おうとする道徳的力が働き，さらにそれが習慣となって不誠実な取
引を抑止する社会的制裁力が作用しているから，最小限の法的規制だけが必
要になり，自由が大きくなった，とシュモラーは考えたのである．したがっ

て道徳と風習・慣習の力が強く働いていない場合には，スムースな経済取引の実現のために，法的強制力が大きくならざるをえず，自由はほとんどなくなるであろう．つまり近代社会において自由が大きな役割を果たすようになったのは，逆に倫理的な力が大きくなり，しかもそれが「道徳」として個人の内面を規制し，「風習・慣習」として社会集団の規律となり，「法」として必要最低限の強制力となったからなのである．

　高度な文化民族は，倫理的な生の秩序の三領域へのこうした分離を遂行することによって——それらは互いに密接に関係しているが，独立して併存し，相互に作用しあい，自らを訂正し，社会的生のさまざまな部分をさまざまに結合し整序する——歴史における最大の進歩のひとつを実現した．倫理的規制の道徳，風習・慣習，法への分離のみが，一方では個人の近代的自由を，他方ではわれわれの文化国家の堅固さを説明する（Schmoller 1900-04: I, 57）．

　ここでの「高度な文化民族」は西ヨーロッパの近代国民のことであり，シュモラーは，スミスだけでなく，——方法論争で対決した——メンガー（C. Menger, 1840-1921）に対しても，メンガーの理論が「西ヨーロッパの現代とだけ関係して」いることを強調している．つまりスミスもメンガーも，彼らが理論経済学の本質として把握している「経済人」が，西ヨーロッパにおける独自な倫理的発展の産物であることを，すなわち個人の自由を最大限に許容しうる精神的・制度的発展があったことを無視していることになる．スミスが当時の商工業中産階級に最大限の経済的自由を認めることができたのは，彼らが自分たちのエゴイズムに身を委ねたからではなく，それを個人的・社会的にコントロールすることができたために，自由の拡大が社会的・公共的利益と結びつくことができたのである．スミスの場合，「神の見えない手」は，人々が考えてもいなかった公共的利益をいわば意図せざる帰結として人知を超えて導くものであり，したがって「見えな」くとも「神」の配慮を想

定するものであった．しかし経済現象を，前述のように，「自然的・技術的原因」と「心理学的・社会倫理的原因」との複合的現象と考えたシュモラーの場合には，公共的利益の実現は，前者の原因系列によって創り出された富を，「倫理的」な力の人為的操作をつうじて，つまり「道徳」，「慣習・風習」，「法」への「配分的正義」の浸透をつうじて，「配分」することによって行われるのである．その結果として経済圏が拡大し，社会の富が増大していくことになるのだが，シュモラーは，こうした「倫理的」な力の中心に指導的政治家とその経済政策をおいた．こうしてスミスが批判した重商主義は，中世的な経済を近代的国民経済へと転換させる重要な経済政策として再評価されたのである．

4. 重商主義の再評価

　前述のように重商主義の再評価を求めたのはリストであったが，国民経済の形成という観点から重商主義の歴史研究をはじめて遂行したのがシュモラーであった．1884年に書かれた彼の論文「重商主義の歴史的意義」のなかで，研究史上もっとも有名な個所は，次のような重商主義の定義である．

　重商主義はその真髄において国家形成――しかし単なる国家形成ではなく，同時に国家＝国民経済形成，すなわち，国家的共同体を同時に国民経済的共同体たらしめ，そこに高い意義を与えるところの，近代的意味における国家形成――にほかならない．この制度の本質は，およそ単に貨幣増殖ないし，貿易差額に関する学説のなかにのみ，関税線，保護関税，航海条例のなかにのみあるのではなく，はるかにそれ以上のもののなかにある．すなわち社会とその組織との，ならびに国家とその制度とのトータルな変革のなかに，局地的・地域的経済政策を国家的・国民的経済政策にとってかえることのなかにあるのである（Schmoller 1884b: 37. 訳 56）．

この定義から明らかなように，シュモラーにとって重商主義は，貿易黒字を獲得しようとする経済政策の体系ではなく，国民国家成立以前の経済単位を国民的単位にまで拡大する政治的変革の手段にほかならない．この論文で彼は，村落経済→都市経済→領邦経済→国民経済という経済発展の段階理論を提出しているが，この段階理論は，どの地域でも検証できるいわゆる発展法則という意味での段階理論ではない．そこでは段階の節目で政治的変革が生じて，それが新しい経済段階に導くと考えられており，そうした変革が起こらなければ次の段階へ移行することができないのである．極端にいえば，経済発展はそれをもたらそうとする政治の産物なのである．

　この段階理論においてシュモラーは，国民経済の原型として中世の都市経済を重視しているが，「商業の復活」の成果を都市経済という新しい組織的枠組みに取り込み，都市を「経済的進歩」の担い手たらしめたのは，都市の行政官であった．シュモラーは，もともと封建的所領管理の「役人」であり，所領としての都市の行政を委ねられた，司教座都市シュトラスブルクの「ミニステリアーレス」の意義について，次のように述べている．

> 司教からみれば，都市は彼の領地の一つにすぎません．彼は，農村と同じように都市においても，古い行政組織，実物貢租，賦役奉仕を放棄しようとは考えませんでした．だから，これに反対する住民のたたかいは，良き法に対する，また彼の財政収入源に対する反逆とみなされたわけです．都市のミニステリアーレスは，これとちがっていました．というのも，彼らは都市の利害関係といっしょに成長し，ここに定住し，裕福な市民と婚姻関係を結び，都市行政の問題についても，司教とはまったくちがって，精通していたからです．彼らは新しい時代とその要求するところとを理解するようになっていました．古い行政組織はもはや維持できないこと，荘園法にもとづく諸負担，実物奉仕体系は全部廃止され，それにかわって，基本的には金納租税体系が採用されねばならない，ということを彼らは知っていました（Schmoller 1874b: 169. 訳 47-8）．

シュモラーはこのように,「土地の事情に精通し,しかも上昇しつつある都市共同体を模範的に指導できる広い視野と政治的軍事的教養とを身につけた人々」(Schmoller 1874b: 171. 訳 52) の存在こそが, 中世の「国民経済革命」を繁栄に導いたのだ, と力説する. このミニステリアーレスに相当するのが, 領邦経済の場合には領邦君主であり, 国民経済の場合には啓蒙専制君主に代表される開明的な君主とその官僚層であった. つまり経済の段階的発展を実現するのは, 物質的条件だけでなく, 英知にあふれた政治指導者の存在なのである.

[重商主義的] 政策が個々に正しかったかどうかは, 国家を指導する人物の知識と才知とにかかっていた. この政策が全体として正当化できるのかどうか, また成功の見込みがあるのかどうかは, 当時も今も, それが国民的・経済的生の偉大な向上しつつある潮流の同伴者であるかどうかにかかっていたのである (Schmoller 1884b: 57. 訳 83).

シュモラーは, 国民国家の形成が遅れたドイツのなかで, プロイセンのみが重商主義的政策を遂行したことを強調している. それが可能だったのは, フリードリヒ・ヴィルヘルムⅠ世が, ホーエンツォレルン王家の利己的な利害関心からではなく, 国家的＝国民的利害関心から官僚制を整備し, 土着の貴族ではなく, 外国人や市民出身の法律家を登用して,「市民的・農民的」な利害を促進する重商主義政策を推進したからであった. つまり政治指導者の英知とは, 経済的進歩の趨勢を見抜く洞察力と, 自分の属する身分・階級の利己的利益を超越した公共社会への献身であった. そしてシュモラーは, 巨大企業の企業者の場合にも政治指導者と同じく, 単なる利潤追求欲をこえた組織的管理能力や他人資本にたいする忠実な職務遂行能力といった資質が求められることを強調している. 彼の理解では, 企業者が獲得する利得の本質的部分は, 企業組織を巧みに運営するという「労働」に対する対価にほかならなかった.

5. シュモラーとその後の歴史学派

　以上のようにシュモラーは，その歴史的・倫理的方法をつうじて，経済発展が経済に対する人々の利己的関心から生ずるだけでなく，むしろそれ以上に「配分的正義」に代表されるような，倫理的力に依存していることを強調した．それは一国の経済発展が，単なる権力欲をこえた賢明な政治指導者に，単なる利潤欲をこえた有能な企業者に依存していることを示すものであった．シュモラーが設立した社会政策学会は，学者以外にも有力な政治家，官僚，実業家，労組指導者を積極的にメンバーに加え，社会政策に関する学問的調査と討議を通じて，上記の意味での社会的・倫理的使命を実践的に覚醒しようとしたのである．シュモラーの背後には，労使協調主義的な企業者と労働者，リベラルな政治家と改革派官僚が控えており，古い封建的体質を引きずったドイツの土着貴族（ユンカー）の政治を批判し，イギリスやフランスに対抗できる近代的国民経済を建設しようとするナショナリズムが脈打っていた．シュモラーの訴えに感動した多くの有能な若者は社会政策学会に加入し，調査研究を柱とする「現実科学」としての経済学がドイツのアカデミズムを支配するようになった．

　シュンペーターは，シュモラーの方法が「超個人的な社会的構成要素」を問題にしたと指摘したが，シュモラーは「倫理的」という言葉によって，理論経済学の隠れた前提となっていた――個人の行動を規定し，それを包み込んでいる――西ヨーロッパ人の経済倫理とその制度を明示的に問題にしたと言えよう．そしてシュモラーは晩年にいたって，この倫理的力の展開を，当時流行していた哲学的な「心理学」や「社会ダーウィン主義」の枠組みを借りて，人類史的観点から体系的に説明しようとした．すなわち彼は大著『一般国民経済学要綱』（1900-04）において，太古の母系的集団を出発点としたヨーロッパ民族が，現代の複雑な政治的・経済的・法的制度を有する国民国家・国民経済へと進化・発展していく過程を歴史的に描いたのであるが，そ

うした過程は「自然」の産物ではなく，文化的・倫理的な意味での進歩をもたらす一種の心理学的な発達過程の産物と理解された．すなわち彼の理解によれば，歴史における文化的・倫理的進歩とは，生物が単純な細胞組織から複雑な器官を具えた生物に進化していくように，単純な組織原理の原始社会から，政治的・法的・経済的に多様な——所有，婚姻，市場，貨幣，営業などの——制度が複雑な形態に分化・進化し，この「共同生活の部分的秩序」としての制度が全体として有機的に統合されるようになることを意味する．つまりこうした制度を動かしていく——氏族，家族，協同組合，ゲマインデ，国家などの——機関の内部において，利己心ではなく，倫理的な「共同のエートス」が支配し，さまざまな軋轢や闘争を「平和化」・「倫理化」することによって，制度的進化が文化的・倫理的進歩として現れてくるのである．

　これを前述の発展段階論のほうから見ると，出発点としての村落経済は，精神的労働と機械的（肉体的）労働の分化と，そこにもとづく支配者と被支配者の分化を内包する家父長的な家経済の成立を意味し，これが支配圏を拡大して国民国家・国民経済へと展開することになる．家長の家政能力は，倫理的な「共同のエートス」が浸透した結果，家族成員の技術的進歩を促進し，経済的成果を家族成員に適切に分配する指導者としての能力として現れ，人々をそうした進歩の軌道に導き入れる「教化」の力にたいして，支配と財産が正当化されることになる．その後のあらゆる支配関係——祭司と民衆，封建領主と農民，工場経営者と労働者など——は，この家長の家政能力の分化・発展過程として把握され，こうした指導＝教化力として現れる倫理的な力こそが，人類を原始社会から高度な産業社会へと発展させたと説明されるのである．こうした説明によってシュモラーは，現代の国民国家あるいは企業の指導者に，経済的進歩を指向する家長としての自覚を呼びかけたのであり，社会政策学会は，このような意味で，政治家や企業者を教化する機関にほかならなかった．

　しかしながら，シュモラーの——現代の産業社会システムの本質的要素はこうした意味での「倫理的進歩」の産物であり，賢明な指導的政治家や有能

な企業者の存在が不可欠である，という——説明は，シュモラーの意図とは別に，ドイツの経済政策がしばしば陥った過剰な経済への政治的介入を擁護するように見えたために，また伝統的な家父長的支配と経済的進歩が共存する彼の家長の概念が，概念構成としては無理があったために，歴史学派内部からも厳しく批判された．さらにそうした説明は，彼自身がスミスやメンガーにたいする批判のなかで示した論点，すなわち，イギリスあるいは西ヨーロッパでそうした「特定のタイプの」企業者がどうして出現したのか，という問題に答えていないことになる——というのも，シュモラーの説明の仕方では，産業社会が発展しなかった西ヨーロッパ以外の地では，人間の倫理的進歩も賢明な指導的政治家も有能な企業者も存在しなかったことになるから——ために，若い世代から厳しく批判されることになった．つまりシュモラーの方法は，歴史に作用する多様な精神的力をすべて「倫理的」力に還元してしまったために，歴史的事象の具体的な因果関連をたどろうとする歴史学からみて大きな問題をはらむことになってしまったのである．

　こうして残された課題の探求を遂行しようとしたのが，シュモラーの後継者であるゾンバルトとヴェーバーであった．ゾンバルトは，マルクスを批判的に摂取しつつ，現代の産業社会システムを「資本主義」と呼び，スミスの利己心とシュモラーが問題にした経済的合理主義を結びつけて「資本主義的精神（kapitalistischer Geist）」と名づけ，中世後期の貨幣経済の復活とルネサンスという具体的な歴史的状況のなかで，資本主義の出発点となる「資本主義的精神」の出現と貨幣資本の蓄積が生じたと主張した（Sombart 1902）．この見解を批判したヴェーバーは，初期資本主義において，企業者にも労働者にも共通してみられる倫理的・合理的な生活態度という意味で「資本主義の精神（Geist des Kapitalismus）」という概念を提起し，これがルネサンスではなく，宗教改革によって成立したピューリタニズムの禁欲的な生活実践の意図せざる帰結に由来すると論じた（Weber 1904-05）．こうしてシュモラーの歴史的・倫理的方法は，後継者による批判的摂取をつうじて，理論経済学とは異なる領域——現代の経済システムの歴史的由来を探究する経済史

と，経済と宗教その他の社会領域との相互作用を問題にする経済社会学——を切り開くことになったのである．こうした研究は，マルクスとは別の——社会主義に批判的な——観点から「資本主義は将来どうなるのか」という問題意識に貫かれており，その一端はシュンペーターにも窺われるが (Schumpeter 1950)，社会主義体制が崩壊した今日，われわれはあらためて歴史学派の遺産を真剣に検討することを求められている．

［補説］ 経済学と社会学：M. ヴェーバー

20世紀前半を代表する社会科学者マックス・ヴェーバーは，自らを「歴史学派の門弟」と呼んでいるように，ドイツ歴史派経済学の内部で成長した研究者である．しかし彼は，ちょうどサナギが蝶に変身して飛翔するように，狭い学派の枠を超えて，人類が直面する普遍史的な社会学的問題を考察することになった．彼は，マルクスの物象化論，メンガーの限界効用理論，ニーチェの文明批判，リッカートの歴史哲学などを批判的に駆使することによって，シュモラーの経済社会学を脱出し，かえってドイツ歴史学派の潜在的射程を極限まで押し広げたと言うことができるだろう．

ヴェーバーの思想は重層的であるが，その基底をなすのは強烈な愛国主義的ナショナリズムと政治的リアリズムである．彼の学問的キャリアの出発点となった東部ドイツの農業労働者調査を踏まえ，ドイツが歩むべき経済政策の方向を提示しようとしたフライブルク大学教授就任講演『国民国家と経済政策』(1895) は，そうした思考方法の頂点をなす著作である．東部ドイツは没落しつつある貴族「ユンカー」の大農場経営が支配的であったが，1870年代以降の農業不況に対応する過程において，ドイツ人の農業労働者が西部の工業地帯へ流出し，彼らにかわってスラブ系のポーランド人農民や季節労働者が進出するようになる．ヴェーバーによれば，こうした事態はポーランド人の経済的能力の優越の結果ではなく，逆に，経済的・文化的にドイツ人より劣ったポーランド人が，より低い賃金と市場に依存しない自給的農業生

産で生活できるから競争に勝つのであり，他方ドイツ人農業労働者は封建的主従関係が残存するユンカー経営を嫌って，「自由への衝動」から西部に移住するのである．このような事態に直面してヴェーバーは，東部国境の閉鎖と国家による――ユンカーの土地を買い上げ，ドイツ人を入植させる――組織的国内植民を提案する．経済政策は，財の生産と分配を探求して「世界を幸福にするための処方箋」を提示するものではなく，諸国民の経済的生存闘争のなかで――人間としての偉大さや誇りの源泉である民族性を維持・発展させるために――どれだけの支配権を勝ち取れるか，という「国民の権力的価値関心」に奉仕する「政治の侍女」なのである．したがって「ドイツ人の国家の経済政策は，……ドイツ的でしかありえない」．こうしたナショナリズムは，ポーランド人への人種差別的とも言える排外主義は反省されるものの，その後も彼の思想と行動を規定しつづけた．たしかに経済に対する政治の優位は，ドイツ歴史学派の伝統に沿うものであったが，彼にとって経済学の理論や法則は，経済学者が到達すべき目的ではなく，あくまでも人間をとりまく問題の所在を発見し，その解決方法を示唆する手段の体系にすぎなかった．この点で歴史学派とヴェーバーは鋭く対立したのである．

　ヴェーバーの代表作となった「プロテスタンティズムの倫理と資本主義の精神」（1904-05）は，前述のように，ゾンバルトを批判するものであった．ヴェーバーは，合理的な利潤追求を行う精神が企業者・資本家だけでなく，貨幣賃金の上昇を指向する労働者の上層にも広がっていること，それが宗教的にはカトリックよりもプロテスタントに顕著にみられ，彼らのあいだでは合理的な貨幣利得の追求が，むしろ信仰と道徳的義務の実践として意識されていることを指摘した．彼は，産業的中産層を中心に企業者・資本家と労働者に共通してみられる，倫理と営利が独自に結合した合理的生活態度を「資本主義の精神」と名づけ，この起源を宗教改革期の禁欲的プロテスタンティズムに求める．ヴェーバーの説明によれば，世俗における個人の宗教的実践を重視し，職業を神から与えられた「使命」として位置づけたのはルターであったが，この立場は，人間の原罪を強調し，――救われるか救われないか

は信仰の結果ではなく，神によってあらかじめ決められている，との——予定説を説いたカルヴァンに継承された．カルヴィニズムにおいて，信徒たちが使命としての職業に勤勉に取り組み，たんなる営利衝動を抑制して計画的・合理的な利潤追求を遂行できること，そして獲得された財産を浪費せずに生産的に利用できること（世俗内禁欲）は，神に「救われている」証拠とされたのである．「資本主義の精神」とは，勤勉と禁欲から宗教意義が希薄となった段階を指しているが，それは初期資本主義が伝統的な経済組織から離陸するためのエンジンの役割を果たした．そこでは人々は救済や道徳的完成をめざして，禁欲と勤勉を実践したのである．しかし産業革命によって資本主義が完成すると，「資本主義の精神」はもはや不必要となり，われわれは永遠に利潤を追求する巨大な企業のなかで勤勉に働かなければ生き残ることができなくなる．ヴェーバーの診断によれば，経済発展が至上課題となった近代工業社会は，逃れることができない「鋼鉄の檻」と化し，「資本主義の精神」にかわって巨大組織を動かす「官僚制」は，人間の自由を抑圧する装置となる．こうした悲観的展望がヴェーバーの結論であり，彼は，「人間の自由」を確保するための政治システムの探求を続けたのである．

　以上の研究を出発点として，ヴェーバーは西洋における資本主義的合理化の由来と帰結を，壮大な比較宗教社会学の研究（古代ユダヤ教，ヒンズー教と仏教，儒教と道教）および経済を含んだ人間の社会的行為の類型論（理解社会学）をつうじて分析したが，最後まで人間の究極的価値の実現を政治に求めた彼は，やはり「ドイツ歴史学派の門弟」であったと言えないだろうか．

第7章
シュルツェ-ゲーヴァニッツの社会政策思想
―『社会平和』を中心に―

はじめに

19世紀末から顕在化したドイツ社会政策学会のいわゆる世代間闘争は，社会政策の基本的方向に関しても，またドイツ歴史学派の方法論という次元からも，とりわけシュモラーに対決しつつ展開された．『社会科学および社会政策アルヒーフ』を拠点とする若手世代の問題関心が，マルクスの一定の評価のうえで「資本主義」の不可避性を主張しつつ，社会政策的には労使同権主義に立ちながら，対外的には「自由帝国主義」を強力に推進し，国内政治的にはプロイセン・ドイツの政治的民主化を掲げたとすれば，こうした問題関心から影響力のある多彩な学問的活動を展開した若手世代の代表者として，マックス・ヴェーバー（1863-1920），ヴェルナー・ゾンバルト（1864-1941），そしてゲアハルト・フォン・シュルツェ-ゲーヴァニッツ（1864-1943）をあげることができるであろう[1]．ところが名前が知られているわり

---

1) シュモラーとこの3人を中心とする世代間対立については，田村（1993b: 終章）を参照のこと．世代間闘争については，リンデンラウプの先駆的研究 Lindenlaub（1967）およびこれを受けてさらにその後の世代の多様な展開を論じたクリューガーの著作 Krüger（1983）を参照．
　シュルツェの死後追悼文を寄稿したヴィルケンは，1890年代以降の「ドイツにおける経済学の全般的な精神科学的特徴」がこの3人によって代表され，彼らが「素材本能の中で行き詰まったシュモラーの方向を完成させた」ことを強調している（Wilken 1944: 49-51）．

には，シュルツェはヴェーバーやゾンバルトの影に隠れて，思想史研究の対象として取り上げられることはほとんどなかった[2]．本論は，19世紀末から第一次大戦前にかけて精力的に展開されたシュルツェの学問的業績の出発点となった『社会平和』(Schulze-Gaevernitz 1890) を取り上げ，彼の政策思想と世界観の輪郭を浮き彫りにし，この時代の「社会リベラリズム」の問題点を明らかにしようとするものである．

　その前にほとんど知られていないシュルツェの経歴と業績をかんたんに紹介しておこう．彼は国法学者ヘルマン・シュルツェ–ゲーヴァニッツの息子としてシュレージェンに生まれた．母方の祖父はブレスラウの綿紡績業者でプロイセン商務長官も勤めたカール・アウグスト・ミルデである．シュトラスブルク大学・ベルリン大学でブレンターノとシュモラーに学んだが，とりわけ社会政策的にはブレンターノの弟子として，学位取得後ヨーロッパ旅行を経て大著『社会平和』，そして2年後の『大経営』(Schulze-Gaevernitz 1892)[3] の刊行によって，イギリスをモデルとする「高賃金・高能率労働」経済に基づく労使協調の社会政策的理念を明確に打ち出した．さらに，1892-93年にはモスクワ大学に滞在し，その成果を発表して「ドイツにおけるロシア研究の権威」となっている[4]．

　その社会政策的リベラリズムのゆえにプロイセンに止まれなかったシュルツェは[5]，1896年フライブルク大学の国民経済学教授に就任し，退職する

---

2) ドイツでもシュルツェに関するまとまった論述は，前述のリンデンラウプとクリューガーの著作だけである．わが国では，肥前 (1970) および山之内 (1982) において，それぞれロシア論と帝国主義論に言及されているにすぎない．
3) 『大経営』は，山崎覚次郎訳『大工業論』(1904年) として翻訳された．
4) シュルツェのロシア論は，最初「ロシア・ナショナリズムとその経済的担い手―同時に独露通商条約問題について―」(Der Nationalismus in Russland und seine wirtschaftlichen Träger. Zuglech ein Beitrag zur Handelsvertragsfrage, in: *Preussische Jahrbücher*, Bd. 75. 1894. として発表され，後に拡大されて『ロシア経済の研究』(*Volkswirtschaftliche Studien aus Russland*, Leipzig 1899) として出版された．これらの内容については，肥前 (1970) を参照．
5) リンデンラウプによれば，エルザス・ロートリンゲンの管轄省でシュルツェが試補として実習しているとき，省次官ケラーは「彼の『社会平和』を引き合いにだし，こ

まで同大学で教鞭をとった．フライブルク時代の前半は，彼の1年前にやはりフライブルク大学教授に就任していたヴェーバーの強い影響の下で，熱烈な自由帝国主義者への変貌によって特徴づけられる[6]．工業立国論と世界政策の展開を結びつけた『通商政策と艦隊』(Schulze-Gaevernitz 1898)，ヴェーバーの「プロテスタンティズムの倫理と資本主義の精神」から直接の着想を得つつ，イギリス帝国主義の精神的背景をピューリタン的生活態度に求めてその世界史的意義を正当化しようとした『イギリス帝国主義と自由貿易』(Schulze-Gaevernitz 1906)，イギリス帝国主義とドイツ帝国主義との利害の一致を主張する『イギリスとドイツ』(Schulze-Gaevernitz 1908)，これらがこの時期の代表作である．

　しかしながら，政治的にはヴェーバーよりもはるかにナウマンに近かったシュルツェは，1912年進歩国民党所属のライヒ議会議員となることによって直接政治活動に乗り出した．ヴィルケンは，彼の学問的活動が1908-10年に頂点に達したと述べているが，『社会経済学要綱』に寄稿した『ドイツ信用銀行』(Die deutsche Kreditbank, in: *Grundriß der Sozialökonomik*, 5. Abt., T. 2, Tübingen 1915) が実質的にシュルツェの最後の学問的著作といってよいであろう．そして第一次世界大戦前から戦争中にかけて彼は，ドイツの戦争目的をドイツ精神の西欧世界に対する挑戦に見出したヨハン・プレンゲの「1914年の理念」やナウマンの「中欧国家連合」構想に共鳴する一方[7]，戦時計画経済の諸問題に関わり，主として原料供給部門と金融部門を共同経済的に組織化し，国家のコントロールの下に置くべく論陣を張っている．この

　　ういうタイプの人間にとってプロイセンでの昇進のチャンスはないに等しい，と述べた」(Lindenlaub 1967: Beiheft 53, 312)．
6)　周知のようにモムゼンは，ヴェーバーの就任講演『国民国家と経済政策』が「ヴィルヘルム時代のドイツにおいて自由帝国主義を成立させた点火剤となった」ことを強調している (Mommsen 1974: 76．訳148)．モムゼンはとりわけナウマンに対する影響を指摘しているが，クリューガーはここにシュルツェも含めて理解している (Krüger 1983: 38)．
7)　プレンゲについては小野 (1993)，またナウマンの中欧論については，小林 (1983) を参照．

点で彼は，社会民主党を戦時経済へ協力するように努力した仲介者でもあった．さらにドイツのベルギー占領の際には，経済的併合を準備するブレーン・トラストとして活躍した[8]．

第一次世界大戦後 1920 年の解散によってライヒ議会議員を辞職し，また 1923 年にフライブルク大学を退職した彼は，ドイツにおけるアングロ・サクソン通としての名声によって，1924 年にはイギリス，アメリカで客員講師となり，翌年からはナウマンによってベルリンに設立された政治大学で講義を受け持つとともに，国際連盟の要請によって「精神的共同研究所」の科学部長を務めた．1926 年から 5 年間『アルヒーフ』に連載された長編論説[9]は，彼のアングロ・サクソン近代社会論の集大成であるが，内容的にはアメリカ体験を踏まえたうえでの戦前の主張の再確認にほかならない．

晩年のシュルツェは不幸であったように思われる．1932 年フライブルク大学の学生組合で民主主義の理想を訴えようとした彼の講演は，ナチ党支持の学生によって拒絶され，この事件を契機にして彼の精神的アイデンティティーは破綻してしまった．2 年後に出された最後の著作『西洋の再生』(*Zur Wiedergeburt des Abendlandes*, Berlin 1934) は，神秘的体験をベースとする神智学的宗教観に立脚しつつ，ヒトラーと国民社会主義を賛美する転向の書であった．

以上のような敗戦の前年 1944 年に死去したシュルツェの生涯を振り返ると，前半生で獲得した学問的成果を政治的実践において実現しようと邁進し，

---

[8] シュルツェの戦時中の活動については，Krüger (1983: 100f., 163f., 170ff., 183) を参照．なおシュルツェの経済組織化の議論を巡っては，それまでの自由主義的経済観からの国家社会主義＝団体経済論への転向とみるリンデンラウプ (Lindenlaub 1967: Beiheft 53, 313) と，それは単に「組織資本主義」段階における国家干渉への譲歩に過ぎず，シュルツェの「流通経済」的指向は維持されていたと主張するクリューガー (Krüger 1983: 80-1) の対立がある．

[9] 以下の諸論文である．「アングロ・サクソン世界支配の精神的基礎 I」(Schulze-Gaevernitz 1926), 「アングロ・アメリカ世界覇権の精神史的基礎 II. 民主主義の根源」(Schulze-Gaevernitz 1927), 「アングロ・アメリカ世界覇権の精神史的基礎 III. 資本主義の経済倫理」(Schulze-Gaevernitz 1929), 「資本主義的経済秩序における機械」(Schulze-Gaevernitz 1930), 「産業革命」(Schulze-Gaevernitz 1931).

その挫折から最終的にはナチズムの国民社会主義に理想を託さざるをえなかった自由主義的知識人の姿が浮き彫りになるように思われる．その意味でシュルツェの思想史的検討は，ドイツ第二帝政期のリベラリズムの問題点の一端を明らかにすることになるであろう．

1. 社会政策的リベラリズムとその世界観：『社会平和』

(1) ブレンターノとキリスト教社会運動

　シュルツェの全 2 巻ほぼ 1000 ページにおよぶ大著『社会平和』は，19 世紀後半のイギリスで確立した平和的な労使協調路線の思想的・経済的原因を探ろうとするものであった．こうした問題意識は，イギリス社会政策史に及ぼしたキリスト教社会運動の影響に対する恩師ブレンターノの着目を直接的に継承したものである．すなわちブレンターノは，彼の労働組合思想にとって決定的な役割を果たしたジョン・マルコム・ルドロウをつうじてキリスト教社会運動に関心を持ち，チャーティスト運動の失敗後，彼らが社会政策的に果たした重要な影響を強調した．ブレンターノによればこの運動の創始者は，イギリス国教会の牧師キングスリーやフレデリック・モリス，そしてルドロウであるが，彼らの本質は，単なる制度改革や権利の付与といった社会改革ではなく，信仰に基づく人間の道徳的再生を通じて利己心と競争原理に立脚する社会を精神的・内面的に克服し，天職としての労働に基づいた友愛と協調の社会の実現を目標とするものであった．とりわけ特徴的なことは，彼らが労働者階級に対する上流階級の蔑視とその裏返しである慈悲とを厳しく批判して宗教的改心を説教し，労働者の自助を促進すべき「所有の義務」を説いて，指導者としての自覚を促したことである（Brentano 1883: 14ff.）．ブレンターノは，当初はキリスト教的連帯に基づく生産および消費協同組合運動として展開されたこの運動が挫折したものの，その後様々な啓蒙活動によって「労働者に対する上流階級の全体的態度が変化した」ことを指摘して，次のように総括している．

たしかに現在でもイギリスには労働争議があるが,しかしそこでは,砂糖・コーヒー・石炭の売り手と買い手との衝突程度の争議でしかないのはなぜであろうか? 労働者の多数は現在でもやはり急進的である.……しかしながら,イギリスには現在チャーティストはもはや存在しない.すなわち,既存の社会秩序に敵対し,立法を通じて社会を再建するために国家を労働者によって支配しようとする社会民主主義政党は存在しないのである.労働者は,その指導者がもっとも教養ある階層の一員である大きな自由主義政党に属している.……かつてイギリスを上流階級と下層階級に分裂させていた深い溝は,今日では事実上埋められている.以前の両者の疎遠に代わって,現在上流階級においては下層階級の要求や努力に対する同情的理解が,下層階級においては国民の指導者の機能を行使すべき上流階級の必要性に対する理解が支配している.なるほどなお為すべき多くのことがあるし,将来はさらに多くなるであろう.しかし巨大なことが行われ,そうしてそのうちのほとんどすべてにイニシアティブを取ったのは,キリスト教社会主義者であり,彼らが教説と手本によって先頭に立つ勇気を示したのである (Brentano 1883: 70-1).

このようにブレンターノは,イギリスにおける階級的融和の実現がチャーティスト運動以後に展開されたキリスト教社会運動の啓蒙的成果であったことをスケッチしたのであるが,シュルツェの問題意識は,このプロセスを詳細に実証しようとするところにあった.

(2) 大工業と階級闘争

さて『社会平和』は,序章「大工業の成立と階級闘争」,第1部「社会理論家・社会政策家としてのトマス・カーライル」,第2部「現代の社会的潮流」,第3部「社会平和」,そして結語からなっている.その内容を紹介しよう.

産業革命以前のイギリスは,国民経済的には農業中心の,大土地所有者が

政治的権力を有する貴族的構成の社会であったが，同時にそれは「ロンドンの商人と融合して，ローマ帝国没落後のヨーロッパで最大規模の貴族層」を擁する「世界帝国」でもあった（Schulze-Gaevernitz 1890: I. Bd., 7. 以下巻号とページ数のみを略記）．しかし大土地所有に支配されるこの帝国がローマのようにならなかったのは，経済的には農業の意義が低下したこと，そして社会的にはホッブズ以降の哲学的影響をつうじて「唯物論と功利主義的道徳」を本質とする「個人主義的思考様式」の理念が権威的社会秩序に対抗したからである（I. 10-3）．こうしたイギリスの貴族的社会を，「個人主義的社会観」に支えられた「民主的社会秩序」に変える「はずみ」を与えたものが大工業の成立であった．絶対主義的重商主義政策が遂行した特権的販売市場の打破によってツンフトの手工業が農村家内工業へと展開し，貴族主導の「第一級の商業国」の形成が「世界市場」を提供することによって「大工業」へと発展したのである（I. 16f., 22）．

　ところで大工業は「近代的雇主と近代的労働者」という二つの階級を成立させるが，両者は農民や家内工業労働者といった共通の出自から形成され，雇主はそのなかで有能なものが上昇したのであった．両者は社会的には完全な「新参者」にほかならず，したがって「新しく獲得された資本がその掌中に流れ込んだ工業家の最初の世代は，教養のない階級に属していた」（I. 24-5）．彼らは自らの利害を貫徹するために旧来の貴族層と政治的に闘い（その頂点としての選挙法改正），旧い工業秩序を取り除いたが，それは同時に旧工業秩序の家父長的な労働者保護を廃棄することによって，労働者を著しく不利な状態に追い込んだ．こうした初期の雇主の利害を代表したのが，「抽象的個人というフィクションから長所だけを引き出すことができる経済的に強い者や進歩した人々の学説」である古典派経済学である（I. 33）．「従来の社会制度においてなんらかの道徳観念によって抑制されていた利己心」を「国民経済の法則をつうじて合法化し，それどころかすべての人間関係の基礎であると宣言する」（I. 37）古典派経済学は，その堕落形態であるマンチェスター派とともに，「大経営の成立後，社会的・経済的関係に著しく反作

用した.それは有産者と無産者の亀裂を拡大し,前者の上昇と後者の下降を促進した.国民経済学が及ぼした大きな影響の理由は,それが理論のなかに持ち込まれた工業的中産層,とくに雇主の最初の世代の世界観に完全に対応するものであったからである」(I. 34).

かくして,労働契約における雇主の優位とその人格的支配の下に置かれた労働者は,きわめて悲惨な状況に苦しみ,道徳的・経済的水準の低下を余儀なくされ(とくに性道徳の乱れと節約の欠如),支配階級に対する敵対感情を作り出すのである(I. 41, 51, 55).彼らの運動がチャーティズムとして現れるような,社会秩序の転覆を指向する「社会革命的労働者運動」にほかならない.しかしながらこれは,「自由主義的中産階級」の運動が雇主の利害を妨害する制限を取り除きつつ,既存の社会秩序を支持するのに対して,社会秩序全体を悪と見なしてその撤廃を要求するという相違はあるものの,人間の自然的平等,合理主義的個人主義,「最大多数の最大幸福」の功利主義といった哲学的基礎において,両者は完全に同一なのである.「社会民主主義も[自由主義的]急進主義も,その時代の子供であり,18世紀の啓蒙主義を糧として生きているのである」(I. 66-7).

こうしてシュルツェは,大工業の成立と「個人主義的社会観・世界観」とが不可分に結びついて,「いわゆる社会問題」を尖鋭化させたことを強調する(I. 74).イギリス国民を「近代的雇主と近代的労働者」という二つの階級の敵対関係へと分裂させたこと(ディズレーリの表現によれば「二つの国民」)が社会問題の本質であるならば,その解決は労働者の「社会的・政治的・精神的同権化」を通じて両者を「ひとつの国民」に統合することにほかならない.そしてその実現のためには,まさしくその対立の根底にある「個人主義的社会観・世界観」こそが克服されねばならないのである.

(3) トマス・カーライルの役割

シュルツェが「個人主義的社会観・世界観」の克服を決定的に推進した人として賞賛するのは,産業革命後のブルジョア社会の道徳的退廃をトーリー

的・汎神論的観点から鋭く抉り出した社会評論家トマス・カーライル (1795-1881) である．周知のようにかつてフリードリヒ・エンゲルスは，カーライルを「『身分のよい』階級のうちで，すくなくとも事実をはっきり正視しているただ一人の人間」(Engels 1844: 訳 589)[10] と高く評価していた．シュルツェによれば，カーライルこそが，社会問題を「国家と社会を解体させる問題」として把握し，「同時代人の社会観を転換させた人」，すなわち社会問題における認識の「転換」をもたらした人であった (I. 208).

カーライルは「現代の最も強力な人」であり，その社会批判の根底にあるのは功利主義・個人主義に対するピューリタン的説教であった．「クロムウェルの仲間が 200 年遅れて生まれてきたように見える」この人物は，「なによりもピューリタン的カルヴィニズムの子孫であって，カルヴィニズムはイギリスでは依然有力であり，他のどの国にもまして個人主義的世界観から反個人主義的世界観への転回……をもたらしたもっとも重要なものである」(I. 82-3, 88-9)．カーライルによれば，社会は自己を維持し，自己の欲望を実現しようとする純粋な個人から構成されるのではなく，むしろこうした「万人の万人に対する闘争」の帰結は「無社会状態」にほかならない (I. 112)．その反対に，「人間のすべての社会的結合は個々人の側での一定の自己犠牲に条件づけられている」．カーライルは，この自己犠牲＝「利己の克服」を「宗教」と呼ぶのであるが，人間は宗教的シンボルによって彼岸へと意識的・無意識的に指導され，「受苦 (Leiden)」としての存在から特定の対象に対する「諦念」・「献身」という「利他主義的意欲・行為」が可能になる．此岸に利己的に囚われること＝幸福主義からの「改宗」によって，社会はその存立のための「内面的形式」を受け取るのである．「信仰の世界は無私の意思に対応し，超個人的生＝社会の維持に奉仕する」(I. 121-8).

カーライルは，こうした信仰＝利他主義的意欲・行為からなされる人間活

---

10) なおエンゲルスは，「イギリスにおける労働者階級の状態」においても同様の評価をしているが，1892 年に加えられた脚注では，二月革命後カーライルが「完全な反動家」になったことを指摘している (Engels 1845: 訳 529).

動が「労働」であることを強調する．したがって労働は個人的動機からではなく，人間を完成させる「自己目的」に他ならない．賃金は人間を労働能力を持つものとして維持しなくてはならず，この労働を通して人間は「社会の機関」となるのである（I. 129-31）．他方，信仰は行為の規範として客観化されるが，これが「社会の衣装」としての習俗（Sitte）であり，この習俗から法と支配関係が形成される．これが社会の「外面的形式」であり，支配者とは「人間の理想」の実現に献身し，その能力のゆえに大なる財産が与えられるのである（I. 131-5）．

ところでカーライルによれば，「歴史とは人間の社会化のプロセス」，つまり人間行為の個人主義的動機が後退し，社会の内面的・外面的形式のなかに超個人的要素が純粋に表現されてくる過程にほかならない．別の言葉で表現すれば，信仰に基づく利他主義的行為が支配するプロセスである．しかしこれは一直線ではなく，いわば弁証法的過程であって，信仰が自明であり，社会が「仲間組合的」に組織され，自己犠牲と献身が支配する「ポジティブな時代」から不信仰と個人主義的・利己的行為が支配する「ネガティブな時代」へと堕落する（I. 135-41）．カーライルの理解では，ホッブズ以後の近代的啓蒙主義の展開がこうした堕落をもたらしたのである．「信仰の形式が破壊されるにつれて，個人，すなわち人間のなかの動物がますます自由と支配とに到達する．利己が実践的領域にとって，経験が理論的領域にとって唯一実在するものとして妥当する」（I. 147）．ここでは人々の労働は賃金を得るための手段と化し，また「社会のもっとも重要な労働である支配は，それを使命とする人々にとってもはや義務ではなく，個人的享楽の手段である」．社会問題とは，このような意味での「社会の病」あるいは「社会の消化不良」であり，その徴候が，社会の有機的編成を解体させようとする「革命」や「民主化」なのである（I. 151-5）．

したがって，カーライルにとって社会問題の解決とは，社会の「内面的形式」においては功利主義的・唯物論的個人主義を真の「信仰」の回復によって克服すること，また社会の「外面的形式」においては真の「労働」の復権

によって有機的・超個人的な支配秩序を再建することである．後者の点についてシュルツェは，カーライルの社会改革論として，議会・国家における君主主義的・貴族主義的要素の強化および国家の執行権力の強化，土地国有化の要求，労働者組織の擁護等を紹介している（I. 191ff.）．こうしてシュルツェにとってカーライルは，「19世紀の半ば以来有産者をとらえ，社会によって保証され保護された財産から生ずる義務を彼らに呼び起こしたかの偉大な運動，すなわちイギリスの社会的発展，とりわけ二つの階級の平和的関係の成立にとってもっとも重要な意義をもった運動の父である」（I. 215）．

(4) 19世紀後半の社会運動

第2部「現代の社会的潮流」では，19世紀後半に社会問題の解決に直接携わった運動として，「協同組合運動」，「大学運動」，「実証主義」，「社会主義」が詳論されている．シュルツェによれば，前二者は現存社会の改革に力点を置き，後の二つは既存の状態の否定に重点を置くという相違はあるものの，いずれも個人主義に対抗して社会状況を変革しようとする共通点を持っている．そしてここでもシュルツェは，カーライルの影響を決定的に重視している．彼は直接的影響を持つ学派を形成しなかったが，18世紀の「個人主義に対抗してこの時代の社会関係を改革しようと努力したすべての運動に最も深い影響を及ぼした．これらの運動はまったく異なった種類のものであり，お互いに対立してさえいるが，カーライルの根本思想に通じている人々のために共通の紐帯によって結ばれている，この点にこそ彼の中心的位置が存在するのである」（I. 295）．

①協同組合運動

さて協同組合運動の基本思想は，競争による生存闘争を人間の初期的・非社会的状態と考え，こうした闘争を克服し，個々人が他者の犠牲によってではなく，共同体において他者との相互扶助のなかで生きることを社会の進歩と見なすという，個人主義的動機に対する「結合の原理」，利己にかわる

「自己否定」の強調にある（I. 327）．この運動の事実上の先駆者はロバート・オーウェンであるが，彼は古典派経済学の投下労働価値説を受け入れ，財の生産に支出された労働の所得が奪われているとする立場から，人間を富者と貧者に分裂させる既存の競争システムを攻撃する．また彼は，人間を「環境の産物」ととらえ，共産主義的共同体において人間を「理性的存在」として教育しようとする観点から，すべての宗教と従来の教育制度を非難する．こうした意味でオーウェンは，当時の「功利主義的基盤」のうえに完全に立っており，「資本の立場からではなく，当時著しく抑圧されていた労働階級の立場から社会状態を問題とした，きわめて人道的な精神へのその時代の個人主義的教説の反映以外のなにものでもないのである」（I. 307-9）．

こうしてシュルツェは，オーウェン的協同組合がほとんど失敗に終わり，わずかな意義しかもたなかったことを指摘しつつ，キリスト教社会主義者によって初めて運動が思想的統一性を獲得し，協同組合の発展がもたらされたことを強調する．それは，反功利主義・反物質主義・反個人主義的な「正統的カーライルの立場」に立ち，キリスト教の友愛精神によって競争を克服しようとした「運動全体の精神的父」である長老派出身のフレデリック・モリスを出発点とする（I. 297ff.）．その周囲に集まったルドロウ，キングスリーらが，1852年および1862年の「産業共済組合法」（Industrial and Provident Societies Act）の成立に尽力し，それによってとりわけ消費協同組合を中心として運動は飛躍的に発展した（I. 313ff.）．

最近20年間の失敗と成功の事例を紹介して，シュルツェはこの運動の社会政策的意義を次のように総括する．生計費の低廉化と出資金配当による労働者の追加所得は，事実上賃金の持続的上昇を意味し，これは抽象的経済学とラサールの賃金鉄則論を反証するものであり，こうした所得の漸進的増加は，「労働者の生活水準，したがって知性と労働能力の向上をもたらす」．他方で協同組合運動の既存社会に対する批判は急進的であるものの，国家の政治的介入ではなく自助を，資本の没収ではなく労働者の資本家への転化を要求することによって，社会の暴力的転覆に対して「保守的」態度を取り，ち

ょうど革命的社会主義に反対するヨーロッパ大陸の農民的土地所有と同様の意味を持つのである（I. 373-6）．

②大学運動

次に大学運動とは，オックスフォードを中心に展開された1840年代の第一次運動と1860年代のロンドンで展開された大学人による第二次運動として表れた宗教的運動のことである．前者はピュージーによって指導された国教会聖職者の社会的覚醒運動であるが，その主張は教会を貧者の庇護者として再び機能させようとする中世的特徴を帯びており，その「反個人主義」的性格にもかかわらず，キリスト教社会主義とは対立して「反動的」傾向を示していた（I. 377ff.）．シュルツェは，ピュージーらの運動が所有・教養階級に貧者への義務を啓発した点を評価しているが，その社会改革的指向の欠如を指摘し，カーライルの影響によって第二次運動が実際に社会改革的成果を挙げたことを強調する．

その運動の中心は，消費と生活の観点から財の生産と分配に対象を限定する旧来の経済学と商業社会を批判し，下層階級に対する有産階級の義務を覚醒しようとしたジョン・ラスキン（1819-1900）に発し（I. 400ff.），イースト・ロンドンにトインビーホールを残したイギリス歴史学派の創始者でもあるアーノルド・トインビー（1852-83）に継承された．とりわけ「教会信仰の正統的形態を見捨てた従来の教養人がイギリスでは功利主義的・物質主義的状況に陥っていたとき，……今やそれに代わって広い教養層に社会的観点が登場する」「移行期」に登場したトインビー（I. 412）は，T.H. グリーンを介してカント哲学と結びつくことによって，「進歩・自由・知識と調和するキリスト教の形態を発見」すべく，個人主義的動機と社会的動機を「道徳的集団」において再統合しようと試みた．すなわち自らが教育と知的進歩の担い手として大学と労働階級とを結びつけ，これを通じて雇主の家父長的・共同体的支配から労働者を個人として解放し，同権を基礎とする交渉・調停という「高次の共同体」に引き上げようとしたのである．こうした点でトイン

ビーの反個人主義・反功利主義は，キリスト教社会主義とは異なって，個人の解放の観点から進歩の手段としての競争のメリットを認め，労働者の物質的改善のために高賃金を要求する．「彼はリベラルであるが，マンチェスター派ではない最初の一人である」(I. 413-9)．

トインビーはこうした立場から，「自由な国家における独立の個人として同盟する」労働組合，政治的民主化，弱者のための国家干渉を高く評価する (I. 420ff.)．だが彼の活動の本来の目的は，人々を「利他主義的道徳と理想主義的世界観」へと向上させ，むしろ「いつか国家干渉をなくして自由な自制に取って代える」ことにあった．そのためには労働者の教育要求に応えて「国民的教育の統一」を実現し，上流階級を「国民全体の精神的指導者」へと陶冶することが必要であり (I. 426-7)，こうして彼は率先してロンドンの下町に飛び込んだのである．シュルツェは彼の活動，その後の大学教育普及運動や大学セツルメントを紹介しつつ，こうした運動が決して貧民救済事業ではなく，「自助のための援助」であったことを指摘し (I. 455-6)，労働者の「より高い教育の欲求とともに指導階級と被指導階級との間の境界が変化する」可能性を認めている (I. 467)．

③実証主義

さて次の「実証主義」とは，とくに1850-60年代に影響力をもったコントの実証哲学を基礎とする急進的労働者運動を指している．シュルツェは，カーライルと実証主義者の社会批判が酷似していることを指摘して，イギリスにおけるコント受容のカーライルによる影響を強調する (II. 7-8)．ところで，人間の献身と自己犠牲による社会の統一性の維持という観点をもつコントの実証主義は，既存の宗教が実証的認識と調和しえなくなるにつれてその意義を低下させ，その現実に対する無力が露呈されたと批判するが，科学的認識と社会の超個人的目的への奉仕を統一させようとする態度において，宗教の意義を肯定しており，むしろ実証主義は「ひとつの宗教」に他ならない．しかしキリスト教が過去の宗教形態であるとすれば，実証主義は未来の

宗教である（II. 8-12）．というのも過去の宗教形態はいずれも，目的実現のために思考の未発達から「理性の奴隷化」に帰結する呪術的・超自然的手段を動員するのに対して，実証主義はこのように「神学的・形而上学的解明」によってではなく，自然科学的思考様式によって「人間社会の現象」を解明し（＝社会学），有機的な人間社会の「組織化」を実現しようとするからである．その意味で実証主義は，利他主義的道徳と理性による経験的・因果的研究の結合であり，経験科学を土台とする個人と社会の改革を目指すものである（II. 14-7）．シュルツェはコントのいわゆる思考の「三段階の法則」を論述しつつ，宗教と形而上学に代わる「実証科学の体系」の下では，分析の総合への従属，進歩の秩序への従属，利己の愛への従属が現れる，とコントの思想を総括している（II. 34ff.）．

こうしたコント思想をイギリスの政治思潮に展開したのがJ.H. ブリッジス，フレデリック・ハリソン，ビーズリーらであった．彼らはカーライルの影響を受けて，現在のイギリスの議会制度や資本による労働の支配を有産階級による利己的利益のための「国民の搾取」のシステムと見なし，ベンサム主義や古典派経済学をこうした「みせかけの民主主義」体制に奉仕する「形而上学的抽象」の世界観と攻撃する．これに対して実証主義的思考の担い手は無産の労働階級である（II. 52-4）．彼らの目的は，個人的所有と共同体との調和，あるいは私的所有の公的機能への転化をつうじて（II. 62, 64），「専制主義ではなく世論に従い，神の任命ではなく社会的有用性に基づく人格的支配」を再建することである（II. 54）．こうした観点から彼らは，中産階級の強欲のための帝国主義に反対し，アイルランド自治論やパリ・コミューンを支持する．その点で革命的社会主義・共産主義との類似性があるが，実証主義者によれば，後者の主張する政治的・暴力的革命は人間社会の有機的本質とその法則を見誤った結果，単なる政治秩序の変革と所有者の人の交替をもたらすにすぎないのであり，道徳的・平和的手段による漸進的な階級対立の沈静化こそが問題の焦点であった（II. 59ff., 64）．

シュルツェによれば，イギリス実証主義者の最大の功績は労働組合運動が

抑圧されていた時代にその意義を認め，世論を啓発して個人的自由を基礎とする労働組合の合法化に寄与したことにある．「労働は，労働者が仲間との団結によってのみ契約相手の地位に上昇できる独自の商品であり，労働者は，自己の労働を一定の自由な条件と結びつける権利を有する」といった見解は，とりわけハリソンのパンフレットによって普及したものであった（II. 68-9）．

④社会主義

最後に社会主義は，単に国家介入による個人の自由の制限を要求する「広義の社会主義」ではなく，窮乏化理論と土地・生産手段の国有化によって特徴づけられ，マルクス・エンゲルスらの影響を受けた「狭義の社会主義」に由来し，ハインドマンを指導者とする「社会民主連盟」（1881年設立）を対象としている．イギリスで社会主義が受容されたのは，その理論的基礎が古典派経済学にあり，ミルのような知識人が「穏健社会主義」を主張したように，社会についての価値判断を「資本」から「労働」に移す立場が広く共鳴されたからである（II. 85ff.）．また，とりわけロンドンを中心とする不熟練労働者・家内工業者の窮乏（Pauperismus）はマルクス主義的社会主義の現実的基盤を形成した（II. 109ff.）．

しかしながら「社会民主連盟」の「窮乏化と革命のプロパガンダ」は，設立当初から熟練労働者だけでなくロンドンの失業者にも影響力をもちえなかった．そこで機械工組合のジョン・バーンズらの主張によって，立法的手段による改革，自治体への参加，公益事業の公営化，最低賃金制の要求という「実際的政策」へと路線転換を遂げ，カーライル，コント，ダーウィンの影響を受けたフェビアン社会主義へ接近したのである（II. 119-26）．この結果，本来の革命的分子は離脱して「社会主義者同盟」を結成する．そこでシュルツェは，「革命的社会主義」と「現実的社会主義」のどちらが政治的影響力を行使できるかは労働組合の態度如何にかかっていると指摘し，労働組合の両者に対する対応を検討する．まず労働組合自体についていえば，ブレンターノによって紹介された労働組合は熟練工組合であって不熟練労働者に関

第7章　シュルツェ-ゲーヴァニッツの社会政策思想

心を持たず，しかも大不況の影響もあって退潮傾向を示しており，ドイツではイギリス型労働組合の崩壊が喧伝されている．しかし後に言及するように（不熟練労働者の項を参照），近年の組合は不熟練工だけでなく婦人労働者にまで著しく組織を拡大している（II. 137-8）．そして，イギリスの労働組合組織はなんらかの「主義」に立脚しているのではなく，「実際的・健全な人間理解の権化」以外のなにものではないから，工場法・賃金引き上げ・労働時間短縮などの改善を通じて，社会革命運動の根本的主張の誤りを身を持って体験してきた．したがって彼らが，「将来も転覆の使徒を拒み続けると確実に言うことができる」（II. 139-41）．

他方「現実的社会主義」に対する態度はと言えば，そもそもイギリス労働組合は「自助」の原則のゆえに国家干渉に反対であり，学者・学生に「平和的社会主義」が広まったときにも憤慨したほどであった．しかし80年代末から社会主義自体が現実化するにつれて，社会主義に対する態度も実際的なものに変わっていった．「社会主義がまともなものになり，それとの連携がこれまでの成果を危うくするものではなくなるや否や，労働組合は，賃金や労働時間のように，自分たちでうまく解決できないと考えられたすべての問題において，国家的援助に賛成するようになる」（II. 144）．不熟練労働者の組織化の増大とともに組合内に少数の急進的な反対派は存在するとしても，労働組合は社会主義と和解し，「社会主義は，イギリス労働組合員にとってその関心の前提条件である特徴，すなわちビジネスライクになったように思われる」（II. 150）．こうしてシュルツェは，労働運動と「現実的社会主義」との結合を指摘し，両者がますます「実際的」闘争を指向すると同時に，政治的影響力を獲得することによって，「労働者組織が労働者を政治的に教育」し，「労働者は市民であり，個人的関心と同じように国家に利害関心を持つ」という自覚が育っていることに注目する（II. 153, 156）．

最後にシュルツェは，ヘンリー・ジョージに由来する土地国有化運動とキリスト教社会主義の教会運動に触れつつ，社会主義がイギリスで重要な意義を獲得した原因として，(1)50年代以降労働者が経済的に向上して社会革命

的指向から離反したこと，(2)彼らはイギリスの政治状況のなかで力を持ち，政治的訓練を経たこと，(3)カーライルらの影響によって世論や大学・教会の指導者が資本の立場ではなく，労働の立場から社会を見るようになったこと，この3点を指摘し，このことが階級対立を取り除き，「平和的進歩の展望」を高めたと述べている (II. 175).

(5) 社会平和

第3部の「社会平和」は，「大工業の社会政策的教育」，「大工業における労使関係」，「不熟練労働者」を取り上げ，これまでの社会の側からの様々な運動に対して，大工業の発展を前提とする労使関係の平和化のプロセスが直接問題とされている．

①大工業の社会政策的教育

まず「大工業の社会政策的教育」では，企業家の側から労使関係が三つの段階を経て，すなわち(1)労働者を単なる「財生産の手段」と見なした大工業の成立期から，(2)家父長的後見関係を経て(3)経済的・政治的「同権」関係へと展開したことが指摘され (II. 190-1)，(2)から(3)への発展が福利施設，工場法，団結の自由，労使間の利益共同体の形成の分析を通じて論述されている．

さてシュルツェは，初期の福利施設の典型としてソルト卿によって建設された労働者都市ソルテアの例を挙げている．ここでは企業家によって住宅，劇場，教会，学校，プールなどの近代的施設が整備されたが，そうした施設は，企業家が「好ましくない人物」を排除するための手段として利用され，労働者の「自由の販売」によって購われていた．他の事例でも一般的に住宅の利用は労働組合への不参加を条件にしており，このような労使関係は「過去の時代の封建的主従関係」に範をとった「領主と隷農の利益共同体」にほかならない (II. 192-4)．しかしこうした関係の継続は，生産コストの上昇のために一部の高級品製造業を除いて例外的であり，「時代精神が支配す

る」企業では，むしろ「労働者組織を弾圧する手段」としてのいわば旧型の大規模な福利施設は姿を消す傾向にある．「雇主が近代的精神の子であるかどうかは，労働者の組合的結合を承認するかどうか」にかかっており，こうした企業では作業場の改善とともに，自助のための教育的援助とその施設（技術教育，節酒運動，体育館，クラブ・読書室）に力が注がれている．こうして近代的な福利施設においては，雇主は「私人」として労働者に接触し，とりわけ高賃金の組織労働者との間には「信頼関係」が成立している（II. 194-201）．

　次に最初の労働者保護立法である工場法の「推進力」に関して言えば，1802-33 年までの工場法（第 1 期）では，「大多数の雇主の抵抗」のもとで「キリスト教的観念と保守党による幸福主義的警察国家の影響とに基づいて」成立した．立法推進の先駆者ロバート・オーウェンは，その「幻想的な世界改造計画」にもかかわらず，ニュー・ラナークの綿紡績工場の経営において，10 時間労働や生産的労働と児童教育との結合を実践し，労働者の抑圧や過度の児童労働は国家と両親の損失であるという自らの主張を事実によって証明して，「工業と労働者との利益共同体を実現しようとした最初の雇主のひとり」となった．しかしニュー・ラナークの実践は，オーウェンの個性と結びついた例外的事例であった（II. 203-6）．1802 年の最初の工場法はそれとは別の動機から，すなわちイングランド北部に集中した水力紡績工場で不足した児童労働力が，工場主と救貧施設との契約によって南部から「徒弟」として売り払われ，酷使されたことから生じた．自身の工場も 1000 人の児童を使っていた紡績工場主老ロバート・ピールは，「博愛主義的・キリスト教的立場」から「児童の宗教的・道徳的教育の改善」を目的として法案を提出したのである．1833 年までの工場法は，基本的にはこうした観点からの，1802 年法の他産業と工業の変化への適応にすぎない．その運動の担い手は，「キリスト教の立場から罪のない子供を犠牲にする金銭欲と戦う人々」であり，保守的・守旧的なトーリーの人々であった（II. 207-9）．それに対して，大部分の工場主・自由主義者は立法による介入に反対したが，

その論拠として工業の衰退・資本の逃避，児童労働の制限による収入低下，労働時間制限による賃金下落，生産費の高騰と価格上昇などが挙げられ，また古典派経済学の絶対視によって労働者保護は「需給への不当な干渉」と見なされた（II. 211 ff.）．

さて 1833 年以後 1878 年に集大成されるまでの工場法（第 2 期）では，「雇主の側，とくにもっとも進歩した大工業の雇主の重要な支援」という大きな転換がみられたが（II. 203），その転機は，1833-47 年の 10 時間立法の運動であった．このなかで例えばヨークシャーの雇主が立法への非難に答えて，国家による労働者保護を道徳的・健康的観点から擁護するだけではなく，労働時間制限は過剰生産の制限・価格調整というメリットが生産コスト上昇というデメリットを上回ること，労働者にとっても時間短縮によって需要が増大し，労働者の向上はイギリス工業の優位の原因である「熟練と労働意欲」を増大させることによって雇主の不利には決してならないこと，こうした積極的な論点が提示された．そして 1847 年には，綿紡績業者ジョン・フィールデンを中心として自由党から工場法案が提出された．こうしてこの運動は，「雇主と労働者が初めて共同の利益に立脚し」，「社会革命的運動を平和的軌道に誘導」したのであった（II. 218-21）．その結果 70 年代末から現在にかけて，大工業の雇主は基本的に立法に賛成であり，しかも主導権は労働側に移ってきているが（工場法の第 3 期），問題は大工業に移行していない手工業・家内工業の分野に残されている（II. 222）．

シュルツェによれば，「社会平和」にとって工場法よりもさらに重要なのは，「労働者の団結に対する立法権と支配階級の態度である」（II. 225）．ここでも労使関係の三段階に対応して，1824 年の団結禁止法撤廃法を境にした抑圧の時代から部分的承認へ，1871-76 年の労働組合合法化と法人格の付与とによる全面的承認へと展開した．1824 年法は，団結禁止撤廃に反対する多数の雇主の請願にもかかわらず，禁止は結局雇主の損害をもたらすと主張した立法の立役者であり，「社会平和に道を開いた実際生活の最初のひとり」ジョセフ・ヒュームの尽力によって実現した．しかし，「イギリスの社

会発展に決定的転換を与えた」この法は，活動に伴う暴力・脅迫・威嚇に対する刑罰規定のために多くの争議を誘発した．翌年禁止の復活を求める雇主との妥協によって工場主の影響の強い1825年法が成立するが，それは賃金・労働時間交渉のための集会を例外として，通常の団結活動は刑事罰の対象となった（II. 229-33）．こうした逆転の背景には，労働組合は労働者の自由を制限し労働市場への人為的干渉である，あるいは組合はアジテーターが無知な労働者を押さえ付けている違法団体である，といった「平均的見解」の支配が存在したが，しかし第2部で述べた啓蒙活動によってそうした偏見は克服され，大企業家自身から，「企業家はその商品の最良の市場を探すように，労働者はできるだけ良好にその労働を販売する権利を持つ」，という発言が見られるようになった（II. 235-8）．このような認識の転換と労使双方の「賢明な節度」によって，「1871-72年の議会審議では，労働者の団結の完全な合法化によってのみ費用のかかる賃金闘争が回避され労働者との平和的関係が築かれることができる，という理由こそ開明的雇主がそれを擁護した原因である」（II. 238）．

こうしてシュルツェは，1871-76年の一連の立法を紹介しつつ，その結果として労働者のいわば「市民化」が生じ，労働組合が自由党の重要な構成要素となり，「政治的・社会的同権」が実現して，彼らが「国家に満足する」社会平和が達成されたことを強調する（II. 247f.）．

さてシュルツェは，イギリス大工業の発展を基盤としてこのような社会平和の展開が経済的にどのように実現したかを問おうとする．労使関係は経済学的には生産コストを控除した残りを賃金と利潤に分配することだから，一般的にはその分配関係は対立し，「高利潤自体は労働者の利益である」とは必ずしも言えない．したがってこの対立を平和化するためには，雇主が賃金のミニマムの権利を承認し，労働者も賃金のマキシマム（したがって利潤のミニマム）を認識するという「限定された利益共同体」が形成され，その限界のなかで決着させる「力の問題」を平和的な方法で処理するという意識が必要である．このことは，こうした限界内でのもっとも有利な分配方法が存

在するのかどうか，すなわち労働者の向上と工業の外国との競争能力とが両立するのかどうか，という問題を提起する (II. 254-8).

　それに対するシュルツェ自身の解答によれば，「労働者の高騰」（賃金上昇）はさしあたり利潤の低下を意味し，それに企業家は抵抗する．しかし労働者の高騰とならんで「特定の経済財に帰属する労働の総量は，賃金が著しく異なっているにもかかわらず，全世界でおおよそ同一の平均に近付こうとする労働の低廉化」が生じ，「もっとも進歩した大工業では，労働者の高騰が起こっても労働のコストは逆の動きを示す」(II. 259f.)．彼はこの点をトーマス・ブラッシーの『労働と賃金』(1872) に依拠して実証し，その理由を次のように指摘する．(1)労働者の高騰は生活水準と国民の文化段階に影響を及ぼすとともに，労働能率の上昇を引き起こし，労働時間の短縮も同じ作用をもたらすこと (II. 267ff.), (2)労働者の高騰は雇主に機械化のいっそうの完成と大工業的経営様式の継続的展開を強制し，手工業的経営の残滓を脱却させること (II. 276)，である．これが，ブレンターノからシュルツェに引き継がれた「高賃金・高能率労働」論である．

　次の「大工業における労使関係」では，前述の労使関係の三つの段階が今度は労働者側から考察されている．ここでの特徴は，産業部門（繊維，炭鉱，製鉄・機械・造船）ごとに労働条件，賃金制度，組合組織の態様，仲裁裁定制度の仕組みなどが歴史的に詳論され，とりわけ労使交渉と調停制度の普及によって労働組合が争議を抑制するようになったことが強調されている (II. 426f.)．しかし論旨と結論はこれまでと同一なのでこの章の紹介は割愛し，最後の「不熟練労働者」に移ろう．

②不熟練労働者

　これまで論じられた社会平和の進展は，大工業と熟練労働者に限定されたものであるから，不熟練労働者の動向はシュルツェの主張の試金石となっている．ここでは130,000人が参加した1889年のロンドン港湾労働者の大ストライキと，それと連動した家内工業労働者の争議が分析されている．港湾

労働者は「行き場所を失った人々の最後の逃げ場」といわれ，その「例外的な窮状」が強調され，労働組合自身も組織的運動を疑問視するだけでなく，熟練労働者の進歩は不熟練労働者の犠牲の上に築かれた証拠と主張されてきた（II. 433-4）．しかし密かに組織化が進み，会社側の賃金切り下げをきっかけとしたストライキによって，組合は手配師の排除，最低時間賃金の引き上げ，最低労働時間の保証という要求を実現し，勝利することができたのである（II. 437）．この予想できなかった結果の原因は，シュルツェによれば，産業予備軍からの補充が容易ではなくなったという経済的理由ではなく，「経済生活において個人主義的考察様式を無視する社会的モメント，すなわち労働階級の連帯と世論の態度が再び意義を獲得する……という転換」にある（II. 435）．

こうしてシュルツェは，港湾労働者組織化の先頭に立った，カーライルとラスキンの影響を受けた機械工ジョン・バーンズの「自己犠牲的」活動を指摘し，他方「資本に対する労働者の完全な同権」を支持する官庁と世論の支援を紹介しつつ，「外からの圧力」に会社が屈服したことを強調する（II. 435f., 439ff., 449）．しかしながら争議後組合の組織化はさらに進展したものの，経営の悪化によって会社側は労働者を「同権的勢力」として承認していない．組合はドックの「協同組合化」という社会主義的目標を提起しつつ，個々の労働者の苦情処理と一般的労働条件の改善を目指して闘争を展開しているが，この成功は「組合の独占的性格」を確保できるかどうかにかかっている（II. 453ff.）．

さて港湾労働者のストの成功は，鉄道・乗合バスなどの低賃金・長時間労働の下に置かれた不熟練労働者全体の運動を刺激した．ここでは乗合バス・鉄道馬車労働者の最初の集会が，元外務大臣ローズベリー伯を議長にして開かれたように，港湾労働者よりもいっそう「上流階級」が関与し，世論が組合を支持することによって会社側の譲歩を引き出すことができた．しかしここでも団結の前進の困難によって，保護立法や経営の地方公共団体化の要求が前面に出されている（II. 458-62）．

小営業・家内工業の場合にも，バーンズらの努力によって組織化が進んでいるが，問題は組合の結成ではなく，むしろ仲裁裁判所の裁定を多数の個々の親方に履行させることの困難さにある．そこで被服業・製靴業では労使双方の団体の緊密な連携が提案され，労働と仕事の委託をそれぞれの組合員に限定することによって，「小規模の不誠実な競争者に対する闘争」を展開し，「大経営」への移行を促進している（II. 462-4）．さらにシュルツェは，「上流階級」による女性労働者の組織化の試みに言及した後で，港湾労働者スト後の不熟練労働者の運動を調査するためにイギリスに滞在していたブレンターノから受けとった手紙（1890年3月）を結論として紹介している．その要点は，保険資産の蓄積によって用心深くなった旧型熟練工組合とその欠如のゆえに攻撃的な不熟練労働者の新型組合との間に，自助か国家救助かを巡る運動方法の対立と経営の自治体化・国有化を巡る路線の対立が存在すること，しかしながらカーライル以来の上流階級の仲介的・教育的活動によって，新旧組合の指導者の間にはこの対立を埋めようとする意識が形成されつつあること，新組合の指導者バーンズは最終目標である国有化路線にもかかわらず，実際には現実路線を言明しているので，「新しい運動の指導者が現在でもはるか遠いプログラムに夢中になっているという事実から，社会平和の危機を結論づけることはできない」こと，である（II. 476-84）．そしてこれはシュルツェ自身の展望でもあった．最後の「結論」で彼は，1888年の自由党の「ロンドン綱領」がバーンズの「労働者綱領」に類似していることを指摘し，こうした連携によって多数の自由党議員が当選したことに注目している（II. 496-8）．かつての保守党に替わって自由党が社会平和を推進すべく国家干渉政策へと転換したこと，これが彼の望んだ「社会リベラリズム」であった．

2. 総括と展望

(1) 社会平和論の思想的特質

　以上の紹介から明らかなように，シュルツェは『社会平和』において，19世紀イギリスの労使関係が大工業の労働組合の社会的承認を通じて平和化し，こうした平和的関係が大工業を越えてさらに展開して，革命的労働運動の抑制と階級的敵対の克服によって国民的統合が実現されつつあることを実証しようとしたのであった．しかもその展望は極めて楽観的であると言えよう．最後の不熟練労働者のところで紹介したように，労働運動の社会主義的傾向は次第に穏健化・現実化しつつあり，政党政治的には自由党と労働運動との連携が予想され，「社会的理念」の自由主義への浸透こそがシュルツェの期待するところであった．ところで彼の議論の起点をなし，また全体の叙述の基調を形成していたのがカーライルによる思潮の転換であり，彼の社会政策認識の独自性はここに集約されていると言っても過言ではない．そこで彼のカーライル論の特徴をもう少し補足しておこう．

　第1に，イギリスの社会的発展に対して有したカーライルの思想が単に純粋に「因果的」に問題とされているだけではなく，それ以上にカーライルの思想の中核にある反個人主義的利他主義をシュルツェが絶賛している印象を与えるところにある．事実カーライルの上述の功績が繰り返し指摘されるのに対して，彼に対する批判的言及はわずかに「土地国有論」と貴族に対する批判の厳しさだけであり，「専制主義的」・「反動的」な印象を与える政治論の真意を弁護しているほどである（I. 204f., 217-8）．このことは，カーライルの社会問題に対する宗教的・思想的立場にシュルツェがほぼ全面的に共鳴していたことを示している．

　第2に，このような共鳴がシュルツェのプロテスタントとしての立場と同時に，彼のドイツ理想主義哲学への親近感から生じていたことである．すでに指摘したように，カーライルは「ピューリタン的カルヴィニズムの子孫」

であったが，その「反個人主義的世界観への転回」は，人間存在を幸福主義的に利己と捉える観点から「受苦」的存在を自覚して「諦念」・「献身」へと改心することによって行われた．その場合，こうした宗教的改心が仏教や中世の修道院，あるいはショーペンハウアーにみられるような「静寂主義」に陥ることなく，「行動による現世の克服」に向かったことがカーライルの特徴であった．彼は「いかなる静観主義も非難し，現世逃避による克己ではなく，現世における労働による克己を要求することによって，修道士的完成の理想をキリストの理想と……近代的国家市民の理想とに置き換えるプロテスタンティズムの独自な観点を再び取り上げたのである」（I. 108）．シュルツェはここで，クロムウェルの思想の本質を「神の名において自己を国家と一体化する思想」と把握しているが，同時に，カーライルがこのような立場に立つことができたのはゲーテとカントに由来する「ドイツ哲学」が彼の「基本思想に表現形式」を与えたからである，と強調するのである．シュルツェはテーヌやヒルレブラントを引用して次のように述べている．「実際この50年間にドイツで練り上げられたすべての理念は，ただひとつ発展の理念に還元されることができる．そこでは集団の個々の部分は相互依存と補完関係にあるものと見なされる……．」「ドイツはヨーロッパの思想界に有機体の概念を……導入した．有機体の理念だけが，個人主義的観点の哲学的克服の可能性を与えるそれは，現代の学問的確信に対応した世界観と結びついて，かつて宗教的時代が有していた反個人主義的道徳の立場を可能にする」（I. 105-6）．シュルツェは，すでに本書の序文において早くからカントに親しんだことを告白しているが，彼の高いカーライル評価は，カーライル自身がドイツ哲学の影響を受けていたことによっても生じたといえよう[11]．

そしてこのようなシュルツェの観点は，「結論」の部分でも再度強調されている．彼は，自由放任主義の立場から労働者のための「国家社会主義的立

---

11) リンデンラウプは，シュルツェがカーライルに接することでコントとスペンサーに対する特別な愛着を放棄し，彼を媒介として「ドイツ・イデアリスムスがシュルツェの精神的故郷となった」と判断している（Lindenlaub 1967: Beiheft 53, 304）．

法」が「将来の奴隷制」をもたらす,とのスペンサーの予言を否定してこう述べている.「個人の自由と自主的責任とは決して損なわれない.むしろ国家干渉は,ヨーロッパ,とりわけプロテスタント・ゲルマンに由来するこの最高の遺産を可能な限り実現することにのみ役立つのである」(II. 503).シュルツェの「社会的」という表現には,国家干渉という意味での「社会主義」と古典的「自由主義」を統合しようとする意図が込められているが,それが実現するためには,カーライル的・プロテスタント的「反個人主義・反功利主義」とドイツ理想主義哲学の「国家有機体説」との統合がその思想的バックボーンとして不可欠である,と考えられていたのである.

(2) 社会平和から帝国主義へ

『社会平和』から2年後,シュルツェは『大経営』を上梓するが,これは一言でいえば,前述の「高賃金・高能率労働」論を精緻化し,イギリス綿工業の展開に即して精密に実証しようとするものであった.「作業能率の上昇と結びついた技術進歩は,労働者の週賃金の上昇および労働時間の漸次的短縮と結びついた出来高賃金の持続的低下を引き起こす」,これが引き出された命題である (Schulze-Gaevernitz 1892: 153)[12].ところでこの主張は,資本の技術進歩による生産コストの低下,それを可能とする分業の展開と経営の立地上の集中が前提とされており,イギリスを「世界の工場」たらしめたものは,「世界市場の圧力が推進力であった.それが綿工業製品の低廉化を強制した.かくて生産コストの持続的低下が全発展のライトモティーフとなったのである」(Schulze-Gaevernitz 1892: 85).このようにシュルツェは,「高賃金・高能率労働」の実現が世界市場における競争の圧力によって生ずると考えていた.本書にはこうした観点から,イギリスと比較したドイツの

---

[12]「イギリス人ブラッシーが最初に問題を提起し,ブレンターノが理論的に,さらにシュルツェ-ゲーヴァニッツが歴史的・構成的に定式化して,彼らの名で知られているあの高賃金と高能率労働との関連に関する理論」とヴェーバーが批判的に言及しているものは,この『大経営』の主張を指すと考えられる (Weber 1904-05: Bd. 20, 22, Anm. 1. 訳,上巻,69 注 1).

労働生産性の低位が随所に指摘され，世界市場への参加→小経営の大経営による代替→高賃金・高能率労働の実現によって「新しい中産階級」を興隆せしめ，「窮乏化理論」に対抗しつつ，ドイツにおいて「社会平和」を達成しようとするシュルツェの指向が明瞭に看取される（Schulze-Gaevernitz 1892: 140f., 194ff., 216ff.) [13]．

したがって彼が 1897 年に大工業的＝資本主義的発展を推進する立場から「工業立国論」者として論陣を張ったのは当然であり [14]，そのためにドイツの艦隊政策をスムースに受け入れることができたのである．その場合シュルツェの艦隊政策論は，いわば一種の勢力均衡による「英独同盟」を展望して行われたことが特徴である．すなわち英独の緊張の最大の原因は，ドイツ工業の発展によってイギリスとライバル関係になったことである．しかし，世界経済の連関が緊密化するとともに英独両市場の相互依存関係は増大し，また世界の公開市場の維持拡大と植民地貿易とに対する両国の利害は一致しつつある．「ドイツはイギリスとならんでそこに参加する力を持たねばならない」し，また「われわれが艦隊を必要とするのは，イギリスの商業上の嫉妬を無害な範囲に封じ込め，われわれにとって危険な好戦思想からイギリス国民の冷静な感情を防衛するためである」．まさに艦隊は，将来の「平和的ゲマインシャフト」の形成に向けての「イギリスとの名誉ある和解の唯一健全な基礎」に他ならなかった（Schulze-Gaevernitz 1908: 40-1, 51, 47)．しかもこうした同盟論の根底には，「従来歴史と無縁だった半文化と野蛮の広大な領域の開発・支配・植民」を歴史的使命とする，イギリスを先頭とするヨーロッパ帝国主義にドイツも「世界強国」として参加しようする，文化使

---

13) なお本書では，生産コストを中心とするイギリス・ドイツの比較論とドイツの後進性の指摘が前面に出ているが，『社会平和』では，「必要最低限の生活費以上を稼ぐロシア人——部分的にはなおドイツ人も——は，シナップスの購入にその余剰分を当て，したがって賃金の上昇は労働能率の上昇よりもむしろ低下を引き起こす」，と指摘されている（Schulze-Gaevernitz 1890: II. 267)．彼のロシア研究はこのような労働生産性の観点から始められたように思われる．しかしヴィルケンは，シュルツェのロシアに対する関心がイギリスほど長続きしなかったと述べている（Wilken1944: 54)．

14) シュルツェの工業立国論については，田村（1985: 89 以下）を参照．

命論が存在していた（Schulze-Gaevernitz 1908: 26）．

　こうした工業立国論と帝国主義政策との結合という観点から，『社会平和』執筆後のイギリスの動向を分析したものが『イギリス帝国主義と自由貿易』（Schulze-Gaevernitz 1906）である．本書についてはすでに紹介があるので（山之内 1982），ここではシュルツェ自身の関心の変化に関わってかんたんに言及しておこう．

　まず社会平和の展開に関する彼の楽観的期待は，労働党の結成による「社会国家」の要求とイギリス経済の「レントナー国家」への傾向によって裏切られたことである．「生存権」・「生活賃金」・「8時間労働」を要求する労働党の「労働者民主主義」は，過剰人口の圧力を減らす人口の停滞と「高賃金・高能率労働」による生産性の上昇を超えた「労働コスト」の上昇によってのみ可能であり，したがって，イギリス経済の世界経済からの一定の離脱と国内市場重視政策（＝フィヒテの「封鎖商業国家」）とを前提とするから，「問題は，レントナー階級の首筋が，社会主義が負わせる社会政策的軛に耐えられるほど十分強いのかどうかにある．イギリスのレントナー層は，8時間労働の労働者によって『生活賃金』と引き換えに生産される生産物を消費する，という名誉のために巻き上げられるほど十分な富を所有しているのであろうか？もしこの疑問に肯定的に答えられるならば，イギリスは社会的保護関税に成熟していることになるであろう」（Schulze-Gaevernitz 1908: 374. 以下ページ数のみ略記）．しかし彼の判断では，これは不可能であった．イギリス経済は，かつての「世界の工場」ではなくなったが，「なお世界の海運業者，……世界の銀行家，世界の債権者であり，依然として第一級の工業国」（2）であって，本質的には「新興工業国とレントナー国家フランスとの中間」（277）なのである．したがって「社会国家」の実現はこうした工業的利害を抑制し，一層の「レントナー国家」化を押し進めることになる．「レントナー国家」とは「政治的支配関係の過大な緊張の下で，ヨーロッパが労働そのものを……有色人種に押し付け，自らがレントナーの役割に退くこと」（317）であるから，「労働党の夢見るイングランド」はユートピアとは

言えないとしても,「人工的・不自然な社会形象であり, ……債務国の興隆とともに崩壊するであろう」(375). シュルツェにとって望ましい方向は, イギリスが「第一級の工業国」として世界市場の連関を意識しつつ(自由貿易の維持),「高賃金・高能率労働」による「社会平和」を推進し, 同時に「世界の債権者」として「レントナー国家」にならないで有色人種を「労働へと陶冶し」,「近代帝国主義の文化的正当性」(317)を実現することにほかならない. これは前述の「英独同盟論」の期待と符合する.

こうした観点からシュルツェは,「アジア的色彩を持ち, 定住植民地を無視する」(83)チェンバレンの帝国関税運動ではなく, 鉱山開発によって原住民を賃金労働者として陶冶し, 母国の過剰人口のために農業・牧畜植民地を建設することによって, 南アフリカを「イギリスの還節」たらしめようとしたセシル・ローズに注目する. ローズは, 貨幣を享楽の手段とは考えず, それを「政治的夢の実現」という「超経済的目的」へと従属させる「資本主義精神のもっとも強力な具現」なのである(134-41).

こうしたシュルツェの理解の背景には,「プロテスタンティズムの倫理と資本主義の精神」で提起されたヴェーバー・テーゼの受容と独自の再解釈が存在していた. すなわち一方では, プロテスタンティズムの労働の聖化と職業義務の思想は,「市民的貨幣獲得」=「資本主義精神」に「義務としての土台」を与え,「同時に資本主義精神の対重となる性的・国民的・社会的規律化をもたらす」(社会政策的規律の先駆者としてのクエーカー)ことによって「強力な個人を」生み出し, こうした「倫理的・政治的資本」が「イギリス世界帝国の礎石」を築いたこと(7, 27, 36, 46-7, 61), 他方では, 倫理的色彩をまとった「資本主義精神」の功利主義的「経済人」への転化というヴェーバーの主張に対して, そうした傾向とともに宗教的規律をともなった「資本主義精神」が,「別の理想」の形態で「アングロ・サクソントゥームの大衆的対重」として生き続け,「現在でも宗教はアングロ・サクソン文化のバックボーンでありつづけている」こと, しかしこれは「旧くなりつつあり, 科学的精神の進歩に対して適応力を失い」,「伝統的形態のままでは啓蒙主義

に対して無力」となりつつあること（25-6, 44, 64），である．

　つまりシュルツェは，かつての大工業と社会平和に関する自らの主張をヴェーバー・テーゼによって宗教的観点から再び統一的に説明し，それが今日ようやく危機を迎えていることを指摘するわけである．そしてその再生者がセシル・ローズに代表される帝国主義運動であり，かつて社会思潮に転換をもたらしたカーライルは，今度は弱小民族を支配する権利と義務を強調し，ローズに影響を与えた「帝国主義的思想世界の父」として位置づけ直されるのである（78, 135）．その場合，『社会平和』における極めて楽観的な予想とは異なって，前述のように一定の危機感があったから，カーライル評価も微妙に変化しているように思われる．すなわちシュルツェは，「レントナー国家」化の進行の思想的表現としてオスカー・ワイルドらの反政治的・反道徳的「審美主義」を厳しく批判する一方，オックスフォード運動に起源を持つウィリアム・モリスらの社会主義的・手工業的「国民芸術」論を評価しつつも，「啓蒙主義の非芸術性とピューリタニズムの反芸術性」が彼らを「中世と初期ルネサンスへ逃避させた」ことを非難する（326ff., 378ff., 394）．ピューリタニズムはそのままでは「現代」の文化的要求に答えられないのであって，アングロ・サクソン世界が必要とする「再生の予言者」である「カーライルの弱点は，ピューリタンを完全に克服せず，美的文化価値を否定したことである」．こうしてシュルツェは，「啓蒙主義とピューリタニズム，知と意志とを和解させただけでなく，同時に人間の生を芸術という太陽によって……聖化した」「ドイツ・イデアリスムス」を絶賛するのである（402-3）．「ドイツ・イデアリスムス」は，かつてのカーライル思想の「表現様式」から，その弱点を補うものに高められていると言えよう[15]．

15）　以上のようにシュルツェ帝国主義論を整理すると，山之内氏の前掲稿の紹介には若干の疑問が生ずる．第1に，シュルツェの評価する「社会的理念」＝「社会的リベラリズム」と労働党の「社会国家」とが事実上区別されていないこと（山之内 1982: 151），第2に，シュルツェの支持するローズ型帝国主義路線とチェンバレンのそれとの区別が曖昧なこと（山之内 1982: 特に161），第3に，ローズの南ア構想の最大の意義が，「宗教的要因を保持し続ける」「農業的中産層の帝国的規模での再建」にあると解釈さ

こうしてシュルツェの社会平和と工業的発展の楽観的調和論を基調とする「反個人主義的・反功利主義的」な超越的思想体質は，経済目的（資本主義的発展）を帝国主義という国民国家の政治的・文化的目的へと従属させるバネの役割を果たした[16]．そして，彼の以上のような思想的体質と「アングロ・サクソン世界」の理解とは，最後の論説「アングロ・サクソン世界支配の精神的基礎」でも基本的に変わることなく継承されたのである[17] (23)．
　シュルツェの事例は，ドイツ国民国家のナショナリズムと宗教的・超越的価値志向とがドイツ・イデアリスムスを媒介にして，「社会リベラリズム」の

　　れているが（山之内 1982: 157），そうした観点をシュルツェはまったく有していないこと，である．最後の論点についていえば，「農業的中産層の帝国的規模での再建」は，彼の批判するチェンバレンの帝国特恵関税体制の構想であり，ローズ構想の「農業・牧畜植民地」は過剰人口の吸収地としてのみ評価されており，ローズ評価の力点は，前述のように鉱山開発による「資本主義精神」の再生と経済的利益の政治目的への従属にあるように思われる．

16)　クリューガーは，シュルツェの帝国主義論を「経済を超経済的目的の下に置こうとするドイツ・イデアリスムスと軍国主義との結合」と解釈し，彼もまた「艦隊がイギリスとの協調の保証である，という幻想に身を委ねた」と指摘している（Krüger 1983: 38-9）．

17)　この論説での新機軸は，とりわけアメリカ民主主義をその宗教的源泉（特にクエーカー）に遡って論じていることであるが，ここでも彼の超越的価値への希求が示されている．「民主主義は常に超越的なものから新たに生み出されねばならない．そのときにのみ民主主義はその大兄である資本主義を制御するにたる力を持つのである」（Schulze-Gaevernitz 1927: 111）．
　　なお，ヴェーバーの「プロテスタンティズムの倫理と資本主義の精神」から多大な影響を受け，自らヴェーバー死後の記念論文集（*Hauptprobleme der Soziologie. Erinnerungsgabe für Max Weber*, 2 Bde., Hrsg. v. M. Palyi, München u. Leipzig 1923）第1巻に序文を寄せたシュルツェが，ヴェーバーの研究の意義を次のように振り返っていることは重要であろう．「マックス・ヴェーバーは学問的な経験的知識の上に完全に立脚している．しかし彼は，それまで国民経済学を支配していた個人心理学的立場から社会心理学的立場へと歩んだのであるが，そのためにはシュモラーの仕事がすでに多くの示唆を含んでいたのである」（Schulze-Gaevernitz 1930: 225）．このようにシュルツェは，ヴェーバーの研究をシュモラーを継承した「社会心理学的」研究と理解していたのであり，ヴェーバー方法論の中心にあるこうした「心理学主義」批判を看過していた．このことは逆に当時の若手研究者に対するシュモラーの影響力の大きさを示唆しているように思われる．この点については，田村（1993b: 終章）を参照のこと．

なかにいかに強固に結びついていたかを示すものである．

第8章
近代資本主義論の生成
―ゾンバルト『近代資本主義』(初版 1902) の意義について―

はじめに

　ヴェルナー・ゾンバルト (1863-1941) の代表作である大著『近代資本主義』(*Der moderne Kapitalismus*) は，これまでどちらかといえば「経済史」の古典的文献として扱われ，そこで論じられている「資本主義的精神」についても，同時代人ヴェーバーの「プロテスタンティズムの倫理と資本主義の精神」で提起されたテーゼと比較して，彼の理解の「折衷的」性格が強調されてきた[1]．その場合わが国の研究史においては，版を重ねた 1916 年の第2版の2巻本がテキストとしてもっぱら用いられ (1927 年に『高度資本主義』が第3巻として追加された)，初版と第2版の異同について立ち入って言及されることはほとんどなかった[2]．しかしながら，両者の間には著しく

---

1) 大塚 (1965: 6, 23) を参照．なおここで「折衷的」と言われているのは，ヴェーバーとブレンターノとの折衷という意味である．
2) たとえば『高度資本主義』の訳者である梶山力もその訳者序において，また『近代資本主義』のもっとも詳細な紹介を企てた木村においても，後述のゾンバルトの言葉にしたがって初版と第2版の相違について指摘しているものの (木村 1949: 10-2)，初版の内容についての実質的な言及はまったくないし (榊原 1958 も同様)，また戸田 (1948) では，初版と第2版の相違についてまったく触れられていない．唯一の例外は金井で，ヴェーバーの「先行者」としてゾンバルト『近代資本主義』初版の「資本主義精神」論が初めて意識的に論じられた (金井 1991: 97-101)．
　なお前述の大塚は，『株式会社発生史論』(1936:『著作集』第1巻，1969) 以来一貫して第2版に依拠している．

大きな変化が存在するのであって，ゾンバルト自身も第2版の序文の冒頭でいきなり次のように述べている．

> 第1版刊行以来15年，ここに2巻本として世におくる『近代資本主義』の第2版が外観上まったく新しい著作であることは，目次を一瞥しても分かるとおりである．前版から転用されたのはほとんど1/10にもみたず，しかもこの部分でさえそのほとんどは全く新たな構想のうちに整序されている．しかしながら書名を（別にそれを好んでいるわけではないが）そのままにしたのは，この著作の課題として論じられる根本問題が依然として同一であり，一連の基本思想も変わっていないからである．それにもかかわらず，この新版が内容的にもひとつの新しい著作であることは，この研究に従事する人には第1章を読んだだけでも分かるであろう（Sombart 1916: I. Bd., IX）．

外観的・内容的にも「まったく新しい著作」であるが，「根本問題」と「基本思想」は変わらないとするこの文章は，しかしながら文字通り受け取ることはできない．というのも，初版と第2版との間にゾンバルトの学問的立場が「根本的」に変容し，こうした変化が初版と第2版の相違に明瞭に現れている，との見解が近年のドイツにおける支配的見解だからである．かんたんに言えば，マルクス主義の影響を強く受け，社会民主党修正派にほとんど重なる立場から社会政策と「資本主義の推進」を主張した前期のゾンバルトは，やがて資本主義のもたらす大衆社会状況に対して政治的・文化的アパシーを強めつつ，ロマン主義的立場を濃厚にし，マルクス主義の影響を払拭しながら歴史学派の本流に回帰していくのである[3]．いわば前期ゾンバルト

---

3) 戦後ドイツのゾンバルト研究の原型を提出したリンデンラウプは，こうした立場の変化を「貴族的転向」と呼んでいる（Lindenlaub 1967: Beiheft 53, 328）．リンデンラウプはこの「転向」を1909年以後と考えているが，最近ではブロケが1908年以前としている（Brocke 1992: 145）．さらにアペルは，『近代資本主義』初版と翌年の『19世紀のドイツ国民経済』(1903) の間に「画期」を見出し（Appel 1992: 47f.），また

の集大成が『近代資本主義』初版であり，後期ゾンバルトの立場を体系化したものが第2版と言えよう．1890年にブレスラウ大学の員外教授となった彼が，1906年のベルリン商科大学員外教授を経て，ようやく1917年，『近代資本主義』第2版の評価によって初めて正教授（アドルフ・ヴァーグナーの後任）としてベルリン大学に職を得ることができたことは，こうした経緯を象徴している．したがって前述の文章には，こうした事情が抹殺されているのであって，その真の意味は初版を復元することによって初めて理解可能になるのである．

ところで初版は，19世紀末期の社会政策学会における社会政策を巡る世代間闘争に決着をつけるために，すなわち，シュモラーを中心とする保守派の中産層保護政策に対して「資本主義的発展の不可避性」を論証するために書かれたものであるが，その場合，シュモラーの政策的主張の背後にある「歴史的方法」を乗り越えようとする意欲が前面に出されていた．彼自身の言葉によれば，「わが国の工業的発展の経過に関する数年来の空しい議論」に決着をつけ，「経験と理論の対立……かの神経質な対立の調停」を試みようとするものである．ゾンバルトはマルクスの学問的功績を大胆に評価しつつ，理論と歴史を総合する「理論的社会科学」を構築することによって歴史学派の立場から「方法論争」を克服し，社会政策の新しい基準を獲得しようとしたのである（Sombart 1902: I. Bd., X-XII. 以下巻数とページのみ略記）[4]．したがって初版は野心に満ちたセンセーショナルな，「前代未聞の」著作として世に送られ，同時代人の激しい議論を呼び起こした[5]．その直接の原因は，後述する特異な構成と論証の不備にあるが，しかしなによりも，本書に

ゾンバルトに関する初の浩瀚な伝記を上梓したレンガーは，そうした態度の変化が1900年にまで遡ることができると主張している（Lenger 1994: 137ff.）．

[4] この点については田村（1993b: 終章346ページ以下）で触れた．レンガーも「ゾンバルトは，『近代資本主義』初版によってマルクスを引き合いに出しつつ博士論文指導者シュモラーから脱出しようと試みた」，と指摘している（Lenger 1994: 241-2）．

[5] 初版の書評については，Appel（1992: 39ff.）を参照．アペルは，ベロウやデルブリュックのような専門の歴史家からかつてのランプレヒトのように厳しく叩かれたことを強調している．

よって初めて「資本主義 (Kapitalismus)」という言葉が，政治的・倫理的な運動用語からドイツの学問的世界に導入され，「資本主義的精神 (kapitalistischer Geist)」という術語が最初に登場したからである[6]．したがって，も

---

6)「資本主義」という用語の由来を考証したパッソウは次のように述べている．この言葉は最初ルイ・ブランによって使用され，マルクス『資本論』第1巻が kapitalistische Produktionsweise を論述の対象としてから一般に普及し，とりわけ国家社会主義者シェフレがこの言葉を使ってからカトリック社会運動の著述家によって，利子取得に対する倫理的非難の意味で「熱心に受け入れられた」．そして「最近では，『資本主義』等々の表現は，まったくのところゾンバルトの偉大な（とりわけその最初の把握においてマルクスに強く影響を受けた）『近代資本主義』(1902) によって，一般的な表現となり，あるいは……流行となった．この著作の出版以来，学術的文献においてもこの表現が荒れ狂」った．ナウマンによれば，「ゾンバルト教授が大学の学問に初めて資本主義を持ち込み，後に続くことを要求した」．しかし歴史学者が，ベローのように批判的な人もこの表現を受容したのに対して，「多くの国民経済学者」はこの言葉の使用に反対しており，「この表現を使用することに価値を置くのは個々の著述家や潮流だけである」．パッソウはこの「著述家」としてレクシスとヴェーバーを，「潮流」という表現で，ヴェーバーがそれぞれ編集者であった『社会経済学要綱』(GdS) と『社会科学・社会政策アルヒーフ』の名前を挙げている．したがって，「資本主義」を学問的概念として積極的に使用する経済学者は，第一次大戦前では，ゾンバルトの問題提起に好意を寄せた，GdS と『アルヒーフ』に執筆した限られたグループであり，その中心にヴェーバーがいたと言えよう．
　他方パッソウは，kapitlistischer Geist についても「その慣用がゾンバルトに遡ること」を指摘している．興味深いことにパッソウは，「営利衝動」は財産所有者の属性ではないとする立場から，ゾンバルトが「単なる営利衝動」だけではなく「心的諸特性」をもこの言葉によって表現したのは「不適切」であると批判し，またヴェーバーの用語でも，「単なる営利衝動ではなく，資本とは何の関係もない，とくに『職業理念』・『倫理的生活原則』が問題となる心理的モメントを考えている」のだから，「この表現は彼［ヴェーバー］の場合とくに相応しくない」，と述べていることである．「ゾンバルトの大著が出てから，様々な著述家によってかの［営利］指向が kapitlistischer Geist というレッテルをはられた」のであった（以上 Passow 1918: 2-4, 93-8）．
　この論述は，同時代人にとっては kapitlistischer Geist が「慣用」的表現であり，ヴェーバーの Der Geist des Kapitalismus がむしろ奇異な表現であったこと，ゾンバルトのオリジナルな表現には「営利衝動」以外の「心的諸特性」が含まれていたのに，後に一般に流布するにつれて「営利衝動」の意味で kapitlistischer Geist が使われるようになったこと，を示している．
　わが国では kapitlistischer Geist という言葉は，ヴェーバーの「資本主義の精神 (Der Geist des Kapitalismus)」に対する誤解の表現として，ヴェーバー批判者の用語であると理解されているように思われる．たとえば，次の記述を参照．「さて，ヴェーバー論文に対する批判者として代表的な地位を占めるのは，何といっても新歴史

しシュモラー以後の若い歴史学派の世代を「最新歴史学派」(シュンペーター)と呼び,彼らによって「方法論争の克服」,「近代資本主義」の歴史的形成,あるいはそれを内面から押し進める「資本主義的精神」,といった一連のテーマが問題とされたとするならば,まさにゾンバルトはその先頭に立つ問題提起者であり,彼によって20世紀初頭のドイツにおける社会科学の問題設定の枠組みが形成されたといっても過言ではない.

　こうした理解がむしろ同時代人の通念に対応していることは,たとえばラッハファールがヴェーバーの「プロ倫」について,「ゾンバルトの『資本主義』に刺激されてなされたもの」と受け取っていること,しかもこの解釈がヴェーバーの良き理解者である「トレルチにならって」行われたものであることからも推測することができる (Weber 1910: 訳 88)[7]. しかもヴェーバーの「プロ倫」における次の記述は,そのことを間接的に証明しているように思われる.

　以下の諸研究は,全文にわたり重要な諸々の観点についてずっと古い諸研究に遡るものではあるが,その定式化についてはゾンバルトの鋭い定式化

学派の経済学者として著名なルヨ・ブレンターノ教授でしょう.……このルヨ・ブレンターノをはじめとして,批判者たちはほとんどすべて kapitlistischer Geist という用語を使っております」(大塚 1972: 192). 大塚はゾンバルトもこの「批判者」に含めているが,むしろヴェーバーの用語がゾンバルトの批判として現れたのである. 以上の経緯から判断すれば,kapitlistischer Geist を「営利衝動」の意味での「資本家的精神」ではなく,やはり「資本主義的精神」と訳すべきではないだろうか.

7) ラッハファールの推測の根拠はトレルチの次の発言である.
　　[近代の経済発展に対するカルヴィニズムの]意義は,近ごろマックス・ヴェーバーによって提起されたところであって,〈ヴェーバーは,彼の側でも,資本主義的精神の本質についてのゾンバルトの明敏な分析を跡づけ [nachgehen],そしてこの精神の成立にたいする心的な諸前提ならびに諸原因を追究していた〉(Troeltsch 1906: 訳 98, 155).
　　この論文の初出は 1906 年であるが,〈　〉の箇所が,おそらくラッハファールの前述の表現の原因になったために,1911 年に削除されている.
　　ヴェーバーは,このラッハファールやトレルチの推測に反論し,自分の研究はゾンバルトに刺激されたものではなく,すでにその一部は 1897 年の講義で行われていたと強調している.

を含む大研究がすでにあったというただそれだけのことにいかに多くを負っているかことさら強調するまでもないことである．われわれの見解が別れる場合においても，──いや分かれる場合においてこそ──まさにそうである．ゾンバルトの見解につねづね決定的な反論をかきたてられ，その諸テーゼを端的にしりぞける者も，この点は自覚する義務がある．［この作品に対するドイツの国民経済学者からの批判の態度は，まったくもって恥さらしといわねばならない．ゾンバルトの特定の歴史的テーゼと最初に，しかも詳細な，ザッハリヒな対決を企てたのはひとりの歴史家（『歴史学雑誌』［1903］のベロウ）であり，長いこと彼が唯一の人間であった．──しかしゾンバルトの作品の国民経済学固有の部分に対してどういう批判が「果たされた」かといえば，「浅薄」といってもなお誉めすぎたというべきであろう．］（Weber 1904-05: Bd. 20, 19-20. 大塚訳 43-4, 梶山訳・安藤編 107-8）[8]．

明らかにヴェーバーは，決定的な点でゾンバルトに対する恩義を感じており，「ザッハリヒな対決を」回避する「ドイツの国民経済学者」に激しい怒りを表明していたのである．ヴェーバーはゾンバルトの問題提起の正当性を断固擁護したのであり，その上で自ら「ザッハリヒな対決を企てた」のではないだろうか[9]．

---

8) なお ［ ］ の部分は後に削除され，大塚訳には存在しない．ヴェーバーは第1章「問題［の提起］」において幾度となくゾンバルトの「初版」に言及しており，この章は完全にゾンバルトを念頭に置いて書いている，という印象を受ける．
　　ちなみに弟のアルフレートによれば，マックス・ヴェーバーは，第2版が包括的すぎて理論的ではないから初版のほうが「有用」であると述べ（Appel 1992: 124），「理論的考察様式と歴史的考察様式との区別」をゾンバルトから受け取ったことに感謝していたという（Lenger 1994: 128）．
9) ヴェーバーは1903年に初版の書評をブレンターノに依頼し，次のように述べている．
　　われわれの専門領域が陥っている歴史の過剰な切り売りという時代にあって，過ちを犯す勇気がますますなくなっているので，それを蘇らせることが緊急に必要です．さもなければゾンバルトの構成に付着している不十分さは，こうした理論的研究の

第 8 章　近代資本主義論の生成

1. ゾンバルトのマルクス受容

　ゾンバルトがシュモラーの下で学位論文「ローマのカンパーニャ」(Sombart 1888) を提出した当時，彼はロートベルトゥス，ラサール，ヴァーグナーの系譜に連なる国家社会主義者であった．学位論文で彼は，近代イタリアにおける土地所有貴族の個人主義的営利関心が放牧地の拡大と農民のプロレタリア化をもたらしたことを批判し，国家的植民政策による農民所有地の維持を提起している．こうした政策的関心は，自ら甜菜糖農場を所有し，社会政策学会における内地植民論のイデオローグとして活躍した父親アントン・ルートヴィヒ・ゾンバルトの直接的影響であるが，分割地所有拡大のために大土地所有の私的イニシアティブをも重視するシュモラー，アントンの路線よりも，大土地所有批判と国家的イニシアティブを強調するヴァーグナーの立場に一致していた[10]．
　やがてゾンバルトは，ブレーメン商業会議所法律顧問 (1888 年) として都市の具体的な社会問題（家内工業）に関わり，ブレスラウに移ってからも，ゼミ学生を連れて家内工業の実態調査に出掛けるようになった．家内工業は労使関係の健全な発展を阻止し，工業組織の発展を遅延させるとの観点から，国家的労働者保護を家内工業に拡大することを要求するようになる．こうして彼は，「市民的社会改良家」としてブレスラウ市参事会にも関与し，その過程で社会民主党のハインリヒ・ブラウンと親密な友情関係を結ぶようになった．ゾンバルトの（エミール・ゾラの影響を受けた）「リアリズム」的立

　　　信用を失わせることのみに役立つでしょう (Lindenlaub 1967: Beiheft 53, 327 に引用)．
　　　ゾンバルトはいわばドン・キホーテだった．
10)　Brocke (1991: 117), Appel (1992: 25ff.), Lenger (1992: 42ff.) を参照のこと．シュモラーの内地植民論については，田村 (1993b: 第 5 章) を参照．
　　　ちなみにこの学位論文については，後の独特の（ラテン語やフランス語の引用あるいは詩が多用される）スタイルに比べて，「彼がこれまで書いたもののなかで学問的にはおそらく最良のもの」（ブリンクマン）という皮肉な見方がある．

場をマルクス・エンゲルスの著作と結びつけたのは，このブラウンだといわれている（Brocke 1991: 118; Appel 1992: 28f.; Lenger 1994: 48ff.）[11]．ではゾンバルトはマルクスをどのように受け入れたのだろうか．

1894年の論文「カール・マルクスの経済学体系批判」（Sombart 1894）は，この問題に解答を与えるための格好の材料を提供している．同年のマルクス『資本論』第3巻の刊行を機にブラウンの要請によって書かれたこの論文は，マルクス体系の本質を「反資本主義的倫理」から理解すべきだとするJ. ヴォルフに対する批判を意識したものであった（Appel 1992: 29; Lenger 1994: 79）．ゾンバルトによれば，「資本主義的に秩序付けられた経済生活の経験的形成」を叙述したマルクスの核心は，利潤の蓄積＝「資本の価値増殖」という観点から経済過程のダイナミックスを明らかにしたその「客観的」・「反倫理的性格」にある．「マルクス体系の『反倫理的』性格こそ，たとえばロートベルトゥスらのそれと区別されるものであり，……経済発展の理論──これこそマルクスの要諦である──は重要な社会主義体系のいずれにも知られていない……」（Sombart 1894: 556, 559. 訳49-50, 56）．「利潤率［平均利潤率の成立とその傾向的低下の法則］は推進力として［発展］理論の中心に据えられ，その作用をつうじて資本主義的生産様式は終結点に駆り立てられるのである」（Sombart 1894: 565. 訳67）．こうした「反倫理的」という理解の根底にあるのは，マルクスの価値法則に対する次のような把握であった．

　マルクスにおける価値概念は，実質的に規定すれば，経済的存在の基礎としての労働の社会的生産力という事実を表す経済的表現以外のなにものでもない．してみると「価値法則」とはなんなのか．それは形式的に規定してみるとこうなる．すなわち，商品の価値が経済的過程を──換言すれば資本主義的経済秩序において──「究極的に」支配するということ，これである．……すなわち資本主義的経済秩序の法則としての価値法則はまっ

---

[11] ゾンバルトは，1892年『国家科学辞典』（初版）に「家内工業」の項目を執筆し，1894年にはビューヒャーを中心とする社会政策学会の手工業調査に協力している．

たく一般的に，商品の価値は，すべての経済的過程を支配する労働の社会的生産力が究極的には規定的に自らを貫徹する特殊歴史的形態である，という内容を持っている．労働の生産力の程度，その変化などは，生産の代表者ないしなんらかの経済を営む個人の意識にのぼることなく，価格や剰余価値率，ようするに経済生活の総体的形成を究極的に「決定する」もの，すなわち個人の恣意にはっきりした限界を与えるものなのである．……「価値概念」は，もとより思考の補助手段である．しかし，私が経済生活にとって決定的な客観的事実――社会的に規定された労働の生産力――を価値の対象とすることによって，「価値法則」は事実上経済生活全体を支配する法則，あるいはより正しくは「規整的原理」となる．したがってマルクス価値論の意義は，人間社会の経済的存在を客観的に支配する技術的事実に，適合的な経済的表現を発見した，という点に求められるであろう（Sombart 1894: 576-7. 訳 91-2）．

以上の論述は，ゾンバルトが価値の源泉を労働に求めるという意味で「労働価値説」を受容し，その特殊資本主義的形態として「価値法則」を独特の形で受け入れたことを示している．マルクスは「価値法則」を，労働時間による価値量の規定として人間の意志から独立した物理学的な「自然法則」の意味で展開したが（Marx 1867: 訳 8-9），ゾンバルトは労働時間による価値量の実体的規定ではなく，「思考の補助手段」として「理念型」的に理解する一方，その「理念型」的構成が恣意的なものではなく，資本主義的生産過程によって作り出される商品の価値とその実現がわれわれの意識と行動を規定し制約＝「規整」する局面に着目して，「価値法則」の意義を承認する．もし「価値法則」を「思考の手段」とする立場が素朴な唯物論に対立する主観主義的・観念論的立場の表明だとするならば，彼はこうした立場から経済的過程のもつ人間存在への唯物論的規定性を承認し，この局面における表現として「価値法則」の意義を認めたことになる．したがって彼は，社会的労働によって作り出された価値の一部が「剰余価値」として資本家に取得される

ことも事実として認める．

　資本主義的経済秩序の独自性は，社会的労働の一定量が資本によって取得される，という事実にのみ存する．資本によって取得された社会的労働のこの量が資本主義的意味での総剰余労働，つまり剰余価値である（Sombart 1894: 578. 訳 94）．

　しかしながらゾンバルトは，こうした資本家と労働者の関係が必然的に「搾取」として「階級的敵対関係」の物質的基礎を形成する，とする見解に反論する．

　［マルクス］体系のなかに「必要」労働の高さを必要最低限に固定する必要は決してない．労働者の主力部隊を生活資料の最低限へ制限しようとする傾向が支配するということは，マルクスの経済体系の構造にとって重要ではない事柄である．私の理解では，このことは，労働力の価値が所与の時代・特定の国において特定の大きさとして仮定されることができる，と主張するだけにすぎない（Sombart 1894: 580. 訳 98）．

　この搾取論・窮乏化論の拒否は，社会政策学会に所属するゾンバルトにとって当然であっただけでなく，彼の価値論理解からも帰結する．すなわち「価値法則」が「規整的原理」ならば，それは個々の商品価値量（価格）や剰余価値量（利潤）あるいは必要労働価値（賃金）の実体を直接表現するものではない．彼にとって『資本論』第3巻は，価値＝剰余価値論から平均利潤率の概念構成によって見事に生産費・利潤論へと展開したものとして高く評価された．資本の有機的構成と剰余価値率の相違に応じて生ずる利潤率の相違は，生産部門間の競争を通じて平均化され，費用価格プラス平均利潤＝生産価格が形成されて等しい投下資本量に対して等しい利潤が実現し，総利潤と総剰余価値は一致する，というマルクスの論証はまさに「天才」的業績

第8章　近代資本主義論の生成

であった．「商品の価値が経済的過程を——換言すれば資本主義的経済秩序において——『究極的に』支配する」ことを，マルクスは首尾一貫して提示したのである．

したがってここで示されているのは，「形式的には生産費は価値とはなんら関わりもなく利潤は剰余価値とはなんら関係もない……．価値と剰余価値によって……［マルクスの表現では］『社会的事実』（労働の社会的生産力——社会的剰余価値と必要労働の関係——）が確認され，われわれの指向にとって分りやすいものにされるのである．生産費と利潤は，それ自身個人的・私的な営利生活の経験的事実であり，具体的な生産代表者の計算関係である」(Sombart 1894: 581. 訳 100)．もしこのような計算関係を問題にすることが狭い意味での「経済理論」だとすれば，「マルクスは経済的現象の理論を与えようというのではない．むしろ資本主義的経済秩序の『内的な』合法則性を発見しようとしたのである」(Sombart 1894: 583. 訳 104)．

このようにゾンバルトは，物理学的な「自然法則」の発見者としてではなく，歴史的に生成した「資本主義的経済秩序」の下で，「価値法則」という逃れることのできない「合法則性」の規定を受けていることを発見した「天才」としてマルクスを評価し，彼の「市民社会の解剖学」としての「経済学批判」を，搾取論と窮乏化論を抜いた経済「発展の理論」として受容したのである．次の文章は，ゾンバルトのマルクス評価がどのような関心から行われたかをはっきり示している．

　マルクスにおいて問題となっているのは，動機付けではなく，経済主体の個人的恣意の制限である，と言えよう．マルクスの経済学体系を特色付けるのは極端な客観主義である．……これと対立するのが主観主義的方向であって，それは経済生活の経過を究極的に経済主体の精神（Psyche）から説明しようとし，経済生活の合法則性を心理学的動機付けに置き換えるのである．……現在の国民経済学の状況は，当然のことながら心理学主義に帰着する主観主義の支配によって特徴付けられるように思われる．……歴

史的・倫理的・有機的・抽象的・古典的その他どの様に呼ばれようと，主観主義的国民経済学が輝かしい未来に向かって進んでいるのか，それともその発展の終局に向かっているのかをここで決定する必要はない．これらが解体しつつあり，その遺産を一方では歴史に，他方では心理学に委ねつつあるのかどうかも同様である．ここで指摘すべきは，国民経済的思考の二つの世界がほぼ独立に成立して並存していること，科学的考察の二つの在り方が名目以上に共通なものを持っていないことである（Sombart 1894: 591-2. 訳 121-3）．

19世紀末期のドイツにおいては，歴史学派の「倫理的社会政策」と歴史の発展段階論が，あるいはオーストリア学派の限界効用理論が，それぞれ「心理学」にその科学的根拠を求めて競合・並存していたのであり，ゾンバルトはこうした「心理学主義」にマルクスの「客観主義」を接続することによって，「倫理的社会政策」を断ち切り，「国民経済的思考の二つの世界」を統合することによって，新たな「社会政策の基準」を獲得しようとしたのである[12]．

---

12) 歴史学派の心理学主義については，田村（1993b: 終章）を，オーストリア学派のそれについては，カウダー（Kauder 1965: 訳 128-30）を参照．なおゾンバルトは『近代資本主義』（初版）において，「近代国民経済学の重要な理論的方向（なによりもいわゆる「オーストリア学派」）の決定的誤りは，このような事情［心理的動機と歴史的な社会的環境との関連］を考慮していないことである」，と批判している（Sombart 1902: XXVII）．
 エンゲルスは，ゾンバルトのこの論文に言及して次のように述べている．
 ゾンバルトは，マルクス体系のアウトラインの全体として優れた説明を掲載している．ドイツの教授がマルクスの著作から彼が本当になにをいっていたのかを理解しようと努力したこと，そしてマルクス体系の批判がその反駁ではなく，……むしろそのいっそうの完成への貢献にほかならないと説明しようと努力したこと，これは初めてのことである．……しかしこの把握は広すぎており，……価値法則によって支配される社会の経済的発展段階にとっての価値法則の意義を尽くしてはいない（Engels 1895a: 訳 1141）．
 エンゲルスは翌年，直接ゾンバルト宛に手紙を書き，「ドイツの大学でもとうとう『資本論』がこのように理解されるようになったのかと，嬉しく思っておりました」，と感謝しているが，カウツキーその他の人への手紙でも，ゾンバルトを「折衷論的マ

2. 『近代資本主義』の構成と内容

まずはじめに『近代資本主義』初版の編別構成の概略を提示しておこう.

 第1巻　資本主義の発生
  第1分冊　手工業としての経済
  第2分冊　近代資本主義の発生
  第1部　[タイトルなし]
  第2部　資本の成立
  第3部　資本主義的精神の発生
  第4部　工業的資本主義の端緒とその発展の障害
  第5部　初期資本主義時代末期における工業と資本主義
  第6部　現代における工業的資本主義の凱旋行進
  第7部　現代における手工業と手工業者
  結論
 第2巻　資本主義的発展の理論
  第1分冊　経済生活の新しい基礎
  第2分冊　経済生活の新形成
  第1部　近代的農業の成立と土着の旧経済制度の解体

ルクス主義者」と呼びつつ,「他の点では大変良いもの」と褒めている (Engels 1995b: 訳371以下, 378-9, 401). ここでエンゲルスが批判している部分は, 単純商品生産における労働時間による価値規定をゾンバルトが考慮しておらず, したがって共同体間分業から資本主義的生産段階へと至る過程での価値法則の歴史的意義が無視されている (歴史法則としての価値法則), という論点である. この対立から分かるように, ゾンバルトは歴史法則としての価値法則という唯物史観を否定し, 歴史を推進する人間の「動機」という歴史学派の問題意識を継承している.
 レンガーの判断では, ゾンバルトはこの論文によって「修正主義の創出者」(シュパンの言葉) となったが, エンゲルスの全体としての肯定的評価がゾンバルトの修正主義に与えた「中心的」役割を覆い隠してしまった (Lenger 1994: 80-3).

第2部　近代都市の起源とその本質
　　　第3部　需要の新形成
　　　第4部　財販売の新形成
　　第3分冊　工業的競争の理論
　　　第1部　［タイトルなし］
　　　第2部　最善の給付のための闘争
　　　第3部　価格闘争
　　　第4部　障害

　以上のように本書は，第1巻「資本主義の発生」と第2巻「資本主義的発展の理論」の2巻から構成されている．第1巻では資本主義の前提条件となった手工業との対比で，物的・客観的な資本と資本主義を内面から押し進める主体的な「資本主義的精神」の成立が発生史的に問題とされ，資本主義の勝利と手工業の資本への従属のプロセスが叙述される．第2巻では「資本主義的精神」を推進力とする資本主義が，手工業を解体し発展する理由を，資本主義に内在する諸条件の検討をつうじて，歴史に即しつつ理論的に解明しようとするものである．本書を全体として貫く特徴は，手工業と資本主義との二分法的峻別であり，本書のモチーフはかんたんに言えば，なぜ手工業は没落し，資本主義は発展するのか，という問題であった．

(1)　経済と経営の体系学

　ゾンバルトは本論に入る前に，経済活動の概念的体系化によって問題を総括的に提示している．彼によれば，経済活動とは「秩序化された扶養の配慮」であり，それは労働による「意識的計画の実現」と人々を結合する「客観的規則」という側面を持つ．「人間の経済的行為を外的に規制する規範の総体を経済秩序（Wirtschaftsordnung）」と呼べば，それは「ジッテと法」をつうじて，生産・流通・消費において個々の人間を規定する受動的な「客観的制限」を表し，他方個々の人間は，経済生活の能動的な「経済主体（Wirtschaftssubjekte)」として表れる．「経済秩序」と「経済主体」の関係は無関係ではなく，たとえば，前者が個人を主体とするか集合的人格を主体とするかの決定をも含むという意味で，「経済秩序」は「経済主体」を拘束している．こうして彼は，「ある時代の経済生活をその特徴的独自性において規定し，したがって歴史的に条件付け，経済主体の行動の原則・確立……となる推進力」を「経済原理（Wirtschaftsprinzipien）」と呼ぶのである．ここでゾンバルトがあらかじめ，経済感覚・営利衝動・エゴイズムなどの表現で「推進力」を説明しようとする試みに対して，それらが「一般的な動機の一覧表」に他ならず，「ある時代の経済生活をその特徴的独自性において規定」するものではない，と批判していることに注意すべきであろう．そして特定の「際だった経済原理」に支配される「経済秩序」が，「経済体制（Wirtschaftssystem）」である（I. 3-4）．

さて「経済原理」は，目的意識的な行為として「目的に対応する特定の様式で組織される」経済活動に具現されるが，その場合，特定のジッテ・法や慣習と特定の類型的な経済行為を含む組織が「経済単位（Wirtschaftseinheit）」としての「経済の組織形態（Organisationsformen）」であり，「その規則的反復のために統一的に秩序づけられた労働過程」が「経営（Betrieb）」および「経営形態（Betriebsformen）」である．ここでの議論の眼目は，「経済の組織形態」=「経済形態」と「経営形態」の概念的峻別であり，具体的には手工業=小経営，資本主義的企業=大経営という混乱に対する批判であった（I. 5-8）．次にこうした概念を使って展開されたゾンバルトの経済と経営の歴史的体系学（発展段階論）を，彼が提出した図（I. 67）を補足しつつ総括的に概観してみよう．

経営形態
個人経営（1. 単独経営　2. 家族経営　3. 職人経営）［小経営］—過渡期経営（4. 拡大職人経営［中経営］5. 大規模な個人経営［大経営］6. 小規模な社会的経営［中経営］）—社会的経営（7. マニュファクチュ

ア　8. 工場）［大経営］

経済体制の類型
1. 原始的種族経済— 2. 家共同体の大家族経済— 3. 拡大自給経済— 4. 分化した拡大自給経済（グルントヘルシャフト）— 5. 村落経済— 6. 交換経済とくに都市経済— 7. 社会主義経済— 8. 古代の奴隷経済— 9. 近代植民地の奴隷経済— 10. 自由な賃金労働をもつ資本主義的流通経済

経済体制のグループ
欲求充足経済（Bedarfsdeckungswirtschaft）［1〜7］—営利経済（Erwerbswirtschaft）［8〜10］（それぞれの経済体制のなかで「初期」（Früh）・「高度期」（Hoch）・「末期」（Spät）が「経済時代（Wirtschaftepoche）」として区別される

経済形態
1. 種族経済— 2. 家族経済— 3・4. オイコス・フロンホーフ— 5. ゲマインデ経済・農民経済— 6. 手工業的組織— 7. 共同経済的アンシュタルト（集権的）・協同組合（分権的）— 8・9・10. 企業

経済段階
個人経済［1〜3］—過渡期経済［4〜6］—社会経済［7〜10］

　ここでは，「経済段階」の区別のメルクマールとして「生産諸力の発展の程度」が明示的に述べられているように（I. 56），またビューヒャー，シュモラー，マルクスの名前を挙げてそれぞれ批判的に言及されているところから明らかなように，歴史学派とマルクスの発展段階論を独自に総合しようとするものであった[13]．しかしその場合，「体系学」という言葉を使用するこ

とによって，いわゆる「発展段階論」を乗り越えようとする意図も込められていた．ゾンバルトは，ここで提示されている「段階的連鎖は経験的・歴史的連続と理解されるべきではない」と述べ，この体系学を「深い学問的認識目的のために比較的価値のないもの」として，その「道具」的性格を強調していることに注意すべきであろう（I. 27, 70）．彼は，歴史法則として実体化されやすい「発展段階論」を，いわば「発見的価値」を有する純粋な概念的「体系」の方向に向かってさらに押し進め[14]，マルクスの段階理論をもその射程に含めたことが新機軸であった．このような総合が矛盾を含んでいることは，たとえば，上記の図式において，「経済形態」としては「企業」に対応する「経済体制の類型」における「古代の奴隷経済」の位置を見れば明らかであろう．発展段階としては「社会経済」段階である「古代の奴隷経済」が，歴史的にはなぜ「都市経済」に先行するのかの説明はないのである．

そしてゾンバルトの思考様式を先行の段階理論と対比していえば，次のように総括することができよう．シュモラーの発展段階論は，自給経済から交換経済への発展を出発点にしながら都市経済－領邦経済－国民経済という経済圏の空間的拡大をメルクマールとしつつ，段階発展における政策的指導（倫理的要素－重商主義）を強調し，経営的発展としては家経済－半企業＝手工業－企業の段階連鎖を構想した．ビューヒャーのそれは，同じ経済圏の空間的拡大の起動力を主観的効用の拡大に求めて，経営形態の発展を，家内

---

13) ゾンバルトは，発展段階をただ「外面的メルクマール」に頼り，「経済過程に存在する多様な精神を区別の基準」としなかったビューヒャーと，「交換のために生産するすべての経済形態を企業とした」シュモラーを批判し，「マルクスの非有機的・革命的把握を，現代の知見に相応しい有機的・進化論的把握」へと展開する必要性を指摘している（I. 55, 69, 71）．こうした「進化論的な段階把握」によって，彼は，資本主義と「共同経済」的意味での社会主義との共存，および社会主義のきわめて遠い未来での実現を考えていた（Vgl., Sombart 1900; Lenger 1994: 107-8）．

なおゾンバルトの世代に，ドイツ観念論の有機体説的思考とコント・スペンサー流の生物学的・進化論的発想がいかに強く結び付いていたかは，例えばシュルツェ－ゲーヴァニッツの例が示している．本書第7章を参照．

14) すでにシュモラーの段階理論のなかにこうした発想が認められる．田村（1993b: 終章の一）を参照．

仕事－賃仕事－価格仕事＝手工業－問屋制－工場制として展開した[15]．ゾンバルトは，こうした経営的発展の議論を批判的に継承しつつ，生産諸力の発展をメルクマールとするマルクスの段階論を取り入れ，マルクスの経済的社会構成体の発展シェーマの中核をなす生産関係・生産様式概念を避けて，経済体制概念に置き換えたのである．その理由は，周知のようにマルクスの場合，「生産諸力の一定の発展段階に対応する生産関係」は「人間の……意志から独立した諸関係」（Marx 1859: 訳6）であるのに対して，ゾンバルトにあっては，生産力の発展はなによりもまず，「経営形態」における「個人経営」から「社会的経営」への発展に他ならないが，そこにおいて経済主体の側での「経済原理」の転換，すなわち「欲求充足経済」から「営利経済」への転換が決定的と考えられているからである．

「欲求充足経済」においては，「生産の量と質を決定するのはひとりの人間あるいは人間の集団の欲求」であり，「人間性がすべての生産の尺度を与える」のに対して，「営利経済」では，「生産量の限界と生産の在り方の決定を与えるのは，生産物の価値増殖によって利潤が獲得される可能性だけ」であり，実際には利潤の増大を志向する努力には限りがないから，「生産には決して限界がない」のである（I. 62）．したがってここでは，主体（人間）と客体（生産）との転倒が生じている．

こうしてゾンバルトが，「個人経営」の本質を「個々人の労働者の生産物として現れるよう生産要素を配備する」ところに求め，「社会的経営」とは，「生産物を全体の労働者の生産物として現れるように生産要素を配備する」＝（生産過程の社会化）ことと定義しつつ，生産過程の社会化の完成形態である「工場」において，「生産過程にとって決定的に重要な部分が，労働者の構成的協働から自立せしめられ，生命のない肉体の自動的に動くシステムへと移され」，「個人的・人間的活動の余地がもはや存在しなくなる」ことを強調していた（I. 26）．彼は，このような生産力の発展が「営利経済」への転

---

15) シュモラーについては，田村（1993b: 第6章の一および第7章の二）を，ビューヒャーについては，石田（1986）を参照．

換をつうじて，いわば人間の「疎外」によって購われていることを意識していたのである．そしてゾンバルトにとって「営利経済」への転換は，マルクスの「人間の……意志から独立した諸関係」ではなく，「目標設定とその実現によって客観的全体に生命を吹き込む」「経済的人間（Wirtschaftende Menschen）という創造的要素」（I. 60）なしに理解することは不可能であった．

こうした意味でゾンバルトの「体系学」は，生産諸力の発展を極限まで押し進める「営利経済」への転換を，具体的にはヨーロッパ中世のうちに，「欲求充足経済」段階の手工業から資本主義的企業への「発生史的考察」を行うための予備的考察にほかならなかったが（I. 70），こうした問題意識に規定されて，概念的には，前述の「古代の奴隷経済」と「資本主義」との関係，あるいは「資本主義」と「企業」との関係は，まったく論議の対象とならないという重大な欠陥を含んでいたのである[16]．

(2) 手工業

さてゾンバルトは，狭い意味での手工業を，技術的には「営業的消費対象の完成・加工のために芸術と通常の手作業の中間的技能を利用しようとする営業的労働者の指向から生ずる経済形態」（I. 76）と定義し，しかもそれが，等価物との交換によって自己の「生計」の獲得が行われることを指摘している．

ところでこの手工業という「経済形態」の本質に属するものは，一方では，

---

16) 周知のようにヴェーバーは，「プロ倫」で「伝統主義」の概念を使いながら，ここで展開されたゾンバルトの「欲求充足経済」と「営利経済」の峻別を批判しているが（Weber 1904-05: Bd. 20, 25-6. 大塚訳 49-50, 梶山訳・安藤編 113-5），後にヴェーバーが，「資本主義」概念を拡大し，「近代資本主義」と峻別したのは，こうしたゾンバルト批判の脈絡で理解すべきであろう（Weber 1909: 13-6. 訳 24-8）．そしてゾンバルトは，前述の「資本主義」をめぐる論争に言及して，「資本主義」概念のポジティブな継続的形成を企てているのはナウマンとヴェーバーであると指摘しつつ，自己の「弱点」を認め，ヴェーバーのこうした批判を受け入れている（Sombart 1909: 690-1, 695, 697）．

生産が「特定の人格の流出」として，いわば「人格の表現」として「労働の有機的機能」と分かちがたく結びついているところにある（「全人格としての労働の理念」）．手工業者は，生産過程に対する支配者として「生産手段に対する処分権」をもつが，その商人的・組織管理者的機能は，むしろ「個人財産と経営財産の未分離」＝「家長」を表現するのであり，人間的資質としては「芸術家的・技術者的」能力を必要とするが，それは技術「革新」(Neuerung) が「偶然」的なものとして生ずる，「経験的」技能（＝製品は個人の作品とする職業への名誉感）として現れる．したがって他方では，彼らの本質として，「身分に相応しい暮らし」＝ (Nahrung [ナールンク] の原則) と「自由な独立した個人」としての「独立 (Selbstständigkeit)」の指向が生ずる (I. 79ff., 113f., 118, 141ff.)．

このようなゾンバルトの手工業把握は，この個所で言及されている，手工業を近代的大経営への中間形態と見るビューヒャーやシュモラー，あるいは手工業におけるツンフト的な競争の排除を強調するシェーンベルクの見解と比較すると，その前近代的性格な身分指向の強調や手工業の本質規定におけるツンフト指向の否定（むしろそれは手工業の危機に対する対応と理解される－I. 159）とともに，手工業活動の「人間的」性格を強調する極めてロマン主義的な色彩を帯びているところに特徴があるといえるだろう．その点では歴史学派を越えてアダム・ミュラーの手工業身分論に著しく接近しているように思われる[17]．ゾンバルトは，ロマン主義の手工業論に訴えて，歴史学派の手工業論を断ち切ろうとしたのではないだろうか．

さて彼の手工業論のもうひとつの特徴は，こうした技能的手労働に基づく「欲求充足的」な交換経済組織を，「広義の手工業的組織」として拡大し (I. 77)，「前資本主義的商業」をも手工業的活動の延長として把握していること

---

17) 中世の「同職作業場」のなかに「真の肯定的自由の大いなる形態」を見出したミュラーは，手工業者の芸術家的性格を指摘し，その「道徳的・文化的・学術的」側面と「人格形成」に対する意義を強調する（原田 1994: 11-2 を参照）．

前述のようにドイツにおけるゾンバルト研究史は，彼のロマン主義的旋回の起点をめぐって意見が分かれているが，こうした手工業の概念構成そのものへの言及はない．

である．彼は，「企業」形態を取らず，当座商業として展開される前資本主義的商業の本質を次のように述べている．

　中世には資本主義的感覚を有し，経済的訓練を受けた商人が多数存在した，とする見解ほど愚かなものはない．旧いタイプの商人の特殊手工業的本質は，なによりもその目標設定の独自性に現れている．彼らにとっても，近代的企業家の意味での利潤追求はとんでもないことである．彼らも自らの手によって，良くも悪くも身分的生計費を稼ぐ以外にはなにも……欲しない．彼らの全体の活動もナールンクの理念によって支配されているのである（I. 169）．

　彼の「業務遂行」は……工業の同僚と同じくまったく経験的・伝統的である」（I. 177）．

　ゾンバルトは，会社形態を取り始めた「コンメンダ」という出資金がなお「資本の性格」を持たず，手工業的意味での「経営元本」であること，「14世紀末までのイタリア商業と16世紀に至るまでのその他のヨーロッパ商業が手工業的性格という見誤ることのできない刻印を受けている」ことを強調している（I. 182, 188）[18]．
　このような手工業としての「前資本主義的商業」の性格規定は，ゾンバルト自身が言及しているように，暴力的契機を強調するマルクスの「資本の本源的蓄積」論や，当時「支配的な」ピレンヌの「商業利潤蓄積」説に対する批判を意識して展開されていた（I. 218ff.）．ここでのポイントは，これまでの議論がニュアンスの相違はあれ，資本ないし利潤の蓄積が中世における「通常の経済活動のなかで」行われたとする前提条件の上に成立しており，ゾンバルトはまさにこうした前提条件を問題にしたのである．もし中世の経

　18）　ゾンバルトは，前資本主義的商業の利潤率を資料から推定し，その蓄積率が極めて低かったことを論証しようとしている（I. 221ff.）．

済活動の本質が「手工業的」な「ナールンクの原則」にしたがって遂行されているとすれば、そこから「資本主義」は論理的に成立し得ない、これが彼の主張である。「手工業の繁栄の前提は、資本主義の存在が結びついている諸条件が満たされないことである。」「資本形成の決定的モメントは、手工業的性格を持つ通常の経済的経過の外側で探し求められねばならない、という仮説にわれわれを導く」(I. 156, 228)。

こうしてゾンバルトは、以下の論述に見られるように、「ナールンクの原則」を手工業や商業のみならず、中世の貨幣的経済活動全般にまで拡張するのである。

[最初に大きな貨幣財産を蓄積した王侯・司教・教皇・修道院・騎士団]のすべてに共通する見解は、戦争や十字軍を引き起こすにせよ、貧者や困窮者を保護するにせよ、あるいは家族に快適な生活を整えるにせよ、貨幣は支出のために存在するということである。どこにおいてもすべての前資本主義時代の基本思想が帰着するところによれば、富を持ち、そのことで特権を持つ人々は、経済的事柄に悩む必要はない。こうした見解は、過去の時代の私的な貨幣所有者にも伝染する。騎士の理念に対応するのは、富の獲得もその利用も汚れた経済活動とはなんの関わりもない、という観念である。財産を創出し保証するものは剣と槍であり、身分に相応しい生活が財産の目的に適った利用となっている。「営利生活」は貧者のなすべき事柄である。……われわれは、16～7世紀のスペインの商人や産業家が、十分な富を獲得するや否や、それで土地財産を購入して貴族に見られるために、まったくの騎士的精神によって営業生活から引退したことを知っている (I. 378-9)。

では、中世の全経済生活がこのような「伝統的」・「身分的」な「ナールンクの原則」＝「欲求充足的原理」に支配されているとすれば、「資本」ないし「資本主義」の成立はどのように説明されるべきであろうか。

(3) 資本主義

ゾンバルトによれば，形式的には「資本主義とは，その独自の経済形態が資本主義的企業である経済様式（Wirtschaftsweise）」[19]であり，「貨幣評価に基づく……契約によって利潤を獲得し，物的財産の所有者を再生産する経済形態」（I. 195）である．しかし実質的には次のことを意味する．

> われわれの経済形態の目的が経済主体の生きた・個人的人格から分離されること……ここにおいて，目的自体の抽象性とかくてその無限性とが，資本主義的企業の決定的メルクマールとしてただちに表現される．……なによりも重要なことは，……資本主義的企業の業績の質と量が資本の価値増殖（Verwertung）という非人格的観点の下でのみ考察されることができる，ということである．……資本主義的企業の枠内で遂行される活動を決定するのは，必然的に（例えば手工業のような）経済主体の個人的能力ではなく，物的財産の使用によって解き放たれた任意の他人の力と才能である．こうした事情のなかにすべての資本主義経済が展開できる膨大なエネルギーの理由がある．……複雑な心理学的プロセスを経て，最終的に資本の価値増殖は……物的財産の所有者にとって，強制力によって押し付けられる客観的必然性として現れる．本来著しく人間的な心的気分であった利潤欲ないし営利衝動は，かくて客体化される（I. 196-7）．

以上の論述から明らかなように，手工業とはまったく正反対に，資本主義においては，経済生活の目的＝営利が経済主体の人格から分離し，企業組織そのものに体現化され（抽象化），利潤獲得・営利衝動が経済主体に対して強制的に課せられ（客体化），しかもそれは人格から分離されて目的自体となっているために，限度がない（無限化）のである．こうした「非人間的」性格を資本主義（的企業）の本質と見なしたことは，ゾンバルトが当時発達

[19) この「経済様式」（Wirtschaftsweise）という言葉はごく稀に使用されているが，明確な概念規定はない．

しつつあった巨大企業をモデルとして概念化したことを示している[20]．

彼によれば，資本主義的企業の持つ本質的特徴を目に見える形で表現しているのが複式簿記にほかならない．

商品あるいは労働給付の提供に関するすべての契約内容からあらゆる質的区別が奪われて，量的区別のみが表象され，そうして数字による債務と債権の勘定が可能になる．元帳の借方と貸方が資本主義的企業家に有利になるよう残高をともなって決算されること，こうした結果のなかに資本主義的組織において行われる行動のあらゆる成功と内容が閉じ込められているのである（I. 197）．

したがって経済主体としての企業家は，物的財産と多数の他人労働とを合理的に組み合わせ，複式簿記において利潤が残るように計算しなければならない．ゾンバルトは企業家の活動の本質と在り方を，「指令的・組織的」(disponierend-organisierend)」，「計算的・投機的（kalkulatorisch-spekulativ)」，「合理主義的（rationalistisch）」という三つの言葉で表現している（I. 198f.）．

資本主義的企業と企業家の本質的属性が以上のように把握されるとすれば，資本主義が成立するための客観的条件は，一方では貨幣財産という形態での「物的財産」が企業家の下に蓄積されていることであり，他方では企業家の心的態度として「資本主義的精神」が存在していることであった．

資本主義的企業にあっては物的財産の価値増殖が問題となるから，資本主義的企業への第一歩が踏み出される以前に，相応の高さの物的財産が経済主体の処分権のなかに堆積されていなければならない．……資本主義的組織の存在にとって必要な客観的条件を先取りしていえば，そもそも資本主

---

20) 前記の「資本主義的企業家」において，ゾンバルトは具体的な企業家名を例示しているが，それは，シーメンス，ラテナウ，ロスチャイルド，ロックフェラー，カーネギーなどである（Sombart 1909: 702ff.）．

義が考えられる以前に社会はその価値観念を一般的等価物，すなわち貨幣
——もっと正確にいえば金属貨幣（あるいはその代用品）——という抽象
的形態においてすでに対象化していなければならない．というのもこうし
た前提の下でのみ，資本主義的企業の本質に特有の経済態度の計算性（Rechenhaftigkeit）が……考えられるからである．……われわれは資本主義の
歴史的生成を追求する個所で，とりわけ急速かつ大量の貨幣蓄積という事
実が，経験的にも物的財産の価値増殖に対する刺激としてきわめて重要な
作用を果たしたことを示すことができるであろう（I. 205-7）．

蓄積された貨幣額が資本へ転化するために財産を持つ経済主体に追加しな
ければならないものは，独自の資本主義的精神（der specifisch kapitalistische Geist）である．それはなにかといえば，資本主義的企業家に特有の
心的気分，すなわち利潤欲（Gewinnstreben）・計算感覚（kalkuratorischer
Sinn）・経済的合理主義（ökonomischer Rationalismus）である（I. 208）[21]．

　この論述が示しているように，ゾンバルトは「資本主義的精神」という言
葉を単なる「利潤欲」ではなく，むしろそれを批判するために，「計算感
覚」と「経済的合理主義」が追加された独自の「精神」という意味で提起し
たのである．
　では資本主義成立のもうひとつの客観的条件とはなにか．ゾンバルトは，
形式的には生産手段の私有財産制に基づく法秩序の存在を挙げつつ，他方
では第1に「利潤・利子取得の客観的可能性」，すなわち資本主義的企業にと
って「利潤はいかにして可能なのか？」の問題を論じている．すでに論じた
ように，ゾンバルトはマルクスの価値論を，労働による価値の形成と平均利
潤率の形成による総剰余価値の社会的分配という局面において受容し，個々

---

[21] ここで「指令的・組織的」機能が含まれていないのは，企業の過渡的形態として，
企業家のなかに「指令的・組織的」機能と「技術的労働者」機能が分離していない
「小資本主義的企業」の存在を意識しているからである（I. 201）．

の資本家による剰余価値の取得を個別の利潤の源泉とする搾取論を否定していた．この議論が資本主義の成立に適用されるのである．すなわちスミスが言うように，「国民の年々の労働はすべての必需品と便益品を供給するファンド」であるが，この意味での労働は，企業家や公務員の労働ではなく，生産過程における「技術的労働者」のそれである．したがって「技術的労働者に属さない人々は，技術的労働者の労働が自ら取得ないし費消する財の量を越えて供給する……余剰所得（Mehrertragen）[22]に対する分け前によって生活する」(I. 211).

企業家利潤は，現実には商品・サービスの売買によって生ずるから，資本主義成立期における「利潤形成の可能性」の問題は，「自分の労働によって支払うことができる」自由な農民・手工業者・賃金労働者・賦役農民が「拡大された顧客層」として現れること，そして「他人の労働で支払うことができる」国家および君主の財政・土地レンテ取得者・自由業者・官僚・資本主義的企業家の需要を前提とするだろう．前者は「稠密な人口の定住」あるいは「高度に発達した輸送技術」を前提とするから，現実には後者の形成こそが重要な前提条件である．このように論じてゾンバルトは，後者の形成を他人労働への「参加権の先行的蓄積」として決定的に重視するのである（I. 214-5）．それは，封建的剰余労働の成果が君主や土地貴族に集中し，購買力として市場に放出されることを意味するだろう[23]．

---

22) ゾンバルトはここで「剰余価値」という言葉を，利潤の源泉を賃金労働者の「労働所得」にのみ限定させてしまうために，意識的に回避している．そして彼は，企業家利潤はこの「分け前」の一部であり，企業の内部では労働者の「労働所得」からの控除であるとしても，企業家の介在によって労働生産性が上昇するから（資本の生産性），その削減ではないことを強調する（I. 212）．
23) もうひとつの客観的条件とは，賃金労働者の「十分な量の存在」である．自発的な賃金労働者の存在は，「前資本主義的組織」の解体を前提とするから，ここで問題となるのは，「賃金労働以外には生存できない人々」である．それは，暴力的農民追放や共同地の収奪によって生じた，あるいは資本主義的企業との競争に破れて生じた「独立生産者」の没落部分であり，またはこうした独立生産者の家族メンバーであった（I. 215-6）．ゾンバルトは初期のプロレタリアートを「補助的人口」と呼び，その発生史を以下で論じる資本主義成立史の独立した論述対象とせず，第2巻で扱っている．

以上の議論を総括していえば，資本主義以前の手工業や商業から資本主義を連続して把握すべきではないと考えるゾンバルトにとって，歴史的にはまず封建制における「他人労働への参加権の先行的蓄積」が存在し，続いてこうした「封建的富」がなんらかの形で「資本」に変容しつつ，「資本主義的精神」が追加されることによって資本主義が成立することになる．

(4) 資本の成立

こうしてゾンバルトは，いよいよ具体的な資本の成立を問題とするのであるが，まず注意しなければならないことは，彼が資本の端緒的成立を小規模な資本ではなく，「大財産」の成立として問題にしたことである．その理由は明確に議論されていないが，明らかに前資本主義的手工業・商業活動を資本主義の先行形態と見なさない彼の態度から帰結しているように思われる．

さてゾンバルトは，手工業活動における財産の蓄積を否定した後で，「財産の移転（Vermögensübertragung）」（封建的富の近代的富への変容）を論じている．もし貨幣蓄積がゼロから行われたとすれば，そのプロセスは次のようになるだろう．まず中世において資本に転化しない財産の巨額の蓄積が，教皇庁・騎士団・国王・荘園領主・都市などの財政高権という形で出現してくるのであるが，貨幣経済の発展と財政管理の進歩・複雑化にともなって，実際に財政権を行使する「資本家・ブルジョア・財政家という新しい階級」が出現し，いわば「封建的財政管理の市民化」が生じる．彼らは，最初「俸給や着服」をつうじて「財産」を形成し，さらには「税収の賃貸借」ないし「財政高権の抵当化」をつうじて，より大きな財産を形成する．しかしながらこの過程において重要なのは，十字軍遠征以降の都市の成立が土地貴族の奢侈的消費を誘い，貴族への貨幣貸付と抵当流れによって，市民の私的土地所有が成立したことである．こうして「封建的富」が「近代的富」へと変容していくのである（I. 235ff.）．

しかしこうしたプロセスは，その最初が「俸給や着服」であることから明らかなように，幸運に左右される「カタツムリの歩み」（I. 269）のごとき

のである．そこでゾンバルトは，中世末期の商業中心地で見られた「富裕階級と都市大衆の明確な分離」に着目する．

　さしあたってまったく疑問の余地がないことは，ヨーロッパ中世の諸都市，少なくとも富の成立にとって唯一問題となる繁栄する大商業中心地においては，すなわちフィレンツェやブルージュ，アウグスブルクやロンドン，モンペリエやバーゼルにおいて，時とともに大多数の都市住民と対立しつつ，富裕階級が分離されてくることである．……さらに工業の手工業者だけでなく，手工業的商人も，新しいブルジョア的存在とますます意識的に対立するようになる (I. 282)．

　ゾンバルトが脚注で「マーチャント・アドヴェンチャラーズ」の名前をあげていることから分かるように，13世紀末期から16世紀にかけて成立する富裕な商人が一括して「ブルジョア＝市民」とされ，ポポロ・グラッソ，ノビリ，ヌーボー・リッチ等の名称で呼ばれた彼らの，「欲求充足的」な都市の手工業者との対立的性格が強調されるのである．そして彼らの財産＝「市民的富」の源泉は，商業ではなく，「地代の蓄積」の結果にほかならない．
　すなわちゾンバルトは，「都市貴族」とよばれるようになる彼らは，「もともと土地所有をもって都市に定住した家族」であり，「後になって都市に定住したすべての人々は……これらの所有地に定住した」こと，そして道路・住宅・店舗等々の建設と賃貸によって，利子・使用料・地代収入が都市貴族のもとに蓄積されたこと，を強調する．

　われわれにとって興味深いことは，……都市の地代の大なる部分が不労所得として都市ゲマインデの少数の土地所有家族［門閥］の所有となった，という事実である (I. 288)．

　秘密は暴露された．市民的富の端緒は発見された．イタリア，フランデル

ンでは13世紀以降（あるいはその以前から），他の国々では14世紀以降，この貨幣額によって大規模に貨幣・商業取引が行われたのであり，したがってそれは，そこから資本が発展しうる原財産と見なすことができる．すなわちそれは蓄積された地代である（I. 291）．

これがいわゆる「地代蓄積説」である．この説明が帰納的・実証的性格を持つというよりも，論理的要請によって構想されたことは明らかであろう．まず中世の「欲求充足的」な手工業・商業において「剰余価値」の蓄積は論理的に不可能だとすれば，資本のルーツは，剰余労働の堆積である「封建的富」か，あるいはそれを元本とする何らかの蓄積以外にはあり得ない．「封建的富」の所有者は「ナールンクの原則」によって行動するから，後者の可能性だけが残される．しかも歴史的に「ブルジョア＝都市貴族」が勃興した時代にはまさに貧富の対立＝階級闘争が激化したのである．ゾンバルトはほぼこのように考えたように思われる．都市貴族の所有地は元来封建的剰余労働に由来する「封建的富」であり，また蓄積された地代の源泉は都市ないし農村の労働者の「剰余価値」なのであって，ゾンバルトは，「封建的剰余価値」の「資本」への漸進的転化（したがってマルクスの暴力的な本源的蓄積論批判）の秘密がこの説明によって暴露された，と考えたのである．

(5) 資本主義的精神の発生

では「資本主義的精神」の発生をゾンバルトはどのように考えたのだろうか．彼は問題を提出するにあたって，次のように述べているように，一般的な人間の営利衝動から説明することは不可能であり，「ヨーロッパ諸民族に固有の現象」の解明が問題であることを明確に意識していた．

> 貨幣は経済活動によって自己増殖するものである，という奇妙な思想を成立させたものは何か，騎士的見解を否定し，商人的・営業的見解を一般的に認めさせたのは何か，を問題としなければならない．……［その場合

人間の「自然」およびそこに内在する衝動に訴えることはまったく適切ではない．独自の資本主義的精神を生み出さなかった中国・インド・古代アメリカ文化のような高度な文化を一目みただけでも，近代資本主義の生成を人間経済の「一般的発展史」として示すことができる，との見解の不十分さを証明するのに十分である．むしろヨーロッパ諸民族に固有の現象が問題なのである（I. 379)．

次に彼は，「ヨーロッパ諸民族に固有の現象」を説明する手段としての「人種的モメント」を否定しつつ[24]，以下のように続ける．

また近代資本主義制度を特定の宗教共同体への帰属によって根拠付けることも，私には不十分であるように思われる．プロテスタンティズム——わけてもカルヴィニズムとクエーカー派というその変種において——が資本主義の発展を本質的に促進したことは周知の事実であって，さらに詳しい基礎付けは不必要なほどである．しかしながらだれかが，（たとえばすでに中世末期以来……すでに高度に発達していた資本主義的精神を挙げて）このような説明の試みに対して，プロテスタンティズムの宗教体系は近代資本主義的精神の原因よりも結果である，と異論を提出しようとするならば，彼に対してその見解の誤りを証明することは……困難であろう（I. 380-1)．

---

24) 本書では，営利衝動の急速な展開に対して果たしたユダヤ人の役割を認めつつも，「しかし……過大評価すべきではない」と力説されていたが（I. 390)，翌年に出版された啓蒙的著作『19世紀のドイツ国民経済』においては，人種的決定論を批判するとともに，「風土と民族」にかなりの説明を割り当て，「経済生活の特殊資本主義的特質はユダヤ人にとって適合的である」ことが強調されている（Sombart 1903: 132)．つまりゾンバルトは1903年に，「資本主義的精神」と「ユダヤ人」との関連に注目していた．金井は，すでに本書においてユダヤ人が「資本主義」の担い手とされていると主張し，それは1903年以降とするマーシャルの所説を「明らかな誤り」と断定しているが，むしろマーシャルのほうが正しい（金井1991: 115 注4を参照)．

この記述はきわめて興味深いものである．というのも，「プロテスタンティズム……が資本主義の発展を本質的に促進したことは周知の事実」であるという指摘は，自分の研究が「ずっと古い諸研究に遡るもの」という前述のヴェーバーの言明と符合するとともに，「周知の事実」という表現から判断して，それが必ずしも珍しいものではなく，むしろ「通説」的に受け取られていた可能性を示唆している[25]．とすれば，ゾンバルトの「プロテスタンティズムの宗教体系は近代資本主義的精神の原因よりも結果である」とする立場は，「周知」の見解に対する批判として，つまり「近代資本主義的精神の原因」をさらに遡って追究しようとしたことになるだろう．

　少し長いが，ゾンバルトの結論を聞いてみよう．

　私はこうした関連をおよそ次のように考えている．一連の事情が作用して，ヨーロッパ中世のあいだに貨幣財産の価値評価が著しく増大し，通常の限

---

[25] ゾンバルトは，「周知の事実であって，さらに詳しい基礎付けは不必要なほどである」，という文章に脚注をつけ，その例としてゴータインの著作『シュヴァルツバルドの経済史』(*Wirtschaftsgeschichte des Schwarzwaldes und der angrenzenden Landschaften*, Strassburg 1892) から，次の部分を引用している．「資本主義的発展の足跡を追跡する人は，ヨーロッパのどの国でもそうであるが，カルヴィニストのディアスポラ［居住地区］が同時に資本経済 (Kapitalwirtschaft) の養成所である，という同一の事実にいつも突き当たるであろう」(I. 381)．

　ヴェーバーもゴータインからまったく同一の箇所を引用していることもあって (Weber1904-05: 20. Bd., 9. 大塚訳 19, 梶山訳・安藤編 81)，ブロケは，ヴェーバーの問題設定がカルヴィニズムとクエーカーに関するゾンバルトの前述の論述に導かれたもの，と解釈している (Brocke 1992: 138)．だが脚注 (8) で触れたように，ヴェーバー自身の弁明を信頼する限り，これはやはり不当な解釈であろう．しかしながら，これまでの論述から明らかなように，ゾンバルトのヴェーバーに対する「直接的影響」を否定するものの，「それにもかかわらず『近代資本主義』の［ヴェーバー］に対する影響は著しいもの」，とするレンガーの判断 (Lenger 1994: 241-2)，あるいはヴェーバーが「ゾンバルトの議論をいっそう尖鋭化させ徹底させた」，という金井氏の主張 (金井 1991: 101) に私も賛成である．

　なお，ここで詳しく論じることはできないが，上記「プロ倫」の和訳はいずれも Kapitalwirtschaft を「資本主義経済」としているが，Kapitalwirtschaft という用語はロッシャーに由来する言葉であって，ゾンバルトが言うような「資本主義」の意味は含まれていない．

界を突破するのである．……どこでも人間には光り輝く黄金に対する憧憬が内在していることは，だれもが確信する現象である．原始的文化にはこうした憧れが満ちており，それは驚くべき財宝や黄金を求める勇敢な冒険者の伝説・事跡の形を取る傾向がある．……人間に体質的に付着しているこのような黄金熱は，しかしながら，特定の時代に急性的性格を取るのである．その時代が中世末期である．……われわれは，様々な原因が作用して，多くの人口階層において実際上の貨幣需要を増大させた事実を想起しなければならない．われわれの知るところでは，最初は純粋に理想的な指向が，それを促進する人々の支払い能力に対する益々大きな要求をもたらした．教皇や国王が飽くことなく掻き集めた膨大な金額を再三にわたって飲み込んだものこそ，なによりも……あの偉大な異教徒に対する闘争と聖地奪還の憧憬であった．たしかに当初その成果のかなりの部分は貨幣の仲介なしに行われた．しかし……十字軍遠征においてますます必要になったイタリア商業共和国の仲介は，現金需要の増大を生み出さねばならなかった．……

　だが歴史においてしばしば見られるように，人が最後に到達したものは，到達しようとしたものの正反対であった．すなわち人々は最も理想的な動機に満たされて，神の名誉のために出征した．そうして俗人の精神を持ち帰ったのである．というのも，中世末期に至る所で見られる人生観全体のあの世俗化（Verweltlichung）こそ，先行する世代が遂行した多数の信仰戦争の直接的帰結だったからである．現世の喜びの感覚を目覚めさせ，奢侈と悦楽への欲望を作り出したのは，ビザンツ人やアラブ人の華やかな文化との接触である．……そうして生活の中心は次第に都市に移り，……また偶然が重なり，物質的に贅沢な暮らしに対する憧れがますます広範な階層に浸透するにつれて，かの憧れを満たすための手段や方法も現れた．こうして個々の人々の手中に，いわば一夜にして大財産が蓄積される時代がくる．オリエントの略奪によってイタリア諸都市は巨万の富を集め始めたが，最も重要なことは，中世末期に貴金属の獲得が急速に増大したことで

ある．

　かくして人間の中でかの注目すべき心理学的過程——その経過を最近ジンメルが巧みに叙述した——が再び生じるときがきた．すなわち絶対的手段である貨幣の最高目的への昇格である（I. 381-3）[26]．

　以上の論述から明らかなように，ゾンバルトは「近代資本主義的精神の原因」として，十字軍遠征によって生じたヨーロッパ人の営利衝動の覚醒を考えていたのであるが，しかもそれは，「神の名誉」という聖なる目的の，いわば「意図せざる帰結」として成立した「人生観の世俗化」の結果であると解釈されていたのである．その意味で，「ヨーロッパ諸民族に固有の現象」とは一種の歴史的偶然の結果とも言えるだろう．だがこのような解釈は，彼自身の問題提起と矛盾することは明らかである．つまり「歴史的偶然の結果」として生じた「一般的な人間の営利衝動」を「近代資本主義的精神の原因」と見なしていることになるからである．こうした混乱は，ゾンバルトが「営利経済」と「資本主義」を同一視していることから生じたのである．

　さて営利衝動の覚醒だけでは「資本主義的精神」を構成できないのであって，「計算感覚」・「経済的合理主義」が追加されねばならない．ゾンバルトは，「［経済的合理主義］が営利衝動と有機的に結合したときに初めて，われわれは真の意味での新しい資本主義的精神について語ることができる」（I. 391）と述べて，複式簿記の展開を概観しつつ，両者の展開を一括して「経済的合理主義」の発展として論じている．近代的簿記の成立によって，「営業指揮者の人格から物的財産の分離」が遂行され，企業は「手工業時代の……営業指揮者の偶然性・恣意性から解放される」のである．その意味で複式簿記は，「特殊資本主義的合理性の完成された表現」に他ならない（I. 394）．この合理主義と個人主義の結合によってあの「経済人」が成立するの

26）　本書にはしばしばジンメルへの言及が見られるが，ヴェーバーは，「ゾンバルトの見解が，ジンメル『貨幣の哲学』の最後の章のすばらしい表現と結び付いている」ことに注意を促している（Weber 1904-05: 20. Bd., 15. 大塚訳 31, 梶山訳・安藤編 93）．

であり，その「古典的代表者」がヤコブ・フッガーなのである（I. 396）．

しかしゾンバルトは，簿記の発展と経済的合理主義の関係を明確に論じることはなかった．これを論じることは，彼にとって，「ルネサンス文化全体の概観を与えること」を意味したのであり，事実上その探求は放棄されている．「[資本主義的精神によって貨幣獲得が最高目的となる]こうした思想が，いつ，どこで，どのようにして生まれたかは，恐らく永遠に不可解な闇に包まれるだろう」（I. 388）．

だがこの記述に続いてゾンバルトは，「資本主義的精神」の担い手とその資質について推測している．それは，「経済的活動による営利以外に他の権力手段を持たない」「平民」であり，「金採掘師や錬金術師の夢想や幻想を持たない」「冷静な性格」の人々であり，「クールな計算と理性的な事柄の把握」ができた人々に違いない（I. 388-9）．彼はこのような人々として，「良い境遇にある小売商」と「もぐりの高利貸」をあげ，彼らから「資本主義的精神」が広まった，としている．このことは，資本の元本となった「蓄積された地代」の所有者（＝「都市貴族」）と「資本主義的精神」の担い手を，ゾンバルトが別々に考えていたことを意味するのである．

(6) 初期資本主義論

以上のように資本主義的精神と資本の発生を説明した後，ゾンバルトは第1巻の後半を第4部「工業的資本主義の端緒とその展開の障害」，第5部「初期資本主義時代末期における工業と資本主義」，第6部「現代における工業的資本主義の凱旋行進」，第7部「現代における手工業と手工業者」というタイトルで叙述を展開している．この著作をここまで読み進めてきた読者は，第4部以降の諸章に発生史的意味での経済史的叙述を期待するに違いない．すなわち，地代蓄積によって本源的資本を獲得した資本家が，最初は貨幣・商品を取り扱う業務からどのように工業（産業）資本家へと転化したのか，初期資本主義の資本蓄積はどのような経営形態で行われたのか，初期資本主義から高度資本主義への移行はどのように行われたのか，こうした論点が実

第8章　近代資本主義論の生成

証に基づいて論証されていると考えるであろう．しかしながら読者の予想はほぼ完全に裏切られる．ゾンバルト自身も当然このことを意識して，第4部の冒頭で次のように述べている．

> 今や必要な人的・物的財産を所有する経済主体が現れ，経済生活を自らの新しい形態に整えていく．その計画の実現のために欠けているものは，彼らの活動の客観的条件が満たされることである．そこで多くの読者は，この条件の実現についてここで論じられると期待するであろう．しかしながらこの期待に応えることはできない．というのも，材料のそのような整序は本書の基本思想に反するからである．本書の基本思想によれば，歴史的事実の経験的・偶然的形態における叙述と，そうした事実が一度与えられた……という前提の下での経済の法則的経過の証明とが鋭く区別される．われわれは資本主義的経済主体ないし経済原理の発生を偶然性の観点の下で考察するが，それに対して世界が経済主体の像に従っていかに創出されるかを法則性の観点の下で考察する．後者の考察様式をわれわれは理論と呼ぶ．したがって資本主義的経済様式の客観的条件の成立論は，この叙述の発生史的部分ではなく，当然理論的部分に属する．しかし［本書の］第2巻の内容をなす部分は分割され，第2巻は初期資本主義的国民経済の高度資本主義的国民経済への法則的編成替えの証明に限定される．こうしてその発展に先立って，初期資本主義的経済組織を編成替え過程の出発点であるその最高に完成した状態において分析することが行われなければならない．これが次の［第5部の］課題である．だが，われわれが初期資本主義的経済時代の全体の経過とその独自の発展条件を黙して完全に無視してしまえば，ひどい欠陥であろう．そういう訳でこの［第16］章では，資本主義の主体的前提が実現されたその後に生じたことに関して方向づけの概観が与えられるべきである（I. 398-9）．

以上の論述から明らかなように，「経験的・偶然性の観点」から行われる

資本主義の発生史的考察はすでに終了し，第2巻で「法則性の観点」から遂行される「資本主義発展」の理論的考察のいわば準備的考察が行われるというのである．そしてそれは，初期資本主義時代全体の「概観」と初期資本主義的経済組織の「最高に完成した状態」の分析からなる．ところでゾンバルトは，初期資本主義の終了を，イギリスでは18世紀半ば，フランスでは7月王政成立後（1830年代），ドイツでは19世紀半ばとしており（I. 422），第5部の初期資本主義的経済組織の「最高に完成した状態」の分析は，19世紀前半（初期資本主義末期）のドイツに限定されている．初期資本主義時代全体の「概観」はわずか10ページ（その後に続く「展開の障害」もおよそ10ページ）であるから，読者は14世紀のイタリアから19世紀のドイツへと一挙に連れ去られる印象を持つのである．

では初期資本主義時代全体の「概観」がどのように与えられているのだろうか．ゾンバルトはまず，14世紀の商人が多数の雇用者を擁しつつ広範な支店網を形成したこと，商人の「人格的・技術的労働」がますます後退して「財産処理」が主たる活動内容となったことを指摘して，「14世紀以降のイタリア諸都市において，また15世紀以降の南ドイツの諸都市において商業が著しく資本主義的刻印をおびていたことはいささかの疑問の余地もない」（I. 399），と述べている．その場合彼が依拠したのは，シュモラー学派の多数の経済史家とカニンガムやアシュリーらの「近代資本主義的生産の端緒がたびたび描かれている」「一連の有用な研究」であった．ゾンバルトはこれらの研究を総括して次のように述べている．

　　規則として定立されるのは，最初に高度な蓄積を達成して生産部面に移行するのは商業ないし銀行資本であり，端緒において手工業的生産者が資本主義的企業者に転化する事例はほとんどない，ということである．しかも資本が貸付資本としての役割を果たしはじめ，次第に生産資本としての地位に進出するということが，工業資本主義の一種の発展法則であるように思われる．われわれは，このような資本家と技術的労働者の緩やかな結合

第8章　近代資本主義論の生成　　　　　　　　　　　　　223

を資本への間接的従属と名づけた（I. 401）．

　この論述は，具体的に言えば，いわゆる問屋制前貸の展開によって独立の手工業経営が家内工業者として商業・貸付資本に従属していくプロセスを指しており，マニュファクチュアや工場制における賃金労働者の雇用を「資本への直接的従属」と呼べば，ゾンバルトが前者の展開を初期資本主義の発展コースと見なし，「資本への間接的従属」から「資本への直接的従属」への展開を「工業資本主義の一種の発展法則」と理解していることが分かる．
　他方ゾンバルトは同時に，こうした発展と「並んで」，初期資本主義時代の初めから，鉱山・繊維・製紙などの分野で「マニュファクチュアあるいは工場さえも」営まれ，大経営における技術進歩や「資本集中」さえ見られることを指摘している（I. 404ff.）．後にいわゆる「早期産業革命」と呼ばれる事実である．しかしながら彼は，こうした事例を重要ではない例外的現象と考えていたように思われる．ゾンバルトにとって初期資本主義時代の特徴は，「決して些細ではない財産の蓄積にもかかわらず，資本主義の進歩が……きわめて小さかった」ことにある．前述した経済主体が「経済生活を自らの新しい形態に整えていく」という意味での「資本主義の自然的発展」は，様々な事情によって「抑制」されたのである（I. 409）．
　その理由は，かんたんに言えば，蓄積された財産の「非生産的目的」，とりわけ戦争への利用であり，また飢饉・疫病・戦争による人口増加の「妨害」，すなわちプロレタリアートの生成の「妨害」であった（I. 410）．そこには絶対主義時代における常備軍の整備，君侯の公債政策だけでなく，近代国家の重商主義的商業覇権政策も含まれており，これらすべてが蓄積された資本を絶えず「非生産的目的」へと流失せしめ，戦争目的のための兵制の整備と植民経済の拡大は生産的労働力を常に吸収し，「資本主義的エネルギーの麻痺」として作用した（I. 413ff.）．したがってゾンバルトは，初発から存在した大経営への発展可能性はこうした攪乱要因によって絶えず「抑制」されたと考えていた．

別の個所でゾンバルトは,「19世紀半ば……におけるドイツの経済生活の本質的性格は, 1350年ないし, 少なくとも1450年のそれと本質的にはそれ程異なるものではない」(I. 484), あるいは「工業的資本主義は……その最初の発展の局面を終えた後に, 一国の経済生活における付属的役割を果たすことを止める」(I. 654) と述べているが, まさしくこうした初期資本主義観こそ, 資本主義精神論・地代蓄積説とならんで本書第1巻の最大の特徴を成しているといえよう[27]。彼が「資本主義の発展」を「発生史的」あるいは「偶然的・経験的」にではなく,「資本主義の自然的発展」を「法則的」・「理論的」に把握しようとする背景には, 初期資本主義の歴史をむしろ資本主義の人為的抑制の過程と見なす歴史観が結びついていた.

さてゾンバルトによれば,「前資本主義的工業制度」の本質的特徴は「工賃手工業者をともなう家工業的自給生産」(I. 433) である. 「ナールンクの原理」にしたがって遂行される交換経済としての手工業経済とは, 農村においても都市においても, 本来の意味での自家生産と自ら調達した原料の工賃手工業者による加工に基づく自給経済である. そして自給できない生産物が, 農村共同体内部の「一種のデミウルギー」(I. 440) である独立手工業者によ

---

[27] 『近代資本主義』第2版の資本主義成立史 (Sombart 1916-17) と初版第1巻との最大の相違は, 初期資本主義観が180度転換したことである. すなわち, ここで「妨害」要因としてかんたんに述べられた論点が, 今度は逆に促進要因として評価されるに至っている. ここで詳しく論じることはできないが, 第2版第1巻第2部「近代資本主義の歴史的基礎」において, 資本主義の概念規定とともに「国家」というタイトルの節が挿入され,「市民的富の成立」の後に, 君侯の奢侈・軍隊の需要・大都市の大量需要・植民地の需要と国家的労働者政策が大経営成立の促進要因として決定的に重視されている.
　つまり, 手工業と資本主義の概念的峻別, 資本主義精神論, 地代蓄積説の根本は基本的に堅持しつつ, 初期資本主義の発展に対する国家の政策的意義をまったく逆に把握するようになったのである. 第2版が膨大なものに膨れ上がった最大の理由はここにあるように思われる. そして本稿の冒頭で指摘した「一連の基本思想も変わっていない」, というゾンバルトの序言の言葉が正確でないことの実質的理由もここにある. そしてこの論点に関する限り, こうした転換が明確に示されたのが,「近代資本主義の発展史の研究」という副題の第1巻として刊行された『戦争と資本主義』(Sombart 1913a), 第2巻として刊行された『ぜいたくと資本主義』(Sombart 1913b) である.

第8章　近代資本主義論の生成　　　　　　　225

って，また都市の手工業者によって生産され，「年市や行商」をつうじて調達される．ゾンバルトは，農民経済，領主［グーツ］経済だけでなく，都市経済内部でも，ドイツでは19世紀半ばに至るまで，パン，食肉，糸巻き，亜麻織り，シーツ，服，靴などが家で作られたことを強調している（I. 445f.）．

　初期資本主義の発展は本質的には，こうした「前資本主義的工業制度」内部への資本の流通過程から生産過程への浸蝕を意味する．その程度に関して，ゾンバルトの総括的説明によれば，

初期資本主義時代末期の工業生活はおよそ次のような像を示している．工業資本主義は数世紀を経て確固たる位置を占めた．しかしそれはなお完全に手工業的組織の形態のなかに生き続けている．多くの場合前資本主義的工業を直接引き継いで成立し，その存立条件を継承した．それはなおほとんど偶然的で，その存在様式は伝統的であり，依然土着的であり，その技術は経験的である．その活動領域は，出現と同時に征服した分野にほぼ止まっている．それがかろうじてようやく存続しているのは，かつての局地間手工業，つまり鉱山業，繊維産業，鉄加工業その他若干の工業だけである．しかしながら，それはちょうど今局地的手工業をつかみ取ろうとしているところにある．われわれは，1840年代のドイツにおいて，こうした［局地的］手工業でも生じた解体の最初の痕跡を発見するであろう．もっともそれは最初の痕跡であって，全体としてみれば，前資本主義的工業組織の構造はまったく無傷のままである（I. 423-4）．

　ゾンバルトの判断によれば，1840年代にいたるまで局地間の取引では資本主義は「確固たる」存在であるものの，それは流通支配のレベルに止まっており，利潤追求の土台をなす生産過程はそれに適合的な編成を取っておらず（偶然的），手工業経済がそのまま継承されている．しかも伝統的・局地的な手工業経済はほぼ「無傷のままに」残され，その解体がようやく始まろうとしているのである[28]．

(7) 資本主義の前進と手工業の後退

ところで前述した本書の構成にしたがえば,「初期資本主義的経済組織を編成替え過程の出発点であるその最高に完成した状態において分析する」課題をもって第1巻の叙述は終わったはずである．しかしながらゾンバルトは,すでに資本主義が支配している分野での生産過程の編成替え（家内工業からマニュファクチュア・工場制への移行）――とりわけ鉱山業と繊維工業において――を分析することは第2巻の課題だとしながら,初期資本主義末期から高度資本主義への「巨大な転換」「の性質と規模に関する漠然としたイメージ」を得るために,「旧い組織形態の領域における資本主義の征服行進の叙述」（第6部）と「[この]転換の現状における概観」（第7部）が与えられるべきだと主張している（I. 484-5）．これは具体的に言えば,1840年代末に解体を迎えようとしていた伝統的・局地的な手工業経済がその後の50年間に資本主義の侵入によってどのように変容したのかを,本書の執筆時点で確認しようとすることである[29]．ある意味では本書の基本構想をはみ出したこの部分に,ゾンバルトの『近代資本主義』執筆の動機がはっきり表れているといえよう．本章の「はじめに」のところですでに指摘したように,本書は方法論争と社会政策学会の世代間政策論争を克服するために執筆されたのであるが,後者について言えば,それは手工業の保護を巡る論争にほかならない．手工業の保護を無意味と考えるゾンバルトにとって,資本主義の発生とその発展の理論が提示されるだけでは不十分なのであって,そう

---

28) ゾンバルトは,その具体的様相について,食料品・衣料・建設・用具製造の各手工業を概観した後,1848年革命に触れ,少数の分野を除いて,工場労働者の「職人的性格」と家内工業労働者の「ツンフト的性格」を強調している．しかし他方で,伝統的手工業者のなかから,「小工場主」が「真の企業者タイプ」として「蠢いている」ことを指摘している．(I. 482-3)．彼にとって「小工場主」は,後述するように,問屋制商業資本や銀行資本から出発した資本主義的精神が伝統的手工業に侵入したときに成立する過渡的存在として理解されていたように思われる．

なお,Sombart (1903: 48) において,当該期のドイツは「農業国家」ではなく,「ナールンク国家」という表現で特徴づけられている．

29) 第7部の途中で,「私がこの文章を書いている1897年夏」という記述があるので(I. 628.),執筆時点とは1897年である．

第 8 章　近代資本主義論の生成　　　　　　　　　　227

した理論を前提として 19 世紀末期における手工業の現状が具体的に把握されねばならなかった[30]．むしろ逆に，19 世紀末期における手工業の現状の具体的分析が本書を構想させたといったほうが正確であろう．というのも第 6 部・第 7 部の記述の基礎資料は，ビューヒャーをチーフとして行われた社会政策学会の手工業調査（1895-97 年）であり，ゾンバルト自身「これがなければそもそもこの著作は書かれることがなかったであろう」，と述べているからである（I. 662）．

　ではそれはどのように描かれているのであろうか．かんたんに言えば，資本主義の進展は紛れもない事実であるが，その程度は極めて多様である，ということであった．ゾンバルトはこれを資本主義の進展度に応じて，「資本に対する間接的従属のケース」，「家内工業」，「専門化された大経営」，「結合企業」という四つのレベルで考察している．まず第 1 の「資本に対する間接的従属のケース」とは，製パン業や建設業に見られる製造業者の信用貸しあるいは金融業者からの融資によって手工業者は独立するが，過当競争の圧力によって大きな金融業者・原料製造業者・商人，すなわち「資本家」の事実上「餌食」になるケースである．次の「家内工業」は，被服産業にみられる問屋制度の展開を指しているが，この経営形態の条件は，製品の大量需要・輸送の容易性・分割された手労働への適合性・婦人労働の対象物，である．ここでは生産が資本主義的問屋主によってもっぱら行われる低品質の既製服などの場合（大企業化・機械工場化）と，問屋制が安定的に継続する高級仕立て服との分化が見られる（I. 509ff.）．「専門化された大経営」とは，手工業経営のマニュファクチュア・機械工場への転化を意味する．ここでゾンバルトは，大経営に適した半製品・補助材料の生産分野で 12〜15 人の補助労働力を雇用する「中経営」を資本主義的大経営の「出発点」とし，「旧い手工業的生産領域の漸進的な空洞化が生じ，大経営と手工業が並存する長期の発展過

---

30)　後述するように，理論編である第 2 巻の最後第 4 部も現代の手工業論であり，第 2 巻の途中で，「手工業的生産・商業様式の後退……をその必然性において証明することがもちろん全体の叙述の目的である」，と明記されている（II. 235）．

程」を指摘している（I. 524-5）．こうした大経営化は食料品（チョコレート，ビスケット，ソーセージなど），靴・皮革・建設・工芸などで顕著であった．最後の「結合企業」は，資本主義的企業による手工業経営の吸収である．それには，生産分野の異なる手工業者と資本主義的企業者が注文によって結びつき，前者が事実上後者に支配される付属化（Angliederung. 大工業にろくろ工が木材を供給するケース），大経営化した補助材料の生産工程に関連する多数の手工業が吸収される編入（Eingliederung. 鉄鋼工場に印刷・製本業が吸収されるケース），独立手工業のいくつかの分野がひとつの経営に合体する合流（Zusamengliederng. 馬車・鉄道車両のケース）がある．これらは，かつての手工業が資本主義的企業の構成部分になることを意味する（I. 554ff.）．

　こうしてゾンバルトは，「資本主義が工業生活の全線に渡って前進している」ことを確認するのであるが，しかしその場合彼の強調点は，以上の論述から帰結する「前進」の不均等性に置かれていた．

　　手工業者の人格の周囲に過去千年にわたって成長した職業領域に代わって，おかしなほど短期間のうちにザッハリヒで合理的な観点にしたがって形成されるまったく新しい生産様式のシステムが設置された．現在ではそれは工業生活のほぼすべての分野を等しく支配している．しかし，資本主義の勝利の行進が統一的な形態で生じていると即断するならば，それは誤りである．資本主義の進出に対して社会的大経営の均等的成長は決して対応していない．きわめて多くの事例において，資本主義は労働過程にまったく手を触れないか，あるいはただ僅かに触れるだけである．……別の場合には，それは社会的大経営の形態で現れるが，それも著しく窮屈な土台の上であって，ここで大経営的発展について語る資格がないほどである．統計の示すところによれば，まさに現代において増加する傾向があるように見えるのは小資本主義的企業なのである（I. 568)[31]．

31) ゾンバルトは，手工業の保護主義者が手労働と手工業を混同しており，「労働過程が手労働かそれとも機械労働に基づくのかは，資本主義的組織にとって取るに足らな

第8章　近代資本主義論の生成　　　　　　　　　　229

　ゾンバルトによれば，「資本主義の前進」の内実は数量的には生産過程の変革を意味しない「資本に対する間接的従属のケース」であって，いわゆる「手工業の没落」はまだ実証できないのである．それでは手工業は現代においてその基盤を維持しうるのであろうか．

　結論を先取りして言えば，もちろんゾンバルトは現代において手工業の存在基盤は失われつつあると考えるのだが，それは微妙なニュアンスを含んでいた．というのも，まず農村では自給経済の減少と工業的資本主義の進出が見られるものの，なお自給経済と結びついた工賃仕事や伝統的手工業は依然として維持されていたからである．農民経営に組み込まれている鍛冶屋や車大工は，「良い暮らしを送っており，近い将来鍛冶手工業の存在は農村では差し迫った危険に脅かされていない」(I. 583)．また都市においても自給的家経済の縮小にともなってパン屋・肉屋は，前述の傾向にもかかわらず増加の可能性を残しており，仕立業では生地の輸入によって商人への従属に抵抗するケースも存在した (I. 599-600)．

　しかしながらゾンバルトは，都市においても農村においても多様性はあるものの，「手工業の後退」と「資本主義の前進」は揺るぎがない，と確信していた (I. 615)．農村手工業や修理・修繕部門では暫くは維持できるかもしれないが，その解体は時間の問題にすぎない[32]．「多様性」とはただテンポ

　いことである」(I. 599)，という重要な指摘を行っている．彼によれば，この混同が手工業保護論の最大のポイントである．この論点はヴェーバーに完全に継承されている．

[32] 「鍛冶とならんで車大工は，現在の組織のままで維持されている限り，農業経営に局地的に組み込まれることによって，修繕業としては少なくとも農村ではほぼ旧い状態のまま当分の間は安泰であるように思われる．だが当分の間である！発展がこれらの手工業の没落をもたらすことは，イギリスとアメリカの例が証明しているように見える」(I. 584)．

　こうした展望は後述第2巻の「農業における資本主義の発展」ともいうべき視角からの叙述と対応している．しかしながら前出『19世紀のドイツ国民経済』では，農業における資本主義の浸透や共同体の解体と同時に，農村の生活の独自性，資本主義的貨幣経済の例外性，自給経済の強さ，農民経営の計算性や数量化に馴染まない人間的性格，といった論点が強調され，工業における大経営の優位が農業では妥当しないことが指摘されている．その意味では農業に関する限り，資本主義の前進に対する彼

の差にほかならない．「資本主義の息が掛かっていない工業部門はひとつとして存在していないということである．すべてのものにうじ虫（Wurm）が付いているのである」（I. 618）．この「うじ虫」という表現は，資本主義の前進は法則的必然であるとする彼の確信の背後にアンヴィバレントな感情が潜んでいたことを表している．それは，資本主義の展開が貨幣貸付資本・商人資本による流通過程からの浸透，すなわち手工業に対する圧迫・搾取だとする彼の理解と結びついていたと言えよう．

　社会階級的に見れば，手工業は19世紀末期にブルジョアジーとプロレタリアートに分解しつつあり，一部の手工業者がプロレタリア化に抵抗しているのである．彼はこのような抵抗が早晩崩れることを予想して，資本主義の前進と手工業の後退を主張したのであった．さてわれわれは節を改めて「資本主義発展の理論」を検討してみよう．

3. 資本主義発展の理論

(1) 法秩序と技術

　さて第2巻の課題は，前述のように，「初期資本主義的国民経済の高度資本主義的国民経済への編成替えの証明」を課題としているが，それは，資本主義的精神を有する「経済主体」が自らの営利原理にしたがって世界をいかに創出するかを，「法則性の観点の下で考察する」ことにほかならない．この場合の「法則性の観点の下で考察する」とは，資本主義の自然的発展を「因果」的に考察して，そこから発展の規則性を抽出し，それが人為的に歪められない場合，将来の発展傾向はどのような姿を呈することになるかを確認することを意味する．別な言葉で言えば，合理主義と計算性にしたがって利潤を実現しようとする経済主体を初期資本主義末期という特定の歴史的条件の下に置いた場合，どのような動きをするか実験的・実証的に観察するこ

　　の確信は翌年修正されることになる（Sombart 1903: 375ff.）．

と，と言ってもよい．

　まずゾンバルトの高度資本主義の発展の見取り図を示しておこう．注目すべきことに，資本主義的精神の発生にあたって十字軍による黄金欲の覚醒が決定的役割を演じたように，高度資本主義の開始期にもカリフォルニアおよびオーストラリアの金の流入を決定的に重視されていることである．彼によれば，高度資本主義は「資本金額が貴金属生産の増加あるいは……その他の方法による部分的増加によって急速かつ恒常的に拡大する」「拡張期」と，「追加資本が流通手段の顕著な増加なしに純粋な過剰資本によって補われる」「収縮期」に分けられ（II. 8），前者の「流通手段の顕著な増加」がカリフォルニアとオーストラリアからの金の流入によって生じたのであった．流入した貴金属は，まず既存の手工業以外の主として貨幣・信用の分野（銀行業）に，次いで交通および「以前から資本主義のものになっていた基礎的工業」（石炭・鉄鋼）に投下される．ここで形成された過剰資本が今度は輸出工業としての手工業に向けられ，最後に国内市場に製品を供給する手工業との最終的闘争に突入する（II. 9ff.）．

　こうした見取り図が，1850年代以降展開したいわゆる「特殊ドイツ型銀行」による鉄道・重工業主導型のドイツ資本主義の発展と，前節で述べた手工業の後退論を重ね合わせたものであることは明白であろう．ゾンバルトの最終的狙いは，「資本主義発展の理論」によって手工業の後退の「理論的必然性」を論証することにあった．

　さてゾンバルトは，経済発展の「推進力」を，法秩序，技術，人口増加などの「客観的条件」や，個人主義，自由への衝動といった「社会的理念」に求める見解を批判しつつ，改めて「社会的行為にとって有力に作用する推進力ないし動機」は，近代的経済発展の場合「資本主義的利害の主張」であることを再確認する（II. 4ff.）．これに対応して「客観的条件」や「社会的理念」が適合的に編成されるのである．彼によれば，「資本主義の法的表現」が，営業の自由，自由競争システム，個人主義的法秩序であり，その本質は多様な内容をもつ自由権（営利・契約締結・所有・相続）の保証であった．

その場合ゾンバルトは，こうした法システムがなんらかの「社会的理念」の表現ではなく，資本主義の「利害」の観点からする妥協の表現であることに注目する．

　各々の生産者の自然的な法の理想は，独占，すなわち自分には自由，他者には強制・制限である．もし彼がこれとは別の秩序に賛成だという場合，こういうことが生じるのは，彼が自分の理想が実現できないと考えるから，すなわち彼が少なくとも……自分にとって問題となるものの若干を自分のために救い出すために，妥協を承認するからである．経済形態の本質はこうした妥協の結果を決定する．これが手工業者にとってはツンフト秩序であり，資本主義企業者にとっては営業の自由である（II. 29-30）．

　手工業者は「ナールンクの原理」にしたがって生存条件の安定を指向するから，自己の自由を譲歩して他者の制限を受け入れるのに対して，資本主義企業者は経済領域の無限の拡張を指向するから，自己の自由を確保するために他者の制限を犠牲にするのである．このことは営業の自由が資本主義を生み出したのではなく，その逆を意味する[33]．「営業の自由は資本主義的精神にもっとも適合的な経済秩序である」としても，「資本主義はその法とのみ共生できる……と仮定することは完全な誤りである」．工業的資本主義はツンフト法の下でも抑制されなかったし，営業の自由は手工業を増加させることによって，資本主義発展に対する「障害」を生み出すのである（II. 32）．ここでゾンバルトが言いたいことは，「法の過大評価」に対する批判であった．
　さて資本主義的利害に適合的な法秩序が営業の自由だとすれば，資本主義

---

33) ゾンバルトはこうした法的考量のもう1つの理由として，「合理的利潤」を獲得するための「契約締結」をあげている．そして「資本主義的精神の興隆によって作り出されたこうした独自の布置状況のなかに，近代『個人主義』の発展にとっての出発点」を指摘している（II. 31）．

的生産の技術的基礎は，手工業の人格に付着した経験的・偶然的な技術とは対照的な，非人格的な「合理的技術」に他ならない．ゾンバルトは，人間の能力の限界を突破した「機械」の意義をマルクスにしたがって高く評価する一方，「機械の時代」の本質がむしろ「科学の技術への応用」にあることを強調する．技術の経験的方法が「労働遂行」という「目的論的」観点の下で行われる「技芸的方法」だとすれば，「合理的方法」は「生産過程をも自然のプロセス」とする「因果的」・「法則」的方法である．したがって技術の所有は，前者の場合技術的能力が「親方の人格のなかにしまい込まれ」るのに対して，後者では「だれもが任意に把握でき，到達しうる知として実行的人格の外側に自立化・客観化」し，「言語と文書による固定化をつうじて将来の世代にとっての不朽の財産」となる．このことは，科学技術の探求が「専門研究者の職業労働」へと移行し，その利用を「場所・時代に拘束された特定の個人」から解放することを意味する．それは，技術的能力の存続と増大から「純粋に人格的なものの偶然性」が取り除かれ，「現代における技術的遂行の矢継ぎ早の革新（Neugestaltung）」ばかりでなく，「計画的な」「全産業における生産の攪乱のコントロール」が可能になる（II. 63-4）．

　以上のようにゾンバルトは，18世紀後半から始まる一連の技術革新をマルクスのように相対的剰余価値生産のレベルではなく，人格から切り離され無限の貨幣増殖を指向する資本主義企業の発展の適合的な基礎として把握し，絶えざる技術革新と生産の計画化の可能性の拡大という観点からこれを評価したのである[34]．

34）　ゾンバルトは以上の論述に加えて，次のように述べている．
　　……テクノロジーは生産過程を実行的器官である人間から切り離されたものと見なし，人間をその要素に解体して……個々の過程の目的に適った因果的結果の考慮のみを決定的なものにした．かくて労働分割的手続が方法的にはじめて適用可能になる（II. 66）．
　　この指摘は，テクノロジーのもつ非人格的側面に言及しながら，彼が資本主義の発展という観点からこれを肯定的・楽観的にとらえていたことを示している．こうした立場は，本書刊行の１年前に行われた講演「技術と経済」において明確に現れている．すなわち彼は，資本主義的経済システムと技術的発展の相互依存関係を指摘しつつ，

(2) 経済と文化

ところで絶えざる技術革新は,「可能な限り高い利潤の獲得」を目指す資本主義企業者にとっては,競争という条件の下で,一方における新生産方法の導入によるコスト低下・生産力の増大と他方における市場の過剰・販売条件の悪化,という「二律背反」を生み出す.

資本主義的企業の最大の強みは,……そこに刻印された計算の厳密性である.……他方でこの努力が首尾一貫して遂行されると,経済主体の意図とは反対の帰結が生ずる.極端な主観的合理主義と対応するのは,景気循環の上向・下向運動によって,また価格の絶えざる変動によっていかなる予測可能性も予定も効力を失う価格形成の絶対的・客観的な非合理性である.したがって計算の対極として必然的に投機が形成され,それは後の需要の評価のみならず,…後の生産条件あるいは生産の変革の評価にまで及ぶ.そのため将来の価格形成の計算不可能性と経済遂行の投機は,財の生産開始と消費との間の期間の長さが増大するにつれて,同時にこの期間のうちに生ずる生産の変化が頻繁になるにつれて増大する (II. 69).

これはベーム-バヴェルクの「迂回生産」理論を企業者の側から不確実性の増大ととらえ直したものである.したがって資本主義の発展が迂回生産の延長を不可避的にするとすれば,企業者は計算不可能性の増大に対して,自己の生産・販売過程の時間的短縮によってこれに対抗するであろう.それは

経済の発展が人間の相互依存関係の複雑化と拘束の拡大によって個人の「不自由」を増加させるのに対して,技術的発展は近代的個人のこうした葛藤を部分的に解決しうる(「技術の発展原理は自由であり,経済の発展原理は不自由であり,拘束である」)ことを強調している (Sombart 1901: 訳74-5).後のナチス期になると,ゾンバルトはこうした楽観主義を修正し,技術の非人間的影響をコントロールしようとする「技術の馴致」論を展開する (Sombart 1934, 訳第16章; Sombart 1935, 訳「技術の馴致」を参照).

なお前期ゾンバルトの楽観主義は,当時のドイツの「技術主義的ユートピア」と連動しているように思われる.小野 (1996) を参照.

「生産期間と流通期間の短縮」，つまり流動資本と固定資本の回転の加速化を意味し，それはまた流動資本の固定資本による代替（機械化）をもたらすであろう．マルクスの表現では，「資本の有機的構成の高度化」である（II. 71f., 79ff.）[35]．

ゾンバルトはこの帰結から二つの結論を引き出している．第 1 に，技術進歩が生産期間の短縮だけでなく，流通機関の短縮にも利用されるから，資本主義の発展は，商業の大規模化，商業・金融技術の発展，輸送・通信技術と制度の発展をもたらすことである（II. 73ff.）．第 2 に，「資本の有機的構成の高度化」が意味することは，「経済過程における人的生産要素に対する物的生産要素の優位の増大，生きた労働に対する過去の労働の，すなわち現在に対する過去の支配のいっそうの拡大」（II. 82）である．

こうしてゾンバルトは，高度資本主義時代に生産過程の再編に対応した流通の革新とインフラストラクチュアの整備が「法則的に」推進されることを指摘する一方，高度資本主義の経済・技術の発展が，「近代文化の全様式」を規定することを強調する．それはかんたんに言えば，技術による「物質（Materie）の克服」がむしろ「全体の経済プロセスの事象化（Versachlichung）」，「人格を犠牲にした圧倒的な物質的（sachlich）文化」，「物質的文化要素の過大評価」をもたらしたこと，「空間の克服」によって精神が「無限性のイデー」を所有し，「地域性の相違」を極小化して，生活慣習・仕事・嗜好の「平準化」を生み出したこと，「時間の克服」が「時間の価値の増大」を生み，「欲望の増大」ともあいまって「生活遂行の加速化」をもたらしたこと，である（II. 83-6）．このようにゾンバルトは，ベームの迂回生産論やマルクスの資本の有機的構成の理論を資本主義の発展が生み出す文化変容，いわば「資本主義文化」を問題とする「発見的手段」に転用したのである．「高度資本主義的国民経済への法則的編成替えの証明」とは，単なる経済発展だけを法則的に把握するのではなく，経済・技術・法・文化という

---

35) ゾンバルトのこの部分の論述は，迂回生産を巡るベームとレクシスの論争，マルクス『資本論』第 2 巻の資本回転論に依拠している．

客観的「世界」の総体的把握を法則的に行うことであるといえよう．上述の近代文化論は，「資本主義文化」を批判するというよりも，後述するように，近代の文化様式が資本主義経済に及ぼす逆の影響——「奢侈」の経済的意義——を問題とする観点から行われたのである．

(3) 農業における資本主義の形成と近代都市の成立

ゾンバルトは第2分冊「経済生活の新形成」の叙述を「近代的農業の成立と土着的経済制度の解体」というタイトルで始めている．これは一見すると資本主義の発展の端緒を農業に求めているかのような印象を与えるが，これまでの論述から明らかなように，彼はそうした発想を持っていないし，自らもそれを否定している[36]．ここで彼が展開しようとする問題は，工業資本主義の発展が農産物価格の上昇をもたらし，農業への営利経済の侵入と自給（欲求充足）経済の解体が高度資本主義の前提条件であるプロレタリアートを創出することの論証にあった．

さてゾンバルトによれば，農産物価格の上昇は，18世紀半ば以降「イギリスにおける工業資本主義の発展」[37]とともに始まるが，初期資本主義末期の「ドイツにおける工業資本主義の拡張によってはじめて」本格的になった．それは「生産者に営利衝動を目覚めさせ，……労せずして利得をもたらす宝の分け前にあずかろうとする欲求を作り出す．だがこうした感覚の変化は，農業者の場合経営全体のとくに重要な改変を意味する．というのも……合理主義的・資本主義的精神の侵入によって，……従来は身分に適った暮らしの足場・土台だった土地を，……可能な限り高い純益を生み出す『レンテ源』と見なすようになるからである．この目的のために彼は必要な経営手段を準備しなければならず，……『資本』を受け入れねばならない」(II. 99)．

36) ゾンバルトは，「資本主義的経済の端緒は農業にある」とのクナップの命題を批判して，「工業資本主義の形成がいつも先である」と主張している (II. 87)．
37) ゾンバルトの判断では，イギリス農業においていちはやく営利原理が浸透したのは，毛織物工業の発展の結果ではなく，ロンドンを消費中心地とする国内市場の形成と農産物価格の上昇の結果であった (II. 154)．

第8章　近代資本主義論の生成

　ゾンバルトは，この過程がイギリスでは資本力を有する資本主義的企業者による土地の借地化として進行したのに対し，ドイツのような「後進諸国」では「予備企業者」が欠如していたため，土地所有者の資本主義的企業者への転化が行われたことを指摘している．

　さて資本主義的精神の農業への侵入の結果は，農業の集約化に表現される「合理的農業経営」の展開であり，価格上昇の下で純益の増大による地代・地価上昇である．それは農業生産の差別化（ex. 作物の交替）と立地の変化（ex. 山林経営の周辺化）をもたらすとともに，他方では家父長的・有機的な農業労働制度の再編（季節労働者への依存）と農村共同体の解体（共有地利用に依存する小農経営・副業の減少）によって，農村労働者のプロレタリア化・流動化と農村過剰人口を招来する．初期資本主義以来展開された農村における問屋制家内工業は，最初は農村副業に，後にはこうした過剰人口に支えられたものであった（II. 102-34）．しかしゾンバルトは，資本主義の侵入による自給経済の解体の過大評価に懐疑的であった．

　家内工業的自給生産は，たとえ社会的・平均的生産性がかなり下回っていても決して中止される必要はない．たとえ私が「社会的に必要な」支出の10倍もの費用で自分で製本したり，自宅の壁を自分で塗っても，「市場法則」はこれを妨げることはできない．……私は，伝来の手工業的生産様式に強く固執し，あらゆる資本主義適合理性に抵抗する本来の農民経済の場合には，合理的経営の形成から帰結する原因の重みを…過大評価したくないのであって，むしろ多くの場合，旧い農民家族は外側からとどめを刺されたと考えている（II. 143）[38]．

---

38) この点に関わってゾンバルトは，マルクスの本源的蓄積論を批判し，ロシア・ナロードニキ（シュトルーヴェ）のマルクス批判に賛同している（II. 142）．なおゾンバルトのいうドイツの農村の根強い「抵抗」の原因は，農業共同体の残存に求められるであろう．それは西南ドイツでは，1920年代になっても存続している（三ツ石1991を参照）．

この「外側から」の「とどめ」とは，「新しい革命的な個人主義精神」(II. 144) である．その意味は「新しい人格の理想，すなわち快適さと生の喜びを求める新しい基準」であり，その担い手は資本主義の前進によって成立した「近代都市」であった (II. 145)．ゾンバルトによれば，農業における資本主義の発展だけでは，伝統的農業の一定の解体と農村過剰人口の形成[39]は説明されるが，過剰人口の移動とプロレタリアートの成立の「必然性」は証明されないのである．したがって，資本主義の発展と近代都市形成・個人主義成立の因果的「必然性」が論証されなければならない．

　まずゾンバルトは，資本主義の発達と歩調を合わせて，19世紀後半以降の都市人口の急速な増加と衛星都市を含む経済単位としての「大都市化」が進行している事実を指摘し，「支配的経済システムと都市現象の必然的関連」，「資本主義のシステムにおける都市の本質」を問題とする．近代都市の原形はもちろん初期資本主義時代に見られるのであるが，すでに論じたように，都市の富（購買力）の源泉としての商業利潤・工業利潤は小さかったため，「初期資本主義における都市拡大の本源的様式」は，農村貴族の都市化（土地レントナー）と君侯の財政経済（国家レントナー）を基盤とする「奢侈生産者」の集合である (II. 196ff.)．しかしこれは前述のように，彼の理解では資本主義的発展を抑圧するものであった．

　ゾンバルトによれば，高度資本主義時代への移行によってはじめて資本主義的工業が「都市形成力」を持つようになる（工業都市）．その理由は，分散的家内工業から社会的大経営が成立し，企業の集中化（分散していた経営体の1か所への集中）や経済的・経営的観点からの様々な関連産業の集中が生じるからである．そして工業部門生産の急速な増大は，自給経済をさらに駆逐することによって工業人口を増加させ，「工業生産の拡大によってのみ満足させられることができる生活の快適さに対する要求の増大」を引き起こ

---

39) ゾンバルトによれば，工業資本主義の急速な発展にもかかわらず，1840年代までイギリスで見られた農村過剰人口の最大の原因は，初期資本主義時代から続いた救貧システムにあった (II. 170)．

す（II. 210-3）．つまり大経営の成立と企業の集中が工業人口を集積し，工業都市の発展が累積的に工業人口を増大させるのである．

ゾンバルトは，工業都市をプロレタリア・技術者・企業職員が居住し，労働所得が購買力として放出される「工業的部分都市」（労働者都市）と，労働者とともに企業者が居住し，企業者利潤が放出される「工業的完全都市」に分類する．後者は企業者利潤を所得とする「富裕な住民」のために多様な「納入業者」が来住して成長し，「国家レントナー」（官僚と軍隊）の中心地となり，商業・信用機能が充実して，「大都市」となる．しかし大都市では，地代・地価が上昇するから企業は周辺の小都市に移動し，商業・交通都市と信用業務を中核（「資本主義的指令基地」）とする消費都市としての大都市に分化する（中心部では人口が稀薄化する）．これがゾンバルトのいう「都市の自然的発展」である（II. 215-24, 249f.）．

> 資本主義の内的深度と外延が大きくなるにつれて，必然的に国民経済的余剰価値のますます大きな部分が近代的交通の中心地，すなわち大都市に収入として集中して現れるようになる．大都市はまたますます消費の中心になる（II. 221）．

このように彼の都市形成論は，資本主義の発展が消費センターとしての大都市を生み出す必然性を論証しようとするものであった．したがって労働者の都市への移住は，工業都市の発展による雇用の増大，大都市におけるサービス労働力需要の増加，都市における実質的高賃金の可能性[40]といった経

---

40) ゾンバルトによれば，農村と比較して都市（工業）の賃金が高い理由は，農業の場合地代がコストに含まれ利潤が低くなること，工業では生産性が高く高賃金は高能率によって相殺されること，都市では婦人・児童の追加所得の可能性があること，である（II. 235f.）．

周知のように農業労働者の流出の原因として「人格的自由」の持つ意義を強調したのはヴェーバーであるが，ゾンバルトのヴェーバー農業労働調査への言及は，グーツ経営の分析に関わって脚注に文献としてのみ紹介されている（II. 120）だけである．

なおゾンバルトの伝統的農村社会の解体と都市の大衆社会成立という把握の背後に，

済的契機によって規定されるとともに，消費センターとしての大都市が及ぼす「精神の革命」に決定的に規定されていた．

> 私は，一言でいえば，個人主義的解放と特徴づけられる都会人の生活態度の変化を考えている．……都市生活を刺激的なものにするのは個人の自由に対する欲求である．かつて山上にあった自由は今日では都市に移り，その後を大衆がついていった．酔っ払うことができたり，一番好きなものを選べることだけが自由ではない．それなら農村の人々も都会人同様にできる．広い意味で人格の自由を刺激的なものにするのは，なによりも――否定的に表現すれば――血族・地縁・支配からの自由なのである．……自由の理想はまず都市の発展を通じて大衆の理想となった．都市がはじめて個人を解放し，都市が成長するにつれて，個人的自由の価値に対する大衆の感覚が増大する（II. 237-8）．

個人が故郷のしがらみから解放され，大量に都市に流入して高賃金を背景に自由な消費主体となる社会を「大衆社会」と呼べば（もちろん彼はこの言葉を使っていない），ゾンバルトはまさしくこうした状態が実現されようとしている入り口に立っていた．彼は資本主義の発展が消費センターとしての大都市の発展を惹起し，そこで発達する「個人主義的自由」と「大衆社会」状況が農村過剰人口を吸引すると考えたのである．

(4) 消費＝需要の理論

ゾンバルトは，大都市における「大衆社会」がいわば「豊かな社会」であることを力説する．1840年代と19世紀末を比較すると，かつての市民的中

テンニースの影響を容易に看取することができる．事実第5章の脚注に『ゲマインシャフトとゲゼルシャフト』(1887) が文献としてあげられている (II. 142)．そもそも二人は密接な交遊関係にあり，ゾンバルトにドイツ社会民主党 (SPD) 入党を誘ったのはテンニースである (Lenger 1994: 94)．

第8章　近代資本主義論の生成　　　241

産層の「手堅いが，……みすぼらしい」暮らしに代わって，「現在では富，華美，豊富があたりまえに」なり，「購買力ある大衆」が成立した（II. 258）．

　二つの時代を偏見なく評価すれば，この50年の間にすべての階級の生活水準が著しく上昇したことは疑い得ない．……中産層の消滅はまったく通用しないおとぎ話である．資本主義的発展はまさしく夥しい数のこのような中間的存在——小資本主義的企業者・高級職員・エージェント・支配人・裕福な商店主・飲食店主——を生み出す．そして国民の豊かさの増大は，新たに生ずる種類の職員が心配なく暮らすことを，物質的・精神的サービスの供給者にますます豊かな報酬を与えることを可能にする（II. 268）．

　そしてゾンバルトは，中間層の増大と経済のサービス化に伴う豊かな大都市の大衆を，寄席に通い，スポーツクラブに参加し，競馬に夢中になる，いわば消費とレジャーを謳歌する存在として描いている．
　ところで彼がこうした購買力の増大と消費の拡大の意味を把握するために使用するキー概念が，「洗練された需要（Feinbedarf）」あるいは「需要の洗練化（die Verfeinerung des Bedarfs）」である．それはかんたんに言えば，ブルジョアジーにおける「奢侈」と中間層へ向かっての「奢侈の民主化」であった[41]．

---

41)　ここでゾンバルトは，18世紀の経済学の焦点が「奢侈（Luxus）問題」にあったことを指摘しつつ，「奢侈」という言葉には，それが経済にとって「有害」かどうか，どの程度が「許されるのか」という，「倫理的経済学」の観点が付着しているから回避すべきであり，その代わりに上記の「洗練された需要」という概念を使用すると述べている（II. 291-2）．したがって彼が「奢侈」という言葉を使う場合には，必ず括弧が付いている．こうした表現法は，この時点における彼の「倫理的経済学」批判がいかに強烈だったかを示唆するものであろう．また彼は，「奢侈」は暖かさや寒さのように絶対的に規定できない概念だと述べ，後の価値判断論争（1909年）での発言を先取りして，それを規定することは，「ブルーネットの女性とブロンドの女性はどちらが可愛いか」と同一の問題であると強調している（II. 291）．したがって注27で指摘した，初期資本主義の発展における「奢侈」の強調への転換の背後には，彼の価

さて,「洗練された需要」とは,需要される財が消費の「快適さ」を高めるために,素材と形態の面で「高価な」「本物」を追及し,「芸術好み」の「嗜好の洗練」化の方向に発展することである．それは「感覚的」・「芸術的・非倫理的文化」であり,具体的に言えば,1890年代半ばから展開され,ルネサンス再評価と結びついた新世代の芸術家(いわゆる「美的モデルネ」[42])による都市建造物・住宅あるいは家具・装身具の装飾・デザインであった．

重要なことは,趣味と教養を豊かに持つ裕福なブルジョアの第二・第三世代が次第に成長し,ユダヤ人の孫や曾孫が徐々に芸術市場の買い手として現れることである．富の増大と共に,国民の精神的エリート——高い「教養人」——が洗練された物質文化に参与することができることも重要である．さらに重要なのは,国家・州・都市が自己の需要を充足する際,ますます大きな資金を投じて,美しいもの,華やかなもの,必要ではないものの余地を残していることである．だがもっとも重要なことは,あらゆるこうした変化の結果として人生観が被った変動である．……それは,現世の目に見えるもの,外界の事物の美しい造型,生の喜びと享受に対する感覚を目覚めさせる (II. 300).

こうした事態の進展は,一方では資本主義的生産の観点から見れば,富の「非生産的目的」への浪費を意味するが,他方では資本主義的芸術産業の発展を促し,「技術と民主主義によって,国民のますます広い階層が芸術産業

　　 値判断論の継続性とともに,「倫理的経済学」に対する評価の微妙な変化が見られるように思われる．
42) 　19世紀末の文芸・芸術上の「モデルネ」については,上山 (1984: 81 以下) を参照．レンガーは,1892 年に家内工業研究を開始したゾンバルトが,文芸モデルネの旗手のひとり G. ハウプトマンの同年にはじめて上演された戯曲『織工』に感激し,H. ブラウンが両者をとりもとうとしたことを伝えている．彼らの交遊関係は,ゾンバルトが 1900 年にベルリン郊外のミッテルシュライバーハウに転居してから,ゾンバルトの友人であった兄のカール・ハウプトマンを通じて始まった (Lenger 1994: 51, 171).

の成果に分かち与かることを可能にする」（II. 314-5）であろう．

これが「奢侈の民主化」である．それは，「洗練された需要」財の購買者が増大し，「奢侈」品が「大衆品」となることを意味する．「奢侈」の大衆化は，資本主義的発展がもたらす「需要の統一化」[43]を背景にして，「嗜好の画一化（Uniformierung）」を招来する．

　近代資本主義の発展によるあらゆる身分的・地方的存在の解体は，あらゆる嗜好の平準化（Nivellierung）をももたらす．今や服装や住宅の調度も，その他のいかなる需要財も，その特徴は社会生活の大中心地である都市から全国に向かって規制される．ここで大規模生産者の利害が促進されることも確かである．しかしながら全体的にみれば，このような嗜好の統一化はやはり総体としての経済発展の必然的帰結である．それから，大都市の存在が需要自体の性質を根本から革新したことに注目することが重要である．……そのプロセスを私は……需要ないし消費の都会化（Urbanisierung）と呼ぶ．われわれの使用財に対する要求は別のものになり，……有用なもの・美しいものに関する価値判断も変化する．だれもが特定の観念を農民的な嗜好と都会的な・洗練された嗜好の表現と結びつけている．その違いを一言で表現すれば，無骨なもの，頑丈なもの，長持ちするものを好む感覚が減退し，それに代わって，感じの良いもの，軽やかなもの，優雅なもの，シックなものに対する快感が現れる，と言うことができよう（II. 324-5）．

---

[43]　ゾンバルトは「需要の統一化」が促進される理由として5点あげている．1. 大企業が特定の規格化された製品を必要とするようになること（ex. 輸送用のダンボール），2. プロレタリアートが低品質の大量生産品の買い手として登場すること，3. 公共団体の需要増大によって消費の官僚制化（Bureukratisierung）が起こること（ex. 学校の教材の国有化），4. 公共団体の官吏の増大によって公的需要の増大が生ずること（ex. 制服），5. 家経済の解体が消費の集合化（Kollektivisierung）をもたらすこと（ex. 外食の機会の増加），である（II. 320ff.）．

すでにゾンバルトは，科学技術の発展が「生活慣習・仕事・嗜好の平準化」を生み出す可能性を指摘していたが，ここではそれが「贅沢の民主化」と都市化によって現実化することを確認する．それは大量生産体制という資本の生産論理の直接の帰結ではなく，それを通じて実現した「豊かな社会」における需要・消費の側の「価値判断」の変化の結果であった．このことは，利潤の実現を目的とする経済主体の「資本主義的利害」を「推進力」とする資本主義の発展が，この段階にいたって，消費主体の主観的効用あるいは満足の極大化という原理によって牽引されるようになったことを含意するものではないだろうか[44]．

ゾンバルトは，新しい消費感覚を持つ人々を「新人類 (ein neues Geschlecht von Menschen)」と呼び，その特徴を次のように描写している．

［彼らは］その内面の飽くことのなさと不安定さを表現し外界を造り上げようとする人間である．われわれは使用対象の変化を欲するのである．それは，同じ洋服を自分とその周囲にいつも見るとき，われわれを神経質にする．変化の欲求が人間を支配し，それが高じて時には旧くなった消費対象をぞんざいに扱うことになる．……しかし成長しつつある世代には，かつての時代の「涙もろさ」も「感傷癖」もない．彼らは非情になり，人間と日々の使用対象との関係も，——われわれの両親の部屋には……あったが，現在では孫の華やかなサロンには……欠けてしまった，あの暖かさをもたらした——情緒豊かな，ロマンチックな魔力 (Zauber) を脱ぎ捨ててしまった (II. 329)．

---

44) ゾンバルトは，前述したベームの迂回生産論以外にはオーストリア学派への言及はしていない．しかしゾンバルトのマルクス論で指摘したように，オーストリア学派に対する関心はすでに表明されている．なおレンガーも，この論文においてオーストリア学派に対する「高い評価」が見られることを強調しつつ，ベームがゾンバルトのマルクス論を拒否しながら，それを「中身のある立派な論文」として褒めていたことを指摘している (Lenger 1994: 80-1)．

ゾンバルトは，人とモノとのこうした「非情」で合理的な関係の上に，資本主義的企業の激しい競争を推進力とする急速な「流行（Mode）」の変化が生じることに注目する．まさしく「流行は……資本主義の最愛の子」（II. 349）なのである[45]．

　以上のような需要＝消費の変化は，それに対応した財の販売＝商業の編成替えを引き起こすことになる．ゾンバルトの記述の要点だけを摘記すれば，それは，商人層の増加（商業に就こうとする人々の意欲の増加，手工業の解体によるそのための人的資源の増加，彼らに営業を可能にする新しい信用・販売形態（ex. セールスマン）の創出），旧い商業形態の後退（メッセ・行商の衰退），新しい営業原理の登場（広告の必然化，薄利多売の一般化），小売業の集中化（デパート・チェーンストア），消費の組織化（消費協同組合）の出現，などであった（II. 349ff.）．

(5) 工業的競争の理論

　さて本書の末尾を飾るのは，第3分冊「工業的競争の理論」である．読者はここで「競争」の問題が現れることに違和感を覚えるであろう．というのも，ここまで展開された「資本主義発展の理論」は市場における競争を前提としており，もし競争についてコメントする必要があれば，発展理論の最初の序論に置かれるべきではないか，と思われるからである．ゾンバルトが論じているのは競争一般ではなく，むしろ競争のそのような扱いを批判するためであった．彼は，冒頭でシュモラーの『19世紀ドイツ小営業史』（Schmoller 1870）を引き合いにだし，次のように批判する．

　シュモラーなどの人々が，「自由競争の下では経営のどのような技術的改良も力を持つに違いないし，……経営のいかなる技術的改良も文化の真の進歩である．したがってわれわれも，大経営の無慈悲な成長を見守るので

---

45)　ここで展開された「流行」論の参考文献のひとつに，ジンメル「流行の心理学」（1895）が挙げられている（II. 330）．

ある」，と考えるとき，それは，「自由な競争の下では」少なくとも経済的理性（Ratio）が貫徹するという見解を信奉する，全体として自由貿易的・楽観的な時代把握の表現にすぎない．しばしばその反対を観察している現在のわれわれにとって，かのテーゼは依然として立証責任を負わされているのである（II. 424-5）．

ゾンバルトの見るところでは，シュモラーとその世代には，自由競争＝技術進歩＝大経営の発展という経済の自然的発展（経済的理性の貫徹）のなかに文化進歩を認める楽天的な信仰があり，したがって，小経営の大経営による駆逐は「経済的理性の貫徹」の結果として理解される．しかしゾンバルトの世代は「その反対」を観察しているという．文章の脈絡からいえば，「その反対」の観察とは，「自由な競争の下で経済的理性は貫徹していない」ことを示す事実を観察している，という意味であろう．これは，小経営（ゾンバルトの表現では手工業）が経済的理性に則って行動していないこと，すなわち手工業が資本主義の発展に抵抗している事実を指している．だから「かのテーゼは依然として立証責任を負わされている」のであり，「大経営と小経営の競争……［という］二つの経営形態の競争ではなく，手工業と資本主義的企業という二つの経済形態の競争が問題なのである」（II. 430）．

ゾンバルトによれば，競争とは「自然的事実」ではなく，2人の経済主体の生計が市場における生産物・サービスの販売に依存し，「顧客をめぐる闘争」を行い，その闘争を「陪審員」が決定する「社会現象」である．したがって競争が実現するためには，職業的特化・専門化によって市場での財の販売が「強制」されていること，価格競争が行われる場合には財が任意に増加しうるものとなっていること，生産・輸送技術のあるいは人口の量的・質的な一定の発展によって「自然独占」が成立しないこと，品質の改良・価格低下が個人的偶然から解放され，だれでも原則的に可能となっていること，を前提とする．このような社会的条件が満たされた上で，競争に勝つということは，「陪審員」の要求を正しく評価する能力を持つことを意味するから，

第8章　近代資本主義論の生成　　　247

競争の勝利者は「陪審員」の要求に，もう一方の経済主体よりも品質の改良・価格低下に関して大きな「適応能力」を有していたことを表すことになる（II. 424, 426）．

　つまりゾンバルトは，競争の客観的条件と主体的条件（適応能力）から資本主義的企業と手工業の競争の帰結を「立証」しようとするのである．ところで，すでに再三再四論及されているように，手工業は「経験的（偶然的）・伝統的技能」を基盤として「欲求充足」・「ナールンク」を指向する「経済原理」＝「経済形態」であり，資本主義的企業は経済主体の合理性・計算性を基盤として「無限の営利」がシステム化された「経済原理」＝「経済形態」であるから，この問題設定は彼の概念規定の最初から結論が出ているといってもよい．手工業はそもそも競争の客観的条件を十全に作り出すことは本質的に不可能であり，主体的な「適応能力」を欠いたものとして概念化されているのであるから，資本主義的企業の勝利は必然である．では彼はなにを「立証」しようとしたのであろうか．

　ゾンバルトは論述の開始に先立って，競争の勝利が意味するカズイスティークを展開している．それを簡略化すれば次のようになる．

　Ｉ　改善された業績によって（Ａ―供給［方法］の改善によるか　Ｂ―品質の改善によるか）
　II　価格の引き下げによって（Ａ―形式的にか　Ｂ―実質的にか，Ｂはさらに，ａ―原料・形態の代替によるか　ｂ―コストの低下によるか）

　彼はこれらについてその内部でさらに細かい分類を展開しつつ，様々な業種を例示して議論を進めているが，それを説明するために，ＩのＡのケースを取り上げてみよう．
　たとえば多数の製品供給・仕事・サービスが組み合わされている建設業の場合，個々の製品供給や仕事は手工業によっても良好に提供されうる．しかし，一定期間のうちに大きな建築を遂行しなければならない現代の都市では，

製品の統一性・大口の注文への速やかな対応・納期の厳守などの点で,「厳密に締結された条件」を考慮できる商人的・統一的指揮機能を持つ資本主義的企業の優越性は明らかである．また「流行」が頻繁に変化する部門では,企業は商人的能力によってそれを敏感に察知するだけでなく,「資本の非人格性」・「生産指揮者の人格からの技術的機能の分離」のゆえに,「創造的革新 (initiative Neuerung) ……あるいは革新の模倣」によって柔軟に対応可能であるのに対して,手工業は「適応の困難・緩慢さ」をその本質とする (II. 432-6).

こうした資本主義的企業の優越性に関して,ゾンバルトは「大経営が必要であるということではない」(II. 432) と指摘しているように,競争において大経営が優越しているのではなく,資本主義的企業の企業者の機能と能力のゆえに優越している,という主張が彼の中心的論点である．たとえばIのBのケースでは,品質改善のためには合理的生産方法の利用や高度な技術の利用とならんで,「高度な資格を持つ労働者の利用」が不可欠であり,ブリキ加工業のように機械を用いず,品質改善がもっぱら労働者の能力に依存する場合もある．ここでは労働者の手工業的「個人的・経験的能力」が決定的に重要である．資本主義的企業者は,その資金力によって高賃金で能力ある労働者を雇用して,能率の高い生産過程の能力に応じた分業的編成(差別化)が可能であるから (職工長への上昇の可能性),労働力をめぐる競争でも優位に立つ (II. 441-50).ここでは,企業者の資金力と労働者の能力に応じた生産過程の合理的編成能力が優越の原因である．

以上の論述から明らかなように,ゾンバルトは資本主義的大経営と手工業的小経営の競争を問題にしたのではなく,資本主義的企業と手工業が競合する規模の小さな経営分野での競争を問題にしたのである．彼の主張は次の記述に集約されている．

商人的能力を持つ手工業者はもはや手工業者ではない．これが認識できないのである．商人的才能を有する人が問題なのか,それとも技術的労働者

［手工業者］が問題なのかに応じて，淘汰（Auslese）のメカニズムがまったく違うことが把握されていない．手工業者の性格を脱却し，商人的生産指揮者となる能力を有する多数の有用な人々が手工業者層のなかから上昇しうること——小資本主義的企業者——，このことは，商人的資質を持つ手工業者——［資本主義の発展に］わなわな震えている小心者——を可能な限り保持すべきだ，というはなはだしく無意味な主張の正しさをなんら証明するものではない（II. 465）．

これがシュモラーに対する批判であることは明白である．周知のようにシュモラーは前記『19世紀ドイツ小営業史』の末尾で，「いまだ残存している手工業者階級の可能な限りの保持」を主張していた．彼は社会政策によって「いまだ残存している手工業者階級」に企業者能力を教育的に付与しようと考えたのであるが（手工業者の保護），そうした政策的保護は，ゾンバルトによれば，「はなはだしく無意味な主張」にすぎない．というのも「商人的才能を有する人」の企業者への上昇は，資本主義の「自然的発展」に内在する「淘汰のメカニズム」によって実現されるのであって，「商人的資質を持」っていても「わなわな震えている小心者」の手工業者は，「政策的」に保護されたとしても，「淘汰のメカニズム」のなかで没落せざるをえないからである[46]．

46） シュモラーの『19世紀ドイツ小営業史』とゾンバルトの社会政策的立場については，田村（1993b: 第2章，終章366-7）を参照．
　　したがってゾンバルトから見れば，シュモラーの小営業保護論は「経済的理性の貫徹」を緩和しようとする道義的・センチメンタルな（＝「倫理的」）政策論である，ということになる．従来この対立は，シュモラーが「前近代的」手工業の保護，ゾンバルトが「近代的」資本主義の促進というレベルで解釈されてきたが，上記の論述は，シュモラーが「大経営の発展」に賛成しつつ，「前近代的」手工業をそのまま維持しようとしたのではなく，「商人的資質を持つ手工業者」の上昇を政策的に主張したことをゾンバルトが意識し，資本主義の最新の局面が示す「淘汰のメカニズム」を論証することによって反論したことを示している．

近代的技術がもたらすものは……小資本主義的存在の増大である．しかしこれは手工業の再生を表すものではない．むしろそれはますます急速に手工業を解体することのみに役立つ．というのもかつての手工業的活動から成長したそれは，大資本主義的企業よりもさらに急速に手工業を本来の生産領域から駆逐するからである（II. 538）．

　価格競争論の末尾に記されたこの文章は，一見すると手工業が根強く残存し，場合によっては拡大しつつあるように見える現象が，実は手工業者の「小資本主義的企業者」への上昇に他ならず，それはまさしく手工業の没落を意味する以外のなにものでもない，というゾンバルトの主張を象徴している．したがって，彼にとって手工業が速やかに没落しない理由は，競争に対する「障害」が存在するからだということになる．それは，一方では一部に存在する「富の水準」の低さ，「大衆の，とくにドイツ人の辛抱強さ」と「文明化」の遅れ（II. 541f.），生産協同組合によって手工業は競争可能だとする「妄想」であり（II. 544），他方では若年労働力（徒弟）の「搾取」を許容する立法の不備である（II. 566ff.）．つまり彼が最終的に「立証」したかったことは，競争に対する「障害」の存在によって没落すべき手工業が存続しているということである．したがって本書の結論は，前者の「障害」に対しては資本主義の発展の一層の促進を要求し，後者に対しては労働保護立法の手工業への適用と，徒弟養成とは切り離された職業予備教育の実施を要求することにあった（II. 566ff., 579-81）．第１巻の終わりで展開された手工業の現状把握では，ゾンバルトは手工業の後退を慎重に確認しつつ，その没落が不可避だと確信したが，第２巻の終わりでは，発展理論の成果に基づいて，手工業の抵抗が競争の「障害」の結果であることを抉り出し，政策的対処の方向を提出したのである．

おわりに

　以上われわれは，かなり詳細に初版『近代資本主義』の内容を検討した．その結果まず目に付くのは，その特異な構成である．本書は，資本主義の発生史と資本主義発展の理論から構成されているが，実質的には，第 1 巻と第 2 巻の終わりにくる現代の手工業論の三部構成になっており，その目的はシュモラー批判とそれに代わる社会政策の提起であった．彼自身述べているように，本書の執筆のきっかけは，社会政策学会の手工業調査であり，手工業の現状と将来を展望するため本書が構想されたといってもよいであろう．最初に指摘したように，ゾンバルトは「資本主義」の歴史・理論・政策におよぶ体系的分析によってシュモラーの「倫理的経済学」乗り越えようとしたことが，再び確認されなければならない．方法的には彼は，発展の「最終原因」である人間の動機から，「倫理的なもの」を完全に追放した．世紀転喚期におけるドイツのアカデミズムで，ゾンバルトの問題提起をポジティブに受け止め，「資本主義」概念を肯定的に取り上げることは，なんらかの形で彼のシュモラー批判とクロスせざるを得ないのである．

　全体を通読して感じられる本書の特徴は，資本主義的精神論，地代蓄積説，都市形成論，奢侈論といった耳目を引く魅力的なキャッチフーズが畳み掛けるように提出され，夥しい材料を明確な概念によって整序し，それを法則的に構成しようとする強い意志である．それは概念的彫琢を忌避するシュモラーの対極にある「理論的歴史」の指向であるといえよう．その意味で当時の読者は，ゾンバルトの意図がなみなみならぬものであるとの印象を持ったのではないだろうか．

　しかしながら他方で，ゾンバルトが考案した上記の様々な概念が，19 世紀末の時代状況を色濃く反映していることは否めない．ドイツではこの時期に至ってようやく，伝統的な手工業・農民経営を基盤とする共同体的生活様式が，商人・貨幣資本の侵入によって外側から本格的に解体しつつあった．

農村・小都市への営利原理の侵入,大都市化,都市における地代・地価の上昇,科学技術の急速な発達と大企業の成長,これらのインパクトが,商人・貨幣資本の侵入による資本主義の成立,営利衝動に合理主義・計算性を追加した「資本主義的精神」論,都市の地代蓄積による本源的蓄積論に,また都市化と大衆社会の成立を機軸とする資本主義発展論に影を落としているように思われる.そして初期資本主義の発展がほとんど無視されていることは,ゾンバルトが高度資本主義時代に目を奪われていたことを間接的に示している.彼が『近代資本主義』というタイトルで問題としたのは,まさに高度資本主義の「現代」の・「最新の」局面であり,「近代」という意味のなかに,中世から近世という意味での近代ではなく,むしろヨーロッパ「近代」社会が19世紀末に迎えた「モデルネ」の時代に重点が置かれていたのである.そして「モデルネ」に対する彼の態度は,アンヴィバレンツを孕みながらその負の側面に対して「価値評価を抑制」(Lenger 1994: 136)し,この時点ではその将来の展望を楽観的に描いていたと言ってよいであろう[47].

　このようにテーマを現代に引き付けすぎたために,経験的・理論的歴史研究としては逆に重大な問題点を持つことになった.発生史は「偶然性」においやられ,発展が「法則性」に還元される構成は,歴史と理論の統合の試みが十分に成功していないことを示している.発生と発展の端緒につねに貴金属の流入が過大評価されているのはそのためだといえる.そうした根本的問題以外に,次の個々の論点を指摘することができるだろう.

1　資本主義と手工業という二分法的概念構成を提出したが,営利経済一般と資本主義の区別が明確でないこと.
2　資本主義的精神の担い手の探求が放棄され,地代蓄積説との整合性を欠いていること.
3　初期資本主義の長期的過程はもっぱらその抑圧の観点から問題とされ,

---

[47]　ゾンバルトの資本主義文化批判が強くなるのは,前述のように農業観が変化した『19世紀のドイツ国民経済』(1903)からである.

第 8 章　近代資本主義論の生成　　253

むしろ初期資本主義の発展の欠如が強調されていること．
4　資本主義発展の理論では，経済発展の法的・技術的予件の分析と経済発展が引き起こす文化を含む「社会現象」の因果的関係が問題とされ，タイトルから予想される理論経済学的意味での発展理論ではなかったこと．

　理論と歴史の統合の再検討という根本問題を底流にしながら，こうした問題点がむしろ本書刊行以後の研究方向を規定したのであって，ヴェーバーは主として 1 と 2 に，シュンペーターは 4 に[48]，そしてゾンバルト自身は 3 に関心を向けたといえよう．
　ところで本書の成立に対するマルクスの影響についてみれば，ゾンバルトがこの時代「マルクス主義者」[49] だったとか，唯物史観の信奉者だったというような判断は，誇張された表現であり，かえって事柄の真相を隠蔽する解釈であるように思われる．もちろん彼は決定的なところでマルクスの影響を受け，重要な概念を借りたり，それをヒントにしているが（労働価値論と価値法則の貫徹，経済主体としての資本家，推進力としての利潤追求，資本の

---

[48]　シュンペーターは，初版『近代資本主義』について次のようにコメントしている．歴史的資料に基づく新しい理論の発展を忘れてはならない．その最もよく知られた一例は，W. ゾンバルトの『近代資本主義の理論』である．こうした方向がたちまちブームを招いて，やがて多大の文献を重ねるに至るであろうという徴候は，すこぶる顕著なものがある．けれどもそれらの文献は，ただちに，われわれのいわゆる「精密理論」と同列に置くわけにはいかない．……それは決して「静学的」ではなくて，もっぱらその点に，われわれの本質的に静学的な理論との決定的な相違があるのである．するとおそらく，それにふさわしいのは「動学」の領域であろう！（Schumpeter 1908: 18. 訳 [上] 66-7）．
　シュンペーターの資本主義理解はマルクスよりもはるかにゾンバルトに負っているように思われる．

[49]　1928 年にゾンバルト自ら，1890 年代に「確信的なマルクス主義者」であったと言明しているし（Lenger 1994: 80），初版の書評でナウマンも，「ドイツ国民経済学の教師のなかにおけるマルクス主義者のもっとも新しい大きな仕事」と述べている（Brocke 1992: 110）．この言葉は当時，労働運動に同情的で，SPD 右派の政治的立場に近く，かつマルクスの問題提起を積極的に受け止めようとする「市民的」学者に対してルーズに使用されたように思われる．

本源的蓄積，資本主義の出発点としての商人資本と貨幣資本，資本の有機的構成の高度化），そのほとんどはここで紹介したようにマルクスの本来の意図とは異なって「思考の補助手段」として利用され，その内実が換骨奪胎されていると言ってよい．とりわけ高度資本主義時代の分析視角は，レクシスとベームの論争から得られたものであり，物質文化の論述にはしばしばニーチェが批判的に言及され，大衆社会論には，ジンメルとテンニースの影響が色濃く見られるのである．しかも中産層の増大と富の大衆化を本質とする高度資本主義のデザインは，マルクスの窮乏化論と完全に対立している．そして資本主義的精神を発展の推進力とする構想は，歴史の発展に対する精神の規定力の表現に他ならず，逆に高度資本主義の発展が文化と個人主義的精神を含む社会の総体を法則的に規定するとの見解は，ほかならぬ唯物史観である．つまりゾンバルトは，史的観念論と史的唯物論の対立の地平を越えたところに立っていた．1902年の初版『近代資本主義』は，このようなものとして世紀転喚期のドイツの社会科学者の前に現れ，学会にセンセーションを引き起こしただけでなく，彼はアカデミズムの外側に広がる「教養市民層」のスターに踊り出たのであった[50]．

---

50) レンガーによれば，『近代資本主義』初版は発売2年後に売り切れ，ベルリンに移った後講演料が印税とならんでゾンバルトの重要な収入源になった．「学者の講演に行くことは，[第一次]大戦前の富裕な市民層にとって明らかに，夜の文化プログラムのポピュラーな要素になっていた」(Lenger 1994: 180)．

第9章
資本主義とエコロジー
―ゾンバルトの近代資本主義論―

1. 現代社会の起原としての世紀転換期

(1) 「資本主義」という用語の普及

　一般的にはあまり知られていないが，「資本主義」(capitalism, capitalisme, Kapitalismus) という言葉はマルクスの造語ではない．マルクス (Karl Marx, 1813-83) はむしろこの表現を忌避し，もっぱら「資本家的生産様式（kapitalistische Produktionsweise)」という表現を用いた．その理由は，この「資本主義」という表現を1850年前後に最初に使用したピエール・ルルー (Pierre Leroux, 1797-1871) やルイ・ブラン (Louis Blanc, 1811-82) が，資本家と賃金労働者の関係を商人・手工業者の問屋制的家内工業関係と把握し，その本質を債権・債務関係（商人は小生産者に原料・工具を前貸し，完成した商品と引き換えに工賃を支払う）と理解していたからである．非マルクス主義的な社会主義者のあいだで「資本主義」という用語は，商人＝資本家の強欲な利子取得を批判する倫理的な非難をこめて使用された（重田 2002: 第1-2章).

　さてこの「資本主義」がジャーナリスティックな言葉ではなく，学術的用語として一般に認知されるようになったのは，ドイツの経済学者ヴェルナー・ゾンバルト (Werner Sombart, 1863-1941) の著作『近代資本主義』（全2巻，初版 1902）の成功によってである．後述するように，ゾンバルトはマ

ルクスを高く評価しながら，彼とは異なった観点から「資本主義」の成立に関する歴史的・理論的研究を遂行し，資本家的企業による利潤追求経済という一般的な意味での資本主義概念を流布させた．マックス・ヴェーバー (Max Weber, 1864-1920) の「プロテスタンティズムの倫理と資本主義の『精神』」(1904-05) は，ゾンバルトの『近代資本主義』第1巻「資本主義の発生」を理論的前提として行われた独自の批判的研究であり，またヨーゼフ・シュンペーター (Joseph A. Schumpeter, 1883-1950) の『経済発展の理論』(1912) も，『近代資本主義』第2巻「資本主義発展の理論」で展開された歴史的理論を理論経済学の観点から動学化しようとするものだった．ヴェーバーは1904年以降，シュンペーターは1917年以降，雑誌『社会政策・社会科学アルヒーフ』(Archiv für Sozialwissenschaft und Sozialpolitik) でゾンバルトとともに共同編集人を務めており，学術用語としての「資本主義」という用語は，この雑誌に拠ったゾンバルト，ヴェーバー，シュンペーターらをつうじて世界に広まった (Passow 1918: 2-4).

　ゾンバルトの『近代資本主義』は研究者のあいだでは賛否両論が渦巻いたため，彼は初版を大幅に改定し，14年後の1916年に第2版をようやく出版した．しかしこの初版は一般の読者層には学術書として異例の売れ行きを示し，2巻本1300ページを超える大著が2年後には売り切れたと言われている．さらにドイツにおける資本主義発展の様相を具体的に描いた『19世紀のドイツ国民経済』(1903) も好評を博した．この時代には「富裕な市民層」のあいだで学者の講演会に行くことが「夜の文化プログラムのポピュラーな要素」となっていたが，ゾンバルトは講演者として引っ張りだこになり，「ベルリンのスター」となった (Lenger 1994: 180). 彼の「資本主義」概念の提起とその分析が当時の「富裕な市民層」の社会的関心をとらえたのである．そこにはどのような事情があったのだろうか．

(2)　世紀転換期の経済発展とエコロジー運動の出現

　「資本主義」概念が広まった20世紀初頭は，19世紀前半のいわゆる「産

業革命」を起点とする近代的工業発展が大きく前進し，人々の眼前に姿を現しつつある時代だった．19世紀末は第二次産業革命の時代ともいわれるが，電気モーターの発明による機械制工業の中小経営への進出，商業における大規模経営（デパート）の展開，企業規模の拡大による株式会社および金融機関の増大などが生じ，それにともなって農村から都市への急激な人口流入および農村人口と都市人口の比率の逆転，工業立地の郊外への移転，住宅地の都市近郊への拡大と鉄道網の整備などがみられた．これまでこの時代は，どちらかといえば独占資本・金融資本の成立と資本輸出による帝国主義の時代とも理解されてきたが，国内に目を向ければ，新しいビジネス・金融市場の展開にともなって豊かな「ブルジョワ」や「ホワイトカラー」が登場し，労働者の実質賃金の上昇を伴いながら——もちろん経済的格差は大きかったが——大衆消費社会が出現しつつある時代でもあった．この時代が現代社会のルーツとして「古典的近代（クラッシックモダーン）」と呼ばれるゆえんである．工芸とデザインに革新を起こしたイギリスの「アーツ・アンド・クラフツ（Arts and Crafts Movement）」，フランスの「アール・ヌーボー（Art Nouveau）」，ドイツの「ユーゲント・シュティール（Jugendstil）」といったヨーロッパに広まった新興芸術運動は，新たな消費社会に対応して貴族趣味にかわるブルジョワ社会の美的要求にこたえるものだった．

　他方で工業的発展が目に見える形で大規模に展開したこの時代は，自然破壊や環境汚染も大々的に進行した時代でもあり，それに対する反発も強まった時代だった．上記の芸術運動もそうした側面を有しているが，1896年のベルリン郊外ではじまったワンダーフォーゲル運動は物質文明や都市化を批判し，自然のなかで人格性を回復しようとするギムナジウムの生徒の運動であった．それ以外にも反資本主義・反技術文明を標榜するロマン主義的な運動が，裸体運動，菜食主義，芸術家のコロニー建設，オカルティズムといったかたちで展開した（上山1984: 38-41; 上山1986; 1994: 21-3）．こうした運動のひとつがヨーロッパ諸国に登場した景観保護運動であり，これが今日のエコロジー運動の先駆者だといわれている．フランスの「国立景観保護協

会」は 1901 年，ドイツの「ドイツ郷土保護連盟」は 1904 年，イギリスの「ナショナル・トラスト（National Trust）」も 1904 年に設立され，これらの団体はパリやシュトゥットガルトで国際会議を開催した．景観保護運動は農村人口の減少と都市への人口流入にともなって生じた文化的摩擦と精神的荒廃に対して伝統的文化・習慣を復興し，アイデンティティの拠り所としての郷土と民族性を回復させようとするものだった（赤坂 1992: 232）．従来この運動はそのロマン主義的・保守主義的・民族的性格が指摘され，ドイツにおける運動の担い手の一部がナチズムの支持者となったことから，その反近代的性格が強調されたが，今日ではヨーロッパにおける環境保護運動の一環としての性格に光があてられつつある．ドイツの景観保護運動の背景について環境史の文献は次のように述べている．

風景はますます合理化され，刈り込まれて整形され，建物でいっぱいになり，団地でばらばらに分断され，鉄条網で囲まれ，舗装でおおわれ，そして，昔のままの美しさの名残をとどめるところは容赦なく商業化されていった．都市では地価が一貫して上がりつづけ，必然的に過去の時代の低層建築方式では利回りがあわなくなってきた．このため都市の中心部は高く新しい建物がならび立ち，道路や鉄道が開かれて醜く姿を変えていった．かつての緑の田園地帯のなかに郊外住宅地や工業団地が急速に拡大していった．多くの都市で新たに設置された下水道網を通して未処理の下水が河川に直接流れ出し，その一方では工場施設が水だけでなく空気や土も汚染していた．田舎では美しさなどはもはや相手にされていなかった．19 世紀初期に起きた合理化は，いまやつぎつぎと勝利を手にするのであった．小さな農地は耕地整理で大きな単位にまとめられ，森は国有か私有かを問わずマツやトウヒといった単一樹種でできた網目模様の森林地に置き換えられ，小川や川の流れは直線化され，流れにそってあった藪や木々はどれも奪い取られた．都市のなかであろうと，田舎であろうとおかまいなしであった．あらゆるところで風景は産業の「進歩」の受難者であった．郷土

保護運動家の抗議にとくに火をつけたのは，けばけばしい看板と場所にふさわしくない「醜悪なもの」であり，見る者の目に直接せまりくる現象であった．けれども，農業やインフラストラクチャーの徹底した合理化がとめどなく広がっていくという傾向も，彼らの美意識を害した（Hermand 1993: 訳153）．

ゾンバルトやヴェーバーもこうした景観保護運動にかかわっていた．1904年にスイスとの国境に近いライン川上流のラウヘンベルクに工業誘致のために水力発電所の建設が計画されたが，水力発電所の建設は名所となっていたラウヘンベルクの急流を破壊する恐れがあったために，風景の美観を守る立場から郷土保護連盟は反対運動を展開した．連盟は水力発電所の建設に反対ではなく，計画を立案したバーデン政府に別の候補地を提案し，代替地でも同一の経済的効果が得られるという鑑定書を提出した．しかし政府は，「［ヴェーバーの政治的同盟者］フリードリヒ・ナウマン（Friedrich Naumann, 1860-1919），マックス・ヴェーバー，ヴェルナー・ゾンバルトの抗議にもかかわらず」，この抗議を退けたことが指摘されている（Brüggemeier & Rommelspacher 1987: 訳122）．ヴェーバーは1894年から3年間バーデンのフライブルク大学教授を務め，その後ハイデルベルク大学に移ったが，バーデンに愛着があったと言われている．ヴェーバーとゾンバルトも郷土保護同盟のメンバーだったが，彼らと同じドイツ歴史学派の経済学者であり，ドイツ社会政策学会のメンバーであったテュービンゲン大学教授ヨハネス・フックス（Johannes Fuchs, 1865-1934，ヴェーバー，ゾンバルトと学問的に近いルーヨ・ブレンターノの弟子）は郷土保護連盟設立当初からの有力メンバーだった（赤坂1992: 235）．「有力な歴史学派の経済学者たちは，労働者1人ひとりの保護だけでなく，社会一般を守るために国が介入する必要性を強調した．彼らが恐れたのは，まさに完全に解き放たれた資本主義の力であった．……社会や国民の共有財産である風景を私経済の侵害から守ろうとした郷土保護運動と歴史学派の考え方の重要な交点は，そこに生まれたのであ

った」(Hermand 1993: 訳 171). 著者はここでゾンバルトから引用を行っているが, ゾンバルトの『近代資本主義』は郷土保護運動にいわば理論的支柱を提供したのである.

2. ゾンバルトによる資本主義概念の提起

(1) マルクス批判と資本主義成立論

ゾンバルトが属していたドイツ社会政策学会は, 工場法の制定・団結権の付与・住宅問題の解決といった労働者保護を実現するために 1872 年に設立された啓蒙的・学術的団体であり, そこで中心的役割を果たしたのは歴史研究に力点をおく「ドイツ歴史学派」とよばれる経済学者のグループである. 1890 年代には, 手工業や問屋制家内工業のもとにある小営業従事者の保護のあり方をめぐって社会政策学会内部で対立が激しくなり, 手工業や家内工業の実態調査が行われた (田村・原田 2009: 108-11, 121-3). ゾンバルトの『近代資本主義』は直接にはこうした対立に答えを与えるために執筆された.

ゾンバルトの「資本主義」の定義をやさしく表現すれば, 経済生活の目的が利潤追求 (営利目的) にあり, その活動が資本家による企業という形態をとって遂行される経済のあり方である. ゾンバルトはマルクスを高く評価し, 資本家が労働者を雇用して利潤追求を遂行する「社会的事実」の認識を継承したが, マルクスが強調した資本家による労働者の搾取を利潤の源泉とする理解を退けた (Sombart 1894: 訳 100-4). マルクス以外の経済学では資本家も労働者も市場における「合理的経済人」として描かれるが, 労働問題に対応したドイツの社会政策学では資本家と労働者の事実上の力関係の格差が問題とされ, 労働者は団結権を付与されることによってはじめて資本家と対等の交渉相手となることが強調された. したがってマルクスの「資本家的生産様式」把握は, とりわけゾンバルトにとって現実の労働問題を理解するためにはリアルな概念であったといってよい.

歴史的に見れば資本主義はヨーロッパ中世社会から出現したが, ゾンバル

トによれば，中世において経済は「手工業経済」の形態をとっていた．手工業経済とは，経済生活の目的が営利ではなく，身分にふさわしい暮らしをするという「身分的生計」の観念（欲求充足原理）によって支配され，労働過程が技術の修錬と個性の表現の場であるために，経済自体が人間存在のあり方と深く結びついた「人格の表現」として現れる．他方「資本主義」において経済生活の目的は営利であるが，その目的は人間の人格から分離して資本主義的企業組織そのものに体現・客観化され，利潤追求は人間にとって強制的なものとして，しかも無限のものとして現れる．企業組織にとって利潤追求に限度は存在しない．したがって手工業から資本主義への移行は，人間中心の経済から「非人間的」なシステムへの転換と理解された．つまりゾンバルトは，たんなる利潤追求ではなく，人間が自立性を喪失して企業組織の一部となる経済のあり方を「資本主義」と呼んだのである（Sombart 1902: Bd. I. 76ff., 195ff.; 田村 1996-97:（一）13-4, 16-7）．19世紀末には加工工業・消費財産業を中心に多くの手工業が，問屋制家内工業などの形態で独立性を喪失し，商業資本に従属していく過程が大規模に進行した．ゾンバルトが「資本主義」概念にこだわったのは，資本家と労働者の関係よりも資本家と手工業者の関係に重点をおいたからである．

　こうした転換にさいしてゾンバルトは，資本主義の推進力を単純に貨幣経済の発展によって生じた利潤欲と理解するのではなく，特定の歴史的事象の連鎖の帰結とみなした．つまり十字軍遠征と商業の復活によって急速な貨幣経済の展開が生じたのであるが，ルネサンスと啓蒙主義によって複式簿記と経済的合理主義の精神が普及した結果として，資本主義を推進するヨーロッパ固有の経済主体が登場したのである．彼はこれを，利潤欲と計算感覚・経済的合理主義が独自に結合した歴史的個体として「資本主義的精神（Kapitalitischer Geist）」と名づけた．これは彼の造語である（Takebayashi 2003: 188）．これが資本主義の内面的推進力であり，古典派経済学者がモデルとした「経済人」は「資本主義的精神」の体現者であるとされた（Sombart 1902: Bd. I. 394f.; 田村 1996-97:（一）24）．

このようにゾンバルトは,「資本主義的精神」を特徴とする経済主体が14-16世紀に「資本主義的企業」を設立したと主張したが,19世紀初頭までの「初期資本主義 (Frühkapitalismus)」の時代においては重商主義政策によって資本主義の発展は抑圧され,「産業革命」以後の「高度資本主義時代 (Hochkapitalismus)」になって資本主義は本格的に展開する,と理解された.ドイツでは本格的な工業化を迎える1830・40年代まで「前資本主義的工業組織の構造はまったく無傷のまま」であり,人口の多数は,身の回りの食料・衣料などを自家生産しつつ,定期市・行商人から手工業製品を購入する生活が続いていたのである (Sombart 1902: Bd. I. 423-4; 田村 1996-97:（二）220-1).

(2) 資本主義文化と大衆消費社会

さてゾンバルトによれば,資本主義は手工業経済に特有の人間による経験的技能の制約から解放され,科学技術という「合理的な技術」を利用することによって,たえざる技術革新が可能になる.資本主義的企業家は技術革新によって市場競争を勝ち抜こうとするが,競争の激化と市場の拡大によって不確実性も増大するから,つねに「生産期間と流通期間の短縮」を実行せざるを得なくなる.生産期間の短縮のためには労働者の機械による代替が必要であり,流通期間の短縮のためには商業の大規模化,商業・金融技術の発展,輸送・通信技術およびそのシステムの発展が必要になる (Sombart 1902: Bd. II. 73ff.; 田村 1996-97:（二）228).つまり資本主義の発展・前進とは,生産過程においてますます機械化が進行しつつ,流通過程において小売業の規模拡大と金融・信用業務および運輸・通信業務の成長が展開し,それに対応してインフラストラクチュアの整備が進行することを意味する.

ゾンバルトはこうした「高度資本主義」の経済・技術の発展が,「近代文化の全様式」を規定することを強調する.すなわち科学技術の利用は「全体の経済プロセスの事象化 (Versachlichung)」をもたらし,「人格を犠牲にした圧倒的な物質的文化」の支配,「物質的文化要素の過大評価」を招来した

こと，「空間の克服」は「地域性の相違」を極小化し，生活慣習・仕事・嗜好の平準化」を生み出したこと，「時間の克服」が「時間の価値の増大」を生み，「欲望の増大」ともあいまって「生活遂行の加速化」をもたらしたこと，である（Sombart 1902: Bd. II. 83-6; 田村 1996-97:（二）228）．

　こうした「資本主義文化」の特徴を視覚的に表現しているものが「大都市」の形成と都市住民の生活スタイルである．ゾンバルトによれば，かつての封建貴族の富や王侯の財政にかわって資本主義的工業が工業都市を形成することによって「都市形成力」を有するにいたるが，工業都市は経営の集中化や関連産業の集積をつうじて累積的に工業人口を吸収する．そうした都市の一部，とくに企業家が生活する都市では利潤を所得とする「富裕な住民」のために多様な「納入業者」が来住して成長し，「国家レントナー」（官僚と軍隊）の中心地となり，商業・信用機能が充実して「大都市」となる．しかし大都市では地代・地価が上昇するから企業は周辺の小都市に移動し，そうした生産者都市と商業・交通・信用業務を中核とする消費都市としての大都市に分化する（中心部では人口が稀薄化する）．ゾンバルトはこれを「都市の自然的発展」と呼んでいる（Sombart 1902: Bd. II. 215-24; 田村 1996-97:（二）231）．

　他方ゾンバルトは，人口の都市への移住が雇用機会の増大や（農村に比べて実質的に）高い賃金の可能性といった経済的契機によって規定されるとともに，大都市がもつ精神的誘因に注目している．

　都市生活を刺激的なものにするのは個人の自由に対する欲求である．かつて山上にあった自由は今日では都市に移り，その後を大衆（Masse）がついていった．酔っ払うことができたり，一番好きなものを選べたりすることだけが自由ではない．それなら農村の人々も都会人同様にできる．広い意味で人格の自由を刺激的なものにするのは，なによりも——否定的に表現すれば——血族・地縁・支配からの自由なのである．……自由の理想はまず都市の発展を通じて大衆の理想となった．都市がはじめて個人を解放

し，都市が成長するにつれて，個人的自由の価値に対する大衆の感覚が増大する（Sombart 1902: Bd. II. 237-8; 田村 1996-97:（二）232）．

個人が故郷のしがらみから解放され，大量に都市に流入して高賃金を背景に自由な消費主体となる社会を「大衆消費社会」と呼べば（ゾンバルトはこの言葉を使っていないが），彼はまさしく大衆消費社会が実現されようとしている入り口に立っていた．ゾンバルトは1840年代と19世紀末を比較し，この間にすべての階級の生活水準が著しく上昇し，したがって中産層の消滅はまったく通用しないおとぎ話であること，資本主義的発展は小企業家・官吏・飲食店主などの多数の中間的存在を生みだすのであり，これらの物質的・精神的サービスの供給者に豊かな報酬を与えることを可能にすることを強調している．そしてゾンバルトは，中間層の増大と経済のサービス化に伴う豊かな大都市の大衆の姿を，寄席に通い，スポーツクラブに参加し，競馬に夢中になる，いわば消費とレジャーを謳歌する存在として描いた（Sombart 1902: Bd. II. 268; 田村 1996-97:（二）233）．そして彼は，流行に敏感な，消費財をかんたんに使い捨てる「非情」な新しい消費感覚をもつ人々を「新人類（ein neues Geschlecht von Menschen）」と呼んだ（Sombart 1902: Bd. II. 329; 田村 1996-97:（二）235）．

(3) アスファルト文化と環境保護

さてゾンバルトは，『近代資本主義』の翌年に出版され，その学問的成果を啓蒙的に表現した著作『19世紀ドイツの国民経済』(1903) において，「新人類」の特徴をさらに具体的に描いた．そこでゾンバルトは，国富の増加による豊かな時代の実現が，消費主体として「個人にかわる大衆の支配」を招来しただけでなく，「生きた人間にたいする死んだ物質（Stoff）の勝利」が人間精神の荒廃をもたらしたことを強調する．

われわれは……豊かになった．われわれは現世の財に関してかつていかな

る時代にもなかったほど豊かになった．しかしわれわれを欲望の奴隷たらしめているのはまさにこの富である．物財にたいするわれわれの欲求を満足させる能力が増大すれば，この欲求自体がますますその充足のための手段を先に急がせることになる．大量ということがさらに大量への願望をめざめさせた．こうして外部の財に対するとどまることをしらない渇望が人間の精神に入り込み，それを完全に満たしてしまった．物質に対する高いあるいは行き過ぎた評価がはびこり，すべての人々のあいだに所有への志向，享楽の追求をもたらした．……かくて富はみずから，われわれが唯物主義と呼ぶことに慣れてきたあの基本的雰囲気をつくりだす．われわれの周囲に増大してくる豊富な享楽財のなかで，精神の理念的活動は自然死を迎えるのである（Sombart 1903: 480）．

ゾンバルトは，石・鉄・コンクリートによって作られた都市空間と集合住宅によってもたらされた精神生活の特徴を——19世紀後半以降から次第に広まったアスファルト舗装を念頭において——「アスファルト文化」と呼び，それが都市から農村に広がっていくさまを描いている．

それは合理的林業が原始の最後の残りを駆逐してしまった森林に侵入し，最終的には大衆がふたたび増大して，大きな森林の領域が通路と休憩所，立札と道標，飲食店と公衆トイレをそなえた——一言で言えば——「国立公園」にかわってしまうまでになっている．それは工場とともに，鉄道とともに，電柱とともにますます農村にとりついている．しかし現在のところその支配地は都市，……大都市である．こうして生きた自然と接触することなく生を過ごす人間世代が増大している．……彼らは郊外でも，堤防の上でも，山の斜面でも，アルプスの湖水の岸でも足元にアスファルトに接した時にはじめて満足するようになる（Sombart 1903: 481-2）．

この前半の論述は，本格的な工業化によって生じた自然破壊に抗して，庭

園や公園の設立によって自然美を再現しようとする19世紀以降の自然保護運動を批判したものである．また20世紀初頭におけるミュンヘン近郊からアルプスにいたる湖沼群の保護運動がドイツにおける自然保護・環境保護の先進的運動であることが指摘されているが（北川 1990: 30-3, 55以下），後半の引用は，ゾンバルトの問題意識がこのような先進的エコロジー運動と連動していることを示している．

　ゾンバルトによれば「アスファルト文化」は，自然への憧憬が大きくなることによって美術，彫刻，工芸，建築などの「造形芸術」を都市の文化として隆盛させる一方，科学技術の発展と物質の過大評価によって学問も「事象化」され，「知的文化」の領域でも数量的分析を行う自然科学的研究の支配を招来する．自然科学的普遍性の志向は，人口の移動とも相まって地域文化の独自性を平準化させ，「平均人」・「根無し草の抽象的コスモポリタン」をつくりだすことになる（Sombart 1903: 483-5）．ゾンバルトはこのように経済的豊かさが「唯物主義」を醸成し，人間の精神生活を荒廃させ，さらには文化の地域的独自性を喪失させていくことに危惧を抱いたと言ってよい．「アスファルト文化」はそうした時代的風潮を危惧する言葉であった．

　しかしそれは資本主義がもたらしたものであり，資本主義を否定することによって克服することができるほど単純なものではない．ゾンバルトは「ブルジョワジーとプロレタリアートの階級対立が激化するというマルクスの予言」は正しくないばかりかむしろその反対が正しいと指摘し，「理念としての社会主義」と「現実としての資本主義」のあいだに調停・妥協が成立し，労働組合の承認，労働者保護・保険の成立，協同組合・国有企業・公営企業の増大によって，実際の資本主義が「社会資本主義」とも呼べる状態になっていることを強調する（Sombart 1903: 525）．もっともこの段階でゾンバルトは，こうした「社会資本主義」の前進と文化的危機意識の昂進との落差にそれほど敏感ではなかったと言えよう．手工業経済から資本主義への転換を論じた前述の初版『近代資本主義』は，資本主義がもたらす問題性の指摘とともに，むしろ前資本主義的な手工業経済の衰退の必然性に叙述の力点がお

かれていた．

3. 『近代資本主義』の改訂と資本主義の終焉

(1) ヴェーバーのゾンバルト批判

　ヴェーバーの「プロテスタンティズムの倫理と資本主義の精神」（1904-05）は，ゾンバルトの資本主義概念を前提としながら，彼の初期資本主義理解を批判した著作である．ヴェーバーは資本主義的企業家を念頭において「資本主義的精神」と命名したゾンバルトに対して，合理的な営利追求の態度を資本家と熟練労働者に共通に見られる「倫理的色彩をもつ生活原理」という意味で「資本主義の精神（Geist des Kapitalismus）」という概念を提唱した（Weber 1904-05: Bd. 21, 21. 訳 92）．そしてこの「資本主義の精神」は，宗教改革によって成立した禁欲的プロテスタンティズム，とくに神の栄光のために豊かになろうとするカルヴァン派信徒による禁欲的宗教実践の意図せざる帰結として把握された．

　その場合ヴェーバーにとって「倫理的色彩をもつ生活原理」によってもたらされた「合理的な生活態度」は，「近代資本主義だけではなく，近代文化そのものを構成する本質的な要素のひとつ」であり（Weber 1904-05: Bd. 22, 108. 訳 355），またこの近代文化は，「個人の資本の価値増殖をはかるという関心のみに支配された」「資本主義文化」にほかならなかった（Weber 1904-05: Bd. 21, 15. 訳 61; Takebayashi 2003: 261）．つまりヴェーバーの結論では，資本主義的物質文化の支配は宗教改革のひとつの帰結として把握されるべきであった．

　ヴェーバーは「プロテスタンティズムの倫理と資本主義の精神」の末尾で，「産業革命」によって「勝利をとげた資本主義」は「機械的基礎のうえに立って以来」，「資本主義の精神」という禁欲的・内面的推進力をもはや必要とせず，好むと好まざるとにかかわらず「無限の力をもって」，「鉄の檻」ともいうべき強烈な資本主義のメカニズムに人々を閉じ込め，「最後の化石燃料

が燃え尽きるまで」人間の生活スタイルを決定しつづけるだろう，と述べている．さらに彼は「この巨大な発展の終わるとき」に言及し，人類が「病的自己陶酔で飾られた機械の化石」に堕してしまう可能性を指摘している (Weber 1904-05: Bd. 22, 108-9. 訳 356-7)．つまりヴェーバーにとって産業革命以後の機械化された資本主義は，精神史的にみれば一種の「ぬけがら」にほかならない．その点で彼もゾンバルトの「唯物主義」の支配に対する危機感を共有しており，自然科学にたいして「文化生活一般にかんする科学」 (Weber 1904: 147. 訳 6) を志向したヴェーバーの態度はその危機感に対するひとつの回答だった．

　ところで前述の「最後の化石燃料が燃え尽きるまで」，「この巨大な発展の終わるとき」という表現にかかわって，のちにゾンバルトは興味深い回想を書いている．すなわちゾンバルトとヴェーバーが，19世紀以降の資本主義の急速な発展はいつ終わるのかを話題にしたとき（正確な日付は記されていない），ヴェーバーは，それは「最後の1トンの鉄鉱石が最後の1トンの石炭で精錬されるときに」という意味であり，当時発表された資源調査の研究にしたがって，石炭の埋蔵量は多いが，鉄鉱石は現在の消費ペースが続けば約60年で枯渇する，と考えていたという．つまりヴェーバーは，資源大量消費型の資本主義はそれほど遠くないうちに終わると考えていたのである．前述の資本主義の終末に関するきわめて悲観的な予言のトーンは，こうした切迫した危機意識の表明だったのである．ゾンバルトはこれに続けて，現在 [1927年] からみればヴェーバーの見解は誤っており，技術的可能性は石炭と鉄の時代が終わるとともに枯渇するものではないと指摘し，石油に限界はあるものの，水力・潮の干満・太陽エネルギーは無尽蔵であり，資本主義はなお長期にわたって経済生活の重要な部門を支配するだろうと述べた (Sombart 1927: Bd. III. 1010-2)．

　こうした危機意識に関して20世紀初頭の時代では，ヴェーバーはゾンバルトに先行していたことは明らかである．ゾンバルトはおそらくヴェーバーの影響を受けて，近代資本主義論をエコロジーの観点から再構成したように

(2) 初期資本主義と森林破壊

前述したように初版『近代資本主義』でゾンバルトは，15世紀から18世紀に至る初期資本主義の展開をほとんど叙述せず，もっぱら重商主義政策によってその発展が抑圧されたことを強調した．すなわち蓄積された財産が国家間の戦争という「非生産的目的」にたえず使用され，また戦争目的のための兵制の整備と植民経済の拡大は生産的労働力を常に吸収した結果，「資本主義的エネルギーの麻痺」をもたらし，「資本主義の自然的発展」が抑制された（Sombart 1902: Bd. I. 410; 田村 1996-97:（二）219-20）．

しかし改訂された『近代資本主義』（第2版，1916-27）では，国家・国民経済の形成と資本主義の推進という観点から重商主義政策と古典学派以前の重商主義的経済理論が「進歩しつつある精神の担い手の表現」（Sombart 1917: Bd. II., 922）と高く評価され，初期資本主義時代は資本主義の促進と障害という二つの側面から考察されることになった．そして彼は「資本主義発展の障害」に「技術的障害」を追加し，初期資本主義末期に「木材不足というまったく独自な問題が発生」したことを強調した（Sombart 1917: Bd. II. 1136）．

ゾンバルトによれば，19世紀以前の「ヨーロッパのあらゆる文化は，物質文化のみならず精神文化も，森林から出現し」，木の文化という刻印を有していた．木材は住居・設備・戦艦の材料であり，綿・亜麻工業に使用される「灰汁」の材料であるとともに，家庭用・工業用燃料としてもっとも重要な素材だった．ヨーロッパでは森林資源をめぐって「中世をつうじて乱伐」が生じ，すでに15世紀に生じていた木材不足の兆候は，16世紀になると銀鉱山の拡大，鉄需要・船舶需要の増大によって急速に大きくなった．ゾンバルトは中世に69か所存在したイングランドの森林が19世紀に4か所に減少したと指摘している．木材不足のために北・東ヨーロッパからの木材・木材製品の輸入，木材消費の節約，燃料の石炭による代替などがおこなわれたが，

18世紀に「木材不足は国民経済的利害の前面に」現れた．こうして「外国民族・文化の無思慮な搾取によって」多くの富を獲得してきたヨーロッパ文化は，木材不足と船舶建造費の高騰によって発展の「限界」に達したのである．ゾンバルトはこの時点でヨーロッパ文化が迎えた「限界」を，中国，インド，エジプトなどの古代文明の没落と比較し，ヨーロッパ文化だけがこの「限界」を「高度資本主義」への移行によって，すなわち科学技術と機械技術に支えられた「工業資本主義」の展開によって乗り越えたことを強調した（Sombart 1917: Bd. II. 1143-55）．ちなみに現代ヨーロッパの森林はその多くが，たとえばドイツの「黒い森（Schwarzwald）」も含めて，19世紀以降の植林によって成立したものである．

　近年の経済史研究の成果によれば，技術的な観点から「木材不足」を直接「高度資本主義」の展開と結びつけるゾンバルト以来の見解は短絡的と批判されているが（田北 2003: 53），ゾンバルトのこの論述は経済史研究に環境史的観点を持ち込んだ画期的成果だった．

(3) 晩期資本主義論の展開と技術のコントロール

　前述のようにゾンバルトは，ヴェーバーの資本主義衰退論に対して，石炭・石油にかわる代替エネルギーの「無尽蔵」と資本主義の長期の存続を強調していた．しかしこれは，初期資本主義の危機を突破した高度資本主義の安定性を主張するものではなかった．彼は第一次大戦の終了とともに「高度資本主義」が終わり，「晩期資本主義（Spätkapitalismus）」へ移行したこと，つまり資本主義が衰退過程に入ったことを指摘した．その理由は次の3点である．

　第1に，アジア・アフリカなどの新興地域に資本主義が展開し，かつての農業国の工業化によって自国の農業生産物需要の増大とヨーロッパへの農産物輸出の減少が生ずる．それはヨーロッパの工業輸出の減少と農業的生産を拡大させることによって，世界経済的連関を縮小させ，諸国民経済はアウタルキー（自給自足）の傾向を強化する．

第2に，資本の集中・経営の集積によって社会と国家における金融的支配が強化され，労働者・職員の資本への従属，小経営の大経営への従属といった「新たな封建制」が展開する一方，内部では企業の官僚制化によって「資本主義的精神」の合理化（企業精神と利潤欲の衰退）が進行し，市場メカニズムは大企業組織による自己統制・国家および自治体による規制・価格統制によって排除され，景気循環のリズムも消滅する．

　第3に，こうして資本主義的経済システムが専一的に支配するのではなく，自給的経済・手工業・農民経済といった前資本主義的経済システムは資本主義に適応しつつ従来の規模を維持する一方，公私混合企業，国営・自治体企業，協同組合などの計画経済的な「資本主義以後の経済システム」が拡大している（Sombart 1929: 25-39; 柳澤 1998: 236-7）．

　さらにゾンバルトは，資本主義の構造的転化によって生ずる「将来の経済生活」について，「安定化され規制された資本主義」と「技術化され合理化された社会主義のあいだの区別は」大きなものではなくなり，……その移行は「カタストロフもなく，突然の中断もなく，……ドラマティックな飛躍もなく」行われるだろうと予言した（Sombart 1927: Bd. III. 1016）．

　以上のようなゾンバルトの晩期資本主義論は，第一次大戦後における高度資本主義の内部変化および世界経済の変化によって規定されていただけではなかった．1902-03年の段階では，近代技術と資本主義の発展によって生じた「物質文化」批判と資本主義の前進論が混在していたが，改訂版『近代資本主義』に至って近代技術批判が強化され，それとの関連で資本主義終焉論が展開されたからである．すなわち前者では近代技術のもたらす問題性が指摘されていただけであるが，後者にいたって「前資本主義的経済システム」の再評価とともに，国家による「技術のコントロール」という側面が強く主張された．すなわちゾンバルトは，科学技術にもとづく発明とその利用が，最終消費者の必要ではなく資本家の収益性の観点から行われることを強調し，このことが「物質文化の完全な非合理性，無目的性，無意味性」と「この物質文化の質的形態における俗悪性への傾向」を生み出すと指摘する（Sombart 1927: Bd. III. 95). そして彼は,「文化と技術のあいだの破壊された相互関係」を再建すべきだとする主張に賛同しつつ,「田園の安寧と秩序を破り,はなはだしく騒がせ, あるいはこれを汚すこと等の防止を任務とする合理的な当局の規定によってこれを除くこと」を提唱した. それは具体的には, 夜中に爆音を響かせて低空飛行する飛行機にたいする高度規制, 郊外地の自動車・オートバイの乗り入れ規制および景勝地への乗り入れ禁止, 工場の立地規制, 技術の応用による労働者の健康・生命の被害防止, さらには発明の許認可権の「最高文化会議」への付与, などである (Sombart 1934: 訳 314-5). これらの具体的要求は今日の文明諸国において当然のものだが, 1930 年代のドイツでは自明ではなかった. ゾンバルトはアウタルキー (自給自足) の実現, 近代技術のコントロール, 環境保護という立場から強力な国家と指導者を待望し, ヒトラー (Adolf Hitler, 1889-1945) とナチスの支持者となったのである. もっとも 1930 年代後半以降こうしたゾンバルトの立場は, 戦争経済と工業開発を推進したナチスと決定的に対立し, 当局の監視下におかれたのであるが (Lenger 1994: 383ff.). ゾンバルトの例はドイツのエコロジー運動の先駆者がたどった苦渋の道を象徴的に示すものであろう.

　ゾンバルトが描いた「将来の経済生活」を, 前資本主義的な経済システムを維持しつつ, いわば管理された市場経済システムを中心としてその周囲に非資本主義的セクターが取り囲む国民経済とみるならば, エコロジー的観点から農業を維持しつつ福祉国家を形成してきた 20 世紀後半のヨーロッパ諸国の経済政策を先取りするものである.「資本主義はその成功のゆえにその存続を不可能ならしめる」と喝破したシュンペーターは, 企業家による創造的破壊を本質とする資本主義の発展が, 革新の日常化 (企業の官僚化), 合理主義文化の進展 (資本主義を支えた前資本主義的要素の解体), 資本主義に批判的な知識階級と民主主義の前進, 社会主義的価値観・制度の浸透によって長期的に停滞することを主張した (Schumpeter 1950: 132ff. 訳 205 以下). シュンペーターの主張は明らかにゾンバルトの影響を受けており,「資

本主義」という用語自体がその衰退・終焉を視野に入れた概念だった．資本主義をめぐるこうした過去の議論は，現代にとっての「将来の経済生活」プランを構想するさいの重要なヒントではないだろうか．

補論　小林昇とドイツ経済思想史研究

はじめに

　小林昇の経済学史研究がリスト，ステュアート，スミスに囲まれた「重商主義」ないし「原始蓄積」期の経済思想の「豊饒なデルタ」を耕す研究であり，その出発点となったものがリスト研究であったことは周知の事実である．そのリスト研究の主たる成果は，『小林昇経済学史著作集』（以下『著作集』と略記）Ⅵ・Ⅶ・Ⅷ に「F・リスト研究 (1)」（1978 年），「F・リスト研究 (2)」（1979 年），「F・リスト研究 (3)」（1979 年）として収録されている．しかし小林のリスト研究は，戦時中の「フリードリッヒ・リスト序説―生産力の国民的体系―」（『商学論集』15-1, 1943 年 8 月），および「フリードリッヒ・リストの生産力論序説―国民的生産力と帝国論―」（『国際経済学研究』4-8, 1943 年 8 月）によってはじめられ，前論文が「重商主義の解釈について」（『商学論集』13-1・2 合併号，1943 年 8 月，『著作集』Ⅲ に収録）とあわせて『フリードリッヒ・リスト序説』（伊藤書店，1943 年 10 月）として出版された．この戦時中の論文は，「リスト『農地制度論』にようやく手を掛けただけの段階にとどまっていた」「未熟さ」のために『著作集』に収録されなかった（『著作集』Ⅵ「あとがき」457）．また『著作集』全 9 巻刊行後に続巻として出版された 2 冊の『著作集』の XI 巻『経済学史新評論』（1989 年），『東西リスト論争』（みすず書房，1990 年）には『著作集』Ⅷ 以後の論説が収められた．最後にリスト研究を回顧した「『東西リスト論争』新考」（『日本学士院紀要』61-2, 2007 年）までを含めると，実に 54 年間に及ぶリスト研究であり，おそらくは今後超えることのできない前人未到の業績と言えるであろう．

　そうした意味でドイツ経済思想史を専攻する研究者にとって，巨大な山脈

のようにそびえる小林リスト論は、膨大な遺産であると同時に行く手を拒む壁のような存在である。ところがこれまで小林のリスト研究は、戦後間もなく発表された代表作『フリードリッヒ・リストの生産力論』(東洋経済新報社、1948年)にかかわって言及されるのが常であった。主著とされる『経済学の国民的体系』(以下『国民的体系』)ではなく『農地制度論』を中心として解釈し、しかもここで主張された晩年の植民論をナチスの先駆とみなした独自のリスト論は、きわめてインパクトの強いものであり、そうした受け止め方は当然でもある。しかし小林のリスト研究を『生産力論』だけで語ることは、その前後における小林の研究の背景や研究者としてのたゆまぬ努力を軽視することになるだろう。さらにスタンダードワークとなった小林リスト論は、冷静に見ればリスト中心のドイツ歴史学派を描き、リスト以降の研究を抑制した側面も否めないのである。本稿では、小林リスト論に内在してその全貌を描きつつ、それらの研究の戦前・戦時における歴史的背景にも目を向け、あらためて小林の研究が残した遺産を再考してみたい(なお本稿において個人的回想を記した注記の部分を除いて敬称を略した)。

(1) リスト研究の全体像

小林のリスト研究の全体を概観するために、まず『小林昇著作目録』(立教大学経済学研究会)によってリスト関係の著作を年代順に列挙してみよう。『小林昇著作集』に収録されたものはローマ数字の巻号を記した。

1 フリードリッヒ・リストの生産力論—国民的生産力と帝国論—(国際経済調査所『国際経済研究』4巻8号、1943/8)
2 フリードリッヒ・リスト序説—生産力の国民的体系—(福島高等商業学校『商学論集』15巻1号、1943/8)
3 『フリードリッヒ・リスト序説』(伊藤書店、1943/10)
4 フリードリッヒ・リストの植民論(『国際経済研究』5巻5号、1944/5)[Ⅵ]
5 農業生産力上の国家市民—フリードリッヒ・リストの基礎的一研究—(福島経済専門学校設立25周年記念論文集『農業経済の諸問題』1947/10)

補論　小林昇とドイツ経済思想史研究　　　　　　　　　　　　277

6　『フリードリッヒ・リストの生産力論』（東洋経済新報社，1948/9）［VI］
7　割地農民の歴史的意義―リスト農地制度の一分析―（福島大学『商学論集』18巻2号，1949/9）［VI］
8　『農地制度・零細経営および国外移住』〔邦訳〕（日本評論社［世界古典文庫122］，1949/10）
9　同上解説［VIII］
10　フリードリッヒ・リストと重商主義―リストの生産力論の学史的位置と類型とに関する一試論―（福島大学『商学論集』19巻2号，1950/7）［VI］
11　フリードリッヒ・リストと産業革命（書き下ろし）
12　『フリードリッヒ・リスト研究』（日本評論社，1950/10. 4・7・10・11を収録）
13　フリードリッヒ・リスト小伝―カール・ブリンクマンに拠る―（福島大学『商学論集』21巻2号，1952/8）［VIII］
14　「3月前」のドイツの段階―リストの『生産力論』を通して―（『社会経済史学』19巻6号，1954/3）［VIII］
15　スミスとリスト―生産力の問題―（河出書房『経済学説全集』第2巻，高島善哉編『古典学派の成立』，1954/12）［VIII］
16　リスト『政治経済学の国民的体系』（大河内一男編『社会科学の名著』毎日新聞社，1955/7）
17　『全集』以後のリスト研究（『立教経済学研究』10巻1号，1956/6）［VIII］
18　フリードリッヒ・リスト―その生涯と学説―（河出書房『経済学説全集』第5巻，大河内一男編『歴史学派の形成と展開』，1956/6. 『経済学史研究序説』収録に際して副題を付加）［VI］
19　東独のリスト（福島大学『商学論集』26巻2号，1957/9）［VIII］
20　『経済学史研究序説―スミスとリスト―』（未来社，1957/9. 17・18・19を収録）
21　*Die List-Forschung in Ostdeutschland*（The Science Council of Japan, Division of Economics, Commerce and Business Administration. Economic Series No. 29. Tokyo. 1962/2.「東独のリスト」ドイツ語版）
22　リスト研究における東独と日本―『自然的体系』の東独版によせて―（福島大学『商学論集』31巻4号，1963/3）［VIII］
23　歴史派経済学の父リスト（大河内一男編『経済学を築いた人々―ペティーからシュンペーターまで―』青林書院新社，1963/11）［理論的部分を「リスト

の政治経済学体系小論」と改題 VIII]

24 リストの記念祭（有斐閣『書斎の窓』127号，1964/11）［VIII］
25 「リスト文庫」のこと（『経済学史学会年報』2号，1964/11）
26 クフシュタイン紀行（有斐閣『書斎の窓』134号，1964/11）［VIII］
27 リスト文献とリスト文庫（『立教経済学研究』19巻2号，1965/9）［VIII］
28 カッフェ・フェルター（『週刊東洋経済』1965年10月30日号，1965/10）［VIII］
29 青年リストの伝記的諸問題——パウル・ゲーリンク教授の『若きリスト』から——（『立教経済学研究』19巻3号，1965/12）［VIII］
30 リスト『農地制度』の前史と周辺（『立教経済学研究』20巻2, 4号，21巻1号，1966/7, 1967/1, 5）［VII］
31 ステュアート・スミス・リスト（大河内一男先生還暦記念論文集第3巻『古典経済学の伝統』有斐閣，1966/8）［V］
32 フリードリッヒ・リストと経済学における歴史主義（書き下ろし，1966/9）［VII］
33 『フリードリッヒ・リスト論考』（未来社，1966/9. 13・15・22・23・27・29を収録）
34 *James Steuart, Adam Smith and Friedrich List* (The Science Council of Japan, Division of Economics, Commerce and Business Administration. Economic Series No. 40. Tokyo)
35 青年リストとロイトリンゲン（『立教経済学研究』22巻2号，23巻1号，1968/7, 1969/5）［VII］
36 大塚先生とF・リスト（『大塚久雄著作集』岩波書店，第3巻月報，1969/3）［『帰還兵の散歩』未来社，1984/12に収録］
37 解題『スミスとリスト』（『大河内一男著作集』青林書院新社，第3巻『スミスとリスト』1969/10）［IX］
38 スミスとリスト（御茶の水書房『社会科学の方法』13号，1970/1）［IX］
39 フリードリッヒ・リストの『国民的体系』について（一橋大学経済研究所『経済研究』21巻1号，1970/2）［VIII］
40 『経済学の国民的体系』〔邦訳〕（岩波書店，1970/12）
41 『経済学の国民的体系』解題（同上，1970/12）［VII］
42 オーバーシュワーベンの『土地整理』（大野英二・住谷一彦・諸田實編『ドイツ資本主義の史的構造』松田智雄教授還暦記念，有斐閣，1972/3）［VII］

43 フリードリッヒ・リストの政治経済学体系（日本学術振興会『学術月報』313号，1972/7）

44 『農地制度論』〔邦訳〕（岩波文庫，1974/8）

45 『農地制度論』解題（同上，1974/8）［VII］

46 国民経済形成の問題によせて―スミス・リスト・ソルジェニツィン―（双書『どう考えるか』二玄社，第6冊，1975/7）［『帰還兵の散歩』未来社，1984年に収録］

47 フリードリッヒ・リスト（『経済思想―人とその時代―』NHK大学講座経済学1，1977/4）

48 『小林昇経済学史著作集VI F・リスト研究（1）』（未来社，1978/6）

49 『小林昇経済学史著作集VII F・リスト研究（2）』（未来社，1978/12）

50 『小林昇経済学史著作集VIII F・リスト研究（3）』（未来社，1979/6）

51 『小林昇経済学史著作集IX 経済学史評論』（未来社，1979/12）

52 スミス＝リスト＝マルクス 現代を語る〔座談会〕（『経済セミナー』300号，1980/1）

53 ヘンダースンのリスト伝に寄せて（大東文化大学『経済研究』第6集，1984/3）［XI］

54 スイスのリスト（大東文化大学『経済論集』42号，1986/9）［XI］

55 Friedrich List, *Die Welt bewegt sich, 1837*, hrsg. von Eugen Wendler, 1985.〔文献紹介〕（『経済学史学会年報』24号，1986/11）［フリードリッヒ・リスト『世界は動く』と改題 XI］

56 Forschungen über Friedrich List in Japan（大東文化大学『経済論集』46号，「日本におけるフリードリッヒ・リスト研究」のドイツ語訳，1988/9）

57 半世紀のリスト受容（中村勝己編『受容と変容―日本近代の経済と思想―』みすず書房，1989/7）

58 リストのロイトリンゲン（『みすず』341号，1989/7）

59 日本におけるフリードリッヒ・リスト研究（書き下ろし，1989/9）［XI］

60 『小林昇経済学史著作集XI 経済学史新評論』（未来社，1989/9）

61 リスト研究の新局面―ヴェンドラー教授の新著に寄せて―（大東文化大学『経済論集』49号，1989/12）

62 Friedrich Lists System der Sozialwissenschaft ― von einem japanischen Forscher betrachtet (*Studien zur Entwicklung der ökonomischen Theorie*, 10, *Schriften des Vereins für Sozialpolitik*, n.F. Bd. 115, 1990)

63 テュービンゲンでリストを語る（『みすず』347, 348 号，1990/2, 3）
64 Friedrich Lists System der Sozialwissenschaft（大東文化大学『日本経済研究報告』[3] 1990/3）
65 リストの社会科学体系（大東文化大学『経済論集』50 号，1990/4）
66 在りし日のリスト研究者たち（書き下ろし）
67 リスト生誕 200 年の東独（書き下ろし）
68 『東西リスト論争』（みすず書房，1990/4. 60, 61, 63, 64, 65, 67, 68, 69 を収録）
69 フリードリッヒ・リスト（Friedrich List）生誕 200 年の諸学会（『経済学史学会年報』28 号，1990/11）
70 フリードリッヒ・リスト（『エコノミスト』1993 年 7 月 13 日号，1993/7）
71 「東西リスト論争」新考（『日本学士院紀要』61 巻 2 号，2007/1）

　よく知られているように，小林リスト論の最大の特徴は，山田盛太郎から大塚久雄に継承された比較土地制度分析の観点から行われた西欧資本主義発達史の成果を経済学史・経済思想史に持ち込んだ点にある（経済学史と経済史との試行錯誤的往反）．大塚によれば，イギリスで典型的に行われた産業資本の形成は，封建制の解体過程で生じた中産的生産者層が農村工業を拠点としつつ絶対王政の基盤となった前期的商業資本の支配を圧倒し（市民革命），まだ幼い産業資本の保護政策としての重商主義をつうじて成長しつつ，その過程で中産的生産者層が資本家と労働者に両極分解する（その農民的側面が大小のエンクロージャー）という経路で遂行された[1]．小林の理解では，リストの生涯と業績の中心は，ドイツにおける産業資本形成のための闘いである．

　小林の戦前のリスト論のなかで論文「フリードリッヒ・リストの植民論」だけが『著作集 VI』に収録されたことについて，小林自身は，『フリードリッヒ・リスト序説』（1943/10）刊行の後に大塚久雄の「比較土地制度史の視野，独立農民の両極分解の視角」に促されて（「大塚久雄先生と F・リスト」『帰還兵の散歩』，142），『農地制度論』自体の分析を進め，「リストの全思想

---

[1] 大塚史学と近年の西洋史学の動向については，馬場・小野塚（2001）が詳しい．

＝理論体系の骨組みが見通せるようになったという確信をもつに至」り，「さきの未熟な二論文［前掲目録1と2］が……この第3の論文によっていわゆる出征の前にある成熟度にまで達しえた」（Ⅵ「あとがき」，457-8）からだと述懐している．

(2) 代表作『フリードリッヒ・リストの生産力論』

こうした小林リスト論の本格的提示が，代表作ともいえる『フリードリッヒ・リストの生産力論』(1948/9) であるが，本書は『著作集Ⅵ』で185ページ（初版はB6判269ページ）の小さな著作である．本書は，兵隊生活のあいだにも「リスト研究のプラン」を練り（「大塚久雄先生とF・リスト」，142），復員後に「ほとんどすべてのエネルギーを自分の研究に注」いだ結果（『山までの街』，112）として成立したものであり，小林は，「リスト像をほとんど一変させるというつよい予感」とそれに導かれた「作業の集中の濃度」によって「最大の愛着」を抱く小著だと回想している．それは，「コンパクトながらリストの総著作の内在的・包括的・体系的・客観的な再構成の試み」として，現在まで内外で「これに類似する労作を一つとして見ない」ものと自負している．さらに本書の特徴として，「これまで顧みられなかったリストの世界経済論《帝国論》と農業論が立ち入って論じられ」，しかも小林の「研究に固有のもの」として，「『農地制度論』を基軸・基底としてリストの全体系を理解する視座と方法」があげられる（Ⅵ「あとがき」，460-2）．すなわち本書は，『リスト全集』に本格的に内在しつつその全体像を把握しようとした唯一の著書であり，その重心が『国民的体系』以後の帝国論と『農地制度論』の分析におかれている著作なのである．

本書を概観してみよう．
まずリストの全体像の把握とは，『国民的体系』とそれ以後の構想を「断層」として捉えたリスト全集の編者の立場を批判し，「全体系の理論的統一」を把握することにある（Ⅵ, 102-3 ［以下ページ数のみ略記］）．

1)『国民的体系』において提示された「価値の理論」に対する「生産諸力の調和と均衡」という生産力の理論は，経済学の分析的理論ではなく，歴史的・個別的理解の対象となる「与件の理論」であり，リスト独自の思想ではないが，「正常国民」概念と結びつくことによって，ドイツ国民経済の資本主義化の政策思想として分析されるに値する独自の意義をもつ（108, 112, 117）．

  2) この生産力の理論を正当化するために，「リストの中期の体系にのみ属する」（ゾンマー）段階説（未開—牧畜—農業—農・工—農・工・商）は，もっぱら工業力の育成を目的とする「歴史実用主義」（ザリーン）の立場から構想されたために混乱が見られ，とくに第5の農・工・商段階は，「輸出工業国」と植民地を有する「帝国国民」へ展開することから，「生産諸力の調和と均衡」の理論が破綻しているだけでなく，「これと結合しつつ構成された生産力論自身の矛盾をも同時に露呈」させている（124, 130-1）．ただし小林は，経済発展段階説がその後ヴェーバーやゾンバルトによって「理念型」・「現実型」・「経済様式」として展開されたことは正しい，として板垣與一の指摘を肯定している（125）．

  3)『国民的体系』では，「正常国民」から「輸出工業国」・「帝国国民」へと発展しつつあるイギリスに対抗して，将来における「万国連合」を展望しながら，大ドイツ主義の立場からバルカン半島への進出を目指し，熱帯植民地へ共同参画しようとする意図によって「大陸同盟」が主張された（150, 166-7）．だが『国民的体系』以後になると，産業革命のもたらした矛盾（社会問題と恐慌）の認識から資本輸出と組織的植民によって自足的経済帝国建設へと向かうイギリス国内の動向に着目し，ドイツ工業・農業にとってのイギリス市場縮小の危機感と「正常国民」としてのドイツの経済的統一の必要性を痛感して「英独同盟」論へ転換する（147-9, 161-2）．ここでは仏露協商を牽制しつつドイツのトルコ進出とイギリスの地中海進出の提携という立場から，「ドイツ人の背後地としてのハンガリーに，更にここを根拠として『東南方』に」向かうという植民論の変更が行われ，欧州大陸縦貫鉄道構想

をつうじてドイツを「準帝国」の地位へ引き上げようとする構想が現れる（170-3）．したがって『国民的体系』と『体系』以後には「一つの断層」が存在する（179）．

4) しかしこの断層は，『国民的体系』第3巻として書かれた『農地制度論』における農業近代化の改革案による「生産諸力の調和と均衡」の再構成によって「政策的統一性」が担保された（191, 179）．すなわち村落制度・交錯圃経営・零細耕作によって特徴づけられる西南ドイツの「委縮せる農業」を，エンクロージャーによる40-60モルゲンの「中規模の農場制度」の創設と「相当数の独立農民の確保」によって近代化し，この「中産的市民層」を近代国家の担い手である「国家市民」たらしめることによってフランスのジャコバン的独裁とイギリスのプロレタリアート発生をともに回避する「中道」を模索した（200-5, 210-1）．『国民的体系』における生産力論の矛盾は『農地制度論』によって解決され，「リストの全体系は『農地制度』によってようやく，国民的生産力としての本然の姿を現すに至った」のである（214）．

5) こうして農業近代化論は，ハンガリーから「東南方」へのドイツ人植民と結び付くことによって「リスト全体系を完結させる」ことになる（218）．『農地制度論』は，ヴュルテンベルク憲法闘争に参加した青年時代のリストの国家行政論を回復する視点と，中世ドイツの土地制度に市民的自由の起源を見たメーザーの一貫した影響を示しており，この点で『国民的体系』はそこからスミスの世界への転向を意味するのであって，『農地制度』はそこからの「環帰」にほかならない（242, 266）．しかしこうした構想は，ハンセン［ハンゼン］『人口農本論』を通じてナチスのダレー『血と土地』（1929）への道を示すものであり，ここに「『後進資本主義国』という宿命」を背負ったリストの限界が存在する（271-2）．

以上の概観から分かるように小林リスト論の特徴は，『国民的体系』を主著とするリスト理解から転換し，むしろ『農地制度論』を中心に据えることによって青年時代のリストと『国民的体系』以後の植民論の転換を統一的に

把握し，これによってその全体像を構成したことにある．したがって大塚史学を媒介とした『農地制度論』のいわば「中産的生産者層」創出による「近代化の起点」という解釈が決定的な意味をもったことは理解できる．

(3) 戦中の著作『フリードリッヒ・リスト序説』の意義

しかしながら，この『フリードリッヒ・リストの生産力論』から最初の著作『フリードリッヒ・リスト序説』をふりかえって見ると，かならずしも「未熟」では片付けられない問題があるように思われる．その点を明らかにするために，こんどは『序説』を概観してみよう（以下の引用にあたって旧漢字は新漢字に改めた）．

小林はまず序において，「今日の国民経済と広域経済」が「その自主性への要求と強いられたる封鎖性」によって「経済の基体への関心と配慮」を深め，リスト国民的生産力論の「独自な教説」を改めて検討することによって，「国民生産力説とその『帝国論』」の「全き照明」が可能になる，と述べている．さらに「スミスの立場からリストを見る」方法がリストの「実体の消失」となることが批判されており，むしろリスト全集編纂つうじて生じたリスト復興論に掉さす立場が表明され，『国民的体系』が晩年の「世界政策的視野とその理論」から「いかに眺められるべきか」に注目が注がれている(4-5)．

1) 『国民的体系』における「生産諸力の調和」という思想は，「リストに対して積極的な関心を寄せるすべての人々の認識したところ」であり，「産業資本の代弁者」リストは「工業力」の育成を課題としていた(14-5)．「生産力の理論」を正当化するために提出された「段階説」は，「歴史主義の本質である歴史相対主義を自ら否定」（板垣）する「歴史実用主義」（ザリーン）の立場から提唱されたものであり，むしろ「スミスへの屈従」の立場から理論と政策を結合しようとした「著しく人工的な環」(36)であって，「その生産力論と本質的関連を有していない」(36, 40-1)．他方『国民的体系』で示される「正常国民」と「万国連合の理念」にもとづく大ドイツの建設と

熱帯植民地開発への「共同参与」という構想（ナポレオン的大陸同盟構想によるイギリスとの対抗とバルカンからアジアへの進出）は，「英国の世界政策の前に全く無力」となった（26-7, 45-6）．

2）『国民的体系』以後のリストは，ドイツに対する仏露の提携によって「大陸同盟」の不可能を認識し，「独英同盟構想」をつうじて，ドイツにとっての本国と植民地の「現実的結合」であるバルカンからアジアへの進出へと旋回する（48-54）．その志向はイギリスにおける「アウタルキー＝封鎖的経済帝国志向」に対抗する『自給圏・広域圏』形成の志向であり，リストの主張は資本主義の矛盾を社会主義に求める主張と比べれば時代遅れになったという批判に対して，「国民的立場を貫いたリストの洞察こそ，その世界政策的なまた世界史的な視野に於いて一層の真実を含んだもの」である（60, 65）．

3）しかしながらその後の世界史の展開は，「国民の生存の為には資本主義を超克して新しい国民的生産力を獲得しようとする」「新しい経済体制」の創造とそれに対応する「広域経済圏」を求めている．そうした観点からみれば，リスト国民的生産力論は，「白人の優越というゲルマン民族優越論」，イギリスと「同質の生産力と同様の生産機構をもつ諸封鎖経済圏の絶縁的並立」の志向，「産業資本主義の将来に対する期待と楽観」という限界のために，「帝国論の構想者ではあるとしても，広域経済論の祖ではなかった」（72, 69-71, 73）．

4）リストが放棄した「段階説の再生と再組織」は国民生産力論形成にとって今日的課題であり，その方法論的課題は「リストの志向の一面を継ぎつつもこれを捨て去らなかった歴史学派の成熟によって」「理念型論」・「経済様式論」などに展開されたのであるが，他方で段階説の一層の深化によって，「発展段階にそれぞれ適合したる生産方法の相異に基く本国と植民地間の分業の創造」，「広域経済圏における単純な地域的分業の観念」，あるいは「土や血の自然的基体性」・「地理的資源的な基体性」の観念を立体的・構成的に」規定する必要がある（76-80）．

以上の内容を見ればわかるように,『序説』の最大の特徴は戦時における「広域経済論」の観点からのリスト論だということである. 周知のように小林は, 1940年に「植民学」の担当者として福島高商に赴任するさい, 矢内原忠雄に代わって東大で植民学を講じていた東畑精一に面会し, 着任後その影響のもとで「広域経済圏の成立と植民学の成立—植民現象の本質に関する一般理論の素描—」と題する「評価には値しない」論説を発表している.『序説』はこれを受けたリスト論であり, 小林自身は「内容と水準とには満足できず, 充足感らしきものも味わえなかった」と回想している (『山までの街』, 7-8, 25, 58).

　しかしここで注目したいのは,「スミスとリスト」という『国民的体系』を中心としてリストを理解する方法を退ける立場, 段階説は生産力論に独自のものではないとする理解, リスト解釈の焦点を『国民的体系』以降における「帝国論」, つまり「植民論」の旋回におく観点, これらは『生産力論』の重要な骨格を構成するものとして継承されていることである. 内容のレベルの違いはあれ, これらの部分に『農地制度論』の分析による植民論の再構成と青年時代のメーザーの影響を受けた国家市民論を結合したものが『生産力論』だと言えるだろう.

　こうした観点から見ると, 小林の先行研究では,『国民的体系』を分析対象とした高島善哉『経済社会学の根本問題』(日本評論社, 1941年3月), 大河内一男『スミスとリスト』(日本評論社, 1943年6月) の影響は小さく, むしろ『リスト全集』の立場を視野に入れ, 初期の国家論から『国民的体系』を分析し, 段階説の欠陥をその後のドイツ歴史学派の展開に探った板垣與一『政治経済学の方法』(勁草書房, 初版1942年, 増補新版1963年) の影響が強いと言えるのではないだろうか. 小林自身は初期リストの国制論は板垣に導かれたと述べているが (VI「あとがき」, 460),『序説』でも『生産力論』でも段階説の理解とその後の展開については板垣に負っており (『序説』, 37,『生産力論』, 126), その影響はもう少し大きいように思われる.

　なお広域経済論との関連で「土や血の自然的基体性」という表現が出てく

るが，この部分は東畑精一の論文に依拠したものである．「土と血」という農本主義的表現は後の『生産力論』では，ダレーの著作をつうじてナチズムの先駆者としての位置づけのために使われているが，ここでは全く逆の肯定的表現として使用されていることが注目される．

(4) 『生産力論』以後のリスト研究

『生産力論』以後の文献を見ると，その部分を補完・拡大・敷衍する研究が行われた．まず『農地制度論』に関しては，『農地制度論』の2度の翻訳・解説，封建的土地所有の解体過程で生じた独立自営農民としての「割地的土地所有」（マルクス）を概念的・実体的に整理しつつ，リストの農地改革構想がかつてのいわば歴史的に一回的な独立自営農を「蘇生」しようとしてかえって反動に導いた，とする「割地農民の歴史的意義—リスト農地制度の一分析—」，松田智雄・住谷一彦によって紹介された初期リストの農民論を翻訳・分析しつつ後期リストとの断絶を指摘し，他方で『農地制度論』で言及されたオーバーシュワーベンの「土地整理」の根拠となったワルラーシュタインの論説にさかのぼって検討し，さらにヘクシャーの研究に依拠したスウェーデンのエンクロージャーの紹介をつうじて，リストの「比較土地制度史的展望」の鋭さと問題性を確認した「リスト『農地制度』の前史と周辺」および「オーバーシュワーベンの『土地整理』」である．

次にリストを産業資本の保護育成を要求した本来の「重商主義者」と位置づける点について，「フリードリッヒ・リストと重商主義—リストの生産力論の学史的位置と類型とに関する一試論—」があり，これ以降小林はイギリス重商主義研究を並行して進めることになる．

さらに小林は，ドイツを中心とする海外の研究者およびその業績をたんねんに紹介した．『リスト全集』の成果をふまえてその研究水準から一歩抜けだしたとされる労作を伝記のかたちをとって紹介した「フリードリッヒ・リスト小伝—カール・ブリンクマンに拠る—」，『リスト全集』によってもたらされた「リスト・ルネッサンス」の動向を『農地制度論』の理解という観点

から批判的に論評した「『全集』以後のリスト研究」，第二次大戦後リスト研究の復興を担った東独の研究をファビウンケを中心として論じた「東独のリスト」，ファビウンケによる『自然的体系』のドイツ語訳とそこに付された長大な「序論」を紹介した「リスト研究における東独と日本——『自然的体系』の東独版によせて——」，リストと同郷のゲーリンク（テュービンゲン大学教授）が退職の後に新発見の資料を駆使して書き下ろした高水準の学問的伝記を紹介した「青年リストの伝記的諸問題——パウル・ゲーリンク教授の『若きリスト』から——」，ドイツ近代経済史の研究者として有名な著者による英文のリスト伝を紹介した「ヘンダースンのリスト伝に寄せて」，スイス亡命中のリストを論じたヴェンドラーの学位論文を紹介した「スイスのリスト」，ヨーロッパ共同体の先駆的思想家・闘争者という観点からの伝記的研究として上梓されたヴェンドラーの著書を批判的に論評した「リスト研究の新局面——ヴェンドラー教授の新著に寄せて——」がある．小林はこれらの論文をつうじてコンパクトな『生産力論』では十分に言及できなかった伝記的部分を補強し，毀誉褒貶に満ちた波乱万丈のリストの生涯を読者に伝える一方，海外の研究動向を詳細に紹介した．

　他方で小林は，こうした紹介をつうじて海外の研究者と多面的な交流をもちつつ，自らの研究を海外に発信した．「東独のリスト」をドイツ語に訳した *Die List-Forschung in Ostdeutschland*，リストを含む小林の学問全体の特徴をスケッチした *James Steuart, Adam Smith and Friedrich List*，「半世紀のリスト受容」を書き直した「日本におけるフリードリッヒ・リスト研究」のドイツ語訳であり，その短縮版が1989年5月9日にロイトリンゲンで開催されたリスト生誕200年記念シンポジウムで報告された *Forschungen über Friedrich List in Japan*，同じくテュービンゲンで200周年記念のために行われた「リスト研究会」で発表されたペーパー *Friedrich Lists System der Sozialwissenschaft*（邦訳「リストの社会科学体系」）である．ドイツの研究者との交流は「在りし日のリスト研究者たち」で語られており，またリスト生誕200年記念シンポジウムの模様は「リストのロイトリンゲン」，

「テュービンゲンでリストを語る」に詳しいが，特筆すべきは，『農地制度論』を軸としてリストを解釈し，晩年の植民論をナチズムの先駆と位置づける小林リスト論の本質的部分が，ナチ時代をかいくぐったドイツの研究者と鋭い緊張関係をもたらしたことが繰り返し述べられていることである．そこで小林が，「nationalistisch Ökonomie 国民主義的経済学」という表現を「nationale Ökonomie 国民的経済学」に訂正すれば，小林の論文をドイツの雑誌に掲載するとのK. E. ボルンの提案を拒絶したことは，小林自身がそこに「速断と誤解」があったと反省しているとはいえ，研究者としての姿勢と矜持を考える上でけっして忘れられるべきではない（「リストの記念祭」VIII, 325, 330,「在りし日のリスト研究者たち」・「テュービンゲンでリストを語る」『東西リスト論争』, 44-6, 147）．こうしたエピソードは，リスト研究をめぐって第二次大戦が同じ敗戦国の研究者に残した深い傷をうかがわせるものであろう．

　こうした交流をつうじて小林は，リストを含む歴史学派の権威としてドイツで評価されるにいたった．前述したヘンダーソンのリスト伝の紹介は，ドイツの「リスト協会」がリスト生誕200年記念行事の一環としてヘンダーソンのリスト伝をドイツ語に翻訳する企画にあたって鑑定を求められたことをきっかけとして書かれたものである（XI, 105）．また，これは私の個人的記憶であるが，ロッシャーの『ドイツ国民経済学史』（*Geschichte der National= Oekonomie in Deutschland,* 1874）が1992年に復刻される際，おそらく編者のひとりシェフォールトをつうじてと思われるが，その別冊のかたちで出された「解説書（Vademecum）」の執筆を依頼されたが断った，という話を小林本人から聞いたことがある（実際の解説はバックハウス，アイザーマン，グレーネヴェーゲン，シンツィンガーが執筆）．1988年のシュモラー生誕150周年記念シンポジウムを機に歴史学派およびドイツ国民経済学の伝統が省みられるようになり，リスト研究者以外にも小林の研究が認知されるようになったのではないかと推測される．

　次に小林はこうしたリスト研究の深化と拡大を推進しながら，研究の成果

を学会内外の読者に向けていわば啓蒙的に発信した．エッセイは別として，高島善哉編『古典学派の成立』(河出書房『経済学説全集』第2巻)に掲載された「スミスとリスト—生産力の問題—」，大河内一男編『社会科学の名著』(毎日新聞社)に向けた概説「リスト『政治経済学の国民的体系』」，大河内一男編『歴史学派の形成と展開』(河出書房『経済学説全集』第5巻)に収録され，レンツやブリンクマンの研究成果を摂取しつつ小林がはじめて伝記的記述に取り組んだ「フリードリッヒ・リスト—その生涯と学説—」，大河内一男編『経済学を築いた人々—ペティーからシュンペーターまで—』(青林書院新社)に収められた「歴史派経済学の父リスト」，略伝を含んだ『経済学の国民的体系』解題，NHK大学講座テキスト『経済思想—人とその時代—』のために書かれた「フリードリッヒ・リスト」，『エコノミスト』「世界の経済学者」シリーズに寄稿した「フリードリッヒ・リスト」などである．さらに，大学生向けの教科書として編まれた『経済学史』(有斐閣双書，1967年)，『講座 経済学史V』(同文館，1977年．その「歴史学派」は「リストと歴史学派」と改題してVIIIに収録)，『新版経済学史』(有斐閣双書，1986年)などにおいて「歴史学派」・「ドイツ経済学」の項目を執筆した小林は，その叙述の中心をリストにおいた．これらの啓蒙的著作や学生向けテクストの執筆をつうじて小林リスト論は人口に膾炙したと言えよう．

つまり『生産力』論以降の小林は，『農地制度論』の周辺に関する経済史的・思想史的研究を深める一方，海外の研究者との交流を積極的に推進してその紹介と自らの研究の発信に努め，リストの主著(『国民的体系』と『農地制度論』)の翻訳，啓蒙的著述・テクストの執筆をつうじて自己の研究成果の普及に精力を注いだ．坂井は，小林が「メーザーの『オスナブリュック史』を本当に通読したごくごく少数の日本人の一人」であると指摘し，小林のリスト研究が「精密なメーザー研究」を含んでいることを称賛しつつ，そうしたメーザー研究が継承されなかった点を嘆いている(坂井2004: 238-9)．

しかもこれらはイギリス重商主義・スミス研究と並行して行われたのである[2]．

(5) 小林リスト論批判と晩年における立場の変化

　以上のような精力的な研究・著述活動をつうじて小林リスト論は，日本の経済学史・経済思想史研究におけるスタンダードの地位を築いたといってよいだろう．しかし『生産力論』で示された小林のリスト理解に対する違和感や批判がなかったわけではない．小林批判の主要な系譜は，『農地制度論』とそれ以後に重点をおく小林に対する批判・不満を底流にしているように思われる．『若きリスト』を書いたゲーリンクの「示唆」によって遂行された松田の研究では，リストの政策思想の中心にあるのは，大農と国民的工業による農工の近代的経済循環を形成しようとする「国内市場形成の理論」・「国内市場形成の政策論」であり，それは初期のリストから一貫して存在していたと主張され（松田 1967a: 185, 156-63），『農地制度論』に関しても「リストの見解からすれば，工業化と余剰人口の工場への吸収こそは，零細経営問題解決の方法であった」（松田 1967b: 19）．リストの土地整理の提案を資本主義発展の「アメリカ型」に「適合的関連」を有する「小農エンクロージャー」と理解し，しかもそれは当時の西南ドイツの農業事情からみて「きわめて現実的な提案」であるとともに，その着想はアメリカ農業事情の観察に由来する，との住谷の小林批判も，『国民的体系』以前のリストに重点をおくものである（住谷 1969: 10, 70）[3]．またスミスの「価値の理論」に対する「生産力の理論」の起源をめぐって，『自然的体系』を重視するゾンマーを批判し，アメリカの国民経済学者レイモンドの「国民的富」論に求めた高橋の主張（高橋 2008: 102-128），あるいは逆に「生産力の理論」はスミス理論のドイツ化であるとの立場から「スミスとリスト」の視角を押し広げ，初期リストから読みなおそうとする片桐の試み（片桐 2007: 171-211）も初期リストを重視する点では共通している[4]．

　2）『著作集』が刊行されているころだと思うが，小林先生がわれわれ大学院生に向かって真面目な顔で，「自分は書きすぎたから君たちは 2-3 冊にしなさい」，と述べたことを記憶している．

　3）手塚は，リストを国民経済形成論の立場から見ると「アメリカ型」と適合的関連にある，として住谷に賛成する（手塚 1985: 38-9）．

これらの批判に対して小林は，住谷への反論で示されているように，「特定のきわめて限られた文献の範囲のなかだけでリストを論ずる」態度を厳しく批判し，リストの「全面的研究」を絶えず要求した（「『リストとヴェーバー』のリスト──住谷一彦著『リストとヴェーバー』におけるリスト像について──」VIII, 361-2）．この点で小林は，基本文献の徹底的な繙読と研究史の入念な整理にもとづく『生産力論』で提示した全体像の提示に自信をもっていたと言えよう．小林は，「私の彫り上げたこの全体像に対する正面からの批判は，今日になってもまだ現れていない」と述べている（「私の学問形成，戦中」『経済学史春秋』未来社，2001, 186）．小林批判の系譜にも省みられるべき論点の提示はあるとしても，小林・住谷論争の分析において，「綿密なリストの読解に基づく小林の住谷批判」の「説得力」と，戦前の満蒙開拓と戦後の農地改革を視野に入れた「小林のリスト論のすごみ」を評価した原田（2006: 11-2）の判断は，大方の共感を得られるのではないだろうか．

　他方で『農地制度論』を中心としてリストを理解する小林の立場は，『著作集』刊行時にも「不変」であると強調しており（VI「あとがき」，462），最後の「『東西リスト論争』新考」でも，その立場が「重大な反論を受けずにきている」と自負していた（81-2）．しかしながら，1970年代半ばごろから高度経済成長による環境破壊と食糧自給率の低下に危機感を強めた小林は，正統的経済学のGNP主義に対抗する異端的経済学の代表として『国民的体系』を位置づけ，その「農・工・商の調和と均衡」，「正常国民」の理念を強調するようになった（VI「あとがき」，462-3）．前記「ヘンダースンのリスト伝に寄せて」の末尾で小林は，自分のリスト研究のなかでの実践的関心の重点が「balanced growthの問題」に移っていったが，そうした問題意識は「『国民的体系』のリストを『農地制度論』のリストによって深めるという作業によってであった」（XI, 129-30），と述懐している．

4）　こうした観点から見ると，日本においてはじめてリストの本格的伝記を刊行した諸田（2003, 2007）の画期的な仕事は，ある意味では初期リストを重視する小林リスト論批判の系譜と小林リスト論を総合する試みといえる．

しかしこのような新たな観点からリストを読み直す体力は，精神的にも肉体的にも小林に残されていなかった．これは次の世代に遺した小林のメッセージであると解釈すべきであろう．

(6) 小林とドイツ歴史学派

小林が執筆した前述の教科書を見ると，いずれも「ドイツ歴史学派の祖」ないし「歴史派経済学の父」と位置づけられたリストは詳細に記述されているが，ドイツ歴史学派そのものはかんたんに概説されているにすぎない．実は「ドイツ歴史学派の祖」という表現は屈折したものである．第1に小林は，ヴェーバーが「ロッシャーとクニース」でリストを無視したのは，この「実践家に対する学会の評価の程度を物語るもの」と述べており（「フリードリッヒ・リスト―その生涯と学説―」Ⅵ, 11-2），後のドイツの歴史学派を中心とするドイツのアカデミズムが，シュンペーターも含めてリストを正しく評価してこなかったことに対する批判の意識がある．第2に，リスト以降のドイツ歴史学派は，ロッシャーとシュモラーの重商主義論に示されるように，リストが戦った「前期的資本と絶対主義」を擁護するものであり，しかも彼らは，「歴史主義」とは無縁の「歴史実用主義」の観点から提示されたリストの段階論を書き改めることに精力を注いだ，とする判断が存在していた（「リストと経済学における歴史主義」Ⅶ, 126-7）．つまり「ドイツ歴史学派の祖」という表現は，リスト以後の歴史学派がリストを培ったメーザー以降の歴史主義と健全な国民主義から逸脱してしまい，むしろ負の遺産を継承したのであって，したがってリストに還ってその意義を検討しなければならない，とする立場が表明されているように思われる．小林は「歴史派経済学の父」という表現にかかわって，ゾンマーから「歴史学派の創始者はロッシャーであるというのがドイツの学界の常識であることを」知ったと述べているが（Ⅶ, 118），小林の念頭には「歴史学派の創始者」はリストであるとの思い込みがあった[5]．小林は，リストの資本家的実践家としての性格を強調したマルクス=レーニン主義の立場に立つファビウンケの評価に同調して，

「歴史学派の否定こそ，その祖とされるリストを理解するための唯一の道」と強調し（「東独のリスト」VIII, 177, 傍点は小林），また『資本論』の最後の注で『農地制度論』を引用したマルクスにふれて，「リストはマルクスの源流の一つ」（「ステュアート・スミス・リスト」V, 475）と指摘しているが，歴史学派ではなくマルクスの方向にリスト歴史主義の流れを見ていた．そこには歴史学派の倫理主義と精神主義が「アダム・スミスの学問以前」だとする判断があり，したがってそれは「葬儀執行者」ヴェーバーの登場によって終焉をよぎなくされる，「リスト，マルクス，メンガー，ヴェーバーなどの巨像を外側におい」た「矮小」な存在にほかならないとする理解があった．そこでは「マルクスやヴェーバーやシュンペーターをくぐった者の目で」を再検討する必要性は指摘されていたが（「リストと歴史主義」VIII, 12, 38-40），歴史学派に対するこうした否定的位置づけは，晩年の経済学史学会における講演「経済学・歴史・歴史主義」（住谷・八木 1997;『経済学史春秋』所収）に至るまで基本的には変わらなかったように思われる．

ちなみにここで詳しく論ずることはできないが，「歴史学派」という呼称は方法論争におけるメンガーのシュモラー批判のなかで使用され，ヴェーバーが「ロッシャーとクニース」を執筆したころにようやく一般的になったものである．リストがその「先駆者」として位置づけられるようになったのは『リスト全集』の企画が展開した第一次大戦前後である[6]．

小林の歴史学派に対する嫌悪感は，なによりも大河内や大塚の歴史学派理解に由来するものだろう．大河内は経済の内面的推進力としての「新しき経済倫理」を求める立場から，スミスの「経済倫理」とリストの「生産力論」

---

5) 大河内もリストを歴史派経済学の「創設者」と呼んでいる（大河内 1943: 316）．加田はリストを歴史学派の「最初の萌芽」・「先駆者」と規定しており（加田 1931: 302, 303），後述するように，加田と大河内・大塚との間に歴史学派理解の断層がある．

6) 歴史学派の呼称と歴史学派の概念規定については，田村・原田（2009，第4章「歴史学派」）を参照．なおリストを『歴史学派の先駆者』と最初に呼んだのはシュモラーではないかと思われる．彼は『リスト全集』の企画を提唱し，その資金援助のために行った1909年の講演でそう述べている．この『リスト全集』の企画は第一次大戦後のインフレによって挫折した（田村 1993b: 221）．

を評価する一方,「経済の外」から「社会問題」を「修正」しようとした「歴史派経済学の立場」を対比し,こうした立場は「経済人」という経済合理性を無視するいわばたんなる道徳主義だとする批判する（大河内 1943: 32-3）．周知のように大塚は後に自らの研究を回顧して,産業資本の歴史的系譜を前期的商業資本に求める立場を「古典理論」と呼び,その「もっとも重要なルーツをドイツの新歴史学派にもっている」と明言している（大塚 1980: 161）．当初の大塚の念頭にあったのはブレンターノとアドルフ・ヘルトであるが（大塚 1941: 125），「絶対主義国家の経済政策体系とそれを支える経済思想がむしろ主要な研究対象となるにいたった」シュモラーの重商主義論も間接的にこうした系譜に位置づけられたように思われる（大塚 1952: 129）[7]．

(7) ドイツ歴史学派と「日本経済学」

さらにこのような立場のいわば背景として,ドイツ歴史学派の戦前・戦中における受容の問題がある．小林が東京帝国大学経済学部を卒業した1939年（昭和14年）にいわゆる「平賀粛学」がおこり,「人民戦線事件」でマルクス経済学者大内兵衛らを追放した後の河合栄次郎らの「自由主義派」と土方成美らの「革新派」の対立を,両者の辞職勧告による喧嘩両成敗というかたちで決着させた．小林の属したゼミナールの恩師本位田祥男は「革新派」に属し,土方らとともに辞職している．小林は本位田や他の教授たちの学殖が「尊敬に値するものではなかった」と述べているものの（『山までの街』, 3），これら革新派の学問についてなにも語っていない．「革新派」とは総動員体制の志向から個人主義的・自由主義的経済学に対抗する「政治経済学」・「日本経済学」を標榜した学者グループを指しているが,ナチスのイデオローグ的存在であるゴットル－オットリーリエンフェルトの影響を強く受けていた（牧野 2010: 129-31）．

---

[7] 大塚によるシュモラー重商主義論のこうした解釈の問題点については,田村（1993b: 258-60）を参照．

板垣は前述の著作で1930年代後半のドイツにおいて，英米経済学に対する「アンチ・リベラリズム」の観点から「歴史学派の復興」の機運が高まったことを指摘している．その対象となったのは，メーザー，フィヒテ，アダム・ミュラー，リストおよび新旧歴史学派の人々である．その意味で「リスト・ルネサンス」はいわばドイツ歴史学派ないしドイツ国民経済学ルネサンスの一翼であった．板垣によれば，経済学史のこうした解釈を提示したのはザリーンである．ザリーンは経済学史をリカードウ的な「合理的理論」と歴史と全体性を志向する「直観的理論」に弁別し，実証主義的な「細目的研究」に陥ったシュモラー以後の歴史学派から「直観的理論」を回復させようと試みた（板垣1942; 1963: 126-40; Salin 1923: 訳者解説を参照．なお原田2001も参照のこと）．上記のように世紀転換期に成立した「歴史学派」という呼称をドイツ・ロマン主義とリストの伝統に結び付けたのはザリーンである．

　ゾンバルトの『高度資本主義』に触発されてザリーンが「直観的理論」を提唱したのは1927年であるが（原田 2001: 147），こうした意味での「歴史学派の復興」はすぐさま日本にも伝わっていた．ヴェーバー『経済史』を『社会経済史原論』（岩波書店，1927年）として翻訳した黒正巌は，「大正十五年日本経済史学界の回顧」（『経済往来』1926年12月号）において，1920年代の日本経済史研究の隆盛を指摘し，そこから「日本独特の経済学・社会学の建て直し」を提唱したが，「今や日本の経済学界は往年独逸に於ける歴史派勃興の時代と同じ様な感がする」ことから，「歴史学派的方法」を採用し，「唯物史観」と対抗する「日本歴史派の確立に精進するの覚悟」を促していた（106-7）．この『経済往来』1926年12月号には，土方成美，河津暹，本位田祥男らも寄稿し，こぞって「我国独創の経済学を建設」すべきと唱和している．つまり「革新派」の「日本経済学」はドイツの「歴史学派復興」に呼応する形で提起されていたのである[8]．

---

8) この点は岡部洋實北海道大学教授の御教示によるものである．

柳澤によれば，東大退職後に第二次「近衛内閣」のブレーンとして活動した本位田の統制経済論は，資本主義の危機認識にもとづくアウタルキー的統制経済を主張したゾンバルトらの「資本主義終焉」論を下敷きとするものであった．他方で土方は，日本人の国民性・風土・皇室との一体性を強調する「日本経済学」を提唱し，また土方の影響を受け，「日本経済学」のいわば集大成者として登場した難波田春夫は，統制経済論が含んでいたある種の経済的合理性と資本主義批判に対する不満から，天皇を中心とする日本民族の「血と精神」の一体性を強調する家族主義的な天皇制イデオロギーを展開した．ドイツの動きに触発された「日本経済学」は経済合理性を喪失した天皇制イデオロギーに転落してしまったのである．大河内の「新しい経済倫理」の探求から遂行された社会政策研究・経済思想史研究や大塚のナチス・ドイツの植民政策の触発によって展開された農村工業研究は，このような精神主義的な「日本経済学」および非合理的な総動員体制の在り方に対する批判として提出されたものである（柳澤 2008: 21, 317-24, 280-2, 270-8）[9]．

　本位田ゼミで大河内・大塚の後輩だった小林は，戦時のこうした学問的布置状況で育った．難波田春夫『国家と経済』に対する書評論文（『商学論集』第 14 巻 1 号，1942/6）で小林はその非合理的な側面を厳しく批判している．すなわち，難波田が低賃金の原因を日本の精神風土が育んだ「愛郷心」に求めたことについて，「わたくしは疑問をもたざるを得なかった．蓋し，労働者は愛郷心を持たなくとも，資本（或いは近代的産業）の命令によって帰郷せねばならないだろうからである．紡績業に於いて短期間に若い女工が交替するのはしばらくの間家の生計の補助を為し，そののち自らの愛す

9）　戦前・戦時の大塚によるヴェーバー理解を検討した中野は，1930 年代は本位田がヴェーバーの「資本主義精神論」の立場に，大塚はヴェーバーを批判するブレンターノやゾンバルトの立場に近かったが，1940 年代になると大塚がヴェーバーの立場に転換するとともに，本位田をブレンターノやゾンバルトの立場に追いやったと主張している（中野 2001: 25-32）．これは，ドイツ歴史学派に発する「古典理論」が大塚以前には通説だった，とする大塚自身の解釈に疑問を投げかけるものである．前述の加田の引用でも指摘したが，大河内・大塚的な歴史学派解釈とそれ以前では何らかの断絶があるのではないだろうか．

る故郷に帰ろうという女工の意志によってではなく，資本が短期間に女工を交替せしめることによって若い肉体のエネルギーとその低賃金とを同時に確保しようと欲したからではなかったろうか．」「農民は土地を失ったからと云って直ちに農村を去りはしない．併しそれは特殊な愛郷心によることもあろうが，むしろ一層一般的な原因は，農民に対して都市の吸引力と農村の遠心力が働かないからである．そうしてこの後者に関して日本ではエンクロージュアの行われなかったことは，人の知るところであろう」(97-8)．この記述は明らかに講座派的・大塚史学的観点から書かれている．小林は，リスト『生産力論』の奥には戦後の農地改革と軍国主義日本の農業政策の記憶とが「かさなってたたきこまれている」(「『リストとヴェーバー』のリスト─住谷一彦著『リストとヴェーバー』におけるリスト像について─」VIII, 354) と強調しているが，大塚史学の受容は「日本経済学」からの脱出でもあった．小林のドイツ歴史学派に対する懐疑的態度はここにも由来していると思われる．

　小林が上記の経済学史学会の記念講演で歴史学派再評価の動きについて，「日本のアカデミックな経済学界は歴史学派の影響を受けることが大きかったから，……歴史学派への再評価のこころみがそういう影響のたんなる継続ないし再生とならない」(『経済学史春秋』, 127) よう警告したが，その意味はこうした歴史的経緯によって理解される．

おわりに

　小林のリスト研究は基礎資料・関係文献の入念な調査とその全体像の独自な解明によって一世を風靡したと言ってよいだろう．それはこれまで見たように，代表作『生産力論』によるものだけではなく，その後の研究のたゆまぬ深化と周辺への広がりをつうじて達成されたものである．このような努力を続けた小林の研究者の姿勢からわれわれが学ぶところは極めて大きいと言わなければならない．

　しかし他方で，ドイツ経済思想史研究の立場から見れば，小林がリスト研

究からイギリス重商主義研究，つまりリスト，ステュアート，スミスに囲まれた「デルタ」の開拓に転じたことによって，リスト以後のドイツ歴史学派研究の空白が続いたことも事実である．そこにはたんなる研究対象の問題というよりも，戦前・戦時における日本のドイツ歴史学派の影響とそれに対する大河内・大塚の批判的態度があった．小林のリスト研究はドイツ歴史学派からの遠心力の結果であったように思われる．その点で原田が，小林リスト研究の圧倒的な存在による関心の集中化を指摘し，「今やそこから漏れた他の諸思想への目配せ」を主張したことは正しい（原田 2006: 16）．

　小林の研究でわれわれが継承すべきは，「経済学史と経済史との試行錯誤的往反」という方法的態度である．それは価値・価格理論に集約される狭義の経済理論史に還元されない広義の経済思想史ないし政策思想史に接近する場合の実り豊かな観点であることを，小林は自らの膨大な研究をつうじて証明した．前述の柳澤は，大河内や小林の狭い歴史学派理解を批判し，戦前の「歴史学派復興」に沿って再評価されたゾンバルトやゴットルらの親ナチス的経済学者だけではなく，第一次大戦後に活動したハルムス，ベッケラート，オイレンブルクらの「歴史学派の第三世代」の非ナチス的立場に立つ独自な世界経済認識を再評価している（柳澤 1998: 223 以下）[10]．これは「経済学史と経済史との試行錯誤的往反」のひとつの在り方であり，私の『ドイツ経済政策思想史研究』や『グスタフ・シュモラー研究』もそうした方法を念頭においたものである．それは埋もれた過去の経済学者を発掘する視点として，また偉大な経済学者の理論的業績と伝記を異なった観点から照射する視点として依然として有効である．

　1990年代以降のドイツ歴史学派再評価のなかで，環境史の観点からゾンバルト再評価が行われている．ゾンバルトのアウタルキー論は，必ずしもナチスの膨張的イデオロギーに連なるものではなく，むしろ近代技術による環境汚染に対する批判と伝統的な農業と手工業の再建を含む均衡のとれた経済

---

10) なお柳澤は，それ以前から資本主義経済の構造転化論争，社会的移動をめぐる論争の分析をつうじて歴史派経済学者の認識に注目している（柳澤 1989: 169-233）．

圏の創出という観点を有していた[11]．また小林がこだわった『血と土地』の著者でナチスの農業大臣だったダレーは，同時に有機農法の熱心な提唱者・エコロジストであったことが注目されている（藤原 2005: 79 以下を参照）．小林がそこから脱出しようとした 1920-30 年代のドイツの経済思想は，今日ようやく客観的評価が可能になった時代を迎えた．その意味でリスト『国民的体系』をあらためて「balanced growth」の観点から読み返すだけでは不十分なのではないだろうか．

---

11) ゾンバルトのこの側面については，本書第 9 章を参照．

引用文献

[欧文文献]

Appel, Michael (1992), *Werner Sombart. Theoretiker und Historiker des modernen Kapitalismus*, Marburg.

Brentano, Lujo (1871-72), *Die Arbeitergilden der Gegenwart*, 2Bde., Leipzig. 島崎晴哉・西岡幸泰訳『現代労働組合論』[上]・[下], 日本労働協会, 1985, 2001年.

Brentano, Lujo (1883), *Die christlich-soziale Bewegung in England*, Leipzig.

Brentano, Lujo (1888), Die Klassische Nationalökonomie, in: *Der wirtschaftende Mensch in der Geschichte*, Leipzig 1923.

Brentano, Lujo (1931), *Mein Leben im Kampf um die soziale Entwicklung Deutschlands*, Jena. 石坂昭雄・太田和宏・加来祥男訳『わが生涯とドイツの社会改革――1844-1931』ミネルヴァ書房, 2007年.

Brocke, Bernhard vom (1992), Werner Sombart (1863-1941). Capitalism-Socialism-His Life, Works and Influence Since Fifty Years, in: *Jahrbuch für Wirtschaftsgeschichte*, 1992/1.

Bruggemeier, F.J. & Rommelspacher, T [ed.] (1987), *Geschichte der Umwelt im 19. und 20. Jahrhundert*, München. 平井旭訳『ドイツ環境史』リーベル出版, 2007年.

Bücher, Karl (1893), *Die Entstehung der Volkswirtschaft*, Leipzig. 権田保之助訳『国民経済の成立』(1922年16版による), 栗田書店, 1942年.

Bücher, Karl (1894), Wilhelm Roscher, in: *Preussische Jahrbücher*, Bd. 77.

Delbruck, Schmoller, Wagner (1897), *Ueber die Stumm'sche Herrenhaus=Rede gegen die Kathedersozialisten*, Berlin.

Eisermann, Gottfried (1992), *Die Grundlagen von Wilhelm Roschers wissenschaftlichen Werk, Vademecum zu einen Klassiker der deuschen Dogmengeschichte*, Dusseldorf.

Engels, Friedrich (1844), Condition of England,「イギリスの状態 トマス・カーライル『過去と現在』」, 大内兵衞・細川嘉六監訳『マルクス・エンゲルス全集』1, 大月書店, 1959年.

Engels, Friedrich (1845), Condition of Working Class In England,「イギリスにおける労働者階級の状態」,『マルクス・エンゲルス全集』2, 大月書店, 1960年.

Engels, Friedrich (1895a), Wertgesetz und Profitrate,「『資本論』第3巻への補遺」,『マルクス=エンゲルス全集』25b, 大月書店, 1967年.

Engels, Friedrich (1895b), Friedrich Engels an Werner Sombart,「エンゲルスから

ヴェルナー・ゾンバルトへの手紙」,『マルクス゠エンゲルス全集』39, 大月書店, 1975年.

Grimmer-Solem, Erik (2003), *The Rise of Historical Economics and Social Reform in Germany 1864-1894*, New York.

Hermand, Jost [hrsg.] (1993), *Mit den Bäumen sterben die Menschen: Zur Kulturgeschichte der Ökologie*, Köln. 山縣光晶訳『森なしには生きられない――ヨーロッパ・自然美とエコロジーの文化史』築地書館, 1999年.

Hildebrand, Bruno (1848), *Nationalökonomie der Gegenwart und Zukunft*, Frankfurt. a. M, Ripr. Düsseldorf 1998.

Hildebrand, Bruno (1863), Die gegenwartige Aufgabe der Wissenschaft und Nationalökonomie, in: *Jahrbücher für Nationalökonomie und Statistik*, Bd. I.

Hildebrand, Bruno (1864), Naturalwirtschaft, Geldwirtschaft und Creditwirtschaft, in: *Jahrbücher für Nationaiökonomie und Statistik*, Bd. II. 橋本昭一訳『実物経済,貨幣経済および信用経済』未来社, 1972年.

Jaffé, Edgar (1917), Das theoretische System der kapitalistischen Wirtschatsordnung, in: *Archiv der Sozialwissenschaft und Sozialpolitik*, Bd.44, Tübingen.

Kauder, Emil (1965), A history of marginal utility theory, Princeton. 斧田好雄訳『限界効用理論の歴史』嵯峨野書院, 1979年.

Knapp, Georg F. (1887), *Die Bauern=Befreiung und der Ursprung der Landarbeiter in den älteren Preußens*, 2Bde, Leipzig.

Knapp, Georg F. (1905), *Staatliche Theorie des Geldes*, Leipzig. 宮田喜代蔵訳『貨幣国定学説』有明書房, 1988年.

Knies, Karl (1853), *Die Politische Oekonomie vom Standpunkte der geschichtlichen Methode,* Braunschweig. *Die Politische Oekonomie von geschichtlichen Standpunkte*, 2. Aufl., 1883.

Krüger, Dieter (1983), *Nationalökonomen im wilhelminischen Deutschland*, Göttingen.

Lenger, Friedrich (1994), *Werner Sombart 1863-1941. Eine Biographie*, München.

Lindenlaub, Dieter (1967), Richtungskämpfe im Verein für Sozialpolitik, *Vierteljahrschrift für Sozial- und Wirtschaftsgeschichte*, Beiheft 52, 53, Wiesbaden.

List, Friedrich (1841), *Das Nationale System der politishen Ökonomie*, hrsg. von Artur Sommer, Aalen, 1971. 小林昇訳『経済学の国民的体系』岩波書店, 1970年.

Lütge, Friedrich (1952), *Deutsche Sozial- und Wirtschaftsgeschichte. Ein Überblick*, Berlin.

Marx, Karl (1859), *Kritik der Politischen Ökonomie,* Vorwort, 『経済学批判』序言,『マルクス゠エンゲルス全集』13, 大月書店, 1964年.

Marx, Karl (1872), *Das Kapital: Kritik der politischen Oekonomie*, 1. Bd., 『資本論』第1巻,『マルクス゠エンゲルス全集』23, 大月書店, 1965年.

Menger, Carl (1883), *Untersuchungen über die Methode der Socialwissenschaften, und Politischen Oekonomie insbesondere*, Leipzig. 福井孝治・吉田昇三訳／吉田

昇三改訳『経済学の方法』日本経済評論社, 1986 年.

Menger, Carl (1884), *Die Irrthümer des Historismus in der deutschen Nationalökonomie*, Wien. 吉田昇三訳「ドイツ経済学における歴史主義の誤謬」前掲書所収.

Mill, John S. (1848), *Principles of Political Economy, with some of their applications to social philosophy*. 末永茂喜訳『経済学原理』全5巻, 岩波文庫, 1959-63 年.

The New Palgrave; A Dictionary of Economics, Tokyo, London, New York, 1987.

Mommsen, Wolfgang J. (1974), *Max Weber und die deutsche Politik*, 2. Aufl., Tubingen. 安世舟・五十嵐一郎・田中浩訳『マックス・ヴェーバーとドイツ政治 1890-1920』I, 未来社, 1993.

Nau, Heino H. (1996), *Der Werturteilsstreit, Die Ausserungen zur Werturteilsdiskussion im Ausschuss des Vereins für Sozialpolitik (1913)*, Marburg.

Nau, Heino H. [hrsg.] (1998), *Gustav Schmoller. Historisch-ethische Nationalökonomie als Kulturwissenschaft*: Ausgewählte methodologische Schriften. Mahrburg.

Oppenheim, Heinrich B. (1872), Manchesterschule und Katheder-Sozialismus, in: *Katheder-Sozialismus,* Berlin.

Passow, Richart (1918), *Kapitalismus. Eine begrifflich-terminologische Studie*, Jena.

Peukert, Helge (2001), The Schmoller Renaissance, in: *History of Political Economy*, 33: 1.

Priddat, Birger, P. (1995), *Die andere Ökonomie*, Marburg.

Riha, Tomas (1985), *German Political Economy: The History of an Alternative Economics*, Bradford. 原田哲史・田村信一・内田博訳『ドイツ政治経済学』ミネルヴァ書房, 1992 年.

Roscher, Wilhelm (1843), *Grundriss zur Vorlesungen über die Staatswirtschaft. Nach geschichtlicher Methode*, Göttingen. 山田雄三訳『歴史的方法に據る国家経済学講義要綱』岩波文庫, 1938 年.

Roscher, Wilhelm (1854), *System der Volkswirtschaft*, 1.Bd., *Die Grundlagen der Nationalökonomie*, Stuttgart u. Berlin, 3.Aufl., 1858.

Roscher, Wilhelm (1861), *Ansichten der Volkswirtschaft aus dem geschichtlichen Standpunkt*, Leipzig.

Roscher, Wilhelm (1874), *Geschichte der National-Oekonomik in Deutschland*, München, Ripr. Dusseldorf 1992.

Salin, Edgar (1923), *Geschichte der Volkswirtschaftslehre*, Berln. 2. Aufl., 1929. 高島善哉訳『ザリーン経済学史の基礎理論』(第 2 版の訳), 三省堂, 1944 年.

Schmoller, Gustav (1860), Zur Geschichte der national-ökonomischen Ansichten in Deutschland während der Reformationsperiode, in: *Zeitschrift für die gesamte Staatswissenschaft*, Bd. 16.

Schmoller, Gustav (1862), *Der französische Handelsvertrag und seine Gegner,* Frankfurt a. M.

Schmoller, Gustav (1864-65), Die Arbeiterfrage, in: *Preussische Jahrbücher*, Bd. 14

(1864), Heft 4, 5, Bd. 15 (1865), Heft 1.

Schmoller, Gustav (1870), *Zur Geschichte der deutschen Kleingewerbe im 19. Jahrhundert*, Halle, Repr. Hildesheim, 1975.

Schmoller, Gustav (1872), Rede zur Eröffnung über die sociale Frage in Eisenach den 6. Oktober 1872, in: *Zur Social=und Gewerbepolitik der Gegenwart*, Leipzig, 1890.

Schmoller, Gustav (1874a), Die sociale Frage und der preußische Staat, in: *Zur Social=und Gewerbepolitik der Gegenwart*.

Schmoller, Gustav (1874b), Strassburgs Blüte in der volkswirtschaftlichen Revolution, in: *Deutsches Städtewesen in älterer Zeit*, Bonn・Leipizig 1922. 瀬原義生訳『ドイツ中世都市の成立とツンフト闘争』未来社，1975年．

Schmoller, Gustav (1874-75), Ueber einige Grundfragen des Rechts und der Volkswirtschaft, in: *Über einige Grundfragen der Sozialpolitik und der Volkswirtschaftslehre*, 2. Aufl., Leipzig 1904. 戸田武雄訳『法及び国民経済の根本問題』有斐閣，1939年．

Schmoller, Gustav (1877), Die Reform der Gewerbeordnung. Rede gehalten in der Generalversammlung des Vereins für Socialpolitik am Oktober 1877, in: *Zur Social=und Gewerbepolitik der Gegenwart*, Leipzig, 1890.

Schmoller, Gustav (1879), Der Übergang Deutschlands zum Schutzzollsystem, Rede in der Generalversammlung des Vereins für Socialpolitik am 21. April 1879, in: *Schriften des Vereins für Socialpolitik*, 16. Bd.

Schmoller, Gustav (1881a), Über Zweck und Ziele des Jahrbuchs, in: *Jahrbuch für Gesetzgebung, Verwaltung und Volkswirtschaft im Deutschen Reich* [以下 Schmollers Jahrbuch N. F. と略], 5. Jg.

Schmoller, Gustav (1881b), Die Gerechtigkeit in der Volkswirtschaft, in: *Schmollers Jahrbuch N. F.*, 5. Jg.

Schmoller, Gustav (1882), Handbuch der Politichen Oekonomie [Rezension], in: *Schmollers Jahrbuch N. F.*, 6. Jg.

Schmoller, Gustav (1883a), Karl Knies, Die Politische Oekonomie von geschichtlichen Standpunkte, 2. Aufl., 1883 [Rezention], in: *Schmollers Jahrbuch N. F.*, 7. Jg.

Schmoller, Gustav (1883b), Menger und Dilthey. Zur Methodologie der Staats- und Sozialwissenschaften, in: *Schmollers Jahrbuch N. F.*, 7. Jg. 田村信一訳「国家科学・社会科学の方法論のために」，『国民経済，国民経済学および方法』所収，日本経済評論社，2002年．

Schmoller, Gustav (1884a), Die Irrthümer des Historismus in der deutschen Nationalökonomie [Rezension], in: *Schmollers Jahrbuch N. F.*, 8. Jg.

Schmoller, Gustav (1884b), Das Merkantilsystem in seiner historischen Bedeutung: stadtische, territoriale und staatliche Wirtschaftspolitik, in: *Umriss und Untersuchungen zur Verfassungs-, Verwaltungs- und Wirtschaftsgeschichte—*

besonders des Preussischen Staates im 17.und 18.Jahrhundert, Leipzig, 1898. 正木一夫訳『重商主義とその歴史的意義』未来社, 1971 年.

Schmoller, Gustav (1884-87), Studien über die wirtschaftliche Politik Friedrichs des Grossen und Preussens überhaupt von 1680-1786, in: *Schmollers Jahrbuch N. F.*, 8. 9. 10. 11. Jg.

Schmoller, Gustav (1888): Wilhelm Roscher, in: *Zur Literaturgeschichte der Staats= und Sozialwissenschaften*, Leipzig.

Schmoller, Gustav (1889a), Über Wesen und Verfassung der grossen Unternehmungen, in: *Zur Social=und Gewerbepolitik der Gegenwart*, Leipzig, 1890.

Schmoller, Gustav (1889b), Die Tatsachen der Arbeitsteilung, in: *Schmollers Jahrbuch N. F.*, 13. Jg.

Schmoller, Gustav (1890), Das Wesen der Arbeitsteilung und der sozialen Klassenbildung, in: *Schmollers Jahrbuch N. F.*, 14. Jg.

Schmoller, Gustav (1890-93), Die geschichtliche Entwicklung der Unternehmung, in: *Schmollers Jahrbuch N. F.*, 14. 15. 16. 17. Jg.

Schmoller, Gustav (1893), Volkswirtschat, Volkswirtschaftslehre und- methode, in: *Handwörterbuch der Staatswissenschaften*, 1. Aufl. Bd. 6. 田村信一訳『国民経済, 国民経済学および方法』日本経済評論社, 2002 年.

Schmoller, Gustav (1897), Vier Briefe über Bismarcks sozialpolitische und volkswirtschaftliche Stellung und Bedeutung, in: *Charakterbilder*, Berlin, 1913.

Schmoller, Gustav (1900-04): *Grundriss der Allgemeinen Volkswirtschaftslehre*, 2. Bde., Leipzig.

Schmoller, Gustav [hrsg.] (1903), *Staats- und sozialwissenschaftliche Forschungen*, 21. Bd., Nr. 100, München u. Leipzig.

Schmoller, Gustav (1911), Volkswirtschat, Volkswirtschaftslehre und- Methode, in, *Handwörterbuch der Staatswissenschaften*, 3. Aufl. Bd. 8. 田村前掲訳.

Schmoller, Gustav (1918), *Die soziale Frage*, München u. Leipzig.

Schulze-Gaevernitz, Gerhart v. (1890), *Zum socialen Frieden. Eine Darstellung der socialpolitischen Erziung des englischen Volkes im neunzehnten Jahrhundert*, 2. Bde., Leipzig.

Schulze-Gaevernitz, Gerhart v. (1892), *Der Grossbetrieb - ein wirtschaftlicher und socialer Fortschritt. Eine Studie auf dem Gebiet der Baumwollindustrie*, Leipzig.

Schulze-Gaevernitz, Gerhart v. (1898), *Handelspolitik und Flotte*, Berlin.

Schulze-Gaevernitz, Gerhart v. (1906), *Britischer Imperialismus und englischer Freihandel*, Leipzig.

Schulze-Gaevernitz, Gerhart v. (1908), England und Deutschland, Berlin.

Schulze-Gaevernitz, Gerhart v. (1926), Die geistigen Grundlagen der angelsächsischen Weltherrschaft I, in: *Archiv für Sozialwissenschaft und Sozialpolitik*, Bd. 56.

Schulze-Gaevernitz, Gerhart v. (1927), Die geistesgeschichtlichen Grundlagen der anglo-amerikanischen Weltsuprematie II. Die Wurzel der Demokratie, in: *Archiv für Sozialwissenschaft und Sozialpolitik*, Bd. 58.

Schulze-Gaevernitz, Gerhart v. (1929), Die geistesgeschichtlichen Grundlagen der anglo-amerikanischen Weltsuprematie III, Die Wirtschaftsethik des Kapitalismus, in: *Archiv für Sozialwissenschaft und Sozialpolitik*, Bd. 61.

Schulze-Gaevernitz, Gerhart v. (1930), Die Maschine in der kapitalistischen Wirtschaftsordnung, in: *Archiv für Sozialwissenschaft und Sozialpolitik*, Bd. 63.

Schulze-Gaevernitz, Gerhart v. (1931), Die industrielle Revolution, in: *Archiv für Sozialwissenschaft und Sozialpolitik*, Bd. 66.

Schumpeter, Joseph A. (1908), *Das Wesen und der Hauptinhalt der theoretischen Nationalökonomie*, Berlin. 大野忠男・木村健康・安井琢磨訳『理論経済学の本質と主要内容』［上］・［下］，岩波文庫，1983年．

Schumpeter, Joseph A. (1912), *Theorie der wirtschaftlichen Entwicklung*, Berlin, 2.Aufl. 1926. 塩野谷祐一・中山一郎・東畑精一訳『経済発展の理論』［上］・［下］，岩波文庫，1977年．

Schumpeter, Joseph A. (1926), Gustav v. Schmoller und die Probleme von heute, in: *Dogumenhistorische und Biographische Aufsätze*, [hrsg.] Schneider, E., Spiethoff, A., Tübingen 1954. 中村友太郎・島岡光一訳「歴史と理論──シュモラーと今日の諸問題」，玉野井芳郎監修『社会科学の過去と将来』ダイヤモンド社，1972年．

Schumpeter, Joseph A. (1950), *Capitalism, Socialism, and Democracy*, New York. 中山伊知郎・東畑精一訳『資本主義・社会主義・民主主義』東洋経済新報社，1995年．

Schumpeter, Joseph A. (1954), *History of Economic Analysis*, New York. 東畑精一訳『経済分析の歴史』3，5，岩波書店，1954年，1955年．

Shionoya, Yuichi (1995), A Methodological Appraisal of Schmoller's Research Program, in: *The Theory of Ethical Economy in the Historical School*, Peter Koslowsky [ed.], Berlin・Hildesheim.

Shionoya, Yuichi [ed.] (2000), *German Historical School. The historical and ethical approach to economics*, London・New York.

Shionoya, Yuichi (2005), *The Soul of the German Historical School*, New York.

Sombart, Werner (1888), Die römische Campagna. Eine sozialökonkmische Studie, in: *Staats- und sozialwissenschaftliche Studien*, Bd. 8, heft 3.

Sombart, Werner (1894), Zur Kritik des ökononischen Systems von Karl Marx, in: *Archiv für soziale Gesetzgebung und Statistik*, 7. Bd., Tübingen. 知念英行編訳『マルクスと社会科学』新評論，1976年．

Sombart, Werner (1900), *Dennoch! Theorie und Geschichte der gewerkschaftlichen Arbeiterbewegung*, Jena. 森戸辰男訳『労働組合の理論と歴史』大原社会問題研究所，1921年．

Sombart, Werner (1901), Technik und Wirtschaft, in: *Jahrbuch der Gehe-Stiftung*

zur Dresden, 7. Bd. 2 Heft. 阿閉吉男訳『技術論』科学主義工業社，1941 年．
Sombart, Werner（1902），*Der moderne Kapitalismus*, 2Bde., Leipzig.
Sombart, Werner（1903），*Die deutsche Volkswirtschaft im Neunzehnten Jahrhundert*, Berlin.
Sombart, Werner（1909），Der kapitalitische Unternehmer, in: *Archiv für Sozialwissenschaft und Sozialpolitik*, 29. Bd.
Sombart, Werner（1913a），*Krieg und Kapitalismus*, München. 金森誠也訳『戦争と資本主義』論創社，1996 年．
Sombart, Werner（1913b），*Luxus und Kapitalismus*, München. 金森誠也訳『恋愛とぜいたくと資本主義』(第 2 版の訳)，至誠堂，1969 年．
Sombart, Werner（1916-27），*Der moderne Kapitalismus. Historisch-systematische Darstellung des gesamteuropäischen Wirtschatsleben von seinen Anfängen bis zur Gegenwart*, 3Bde., München u. Leipzig, Bd. I: 1916, Bd. II: 1917, Bd. III: Das Wirtschaftsleben im Zeitalter des Hochkapitalismus, 1927.
Sombart, Werner（1929），Die Wandlungen des Kapitalismus, in: *Schriften des Vereins für Sozialpolitik*, Bd.175.
Sombart, Werner（1934），*Deutscher Sozialismus*, Berlin. 難波田春夫訳『独逸社会主義』三省堂，1941 年．
Sombart, Werner（1935），*Die Zähmung der Technik*, Berlin. 阿閉吉男訳「技術の馴致」，前掲『技術論』所収．
Spiethoff, Arthur（1925），Kriesen, in: *Handwörterbuch der Staatswissenschaften*, 4.Aufl. Bd. 6, 1925. 望月敬之訳『シュピートホフ景気理論』三省堂，1936 年．
Stolper, Gustav（1964），*Deutsche Wirtschaft seit von 1870*, Tübingen, 1964. 坂井英八郎訳『現代ドイツ経済史』竹内書店，1969 年．
Takebayashi, Shirō（2003），*Die Entstehung der Kapitalismustheorie in der Gründungsphase der deutschen Soziologie. Von historischen Nationalökonomie zur historischen Soziologie Werner Sombarts und Max Webers*, Berlin.
Tribe, Keith（1995），*Strategies of Economic Order*, Cambridge. キース・トライブ／小林純・手塚真・枡田大智彦訳『経済秩序のストラテジー――ドイツ経済思想史 1750-1950――』ミネルヴァ書房，1998．
Troeltsch, Ernst（1906），*Die Bedeutung des Protestantismus für die Entstehung der modernen Welt*, München. 堀孝彦訳「近代世界の成立に対するプロテスタンティズムの意義」，『トレルチ著作集 8』ヨルダン社，1984．
Weber, Max（1895），*Der Nationalstaat und die Volkswirtschaftspolitik*, Tübingen 田中真晴訳『国民国家と経済政策』未来社，1959 年．
Weber, Max（1903-1906），Roscher und Knies und die logischen Probleme der historischen Nationalökonomie, in: *Gesammelte Aufsätze zur Wissenschaftslehre*, 5. Aufl., Tübingen. 松井秀親訳『ロッシャーとクニース』(一)・(二) 未来社，1955 年．
Weber, Max（1904），Die "Objektivität" sozialwissenschaftlicher und sozialpoliti-

scher Erkenntnis, in: *Gesammelte Aufsätze zur Wissenschaftslehre*, 5. Aufl., Tübingen. 出口勇蔵訳「社会科学および社会政策の認識の『客観性』」,『ウェーバー 社会科学論集』河出書房新社, 1982 年.

Weber, Max (1904-05), Die protestantische Ethik und der》Geist《des Kapitalismus, in: *Archiv für Sozialwissenschaft und Sozialpolitik*, Bd. 20, 21, Tübingen. 大塚久雄訳『プロテスタンティズムの論理と資本主義の精神』岩波書店, 1989 年. 梶山力訳・安藤英治編『プロテスタンティズムの倫理と資本主義の《精神》』未来社, 1994 年.

Weber, Max (1909), Agrarverhältnisse im Altertum, in: *Geammelte Aufsätze zur Sozial-und Wirtschaftsgeschichte*, Tübingen 1924. 渡辺金一・弓削達訳『古代社会経済史』東洋経済新報社, 1959 年.

Weber, Max (1910), Antikritisches zum》Geist《des Kapitalismus, in: *Archiv für Sozialwisssenschaft und Sozialpolitik*, Bd. 30. 住谷一彦・山田正範訳「資本主義の『精神』に関する反批判」,『思想』1980 年 8 号.

Wilken, Folkert (1944), Gerhart von Schulze-Gaevernitz, in: *Weltwirtschaftliches Archiv*, Bd. 59.

Winkel, Harald (1977), *Die Nationalökonomie im 19. Jahrhundert*, Darmstadt.

Verhandlungen der 5. Generalversammlung des Vereins für Socialpolitik am 8., 9. und 10. Oktober 1877, in: *Schriften des Vereins für Socialpolitik*, 14. Bd., 1878.

[邦語文献] (補論の小林リスト論関係を除く)

赤坂信 (1992),「ドイツ郷土保護連盟の設立から 1920 年代までの郷土保護運動の変遷」,『造園雑誌』55 (3).
石田真人 (1986),「カール・ビュヒャーの経済発展段階論」,『甲南論集』第 13 号.
板垣與一 (1942),『政治経済学の方法』[再版] 勁草書房, 1963 年.
上山安敏 (1984),『神話と科学』岩波書店.
上山安敏 (1986),『世紀末ドイツの若者』三省堂. 講談社学術文庫, 1994 年.
及川順 (2007),『ドイツ農業革命の研究』[上]・[下], 新制作社.
大河内一男 (1938),『独逸社会政策思想史』上巻, [再版] 青林書院新社, 1968 年.
大河内一男 (1943),『スミスとリスト』日本評論社.
大河内一男 (1956),「歴史学派の形成と展開」,『経済学説全集』5, 河出書房.
大塚久雄 (1941),「近代資本主義発達史における商業の地位」,『大塚久雄著作集』第 3 巻, 岩波書店 1969 年.
大塚久雄 (1952),「重商主義の社会的基盤」,『大塚久雄著作集』第 6 巻, 岩波書店, 1969 年.
大塚久雄 (1965),「マックス・ヴェーバーにおける資本主義の『精神』」,『大塚久雄著作集』第 8 巻, 岩波書店, 1969 年.
大塚久雄 (1972),「マックス・ヴェーバーにおける資本主義の精神 再論」,『大塚久雄

著作集』第 12 巻，1986 年．
大塚久雄（1980），「いわゆる問屋制度をどう捉えるか」，『大塚久雄著作集』第 11 巻，岩波書店，1986 年．
大野忠男（1971），『シュムペーター体系研究』創文社．
大野忠男（1994），『自由・公正・市場──経済思想史論考』創文社．
奥山誠（2005），「ヴェルナー・ゾンバルトの企業家論」，『経済学史研究』47-1．
小野清美（1993），「ヨハン・プレンゲの『戦争哲学』と社会主義論─イギリス帝国主義への挑戦と国民統合─」，松田武・阿河雄二郎編『近代世界システムの歴史的構図』渓水社．
小野清美（1996），『テクノクラートの世界とナチズム』ミネルヴァ書房．
小野清美（2004），『保守革命とナチズム』名古屋大学出版会．
加来祥男（1999），「ブレンターノの労働者強制保険論」，『経済学研究』（北海道大学）48 巻 3 号．
加田哲二（1931），『独逸経済思想史』改造社．
片桐稔晴（2007），『古典をひもとく社会思想史』中央大学出版会．
金井新二（1991），『ウェーバーの宗教理論』東京大学出版会．
河上倫逸（1989），『法の社会文化史』ミネルヴァ書房．
北川雅昭（1990），「ドイツにおける自然保護・景観育成の歴史的発展過程と法─ライヒ自然保護法 Reichsnaturschutzgesetz vom 26. 6. 1935 への道─」，『比較法学』（早稲田大学比較法研究所）23 巻 2 号．
北村昌史（1990），「ドイツ三月革命前後の労働諸階級福祉中央協会」，『史林』73 巻 3 号．
木村元一（1949），『ゾムバルト「近代資本主義」』春秋社．
小林純（1983），「経済統合の系譜─ナウマン『中欧』論によせて─」，田中豊治・柳沢治・小林純・松野尾裕編『近代世界の変容』リブロポート，1991．
小林純（1999），「クニース経済学における『アナロギー』と『ジッテ』の位置価」，『立教経済学研究』53 巻 1 号．
小林純（2002），「マックス・ヴェーバーの G d S 編纂」『立教経済学研究』56 巻 1 号．
小林昇・杉原四郎編（1986），『新版 経済学史』有斐閣．
坂井栄八朗（2004），『ユストゥス・メーザーの世界』刀水書房．
榊原巖（1958），「意味理解のドイツ経済学─ウェルナー・ゾンバルト」，『社会科学としてのドイツ経済学研究』平凡社．
佐々木憲介（2001），『経済学方法論の形成─理論と現実の相克─』北海道大学図書刊行会．
塩野谷祐一（1987），「シュンペーター・シュモラー・ウェーバー─歴史認識の方法論─」，『一橋論叢』100 巻 6 号．
塩野谷祐一（1990），「グスタフ・フォン・シュモラー─ドイツ歴史派経済学の現代性─」，『一橋論叢』103 巻 4 号．
塩野谷祐一（1995），『シュンペーター的思考』東洋経済新報社．
重田澄男（2002），『資本主義を見つけたのは誰か』桜井書店．

住谷一彦（1969），『リストとヴェーバー』未来社．
住谷一彦・八木紀一郎編（1998），『歴史学派の世界』日本経済評論社．
白杉庄一郎（1939），『国民経済学研究』弘文堂書房．
白杉庄一郎（1956），「歴史派経済学」，『経済学説全集』5，河出書房，1956年．
白杉庄一郎（1965），「歴史学派」，出口勇蔵編『四訂 経済学史』ミネルヴァ書房，第7章．
高哲男（2004），『現代アメリカ経済思想の起源』名古屋大学出版会．
高島善哉（1941），『経済社会学の根本問題―経済社会学者としてのスミスとリスト』日本評論社，『高島善哉著作集』第2巻，こぶし書房，1998年．
田北廣道（2003），「18〜19世紀ドイツにおけるエネルギー転換―「木材不足」論争に寄せて―」，『社会経済史学』68巻6号．
高橋和男（2008），『アメリカ国民経済学の系譜』立教大学出版会．
竹林史郎（2002），「ヴェーバーとゾンバルトにおける『社会科学』」，日本社会分析学会『社会分析』29号．
田中真晴（2001），『ウェーバー研究の諸論点』未来社．
田村信一（1985），『ドイツ経済政策思想史研究』未来社．
田村信一（1993a），「グスタフ・シュモラーと歴史的方法」，稲村勲編著『経済学の射程』ミネルヴァ書房．
田村信一（1993b），『グスタフ・シュモラー研究』御茶の水書房．
田村信一（1993c），「ヴィルヘルム・ロッシャーの歴史的方法―『歴史的方法による国家経済学講義要綱』刊行150周年にあたって―」，『経済学史学会年報』31号．
田村信一（1996-97），「近代資本主義論の生成―ゾンバルト『近代資本主義』（初版1902）の意義について」（一）・（二），『北星論集』33，34号．
田村信一（2006），「G. v. シュモラー」，八木紀一郎編『経済思想のドイツ的伝統』（『経済思想』第7巻）日本経済評論社．
田村信一・原田哲史編著（2009），『ドイツ経済思想史』八千代出版．
手塚真（1985），「ドイツ国民経済の型について―リストをめぐる小林・住谷論争を中心にして―」，住谷一彦・田村信一・小林純編『ドイツ国民経済の史的研究』御茶の水書房，1985年．
戸田武雄（1948），『ウェーバーとゾンバルト』日本評論社．
中野敏男（2001），『大塚久雄と丸山眞男―動員，主体，戦争責任―』青土社．
西沢保（2007），『マーシャルと歴史学派の経済思想』岩波書店．
野崎敏郎（2004-07），「マックス・ヴェーバーとハイデルベルク大学」(1)-(7)，『佛教大学社会学部論集』39-45号．
羽入辰郎（2002），『マックス・ヴェーバーの犯罪』ミネルヴァ書房．
馬場哲・小野塚知二（2001），『西洋経済史学』東京大学出版会．
原田哲史（1994），「アダム・ミュラーにおける自由『抗争』と『均衡』―スミスへの批判と接近―」，『四日市大学論集』6巻2号．
原田哲史（2001），「歴史学派の遺産とその継承―ザリーンとシュピートホフの『直観的

理論』」,『思想』2001 年 2 月号.
原田哲史 (2004),『アダム・ミュラー研究』ミネルヴァ書房.
原田哲史 (2006),「F・リスト—温帯の大国民のための保護貿易論—」,八木紀一郎編『経済思想のドイツ的伝統』(『経済思想』第 7 巻)日本経済評論社.
肥前栄一 (1970),「シュルツェ＝ゲーヴァニッツのロシア社会論」,『ドイツ経済政策史序説』未来社, 1973 年.
藤原辰史 (2005),『ナチス・ドイツの有機農法』柏書房.
牧野邦昭 (2010),『戦時下の経済学者』中公叢書.
牧野雅彦 (2000),『責任倫理の系譜学』日本評論社.
牧野雅彦 (2003),『歴史主義の再建—ヴェーバーにおける歴史と社会科学—』日本評論社.
松田智雄 (1967a),『ドイツ資本主義の基礎研究』岩波書店.
松田智雄 (1967b),「零細経営と国外移住」,大塚久雄・武田隆夫編『帝国主義下の国際経済』東京大学出版会.
丸岡高司 (2005),「ロッシャーの『歴史的方法』の再検討—初期論考を中心に」,『経済科学』(名古屋大学) 53 巻 3 号.
三ツ石郁男 (1991),「世界恐慌期における西南ドイツ・ヴュルテンベルク地域経済の構造特質—農工結合の形態と意義」,『土地制度史学』130 号.
村上文司 (2005),『近代ドイツ社会調査史研究』ミネルヴァ書房.
諸田實 (2003),『フリードリッヒ・リストと彼の時代』有斐閣.
諸田實 (2007),『晩年のフリードリッヒ・リスト』有斐閣.
八木紀一郎 (2004),『ウィーンの経済学』名古屋大学出版会.
柳澤治 (1989),『ドイツ中小ブルジョアジーの史的分析』岩波書店.
柳澤治 (1998),「第一次大戦後における歴史派経済学と政策論—F. リスト協会と社会政策学会を中心に—」,住谷一彦・八木紀一郎編『歴史学派の世界』日本経済評論社.
柳澤治 (2008),『戦前・戦時日本の経済思想とナチズム』岩波書店.
山之内靖 (1982),「プロテスタンティズムの倫理と帝国主義の精神」,岡田与好編『現代国家の歴史的源流』東京大学出版会, 1982 年.
山之内靖 (1997),『マックス・ヴェーバー入門』岩波新書.

『経済往来』日本評論社 1926 年 12 月号.

あとがきに代えて

I 私とドイツ歴史学派

はじめに

　私は1971年に法政大学経済学部を卒業し，同大学院社会科学研究科経済学専攻修士課程を修了してから，1973年に立教大学院経済学研究科博士課程にまいりました．法政大学では，田中豊治先生のゼミナールで西洋経済史を学んでおりましたが，労働運動史とか社会主義革命史とか，そういうものにもちょっと関心があったので，第一次大戦後ドイツの社会化をテーマに修士論文を書きました．ロシアとか中国とかではなく，先進国においてどのようにして社会主義になっていくかという問題ですね．修士論文を書いた後，恩師の田中先生は経済史でしたので，ドイツ経済史をやるのだったら京都大学の大野英二先生のところに行ったほうがいいのではないか，と助言していただいていました．しかし田中先生が在外研究でイギリスに行かれ，その大学院の講義を立教大学の近藤晃先生が代講で受けもたれていたのですね．それで「田村くん，立教に来ないか」というお誘いがありまして，今でも覚えているのですけれども，池袋の居酒屋に誘われてごちそうになり，じゃあわかりましたというので立教に行くことになりました．

　立教が私にとって魅力的だったのは，経済史関係の先生がたくさんいらっしゃった上に，リスト研究をされている小林昇先生やヴェーバー研究の住谷一彦先生がおられ，お二人ともドイツ経済史にも大変造詣が深かったわけで，そういう経済史と思想史の中間的なところを考えていたものですから，非常に興味深かったということがございます．

その後社会化の問題について少し書きまして，それで立教大学経済学部助手に応募して採用されました．この社会化の問題というか，正直言うとあまり面白くなくなってしまいました．後にソ連・東欧圏における共産主義体制の崩壊があったわけですが，70年代の終わりにはその予兆があり，社会化問題を現代的な観点からどのように扱ったらいいのかということで悩んだわけです．われわれの世代とってこの分野の研究の金字塔は，大阪大学を2014年に定年になった小野清美さんの『テクノクラートの世界とナチズム』（ミネルヴァ書房，1996年）です．これは社会化やドイツ社会主義革命などの研究テーマを，テクノクラシー論という形でうまくすくい上げ，それをナチズムあるいは現代社会につなげていく研究で，第9回和辻哲郎文化賞を受賞されたものです．この本の書評を小野さん自身から頼まれ，『史学雑誌』（第106編第9号，1997/09）に長いものを書きましたが，当時を思い出して面映ゆい気がしました．私の場合はこうした展望が開けず，なかなかテーマが定まらないで博士課程の後半を過ごすことになりました．

(1) 博士論文と研究テーマの明確化

それから経済学部助手になった時に，博士論文を書かないかというお話を何人かの先生からいただきました．私の世代は積極的に課程博士を出そうとする過渡期にあたっていて，課程博士の基準になるような研究をまとめてみないかというお誘いだったわけです．その博士論文が「19世紀末ドイツ第二帝政における経済政策論争—工業国論争の一分析—」です．主査が小林昇先生，副査が住谷一彦先生とドイツ経済史の小笠原茂先生で，1時間ぐらい鋭い質問があり，なんとか面接をクリアして博士号をいただいたことを思い出します．これは『立教経済学研究』（34巻4号〜35巻2号）に3回連載で掲載されました．

時効だからお話ししていいと思いますが，博士論文の締め切りは3月末日で，その日は助手室を明け渡さなければならなかったものですから，その前の3月29日（30日は日曜日）に提出することを，当時の水村経済学部教務

課長にお伝えしておきました．それでもなかなか完成せず，30日に水村課長は休日出勤して待っていてくれたのですが，その日もできなかったのです．結局，提出も引っ越しも4月にずれ込んでしまいました．黙って受け取ってくれた故水村課長と，荷物の搬入を待ってくれた小林純氏（現立教大学名誉教授）に感謝申し上げる次第です．

　この論文では社会化の問題ではなくて，もう少し長いスパンでドイツ経済思想史を考えようと思いました．ちょうど小林昇先生はリストの研究をされていたわけですね．19世紀前半です．住谷一彦先生は19世紀終わりから20世紀初頭のヴェーバーの国民経済論をテーマにしておられ，リストの国民経済論をヴェーバーが引き継ぐという視角でとらえていたわけです．それで私は，ちょうどそのヴェーバーとリストの間が空白になっているので，ここはどうなっているのだろうと思いまして，それで19世紀の終わりの関税論争を取り上げました．自由貿易か保護貿易かをめぐる関税論争に歴史学派のたくさんの人たちが関わり，ヴェーバーも入ってきます．そこで関税論争を描くことで，リストの思想が19世紀の後半になってドイツの経済学にどうやって受けとめられてきたのかということがわかるのではないかと思ったわけです．

　そのときに実は，当時明治学院大学にいらした柳澤治先生が立教に非常勤講師で来られていて，さまざまな助言をいただきました．柳澤先生は経済史の立場からドイツ歴史学派を非常に高く評価していたわけです．といいますのは，やはりドイツ歴史学派というのは歴史研究と調査研究に重点を置いた人たちなので，この時代の政策にかかわるさまざまな調査研究が膨大な仕事として残っているわけですね．とくに社会政策学会が1872年に結成され，その叢書というシリーズものの膨大な報告書があります．そこに例えば，当時の手工業の問題だとか，家内工業の問題だとか，いろいろな調査研究があるのですね．それは経済史から見ると第一級の資料でして，経済史の先生たちはそれを使うのですけれども，それをいわば経済学の思想史，経済思想史といいますか，そういう観点から研究する人が必要で，私にやってみないか

というお話があったわけです．

　この当時，ドイツ歴史学派に対する一般的な理解というのは，はっきり言えばあまりよくないわけです．だからリストとヴェーバーなのですね．その原因は，皆さんお名前はご存じだと思いますが，後に東京大学の総長になられた大河内一男先生が若い時に書かれた『独逸社会政策思想史研究』（1938）という本がございまして，ここから歴史学派に対する否定的なイメージが形成されたのです．もっともこの著作は名著の誉れが高く，日本の社会政策思想史研究にものすごく大きな影響を及ぼしました．ここで大河内先生は，設立されたドイツ社会政策学会を，社会問題の解決を社会主義運動に対抗して解決しようとする組織としてとらえ，そこに二つの異なった潮流があったことを強調しました．ひとつは，社会問題の側面を手工業者・小営業者の没落と考え，彼らを保護・維持しようとする立場が一方では出てくる．この立場に立ったのがグスタフ・シュモラーなのだと．ですからこれは，資本・賃労働関係の形成を阻止しようとする保守反動派だというのが大河内先生の理解でした．これを右派とすると，他方で左派のブレンターノは，当時の労働者が要求した団結権を認め，労働者を保護することによって社会問題を解決するという考え方ですね．ブレンターノはイギリスの労働組合についての研究などがあり，これはある意味ではリベラル派といいますか，社会政策学会のリベラル派です．したがってドイツ経済思想史では，リストやマルクス，左派のブレンターノ，そしてマックス・ヴェーバー，こういう人たちが評価の対象であって，シュモラーは，極端に言えば，とんでもない男だったというような理解が非常に有力でございました．私ももちろん最初はそういうふうに思っていたのですが，博士論文執筆時にシュモラーが経済政策論争に触れている発言を実際に読むと，印象が非常に違ったわけです．そういう古色蒼然とした人物ではなくて，当時の近代化に対してもちろん前向きであって，彼自身は保護関税派と自由貿易派の中間的な立場をとっていました．後から大河内先生の社会政策学会把握には大きな誤解があり，ブレンターノもシュモラーも労働者の団結権付与にはともに賛成の立場だとわかりました．シュ

モラーは，当時ドイツ新歴史学派の代表者と言われ，社会政策学会の創設者・会長でもあり，またベルリン大学の総長までやった人です．彼の70歳のときの大部の記念論文集がありますが，これにも世界中から寄稿があり，ある意味では19世紀末の最も有名な経済学者の一人だと言っていいのですね．ただ後世から見ると，オーストリア学派のメンガーと方法論争というのがありまして，それから後でヴェーバーらとの価値判断論争があって，それぞれシュモラーは敵役になりますので，結局その後急速に影響力を失ってしまったということになります．

後から考えると，博士論文の執筆が研究の方向を決定したと言えると思います．

(2) シュモラー研究への集中

そこで私は博士論文を書いた後，もう少し歴史学派について本格的に勉強したいと思っていたところ，現在の札幌にある北星学園大学経済学部に1981年に就職することができました．また就職した当時，記念論文集の企画がたくさんありまして，その執筆に誘われたのです．それで一つ一つシュモラーについて少し細かく実証的にやってみようということで，シュモラー研究を本格的に開始しました．最初に書いたのが，北星論集に発表した「初期シュモラーの社会・経済政策思想の展開：「労働者問題」から『19世紀ドイツ小営業史へ』」(1984) です．この『19世紀ドイツ小営業史』はシュモラーの初期の代表作で，これが非常に好評で社会政策学会が設立されるきっかけになります．この論文を書いた後に，前記の学位論文と一緒に『ドイツ経済政策思想史研究』(未来社，1985年) という論文集を出すことができました．出版にあたって小林先生と住谷先生に大変お世話になり，感謝しています．

この『19世紀ドイツ小営業史』ですが，実は先ほどの大河内先生がシュモラーを保守反動派だといったのは，この本の理解の仕方なのですね．これは700ページぐらいある大著なのですけれども，私は全部読んだわけです．

そうしたら，大河内先生は序論と結論しか読んでいないことがわかりました．途中の650ページを全部すっ飛ばしているのですね．それにちょっと気がついて，それでこの論文を書いたわけです．たしかにシュモラーは小営業を保護しようとか維持しようといっているのですが，それは，例えばツンフトという昔ながらの小営業を維持しようということではなくて，当時のさまざまな技術革新とか，近代的な簿記とか，マーケティングだとか，そういうもの取り入れて小営業は，いわば近代的な市場経済に適応すべきだと主張するわけです．それを政府が後押しすべきなのだと．これは今日まで続いている議論だと思うのですけれども，つまり，資本・賃労働関係が成立してきて，小営業はすべてだめになるのではなくて，今日でも中小企業問題とかそういう形でずっと続くような，その第一歩みたいな議論なのですね．シュモラーは当時のヨーロッパのさまざまな小営業を実地調査しまして，例えば，高級品ですとか手仕事みたいなものがまだまだ生き残っているような分野をたくさん指摘しております．それから，イギリスの産業革命の中心になったバーミンガムの鉄鋼業などでも，実際は中小経営がものすごく多いわけですよね．そういうことを指摘しまして，中小企業分野でいわば市場経済のなかに参入して生き残れるところがたくさんあるということを強調しております．

　後に法政大学の総長をされた清成忠男先生は，ベンチャービジネスという言葉をはやらせたお一人ですけれども，先生は法政大学の経営学部にいらっしゃる前に，中小企業金融公庫の調査部におられて，ドイツの中小企業問題をやっていたわけです．先生は私の論文を「ドイツ資本主義研究会」で褒めてくださいまして，1985年に法政大学経営学部に来ないかとお誘いを受けました．ところが，そのときに私は札幌で家を建てていたのですね．ちょうど骨組みができあがったところで，やはりこれは今やめるわけにはいかないので，大変ありがたいお話ですけれども，ご勘弁くださいとお断りをしたら，その話を聞いていた人がいまして，駿河台大学の鎗田英三さんですが，鎗田さんが北星学園大学というのは，そんなに研究条件がいいところなのかと，後で言われたことを覚えております．

この1985年に出版した『ドイツ経済政策思想史研究』のはしがきで，私はこういうふうに書きました．少し長いのですが引用します．「私の研究途上において，こうした通説的な見解に対する疑問が次第に醸成されてきた．後発国ドイツの経済学の課題が，なによりもイギリス資本主義の世界的展開に対抗すべきドイツ国民経済の展開にあったとするならば，こうした課題に歴史学派がどのように対応したかが問われなければならないだろう．そのためには，方法論的断罪や，イデオロギー批判ではなく，個々の具体的な政策課題に対する時論的な研究，政策的提言あるいは歴史的研究の分析を通して……はじめてドイツ歴史学派の意義と限界が評価され，リストからヴェーバーへの継受の内容が明らかになるのだと思われる」．これが私の問題意識でございました．

　その後，先ほど言いましたように，1985年から次々にいろいろな論文集の企画がございました．最初は1985年に住谷一彦先生の還暦記念で，『ドイツ国民経済の史的研究：フリードリヒ・リストからマックス・ヴェーバーへ』（御茶の水書房）です．住谷先生と小林純さん，私と3人で編集しました．この本に私は「シュモラーの農政論」について寄稿しました．その後，1987年から88年にかけて北星学園大学から在外研究の許可をいただきテュービンゲン大学のK.E. ボルン教授に受け入れてもらいました．ボルン先生は『ビスマルク後の国家と社会政策』（鎌田武治訳，法政大学出版局，1973年）という本を書いた大変有名な方なのですが，そこで約10カ月研究させていただきました．ボルン先生を紹介してくださったのは，東京大学の松田智雄先生です．ドイツに行って初めてわかったのですが，1988年にシュモラー生誕150周年という企画がございまして，私はそんな企画があるなんて知らなかったのですね．日本ではシュモラーのことを誰もやっていませんでしたし，歴史学派に対する関心もありませんでしたから．ところが，この88年ぐらいから，ドイツの歴史学派に対する関心が欧米で非常に高まっているということがわかりました．私は在外研究から88年3月に帰ってこなければならなかったので，この主催者の一人であるフリードリヒ・テンブ

ルック先生というマックス・ヴェーバーの有名な研究者にお話を聞きに行った記憶がございます．

帰国してすぐ，経済社会学会でもシュモラー生誕150周年の企画をすることになり，テュービンゲンで知り合った山本幸男さんの紹介で，「グスタフ・シュモラーの社会階級論」の報告をしました．さらに，小林昇先生が退職記念で昭和堂から本を出すということになり，そこに「グスタフ・シュモラーの『配分的正義論』」を書きました．それから，1991年に今度はまた住谷一彦先生が退職の記念でリブロポートから論文集を出すということで，「グスタフ・シュモラーと第二帝政—保守主義と自由主義の相克—」を寄稿させていただきました．また，91年には恩師の近藤先生が『近代化の構図』という論文集を出されましたので，そこに「グスタフ・シュモラーの近代企業論」を書かせていただきました．

先ほど少しはしょってしまいましたけれども，近藤先生から私が立教大学にお誘いいただいたときに，当時，ドイツ経済史の先生がいらっしゃいませんでしたので，近藤先生が指導教授を引き受けてくださいました．私はドイツのことをやりたいので，先生は指導教授のことを気にせず，どんどん好きなところにいらっしゃいと，と言っていただいたのです．それで小林昇先生や住谷一彦先生を紹介してくださいました．私は住谷先生のゼミに毎週出席し，また小林先生のところにはちょっといろいろ事情があって，外にアルバイトに行かないといけないのでなかなか行けなかったのですけれども，個人的に小林先生をお訪ねしました．ちょうど3号館に研究室があったころです．また松田智雄先生をつうじてドイツ資本主義研究会に紹介していただきました．そういうふうにして，ある意味で本当に自由に放牧させてくださったというか，これは私にとって本当によかったと今から考えるとつくづく思っております．近藤先生には感謝の言葉もありません．

それからこういう風にしてシュモラーについての論文を次々に書きまして，1992年に11本ぐらいの論文をもとに，全部書き下ろしみたいな形にして一冊本を書きました．これが『グスタフ・シュモラー研究』（御茶の水書房，

1993 年）で，私の主著ということになります．これが幸いなことに第 37 回日経・経済図書文化賞（1994 年度）をいただくことができました．甲南大学にいらした田中真晴先生と杉原四郎先生が評価してくださり，それが受賞につながったようで，お二人の先生には本当に感謝しています．本書はシュモラーの本格的な研究としては世界で最初ということになると思います．それから，シュモラー生誕 150 周年を機に世界的にシュモラー評価のうねりが出てきて，それを結果として私が日本で最初に受けとめたということになったわけです．

　私が研究をまとめる過程で非常に重要だったのは，シュンペーターのシュモラー評価です．シュンペーターはもともとオーストリアの人ですが，カール・メンガーとシュモラーの方法論争を見て，もちろんシュモラーを批判するのですけれども，シュモラーのやろうとしたことを非常に高く評価したわけです．彼のシュモラー評価のポイントは，まず，歴史的進化の単一理論の拒否．シュモラーは，たとえばマルクスの唯物史観とか，そういう大きな，大がかりな歴史観ではなくて，本当に細かいモノグラフというか，小さな実証研究を積み重ねていくという歴史研究をやったわけですが，それが弟子たちを育てて，非常に現実的，歴史的なセンスを涵養したとシュンペーターは評価しているのです．さらに，経済学というのは利己的な個人というか，そういう利己主義とか，self interest とか，そういう人間を想定して理論を組み立てていくわけですが，シュモラーはその倫理的という言葉によって，人間社会の超個人的な構成要素，必ずしもそこに回収されない人間と人間を結びつけるような事柄を問題にしたのだということを，シュンペーターは指摘しています．経済学を社会学に拡大しようというのがシュモラーの志向ですが，シュンペーターはこれに大いに共鳴しています．最後に，ゾンバルトとヴェーバー，両者ともシュモラーを辛らつに批判するのですけれども，結局そのゾンバルトとかヴェーバーによって継承されるような研究を開拓したのがシュモラーだったという位置づけですね．シュンペーターを再発見することでシュモラーを書くことができたと思います．

(3) ゾンバルト研究へ

私はこのシュモラー研究の最後のところで，終章として長文の「シュモラーの歴史的方法と若手世代の批判」をほぼ書き下ろしで書いたのですが，執筆しているときに若手世代のいわば旗手としてのゾンバルトの重要性に気づいたわけです．

日本ではゾンバルトは，シュモラーと同様に評判があまりよくありません．戦時中にゾンバルトがナチスに接近し，神がかり的な日本経済学が彼を評価したことも原因です．さらに大塚久雄先生のゾンバルト解釈があります．ゾンバルトはヴェーバーの有名な「プロテスタンティズムの倫理と資本主義の精神」を批判するわけですが，ヴェーバーの「プロ倫」についてたくさんの論文をお書きになっている大塚先生によれば，ゾンバルトのヴェーバー批判は本質的な批判になっておらず，ヴェーバーを誤解しているという理解です．ところが大塚先生にも大きな誤解があって，実は「資本主義的精神」という言葉を最初に使ったのはゾンバルトなのですね．kapitalistischer Geist と言いますが，その考え方と実証の仕方をヴェーバーは批判して「プロ倫」を1904-05年に書くわけです．そこの位置が逆転してしまっています．大塚先生は，ゾンバルトの1912年に出版された『ブルジョワ』とか，1916年に出た『近代資本主義』という大著をお読みになって彼を批判するのですが，実は『近代資本主義』の初版は，「プロ倫」の前の1902年に出ています．ヴェーバーは主としてこれを念頭に置いてゾンバルトの評価と批判をしています．研究史でこの初版は完全に埋もれてしまいました．これは1,000ページぐらいあるのですが，私は『北星論集』33・34号（1996-97）で全面的に分析し，その内容についてつぶさに紹介いたしました（「近代資本主義論の生成―ゾンバルト『近代資本主義』（初版2巻本，1902年）の意義について―」）．

『近代資本主義』は当時ものすごく評判になるのですが，歴史家やヴェーバーから厳しい批判があり，大改訂が行われます．1916年に第2版（第1・2巻）が出まして，1927年に『高度資本主義』が出版されて3巻本になり，経済史の古典とされます．これは合計3,000ページの本です．前記のように

大塚先生は,『ブルジョワ』やこの第2版をお読みになったのですね.『ブルジョワ』でゾンバルトはヴェーバーに反論しているので, 大塚先生はその反論を考慮したわけです. ところが, これは全く逆で, ゾンバルト『近代資本主義』初版が最初で, ヴェーバーはその初版を前提にしてそれを批判する. これはヴェーバー自身の書き方にも責任があります.

　さきほど述べましたように, この『近代資本主義』初版は, 当時大ベストセラーになりました. この本は第1巻が「資本主義の発生」, これはマルクスのいわゆる原始蓄積の理論, 本源的蓄積の理論, そこを批判しまして, ヨーロッパの経済史において, イタリア・ルネサンスのころの都市から資本主義が出てきたのだというのがゾンバルトの理解なのですけれども, これは「地代蓄積説」という有名な理論です. それから第2巻「資本主義発展の理論」で, 資本主義が発生した後, 現代までどういうふうにして資本主義が発展してきたのかを記述しています. そこでは, かつてシュモラーが問題にした小営業とか手工業を駆逐して, 商業資本や産業資本が大きくなっていくプロセスを歴史的に書いたわけですね. つまりゾンバルトは, メンガーのシュモラー批判を意識し, 歴史と理論を組み合わせることによってシュモラーの実証主義を乗り越えようとしたわけです.

　ところで,「資本主義的精神 (kapitalistischer Geist)」についてゾンバルトは, 単なる金もうけの精神ではなく, 企業を合理的に運営する精神であり, 企業を組織する精神でもあると強調しています. ただゾンバルトは, この精神の歴史的由来をあまり説明しておらず, 企業もかなり早い時期から大きな資本主義的企業という形態をとって進んできたと理解しておりまして, そこが後にマックス・ヴェーバーが批判することになるのだろうと思います.

　私はこの埋もれた初版を復元して論文を書いたわけです. その次の課題として, 3,000ページぐらいにふくれあがった第2版と初版を比較しようという作業を進めていました. 全部読みましたが, この研究は中断してしまいました. 私は今, 大学長という仕事をしていますが, それ以前には副学長をやり, また学会の仕事などいろいろなことがありまして, 忙しかったことも事

実です．ただその一部の成果は，経済学史学会設立60周年記念論文集『古典で読み解く経済思想史』（ミネルヴァ書房）に寄稿した「資本主義とエコロジー」で，ゾンバルト『近代資本主義論』第2版についてちょっと書きました．

　この論文で面白かったのは，ヴェーバーとかゾンバルトが20世紀初頭にエコロジー運動に関わっているという事実がわかったことです．ドイツでは1990年代ぐらいから環境史の研究がものすごく盛んになっていまして，たくさん文献が出ています．歴史学派は環境問題にかかわったことで再評価されていることもわかりました．一般的に言われていることですが，1905年前後にヨーロッパで景観保護運動というものが出てきます．つまり，資本主義の発展にともなって，いわゆる公害が出てくるわけですね．川が汚れる，空気が汚れる，鉄道路線があちこちにひかれる，電柱が林立するなどが問題になります．経済発展の初期に起こってくるようなさまざまな環境破壊が生じてくるわけです．それに対して景観をもう一度保護・回復しようという運動が出てきて，これが今日のヨーロッパにおけるエコロジー運動の原点だと言われています．そこに実はヴェーバー，ゾンバルト，歴史学派の経済学者たちも入っているということが最近明らかになってきたのですね．

　彼らはこういう近代の市場経済体制を「資本主義」と呼ぶのですが，この資本主義という言葉は，特にドイツ語圏ではゾンバルト『近代資本主義』によって流布したといわれています．日本では資本主義というと，すぐマルクスという話になるのですけれども，ヨーロッパではそうではなくて，いわゆる社会主義とはちょっと違った形で市場経済体制を批判的に見るという視角がかなり早くから出てきます．というのは，この資本主義という言葉はもともとピエール・ルルーというフランス人が1850年前後に初めて使ったとされておりまして，マルクスはそれを批判するわけですね．ルルーは資本主義という言葉を使うとき，商業資本のことを念頭に置いております．問屋制家内工業ですね．つまり，そういう大きな商業資本があって，小規模な家内労働者に注文を出して，工賃を払うのですけれども，それを買いたたく．それ

でもうけている．それが資本主義だと．こういう理解の仕方ですね．マルクスはそれを批判して，資本主義ではなく，資本家的生産様式という言葉を使います．工賃を切り詰めるのではなくて，産業資本が市場賃金を支払い，生産過程で価値増殖が行われて利潤になる．そういう流通過程の搾取を問題にするルルーだとかとは違うのだということで，ご承知のように，『資本論』の中ではKapitalismusという言葉はほとんど出てこないわけです．

ところが，ゾンバルトはこのKapitalismusというのをあえて使うわけです．マルクスを批判しながら，むしろフランスのそういう言葉の伝統を引き継いで，これはヴェーバーもそうなのですけれども，そういう資本主義が全面的に社会を覆うことによって，例えば，ヴェーバーは物質文化だと批判します．まさに精神文化が退歩してしまって，物質文化ばかり．まさにビルが建って電車が走って広告ができて，人間の存在がちっぽけなものになってしまうというか，そういう物質文化が支配する過程．それをKapitalismusと呼んだわけですね．そういう意味で，歴史学派が問題にした資本主義批判はマルクスの資本主義批判とまた違う観点があり，それが現代につながっているのではないかと思います．

(4) 歴史学派研究の集大成

ゾンバルト研究は中断していますが，この間私にとって重要な仕事がひとつありました．2005年から2008年にかけて科学研究費基盤研究Bで大きなお金をいただく機会があり，北海道大学・小樽商大の先生と一緒に歴史学派の比較研究（ドイツ・イギリス・日本）を行いました．その成果の報告で，私はドイツ歴史学派について総括的な論文を書きました（加筆して田村・原田哲史編『ドイツ経済思想史』八千代出版，2009年に所収）．ここで従来の歴史学派理解を超えて，いわゆるロッシャーなどの旧歴史学派を歴史学派ではなく先駆者として位置づけ，歴史学派というのは本来，シュモラーによって始まることを強調しました．シュモラーの新歴史学派を本来の歴史学派として描き，シュンペーターが最新歴史学派と呼んだゾンバルトとかヴェー

バーを歴史学派の新しい世代とし，そこにシュピートホフの景気理論を含めて，またシュンペーターの研究もその周辺に位置づけるということです．そして，ゾンバルトの『近代資本主義』第2版の最後のほうに出てくる「資本主義終焉論」という議論があるのですけれども，そこにからめて歴史学派の意義を考えるということをいたしました．この最後の論点についてゾンバルトは，社会主義か資本主義かというのは意味がなくなっているのではないか，両者は収斂していくのではないかと述べています．つまり，革命みたいな形で資本主義が変化しないということを考えると，資本主義は発展していけば当然福祉政策などの公的な市場への介入が出てくるので，最終的に社会主義と修正された資本主義の境目はほとんどなくなるだろうということを予言しております．

これが資本主義終焉論（Ende Des Kapitalismus）という議論です．シュンペーターは第二次大戦後，「資本主義は成功ゆえに没落する」という有名な言葉を残しましたが，この言葉はゾンバルトの議論を下敷きにしているというのが，現在の経済思想史における一般的な理解になっております．

私のゾンバルト研究が中断したもうひとつの理由は，ドイツで非常に優れた研究が出たということでございます．第1は，1994年にフリードリヒ・レンガーが，ゾンバルトの非常に立派な伝記を書きました．これは今日必須の文献です．それから第2は，ドイツで社会学を勉強していた竹林史郎さんの学位論文 *Die Entstehung der Kapitalismustheorie in der Gründungsphase der deutschen Soziologie*（ドイツ社会学の創設期における資本主義理論の成立）が出版されたことです．これは，シュモラーらの歴史学派からゾンバルトとヴェーバーの研究がどのように成立したのかを詳細に追求した大著です．ここには，私のシュモラー研究で十分に触れられなかったのですが，歴史学派の経済学者がマルクスとエンゲルスから非常に大きな刺激を受けているのではないかという大変面白い論点が展開されております．実は，今これを山田正範氏と私で翻訳しております．これも出版されたら，ゾンバルト研究あるいはヴェーバーの研究の必読文献になると思います．

おわりに

　私の研究生活を振り返って印象深いのは，1970年代の立教大学大学院経済学研究科には全国からたくさんの院生が集まり，私がいたころは確か80人ぐらい在籍していたのではないかと思います．本当に切磋琢磨するエネルギーに溢れていて，非常に面白かった気がいたします．住谷ゼミでは，毎回ゼミ終了後に池袋に繰り出し，夜遅くまで真剣に議論していました．住谷先生はそうした談論風発を楽しんでおられ，貴重な指摘をいつもいただきましたが，われわれも時には先生を挑発したりしました．住谷先生も私の恩人です．小林先生には，研究者としての心構えを諭していただきました．いつも研究室に本を開いておき，1日30分でもいいからとにかく本と向かい合うこと，それから，まとめて書こうというのはやめ，こまめに書くこと，などのアドヴァイスは今も守り続けています．

　私が一番よかったと思うことは，自分の問題意識を大切にしたことだと思います．簡単に妥協しないことです．私は助手になってから博士論文を書く間にかなり悶々として，なかなか論文が書けない時期がありましたが，その時に経済学部のある先生から，あまり成果が出ないものですから，「田村くん，そろそろ違う分野に移ってみたらどう？」と言われまして，本当に恥ずかしかったのですけれども，そのぐらいなかなか論文が書けない時期が一時ございました．しかし，結局のところ簡単に妥協しなくてよかったかなとちょっと思っております．

　それから，これは柳澤先生からいつも言われたのですが，論文を執筆する場合に，研究史を必ず批判的に総括すること，つまり，先人のここが問題であり，ここを課題とするだということを明記することを教えていただきました．これは研究のオリジナリティにかかわることです．柳澤先生は私にとって，指導教授とは違って，何でも相談できる親しい先輩のような存在としてお付き合いいただき，感謝しています．またこれは私が途中で気づいたことですが，やはり最新の研究成果への目配りを怠らないということです．

　最後に「重要な研究成果についてつまみ食いはしない」ということを，特

に若い研究者の皆さんに指摘しておきたいと思います．私の研究にかかわっていえば，リンデンラウプが1967年に書いた「社会政策学会における路線闘争」という著作があります（翻訳はありません）．これはこの分野では非常に有名なもので，500ページぐらいの大部の著作です．私が研究していた70年代の終わりとか80年代ぐらいになっても，多くの日本人研究者が引用していました．この本のポイントは，ヴェーバーやゾンバルトなどの社会政策学会若手世代がマルクスの影響を受けていることを初めて指摘したものとして評判になったのですが，それと同時に，私は後でわかったのですが，ドイツにおけるシュモラーの再評価として影響を与えた著作でした．ところが日本では，私のシュモラー研究が出るまでの20年間，誰も重要なポイントを紹介せず，違うところを引用して紹介しているわけです．ですから，この本が一番言いたかったことについては誰も言わないで，いわばつまみ食いが行われていたのです．やはりそれはまずい．この著作は現在でも社会政策学会について何かいう場合には必ず出てくる名著です．重要な研究が出た場合，中心的論点の紹介を踏まえた上で細かいところを引用しなければならないと思います．

雑駁な話で大変申しわけありません．以上で私の，まだ全部終わっているわけではなくて中断してしまっているところもあるのですけれども，私の歴史学派に関する研究の回顧とさせていただきます．こうして振り返って立教大学大学院経済学研究科に在籍して本当によかったとつくづく思っています．教えていただいた諸先生，諸先輩，同僚との交流を通して，研究者として育てていただいたと感謝しております．どうもありがとうございます．（立教大学経済研究所2014年度第2回学術研究大会講演）

II 初出一覧

本書は，私が『グスタフ・シュモラー研究』（御茶の水書房，1993年）出版以降に発表した論文等をまとめたものである．収録にあたって各論文を点

検し，誤記や勘違い等を訂正するとともに，引用形式を統一して，引用文献は補論の後に一括掲載した．いずれの論文も，文意を大きく変えるほどの手直しはしておらず，また初出にあった写真・地図等は割愛した．なお，「あとがきに代えて」のIとして収録した「私とドイツ歴史学派」だけは一部加筆した．以下では，初出論文について発表の経緯も含めて述べておきたい．

　第1章「ドイツ歴史学派」は，田村信一・原田哲史編『ドイツ経済思想史』（八千代出版，2009年）の第4章として執筆した「歴史学派」を再録したものである．ある時期まで「歴史学派」と言えばドイツを指すことが暗黙の了解となっていたが，近年，「イギリス歴史学派」の研究が進んだこともあり，「ドイツ」を冠した．

　原田氏とは様々なところで一緒に仕事をしたが，ある時に八千代出版の編集者森口恵美子氏（現社長）から社会思想史のテクスト執筆のお誘いがあり，二人で相談した結果，1980年代以降のドイツ歴史学派・ドイツ語圏経済学の再評価をふまえた通史を出したい，ということになった．森口氏の希望は学部学生向けのテクストの執筆であったが，われわれの無理難題を快く受け入れてくださり，大学院・専門家向けの通史という形態で『ドイツ経済思想史』を出版することができた．共編者原田哲史氏，森口恵美子氏には改めてお礼申し上げる次第である．

　第4章の元になった原稿は，平成17-19年度科学研究費補助金（基盤研究B）「日・独・英における歴史学派の役割とその現代的意義に関する研究」（研究代表：岡部洋實／分担：江頭進，佐々木憲介，田村信一）の分担研究報告「ドイツにおける歴史学派の影響」であり，これに加筆して前掲書第4章に収めた．したがって本書第1章は，平成17-19年度科学研究費補助金（基盤研究B）の研究成果の一部でもある．科学研究費申請を立案し，手間のかかる申請作業を引き受けていただいた岡部洋實氏に感謝申し上げたい．

　本稿では，従来の教科書的な新・旧歴史学派の記述を刷新し，いわゆる新歴史学派とゾンバルト，ヴェーバーらの新しい世代，そしてシュンペーターとの関係を中心として記述した．そうした意味でこの章は，私のドイツ歴史

学派研究のひとつの到達点でもあるので，冒頭に置いた次第である．

　第2章「ヴィルヘルム・ロッシャーの歴史的方法―『歴史的方法による国家経済学講義要綱』刊行150周年にあたって―」は，経済学史学会の研究誌『経済学史研究』の前身である『経済学史学会年報』（第31号，1993年11月）に発表されたものである．当時の馬渡尚憲編集長から，1993年が『歴史的方法による国家経済学講義要綱』刊行150周年にあたることから執筆を依頼された．依頼されたとき最初私は，『グスタフ・シュモラー研究』の執筆中だったので，辞退した記憶があるが，入稿が1993年7月初めと説得され，引き受けることにした．『グスタフ・シュモラー研究』の原稿は，1993年5月の連休直前にようやく完成したので，休む間もなく本稿の準備と執筆に着手したのである．ロッシャーの著作を本格的に読むのは初めてだったので，薄氷を踏む思いで提出した．

　本稿は論文としてはかなり短いものになっているが，以上の状況であわてて執筆したために，制限字数を間違えてしまったからである．校正の折，馬渡編集長から「ずいぶん短いですね」といわれてはじめて気が付き，赤面した思い出がある．しかし，このロッシャー論の執筆によって歴史学派全体を視野に入れることができた．

　第3章「国民経済から資本主義へ―ロッシャー，シュモラー，ゾンバルト―」は，住谷一彦・八木紀一郎編『歴史学派の世界』（日本経済評論社，1998年）の第3章として寄稿した同名の論文である．この著作は，前年の1996年11月に中央大学で開催された経済学史学会第60回全国大会の共通論題「歴史学派の世界」の成果をまとめたものである．私はその前年から報告を依頼されていたが，ちょうど1996年2月から半年間，私の勤務する北星学園大学の海外提携校，大連外国語大学日本語学院の日本語講師として派遣されることになり，せっかくの中国滞在にもかかわらず，後半は報告の準備に追われてしまったことを今でも残念に思っている．

　私は「歴史学派の歴史意識：国民経済から資本主義へ」と題して第1報告を行い，この報告を基にして論文を寄稿した．ちなみに第2報告は塩野谷祐

一「歴史主義・制度主義・進化主義」で，第3報告が柳澤治「第一次大戦後における歴史派経済学と政策論」であった．編者の住谷一彦・八木紀一郎の両氏は共通論題組織者として問題提起・総括・司会を担当され，原田哲史，高哲男，小林純の各氏が討論者として登壇した．歴史学派が経済学史学会史上はじめて共通論題として取り上げられたことから，前日には小林昇氏の特別講演「経済学・歴史・歴史主義」が，2日目の午前にはB.P. プリッダート氏の「19世紀ドイツ経済学の歴史的方法における方法なるもの」という報告も行われた．小林氏の特別講演は歴史学派に対する厳しい評価を含むものであり（本書補論を参照），われわれの報告はこの講演を意識した応答ともいえるものになった．私は緊張感あふれる歴史的な共通論題の場に立ち会えたことを研究者として名誉に思っている．

　第4章「グスタフ・シュモラーの生涯と学説―社会問題から経済社会学へ―」は，全11巻からなる叢書『経済思想』（日本経済評論社）の第7巻『経済思想のドイツ的伝統』（八木紀一郎編，2006年）に掲載された長編の「G.v. シュモラー―社会問題から経済社会学へ―」である．私は，小林純氏を介して編集委員の鈴木信雄氏から協力を求められ，本稿を寄稿した．この論文は，私の『グスタフ・シュモラー研究』を基本としながら，その刊行以後に，「シュモラー・ルネサンス」といわれた海外におけるシュモラー研究の新たな知見を摂取して書き下ろしたものである．とりわけドイツ在住の竹林史郎氏の学位論文 *Die Entstehung der Kapitalismustheorie in der Gründungsphase der deutschen Soziologie: Von historischen Nationalökonomie zur historischen Soziologie Werner Sombarts und Max Webers*, Berlin: Duncker & Humblot, 2003. は，私が『グスタフ・シュモラー研究』の最終章でスケッチしたシュモラーからゾンバルト，ヴェーバーへと至る方法論的・学問的関係を独創的な観点から精緻に展開したものであり，きわめて重要な成果であった．私はすぐに同書を『経済学史学会年報』（第45号，2004年6月）で紹介し，さらに前記の科学研究費補助金による研究会で竹林氏をお招きした．なお，竹林氏の著書は，山田正範氏と私とで翻訳作業を終了し，

ミネルヴァ書房から刊行される予定になっており，その「訳者あとがき」で竹林氏との交流を述べている．

第5章「グスタフ・シュモラーの方法論―『国民経済，国民経済学および方法』訳者解題―」は，副題にあるように，日本経済評論社から出版された『近代経済学古典選集』［第2期］第11巻として刊行された『シュモラー 国民経済，国民経済学および方法』（2002年）の「解題」として発表されたものである．この翻訳シリーズの編集委員である塩野谷祐一氏の要請で私が翻訳にあたった．原書は『国家科学辞典』初版と，「価値判断論争」（1909）で大幅に書き直された第3版があり，日本での翻訳も後者を底本として行われている．しかし，初版と第3版の異同について追及したスカルヴァイト版も正確性に著しく欠けていた．そこで私は，文字通り一字一句点検して両者の異同を確認し，削除された部分と加筆された部分がわかるように翻訳を進めたのである．当時私は，重要な大学業務を引き受けざるを得なくなり，時間的制約が大きく，作業は難渋した．しかしこの作業を遂行することによって，社会政策学会におけるいわゆる「価値判断論争」がシュモラーとヴェーバーら新旧世代の対立だとする通念を，部分的にではあるが，批判することができたと思っている．

第6章「社会政策の経済思想：グスタフ・シュモラー」は，学部学生向けの教科書として編まれた高哲男編著『自由と秩序の経済思想史』（名古屋大学出版会，2002年）の第8章として執筆されたものである．アメリカ制度学派を専門とする高氏とは，氏の同僚であった関源太郎氏を通じて知己となり，『経済学史研究』の編集委員や，経済学史学会設立50周年を記念した企画『経済思想史辞典』（丸善，2000年）の編集委員としてご一緒した．とくに後者の編集作業は，馬渡編集長の下で精力的に委員会が開かれ，合宿も重ね，3年の歳月をかけ膨大なエネルギーを費やして完成したので，私としても感慨深いものである．こうした過程で高氏とは親密になり，また『自由と秩序の経済思想史』の多彩な執筆陣とも面識を得るようになった．私から見ると本書は，『経済思想史辞典』の副産物のひとつかもしれない．もっとも

同時に氏は学生・院生の教育にもきわめて熱心で，卓越したリーダーシップと巧みな交渉術を備えたその手腕によって，レベルの高いユニークな教科書ができたことは事実である．

なお，「補説」として収録した小論「経済学と社会学：M. ヴェーバー」は，同書の第11章「制度進化の経済思想：T.B. ヴェブレン」の後に掲載された「コラム4」として書かれたものである．私はそれまで，ヴェーバーに関する独立した論文は書いていなかった．その後，平凡社で企画されている『マックス・ヴェーバー事典』（刊行時期は未定）の求めに応じて，歴史学派の継承者としてのヴェーバー像を小論説「ヴェーバーと経済学・経済史」にまとめ寄稿した．

第7章「シュルツェ＝ゲーヴァニッツの社会政策思想―『社会平和』を中心に―」は，『立教経済学研究』（第48巻3号，1995年1月）に掲載された論文である．シュルツェ＝ゲーヴァニッツはヴェーバーの同僚として，また，帝国主義論の先駆者としてよく知られた人物であるが，日本では本格的な研究が行われていなかったので，彼の代表的著作を詳細に分析し，その社会政策思想を明らかにしようと試みたものである．

掲載された『立教経済学研究』（第48巻3号）は，恩師である近藤晃立教大学名誉教授が1994年3月に定年退職され，その退職記念号として発行されたものである．近藤先生については「私とドイツ歴史学派」で触れたが，この記念号に「近藤晃先生の人と学問」を寄稿した老川慶喜・道重一郎両氏は，学部学生時から近藤先生を指導教授としており，大学院博士課程から立教に移った私と一緒に，近藤ゼミのいわばトリオとして親しい仲間である．本稿は，私としては力を込め書き上げた論文であり，近藤先生の記念号に掲載できたことはうれしく思っている．

私がシュルツェ論を書くことができたのは，以下の事情によっている．私は1981年に北星学園大学に職を得てから，当時同僚だった富岡庄一氏から誘われて北海道大学で，長岡慎吉・石坂昭雄先生を中心として定例的に開かれていた「経済史研究会」に参加するようになった．そのうちにドイツのリ

ベラリズムに強い関心をもたれていた石坂先生から，研究会とは別に，ブレンターノ，ヘルクナー，シュルツェなどの原典を輪読する読書会をつくらないかと提案があり，加来祥男，太田和弘，富岡庄一の各氏とともに加わったのである．本稿は，そうした経緯で精力的に行われた読書会の成果を，私の責任で論文としたものである．おそらく私一人ではこのシュルツェ論は出来上がるはずもなく，石坂先生をはじめ読書会のメンバーの各氏に感謝申し上げたい．経済史研究会とこの読書会は，東京から未知の札幌に移った私にとって，かけがえのない勉強と憩の場であり，懐かしく思い出される存在である．

その後，私はある時から学会や学内の仕事で多忙になり，途中から読書会に参加できなくなった．その後の読書会の成果は，ルーヨ・ブレンターノ著・石坂昭雄／太田和宏／加来祥男訳『わが生涯とドイツの社会改革——1844-1931』（ミネルヴァ書房，2007年）として結実した．私は，本書を『社会経済史学』（第75巻第3号，2010年3月）で紹介・書評し，ささやかであるが，読書会メンバーとしての責任の一端を果たすことができたことを慰めとしている．

第8章は，「近代資本主義論の生成——ゾンバルト『近代資本主義』（初版1902）の意義について——」は，『北星論集』，第33，34号，1996-97）に連載された長論説である．前述したように，1996年2月に私は大連に渡ったが，その直前に前編を入稿し，帰国して経済学史学会共通論題で報告した後に後編を執筆・投稿した．

ゾンバルトはヴェーバーとならぶ当時の代表的な研究者であり，1920-30年代には世界でもっとも著名な経済学者と目されていたが，ドイツ歴史学派が忘却され，彼自身が晩年にナチスの支持者となったこともあり，第二次大戦後はすっかり忘れられた存在になってしまった．第4章のところで述べたように，私は『グスタフ・シュモラー研究』の最終章で，シュモラーからゾンバルト，ヴェーバーへと至る方法論的・学問的関係を「資本主義」をキーワードとして手探りで叙述していたが，その途上でゾンバルトの初版

『近代資本主義』の重要性に気づき，瞠目した．われわれはどうも大きな勘違いをしていたのではないだろうかという思いを禁じえず，そこで改めて本書を詳細に分析したのである．1980年代末からはじまった歴史学派再評価は，当初はシュモラーを中心として展開したが，次第にゾンバルトに対する関心も増大し，1994年にはレンガーの浩瀚な伝記が出版された．ドイツにおけるゾンバルト再評価はエコロジーの観点からも行われていたのである．本章は，こうしたゾンバルト再評価と格闘しながら執筆されたものである．ちなみに，国内外における新たなゾンバルト再評価の研究動向を丁寧に紹介したものとして，奥山誠「ヴェルナー・ゾンバルト研究の動向―過去20年の研究状況―」(『経済学史研究』第55巻1号，2013年7月)を参照されたい．

　第9章「資本主義とエコロジー―ゾンバルトの近代資本主義論―」は，経済学史学会編『古典から読み解く経済思想史』(ミネルヴァ書房，2012年)の第5章として掲載されたものである．本書の刊行は，経済学史学会設立60周年を記念する事業のひとつとして行われ，私は，井上琢智，栗田啓子，堂目卓生，新村聡，若田部昌純の諸氏とともに，編者として関わった．従来の記念論文集とは毛色が異なり，現代の諸問題を古典から照射しようとするユニークな企画であった．

　前章の『近代資本主義』初版について執筆した後，私は3巻本の第2版(『近代資本主義』1916-17，『高度資本主義』1927)の改訂内容を明らかにするという観点から，改訂版を少しずつ読み進めていた．1999年の夏休みにはすべてを読了し，「ゾンバルト『近代資本主義』第2版(1916-27)の大改訂」という論題で，新たに設立された経済学史学会北海道部会で報告を行っている．その短い要旨は，「経済学史学会ニュース」(第15号，2000年1月)に掲載された．しかし，この報告を論文にする仕事は中断してしまった．その理由は，この報告の直後に，本書第4章，第5章，第6章となった仕事が立て続けに入ったこと，2005-08年に大学副学長となり，前述の科研費分担報告は執筆したものの，大学行政に追われ，体調を壊して入院したことなどである．このような理由から論文とするタイミングを逸してしまった．こ

うした意味で本章は,『近代資本主義』第2版分析のエッセンスを盛り込んだ一種の中間報告の性格をもっている. 前記の部会報告を論文に仕立てる課題は, 私の今後の宿題としておきたい.

なお,『古典から読み解く経済思想史』発表時に,「ヴェーバーとゾンバルトが郷土保護連盟のメンバーだったかどうか定かではない」(同書109ページ)と書いたが, 小野清美氏の指摘で両者がメンバーであることがわかり, そのように訂正した. 小野氏に御礼申し上げる.

補論「小林昇とドイツ経済思想史研究」は,『立教経済学研究』(第65巻2号, 2011年10月)に掲載されたものである. 同号は, 2010年に逝去された小林昇立教大学名誉教授を追悼する企画のひとつであり, 私は友人である編者服部正治氏の誘いを受け, 肥前栄一先生, 竹本洋氏らとともに寄稿する機会に恵まれた. 服部氏には感謝申し上げたい.

前述の科研費研究にさいして, 2007年9月に, 日本における歴史学派研究の担当である岡部氏とともに小林昇先生のお宅に伺い, インタビューしたことがある. 翌日には軽井沢におられた住谷一彦・田中豊治先生からも話を伺った. お三人とも日本歴史学派に対しては, 戦前・戦中の経済合理性を欠いた神がかり的日本経済学を批判する立場から出発しており, それ以前の研究に対して関心をもたれておられず, 世代間の一種の断絶があることが明確になった. われわれの準備不足もあり, 残念ながらこのインタビューは成果あげるまでにはならなかった.

このことがきっかけで私は, 小林先生のリスト研究について, 思想史の対象として,『著作集』に収録しなかった戦前・戦中のリスト研究と戦後の代表的リスト研究を比較検討し, 断絶性と連続性の両面から考察する必要があるのではないかと思うようになった. その結果として書き上げたものが本稿である.

私がシュモラーを本格的に研究しようと思い立った時, 背中を押してくださったのは小林先生である. 本稿を執筆することで, ささやかであるが, 学恩に報いることができたと思っている.

なお,「あとがきに代えて」Iに収録した「私とドイツ歴史学派」は, 立教大学経済研究所で行われた2014年度第2回学術研究大会（2015年3月）における講演録であり,『立教大学経済研究所年報 2015』（2015年6月）に収録されたものである. 立教大学経済研究所は, 立教大学経済学部に在籍した教員や大学院経済学研究科の修了生を招いて学術研究大会を開いており, 当時経済研究所所長だった老川慶喜氏の要請で講演した次第である. このタイトルは老川氏につけていただいた. 御礼申し上げたい.

以上が本書に収録した初出論文の執筆経緯である.

なお私は, 経済学史学会の英文論集 The German Historical School : The historical and ethical approach to economics, Yuichi Schionoya (ed.), 2001, London and New York. に Gustav Schmoller and Werner Sombart: a contrast in the historco‒ethical method and social policy を寄稿しているが, 内容的に本書の諸論文と重複しているので, あえて翻訳・収録しなかった.

私は2012年から学長職を引き受け, この間, 文字通り職務に忙殺された. ご覧のように, 本書に収めた諸論文は学長就任以前に執筆されたものである. その意味で学長の仕事に就いたことは, 私の最後の研究生活と引き換えになったと言える. しかし私は, 研究者として残念な気持ちがあるとはいえ, 後悔はしていない. 今日大学はさまざまな意味で曲がり角の時代を迎えており, 多くの大学はその存立が問い直され, とりわけ地方の中小私立大学は存亡の危機に直面している. 私は, 自分の職場は自分で守りたいという思いで学長職を引き受けた.

最後になるが, 私は2018年3月に任期を終え退任・退職する. 大学教員として鍛えてくれた北星学園大学には感謝の言葉もない. また, 本書の刊行のために北星学園大学後援会から出版助成金をいただいた. 前著『グスタフ・シュモラー研究』に続く助成金の交付, 記して謝意を表したい.

また, 出版を引き受けていただいた日本経済評論社柿﨑均社長, 編集の立

場から貴重なアドヴァイスをくださった清達二氏，人名索引の作成を手伝っていただいた成田泰子氏に御礼申し上げる．

2018年1月

田村 信一

人名索引

[ア行]

アイザーマン，ゴットフリート（Eisermann, Gottfried） 44, 46, 48, 54, 289
アイヒホルン，カール・フリードリヒ（Eichhorn, Karl Friedrich） 43
赤坂信 258-9
アシュリー，ウイリアム（Ashley, William James） 222
アペル，ミヒャエル（Appel, Michael） 188-9, 192-4
アリストテレス（Aristotle） 44
アルトホフ，フリードリヒ（Althoff, Friedrich） 23, 74, 114
安藤英治 192, 205, 217, 219
石田真人 20, 204
板垣與一 284, 286, 296, 300
ヴァーグナー，アドルフ（Wagner, Adolph） 2, 10-1, 22, 24, 51, 58, 72, 85, 89, 113, 125, 189, 193
ヴィーザー，フリードリヒ（Wieser, Friedrich von） 126-7
ヴィルケン，フォルケルト（Wilken, Folkert） 153, 155, 180
ヴィンケル，ハラルド（Winkel, Harald） 50
ヴェーバー，アルフレート（Weber, Alfred） 29, 192
ヴェーバー，マックス（Weber, Max） 1, 7, 9, 16, 18, 20, 22-3, 26-30, 35, 46-9, 60, 62, 65-6, 68, 70, 75, 97, 101, 108-10, 115, 120, 122-3, 126-9, 131, 149-55, 179, 182, 184, 187, 190-2, 205, 217, 219, 229, 239, 253, 256, 259, 267-8, 270, 282, 293-4, 296-7
上山安敏 242, 257
ヴェンドラー，オイゲン（Wendler, Eugen） 288
ウォーラースティン，エマニュエル（Wallerstein, Immanuel） 37
ヴォルフ，ユリウス（Wolf, Julius） 194
エンゲル，エルンスト（Engel, Ernst） 10, 16, 20, 73, 113
エンゲルス，フリードリヒ（Engels, Friedrich） 70, 98, 161, 168, 194, 198-9
オイレンブルク，フランツ（Eulenburg, Franz） 299
オーウェン，ロバート（Owen, Robert） 164, 171
及川順 21
大内兵衛 295
大河内一男 68, 81-2, 277, 286, 290, 294-5, 297, 299-300
大塚久雄 37, 97, 187, 191-2, 205, 217, 219, 280, 294-5, 297, 299-300
大野英二 279
大野忠男 33, 65
岡部洋實 297
奥山誠 33
小野清美 35, 155, 234
小野塚知二 280, 300
オッペンハイム，ハインリヒ（Oppenheim, Heinrich） 10, 73, 85, 113

[カ行]

カウダー，エミール（Kauder, Emil） 198
カウツキー，カール（Kautsky, Karl） 198
梶山力 187, 192, 205, 217, 219
加来祥男 18,
片桐稔晴 292, 300
加田哲二 294, 300

金井新二　187, 216-7
カニンガム，ウイリアム（Cunningham, William）　222
カーネギー，アンドリュー（Carnegie, Andrew）　210
カルヴァン，ジャン（Calvin, Jean）　152
カーライル，トマス（Carlyle, Thomas）　158, 160-8, 170, 175-9, 183
河合栄次郎　295
河上倫逸　44.
河津遥　296
カント，イマヌエル（Kant, Immanuel）　178
北川雅昭　266
北村昌史　73.
木村元一　187
キングスリー，チャールズ（Kingsley, Charles）　157, 164
クナップ，ゲオルク・フリードリヒ（Knapp, Georg Friedrich）　10-1, 18, 20-2, 73-4, 88, 113, 125, 131, 236
クニース，カール（Knies, Karl Gustav Adolf）　1, 7-9, 12, 14, 22-3, 35-6, 49, 55, 72, 107, 112, 120, 131
クリューガー，ディーター（Krüger, Dieter）　153-6, 184
グリーン，トマス・ヒル（Green, Thomas Hill）　165
グリンマー-ソーレム，エリック（Grimmer-Solem, Erik）　10-1, 70-1, 73-4, 88-9, 91
グレーネヴェーゲン，ピーター・ディデリク（Groenewegen, Peter Diderik）　289
クロムウェル，オリバー（Cromwell, Oliver）　161, 178
ゲーテ，ヨハン・ヴォルフガング（Goethe, Johann Wolfgang von）　178
ゲーリンク，パウル（Gehring, Paul）　288, 291
ゲルヴィヌス，ゲオルク・ゴットフリート（Gervinus, Georg Gottfried）　44
黒正巌　296
ゴータイン，エーベルハルト（Gothein, Eberhard）　217
ゴットル-オットリーリエンフェルト，フリードリヒ（Gottl-Ottlilienfeld, Friedrich von）　36, 296, 299
小林純　8-9, 28, 155, 300
小林昇　51, 275-6, 280-4, 286-95, 297-300
コルベール，ジャン・バティスト（Colbert, Jean Baptiste）　97
コント，オーギュスト（Comte, Auguste）　10, 17, 107, 121-2, 166-8, 178, 203
コンラート，ヨハネス（Conrad, Johannes）　10, 18

[サ行]

サヴィニー，フリードリヒ・カール（Savigny, Friedrich Karl von）　43
坂井栄八朗　290, 300
榊原巌　187
佐々木憲介　122, 127
ザックス，エーミール（Sax, Emil）　18
ザリーン，エドガー（Salin, Edgar）　34-5, 37, 282, 284, 296, 300
シェフォールト，ベルトラム（Schefold, Bertram）　289
シェフレ，アルベルト（Schäffle, Albert Eberhard Friedrich）　89, 190
シェーンベルク，グスタフ（Schönberg, Gustav Friedrich von）　10-1, 23, 28, 58, 72-3, 89, 106, 113, 124, 206
塩野谷祐一　12, 31, 33, 65, 69, 110, 119
重田澄男　255
シーメンス，ヴェルナー（Siemens, Ernst Werner von）　210
シャンツ，ゲオルク（Schanz, Georg）　18
シュティーダ，ヴィルヘルム（Stieda, Wilhelm）　18
シュトゥーム-ハルバーグ，カール（Stumm-Halberg, Karl von）　75, 115
シュトルーヴェ，ピョートル（Struve, Pyotr Berngardovich）　237
シュナッパー-アルント，ゴットリープ（Schnapper-Arndt, Gottlieb）　18
シュパン，オットマール（Spann, Othmar）

36-7, 199
シュピートホフ, アルトゥーア (Spiethoff, Arthur) 1, 31, 33-4, 36, 50, 131
シュモラー, グスタフ (Schmoller, Gustav von) 1-2, 9-18, 20-4, 26-7, 29-31, 33, 35, 41, 44, 47-51, 53, 55-61, 64-129, 131, 133-50, 153-4, 184, 189, 191, 193, 202-4, 206, 245-6, 249, 251, 289, 293-6
シュルツェ-ゲーヴァニッツ, ゲアハルト (Schulze- Gaevernitz, Gerhart von) 153-61, 163-70, 172-84, 203
シュルツェ-ゲーヴァニッツ, ヘルマン (Schulze-Gaevernitz, Hermann) 154
シュルツェ-デーリッチュ, フランツ・ヘルマン (Schulze- Delitzsch, Franz Hermann) 6, 9, 73, 79, 113
シュンペーター, ヨーゼフ・アロイス (Schumpeter, Joseph Alois) 1-2, 15-6, 26, 29, 31-6, 44, 48-51, 65, 69, 108, 119, 125, 129, 131, 147, 150, 191, 253, 256, 272, 293-4
ジョージ, ヘンリー (George, Henry) 169
ショーペンハウアー, アルトゥール (Schopenhauer, Arthur) 178
白杉庄一郎 43, 45, 49-51, 68
シンツィンガー, フランチェスカ (Schinzinger, Francesca) 289
ジンメル, ゲオルク (Simmel, Georg) 108, 219, 245, 254
スカルバイト, アウグスト (Skalweit, August) 110
杉原四郎 51
ステュアート, ジェイムズ (Steuart, James) 44, 275, 299
スミス, アダム (Smith, Adam) 5-6, 44, 46-7, 50, 53-4, 74, 99, 120, 123, 131-2, 139-40, 142-4, 149, 212, 275, 283-4, 286, 290-1, 294-5, 299
住谷一彦 110, 279, 287, 291-2, 294, 298, 300-1
スペンサー, ハーバート (Spencer, Herbert) 16, 119, 178-9, 203
セー, ジャン・バティスト (Say, Jean Baptiste) 120
ゼートベール, アドルフ (Soetbeer, Georg Adolf) 80
ゾラ, エミール (Zola, Émile François) 193
ソルト卿 (Salt, Lord Titus) 170
ゾンバルト, アントン (Sombart, Anton Ludwig) 24, 193
ゾンバルト, ヴェルナー (Sombart, Werner) 1, 16, 18, 23-30, 32-7, 49-51, 60-6, 70, 75, 108-10, 115-6, 120, 126-7, 131, 149, 151, 153-4, 187-201, 203-17, 219-56, 259-72, 282, 296-7, 299-300
ゾンマー, アルトゥール (Sommer, Arthur) 282, 291, 293

[タ行]

ダーウィン, チャールズ (Darwin, Charles Robert) 71, 112, 168
高哲男 11
高島善哉 37, 277, 286, 296, 300
高橋和男 291, 300
田北廣道 270
竹林史郎 2, 11-3, 15-6, 18-20, 26-7, 70, 85-6, 98, 101, 120, 124-5, 261, 267
田中真晴 22
田村信一 1, 3, 9, 11, 14-7, 23, 25, 27, 30, 47, 51, 56, 59, 71, 101, 105, 111, 116, 120, 123, 153, 180, 184, 189, 193, 198, 203-4, 249, 260-4, 269, 294-5, 300-1
ダレー, リヒャルト・ヴァルター・オスカール (Darré, Richard Walther Oskar) 283, 287, 300
チェンバレン, ジョセフ (Chamberlain, Joseph) 182-4
ディズレーリ, ベンジャミン (Disraeli, Benjamin) 160
ディーツェル, ハインリヒ (Dietzel, Heinrich Gottlob Andreas) 11, 125
ディルタイ, ヴィルヘルム (Dilthey, Wilhelm) 16, 58, 109, 119, 123-4
手塚真 291, 301
テーヌ, イッポリット・アドルフ (Taine, Hippolyte Adolph) 178

デルブリュック, ハンス (Delbrück, Hans) 125, 189
デルブリュック, ルドルフ (Delbrück, Rudolph von) 72, 112
テューネン, ヨハン・ハインリヒ (Thünen, Johann Heinrich von) 16, 53
テンニース, フェルディナンド (Tönnies, Ferdinand) 240, 254
トインビー, アーノルド (Toynbee, Arnold) 165-6
東畑精一 286-7
トゥーン, アルフォンス (Thun, Alfons) 18
戸田武雄 109, 187
トライチュケ, ハインリヒ (Treitschke, Heinrich von) 73-4, 91, 106, 114
トライブ, キース (Tribe, Keith) 120
トレルチ, エルンスト (Troeltsch, Ernst) 191

[ナ行]

ナウ, ハイノ・ハインリヒ (Nau, Heino Heinrich) 30, 121-2, 126
ナウマン, ヨーゼフ・フリードリヒ (Naumann, Joseph Friedrich) 155-6, 190, 205, 253, 259
中野敏男 297, 301
中村勝己 279
ナッセ, エルヴィン (Nasse, Erwin) 11
難波田春夫 297
ナポレオン, ボナパルト (Napoléon, Bonaparte) 132, 285
西沢保 23
ニーチェ, フリードリヒ・ヴィルヘルム (Nietzsche, Friedrich Wilhelm) 150, 254
ニーブール, バルトールト・ゲオルク (Niebuhr, Barthold Georg) 44
野崎敏郎 23, 26

[ハ行]

ハインドマン, ヘンリー・メイヤーズ (Hyndman, Henry Mayers) 168
ハウプトマン, カール (Hauptmann, Carl) 243

ハウプトマン, ゲアハルト (Hauptmann, Gerhart) 242
バックハウス, ユルゲン (Backhaus, Jürgen) 289
パッソウ, リヒャルト (Passow, Richart) 65, 190, 256
羽入辰郎 27
馬場哲 280, 300
ハミルトン, アレクサンダー (Hamilton, Alexander) 89
原田哲史 35, 74, 206, 260, 292, 294, 296, 299, 301
ハリソン, フレデリック (Harrison, Frederic) 167-8
ハルムス, ベルンハルト (Harms, Bernhard) 299
バーンズ, ジョン・エリオット (Burns, John Elliot) 168, 175-6
ハンセン [ハンゼン], ゲオルク (Hansen, Georg) 283
土方成美 295-7
ビスマルク, オットー (Bismarck, Otto Fürst von) 11, 22, 67, 74-6, 88-90, 114, 126
ビーズリー, エドワード・スペンサー (Beesly, Edward Spencer) 167
肥前栄一 154
ヒトラー, アドルフ (Hitler, Adolf) 156, 272
ヒルデブラント, ブルーノ (Hildebrand, Bruno) 1, 5-9, 14, 19, 49, 55, 131, 178
ピール, ロバート (Peel, Robert) 171
ピレンヌ, アンリ (Pirenne, Henri) 207
ヒューウェル, ウイリアム (Whewell, William) 10
ピュージー, エドワード・ブーヴェリー (Pusey, Edward Bouverie) 165
ビューヒャー, カール (Bücher, Karl) 1, 18-20, 27, 40-1, 47, 51, 54, 70, 125, 131, 194, 202-4, 206, 227
ヒューム, ジョセフ (Hume, Joseph) 172
ヒューム, デイヴィド (Hume, David) 127
ファビウンケ, ギュンター (Fabiunke,

人名索引　343

Günter) 288, 294
フィヒテ，ヨハン・ゴットリープ（Fichte, Johann Gottlieb) 74, 181, 296
フィリッポヴィッチ，オイゲン（Philippovich, Eugen von) 29-30, 126
フィールデン，ジョン（Fielden, John) 172
福井孝治 109
藤原辰史 300-1
フッガー，ヤコブ（Fugger, Jakob) 220
フックス，ヨハネス（Fuchs, Johannes) 259
フーフェラント，ゴットリープ（Hufeland, Gottlieb) 50
ブラウン，ハインリヒ（Braun, Heinrich) 193-4, 242
ブラッシー，トーマス・アール（Brassey, Thomas Earl) 174, 179
ブラン，ジョセフ・シャルル・ルイ（Blanc, Joseph Charles Louis) 190, 255
プリッダート，ビルガー・P.（Priddat, Birger P.) 14, 69-70, 72
ブリッジス，ジョン・ヘンリー（Bridges, John Henry) 167
フリードリヒ・ヴィルヘルム1世（Friedrich Wilhelm I) 146
フリードリヒ・ヴィルヘルム2世（Friedrich Wilhelm II) 155
フリードリヒ・ヴィルヘルム4世（Friedrich Wilhelm IV) 88
ブリュッゲマイアー，フランツ-ヨセフ（Brüggemeier, Franz-Josef) 259
ブリンクマン，カール（Brinkmann, Carl) 193, 290
プリンス-スミス，ジョン（Prince-Smith, John) 9
プレンゲ，ヨハン（Plenge, Johann) 155
ブレンターノ，ルーヨ（Brentano, Lujo) 1, 10-1, 13, 16-8, 25-6, 49, 51, 56, 58, 66, 70, 73, 88, 113, 125, 131, 154, 157-8, 168, 174, 176, 179, 187, 191-2, 259, 295, 297
ブロケ，ベルンハルト（Brocke, Bernhard vom) 188, 193-4, 217
ブローデル，フェルナン（Braudel, Fernand) 37

ベイン，ルイ（Bein, Louis) 18
ヘクシャー，エリ・フィリップ（Heckscher, Eli Filip) 287
ヘーゲル，ゲオルク・ヴィルヘルム・フリードリヒ（Hegel, Georg Wilhelm Friedrich) 45, 48, 55, 122
ベッケラート，エルヴィン（Beckerath, Erwin von) 299
ベーム-バヴェルク，オイゲン（Böhm-Bawerk, Eugen von) 31, 234-5, 244, 254
ヘルクナー，ハインリヒ（Herkner, Heinrich) 18, 76, 116
ヘルト，アドルフ（Held, Adolf) 10, 73, 88, 295
ヘルマン，フリードリヒ（Hermann, Friedrich Benedikt Wilhelm von) 53
ヘルマント，ヨースト（Hermand, Jost) 259-60
ベルンハルト，ルートヴィヒ（Bernhard, Ludwig) 115
ヘーレン，アーノルド・ヘルマン・ルートヴィヒ（Heeren, Arnold Hermann Ludwig) 44
ベロウ，ゲオルク（Below, Georg von) 20, 26, 189-90, 192
ヘンダースン，ウイリアム・オットー（Henderson, William Otto) 289
ポイカート，ヘルゲ（Peukert, Helge) 67, 69
ホッブズ，トマス（Hobbes, Thomas) 159, 162
ホフマン，ヨハン・ゴットフリート（Hoffmann, Johann Gottfried) 78, 88
ボルン，カール・エーリヒ（Born, Karl Erich) 289
本位田祥男 295-7

[マ行]

マイアー，エドゥアルト（Meyer, Eduard) 20, 26
マカロック，ジョン・ラムズィ（McCulloch, John Ramsay) 45
牧野邦昭 296, 301

牧野雅彦　20, 26, 30, 110, 126, 129
マーシャル，アルフレッド（Marshall, Alfred）　128, 216
松田智雄　287, 291, 301
丸岡高司　4
マルクス，カール（Marx, Karl）　13, 16-7, 24, 32, 36, 60-2, 70, 98, 149-50, 153, 168, 189-90, 193-8, 202-5, 207, 211, 215, 233, 235, 237, 244, 253-6, 260, 266, 287, 294
マルサス，トーマス・ロバート（Malthus, Thomas Robert）　4, 43-4, 53
三ツ石郁男　237
ミッチェル，ウェズリー・クレール（Mitchell, Wesley Clair）　15
ミル，ジョン・スチュアート（Mill, John Stuart）　10, 14, 17, 48, 77, 80, 87, 104, 112, 123, 127, 168
ミルデ，カール・アウグスト（Milde Karl August）　154
ミュラー，アダム・ハインリヒ（Müller, Adam Heinrich）　2, 6, 35, 53, 74, 206, 296
村上文司　10
メーザー，ユストゥス（Möser, Justus）　44, 283, 286, 290, 293, 296
メランヒトン，フィリップ（Melanchthon, Philipp）　72
メンガー，カール（Menger, Carl）　1-2, 12-3, 15, 17, 19, 27, 44, 47, 49, 51, 59, 68, 72, 74, 85, 98, 107, 109, 114, 122-4, 143, 149-50, 294
モムゼン，ヴォルフガング（Mommsen, Wolfgang J.）　155
モリス，ウイリアム（Morris, William）　183
モリス，ジョン・フレデリック・デニソン（Maurice, John Frederick Denison）　157, 164
諸田實　279, 292, 301
モンテスキュー，シャルル-ルイ（Montesquieu, Charles-Louis de）　44

[ヤ行]

八木紀一郎　9, 110, 294, 300-1
ヤッフェ，エドガー（Jaffé, Edgar）　29, 35
矢内原忠雄　286
柳澤治　37, 271, 297, 299, 301
山崎覚次郎　154
山田盛太郎　280
山之内靖　27, 154, 181, 183-4
吉田昇三　109

[ラ行]

ラウ，カール・ハインリヒ（Rau, Karl Heinrich）　3-4, 7, 11-2, 15, 41, 43-4, 47, 50, 53, 59, 66, 72, 112, 120-1, 123-4
ラサール，フェルディナント（Lassalle, Ferdinand）　73, 78-80, 85, 113, 123, 164, 193
ラスキン，ジョン（Ruskin, John）　165, 175
ラッハファール，フェリックス（Rachfahl, Felix）　191
ラテナウ，ヴァルター（Rathenau, Walther）　210
ランケ，レオポルト（Ranke, Leopold von）　4, 44
ランプレヒト，カール・ゴットハルト（Lamprecht, Karl Gotthard）　189
リカードウ，デイヴィド（Ricardo, David）　43-4, 80, 131, 296
リッカート，ハインリヒ（Rickert, Heinrich）　27, 150
リスト，フリードリヒ（List, Friedrich）　1-2, 6, 19, 35, 45-7, 53, 77, 89, 132-3, 144, 257, 276, 280-96, 298-300
リハ，トマス（Riha, Tomas）　45, 51
リーフマン，ロベルト（Liefmann, Robert）　29-30, 126
リュトゲ，フリードリヒ（Lütge, Friedrich）　37
リューメリン，グスタフ（Rümelin, Gustav von）　72, 112
リンデンラウプ，ディーター（Lindenlaub, Dieter）　11, 22, 30, 88, 153-6, 178, 188, 193
ルター，マルティン（Luther, Martin）　27, 72, 151
ルドロウ，ジョン・マルコム（Ludlow Jone Malcolm）　157, 164

ル・プレー，ピエール（Le Play, Pierre Guilaume Frédéric） 73, 126
ルルー，ピエール（Leroux, Pierre） 255
レイモンド，ダニエル（Raymond, Daniel） 291
レクシス，ヴィルヘルム（Lexis, Wilhelm） 190, 235, 254
レスラー，ヘルマン（Rößler, Hermann） 73, 113
レンガー，フリードリヒ（Lenger, Friedrich） 22-3, 36-7, 60, 189, 192-4, 199, 203, 217, 240, 242-4, 252-4, 256, 272
レンツ，フリードリヒ（Lenz, Friedrich） 290
ロスチャイルド，ネイサン・メイアー（Rothschild, Nathan Mayer） 210
ロックフェラー，ジョン（Rockefeller, John Davison Jr） 210
ロッシャー，ヴィルヘルム（Roscher, Wilhelm Georg Freidrich） 1-5, 7-9, 12-3, 39-41, 43-59, 66, 69, 72, 107, 112, 120, 124-5, 127, 131, 133, 289, 293
ローズ，セシル・ジョン（Rhodes, Cecil John） 182-4
ロートベルトゥス-ヤーゲツォウ，ヨハン・カール（Rodbertus-Jagetzow, Johann Karl） 61, 100, 193-4
ローズベリ伯（Primrose, Archibald Philip, 5th Earl of Rosebery） 175
ロンメルスパッハー，トーマス（Rommelspacher, Thomas） 259

[ワ行]

ワイルド，オスカー（Wilde, Oscar Fingal O'Flahertie Wills） 183
ワルラーシュタイン，ルートヴィヒ（Wallerstein, Ludwig von Oettingen） 287
ワルラス，レオン（Walras, Marie Esprit Léon） 31

著者紹介

田村信一（たむら しんいち）

北星学園大学・同短期大学部学長．1948年生まれ．79年立教大学大学院経済学研究科博士課程終了．80年経済学博士（立教大学）．主著に『ドイツ経済政策思想史研究』未来社，1985年，『グスタフ・シュモラー研究』御茶の水書房，1993年（第37回日経・経済図書文化賞受賞），『ドイツ経済思想史』（原田哲史との共編著）八千代出版，2009年ほか．

ドイツ歴史学派の研究

2018年3月30日 第1刷発行

定価（本体4800円＋税）

著 者　田　村　信　一
発行者　柿　崎　　　均
発行所　株式会社 日本経済評論社
〒101-0062 東京都千代田区神田駿河台1-7-7
電話 03-5577-7286　FAX 03-5577-2803
E-mail：info8188@nikkeihyo.co.jp
振替 00130-3-157198

装丁・徳宮峻　　印刷・文昇堂／製本・高地製本

落丁本・乱丁本はお取り換え致します　　Printed in Japan

Ⓒ TAMURA Shin'ichi 2018

ISBN978-4-8188-2495-9

・本書の複製権・翻訳権・上映権・譲渡権・公衆送信権（送信可能化権を含む）は、㈳日本経済評論社が保有します。

・JCOPY〈㈳出版者著作権管理機構 委託出版物〉

・本書の無断複写は著作権法上での例外を除き禁じられています。複写される場合は、そのつど事前に、㈳出版者著作権管理機構（電話 03-3513-6969、FAX03-3513-6979、e-mail:info jcopy.or.jp）の許諾を得てください。

大塚久雄から資本主義と共同体を考える
　　―コモンウィール・結社・ネーション―
　　　　　　　　　梅津順一・小野塚知二編著　本体3000円

ケインズとケンブリッジのケインジアン
　　―未完の「経済学革命」―
　　　　　L.L. パシネッティ／渡会・内藤・黒木・笠松訳　本体5500円

英国学派入門―国際社会論へのアプローチ―
　　　　　　　　バリー・ブザン／大中真・佐藤誠・
　　　　　　　　池田丈佑・佐藤史郎ほか訳　本体3000円

アダム・スミスの影　　　　　　　根井雅弘　本体2600円

カンティヨン経済理論研究　　　　中川辰洋　本体8500円

所有と進歩―ブレナー論争―
　　　　　　　　　R. ブレナー／長原豊監訳　本体4200円

マルクスを巡る知と行為―ケネーから毛沢東まで―
　　　　　　　　　　　　　　　　寺出道雄　本体4600円

回想 小林昇　　　　　　服部正治・竹本洋編　本体2800円

進化経済学の諸潮流
　　　　　　八木紀一郎・服部茂幸・江頭進編　本体5800円

ヴェーバー社会経済学への接近　　小林純　本体5600円

日本経済評論社